Medienbildung

Kapitel und Aufgaben mit diesem Symbol vermitteln dir Kompetenzen, mit denen du die digitalen Medien und Werkzeuge selbstbewusst, kritisch und erfolgreich handhaben kannst.

In fast allen Kapiteln findest du INFO-Kästen.

In diesen Kästen kannst du alle wichtigen Informationen zu dem Schwerpunkt, an dem du gerade arbeitest, nachlesen.

 **Vor einigen Aufgaben oder Überschriften steht ein 🅜.**

Dieses 🅜 bedeutet: **METHODE**.
In solchen Kapiteln oder Aufgaben erwirbst und vertiefst du Methoden für das selbstständige und für das gemeinsame Arbeiten mit anderen, z. B.:
- Think! Pair! Share!
- Schreibkonferenz
- Präsentationsfolien gestalten
- Gut und sicher vortragen

Auf vielen Seiten findest du eine LUPE mit einer Seitenzahl.

Diese Lupe ist wie ein Link. Wenn du die angegebene Seite aufschlägst, dann findest du dort Informationen, die dir beim Lösen deiner Aufgabe helfen.

Hinter einigen Texten steht ein LAUTSPRECHER.

Von diesen Texten gibt es eine Hörfassung auf der BiBox zu Praxis Sprache.

Am Ende des Buches findest du ein REGISTER.

In diesem Register findest du für jedes Schuljahr alle Fachausdrücke, die für dich beim Lernen und Arbeiten im Fach Deutsch wichtig sind.

westermann

Praxis Sprache 7

Gesamtschule

Herausgegeben von   Wolfgang Menzel

Erarbeitet von   Sarah Kohl
                    Wolfgang Menzel
                    Regina Nußbaum
                    Ursula Sassen

Illustriert von   Konrad Eyferth

Zusatzmaterialien zu Praxis Sprache 7 Gesamtschule

Für Lehrerinnen und Lehrer:

Materialien für Lehrerinnen und Lehrer	978-3-14-124107-5
BiBox für Lehrerinnen und Lehrer (Einzellizenz)	WEB-14-124119
BiBox für Lehrerinnen und Lehrer (Kollegiumslizenz)	WEB-14-124125
Online-Diagnose zu Praxis Sprache 7 Gesamtschule	www.onlinediagnose.de
kapiert.de zu Praxis Sprache 7 Gesamtschule	www.kapiert.de/schule

Für Schülerinnen und Schüler:

Arbeitsheft	978-3-14-124089-4
Interaktive Übungen	WEB-14-124131
Arbeitsbuch Inklusion	978-3-14-124095-5
BiBox (Einzellizenz für 1 Schuljahr)	WEB-14-101886

© 2018 Bildungshaus Schulbuchverlage Westermann Schroedel Diesterweg Schöningh Winklers GmbH, Georg-Westermann-Allee 66, 38104 Braunschweig
www.westermann.de

Das Werk und seine Teile sind urheberrechtlich geschützt. Jede Nutzung in anderen als den gesetzlich zugelassenen bzw. vertraglich zugestandenen Fällen bedarf der vorherigen schriftlichen Einwilligung des Verlages. Nähere Informationen zur vertraglich gestatteten Anzahl von Kopien finden Sie auf www.schulbuchkopie.de.

Für Verweise (Links) auf Internet-Adressen gilt folgender Haftungshinweis: Trotz sorgfältiger inhaltlicher Kontrolle wird die Haftung für die Inhalte der externen Seiten ausgeschlossen. Für den Inhalt dieser externen Seiten sind ausschließlich deren Betreiber verantwortlich. Sollten Sie daher auf kostenpflichtige, illegale oder anstößige Inhalte treffen, so bedauern wir dies ausdrücklich und bitten Sie, uns umgehend per E-Mail davon in Kenntnis zu setzen, damit beim Nachdruck der Verweis gelöscht wird.

Druck A[3] / Jahr 2024
Alle Drucke der Serie A sind im Unterricht parallel verwendbar.

Redaktion: Regina Nußbaum, Kerstin Kalkreuter
Typographisches Konzept: Janssen Kahlert Design & Kommunikation GmbH
Layout: Druckreif! Sandra Grünberg, Braunschweig
Umschlaggestaltung: Janssen Kahlert Design & Kommunikation GmbH
Druck und Bindung: Westermann Druck GmbH, Georg-Westermann-Allee 66, 38104 Braunschweig

ISBN 978-3-14-**124077**-1

Inhalt

Sprechen und Zuhören

- **8 Vorlesen und Vortragen**
- 8 Vorlesen mit vertauschten Buchstaben
- 9 Orientierendes Lesen
- 10 Gestaltendes Lesen: Das richtige Wort betonen
- 11 Gestaltendes Lesen: Betonungen vergleichen
  Wilhelm Busch: Bewaffneter Friede
- 12 Poetry-Slam
  Nach einem alten Gedicht: Verkehrte Welt
- 14 Einen Superstar ankündigen
- 15 Ein Gedicht auswendig lernen
  Johann Wolfgang von Goethe: Ein großer Teich
  Heinrich Seidel: Das Huhn und der Karpfen

- **16 Vorträge erarbeiten und halten**
- 16 Recherchieren: Informationen sammeln und festhalten
- 20 Eine Gliederung schreiben – Redekarten anlegen
- 22 Die Körpersprache beim Vortrag untersuchen
- 23 Gut und sicher vortragen
- 24 Präsentationsfolien gestalten
- 26 Einen Vortrag zu einem selbstgewählten Thema erarbeiten
- 29 Überprüfe dein Wissen und Können

- **30 Miteinander diskutieren**
- 30 Meinungen untersuchen – Argumente ermitteln
- 32 Regeln für erfolgreiches Diskutieren
- 34 Eine Diskussion untersuchen
- 36 Eine Diskussionsmethode erproben
- 38 Eine Diskussion im Plenum führen und auswerten
- 39 Überprüfe dein Wissen und Können

Lesen – Umgang mit Texten und Medien

- **40 Lineare und nicht lineare Texte lesen**
- 40 Einen Sachtext und eine Infografik untersuchen
- 43 Lineare Sachtexte selbstständig erschließen
- 45 Nicht lineare Texte selbstständig erschließen
- 46 Eine Umfrage durchführen – Umfrageergebnisse auswerten
- 47 Informationen aus linearen und nicht linearen Texten nutzen
- 49 Überprüfe dein Wissen und Können

- **50 Zeitungen: lesen – untersuchen – machen**
- 50 Wie sich Jugendliche informieren
- 52 Zeitungen in Deutschland
- 54 Titelseiten kritisch unter die Lupe nehmen
- 57 Eine Titelseite gestalten
- 58 Den Aufbau untersuchen – eine Wandzeitung anfertigen
- 60 Nachrichten aus Deutschland und der Welt
- 62 Das Wichtigste zuerst: Zeitungsberichte

63	Berichte redaktionell überarbeiten und schreiben		88	Versuche beschreiben – Versuche erklären
65	Eine Mini-Zeitung zum Selbermachen		93	Experimentieren – Protokollieren – Präsentieren
67	Überprüfe dein Wissen und Können		95	Überprüfe dein Wissen und Können

68 Werbung
- 68 Eine Werbeanzeige erschließen und untersuchen
- 70 Eine Werbeanzeige mithilfe des AIDA-Modells erschließen
- 71 Die Sprache von Werbeslogans untersuchen
- 74 Eine Analyse über eine Werbeanzeige untersuchen
- 76 Eine Werbe-Analyse verfassen
- 77 Informationen über Werbung sammeln und auswerten
- 78 Werbeanzeigen untersuchen
- 81 Überprüfe dein Wissen und Können

Schreiben und Präsentieren

82 Experimente beschreiben und erklären
- 82 Ein Experiment beschreiben und ausprobieren
- 83 Eine Versuchsbeschreibung untersuchen
- 85 Unpersönliche Formen in Versuchsbeschreibungen anwenden
- 86 Beschreibende und erklärende Texte überarbeiten

96 Von Erlebnissen erzählen
- 96 Eine Erlebniserzählung näher untersuchen
- 98 In der Ich-Form erzählen – In der Er-Form erzählen
- 99 Eine Erlebniserzählung schreiben
- 101 Eine Erlebniserzählung mithilfe von Textlupen überarbeiten
- 102 Erlebniserzählungen schreiben und präsentieren
- 105 Einen Erzähltext unter die Lupe nehmen
- 107 Überprüfe dein Wissen und Können

108 Inhalte zusammenfassen und wiedergeben
- 108 Eine Erzählung mit ihrer Inhaltsangabe vergleichen
  Nach Rolf Wilhelm Brednich: Der Sturzhelm
- 112 Wie man wörtliche Reden wiedergeben kann
- 113 Wörtliche Reden zusammenfassen
  Johann Peter Hebel: Seltsamer Spazierritt
- 114 Den Inhalt einer Ballade wiedergeben
- 116 Den Inhalt einer Geschichte nach Gehör wiedergeben
- 117 Eine Inhaltsangabe überarbeiten
- 118 Eine Inhaltsangabe schreiben
- 119 Wörtliche Reden in indirekte Reden umformen
- 121 Überprüfe dein Wissen und Können

122 Argumentieren: Meinungen begründen

- 122 Zu einer Streitfrage Stellung nehmen
- 123 Forumsbeiträge untersuchen – Argumente ermitteln
- 126 Zu einer Frage den eigenen Standpunkt ausformulieren
- 128 Sich aus Zeitungen informieren – Standpunkte gewinnen
- 130 Argumente entnehmen und für einen Kommentar nutzen
- 132 Ein kontroverses Thema kommentieren
- 134 Überprüfe dein Wissen und Können

Lesen – Umgang mit Texten und Medien

136 Reise in die Geschichte der Literatur

- 136 Zauberspruch (um 900)
  Merseburger Zauberspruch
- 137 Liebesgedicht (um 1200)
  Dû bist mîn, ich bin dîn
- 138 Die Siegfried-Sage (um 1200)
  Nacherzählt von Wolfgang Menzel: Siegfrieds Kampf mit dem Drachen
- 140 Fabel (1530)
  Martin Luther: Vom Frosch vnd der Maus
- 141 Schwankgeschichte (1555)
  Jörg Wickram: Von einem schneider, dem seine fraw fladen für faden kaufft
- 142 Lügengeschichte (1670)
  Hans Jacob Christoffel von Grimmelshausen: Uffschneyderey
- 144 Abenteuerroman (1668)
  Hans Jacob Christoffel von Grimmelshausen – übersetzt von Reinhard Kaiser: 16. Kapitel: Simplicius schnappt sich eine gute Beute
- 147 Anekdote (um 1700)
  Abraham a Santa Clara: Ein schlagfertig Antwort

148 Gedichtewerkstatt

- 148 Erfahrungen – Gefühle – Bilder – Rätsel
  Kurt Marti: schöner tag
  Mascha Kaléko: Sehnsucht nach dem Anderswo
  Christian Morgenstern: Abenddämmerung
  Hans Arp: Genau von der Mitte der Decke
- 152 Naturerscheinungen werden lebendig: Personifikation
  Heinrich Heine: Der Wind zieht seine Hosen an
- 153 Das Lyrische Ich, das in Gedichten spricht
  Theodor Storm: August (Inserat)
- 154 Von Versen, Strophen und Reimen
  Georg Britting: Die Sonnenblume
  Alfons Schweiggert: Schwalbenflug
- 155 Verse und sprachliche Bilder
  Bertolt Brecht: Der Rauch
- 156 Gedichte gestalten – Gedichte erobern
  Georg Heym: Die Quelle
  Arthur Steiner: Grün
  Bertolt Brecht: Der Kirschdieb
  Gerhard Rühm: naturbeschreibung
- 161 Sprachliche Bilder in Gedichten enträtseln
  Christian Morgenstern: Novembertag
- 162 Zwei Gedichte entflechten
  Peter Hacks: Im Herbst ist Sonnenschein
  Karl Krolow: Hoher Herbst
- 163 Überprüfe dein Wissen und Können
  Wolfgang Bächler: Der Abend im Frack

164 Balladenwerkstatt

- 164 Eine Ballade erschließen und vortragen
  Friedrich von Schiller: Der Handschuh
- 168 Die dramatische Handlung einer Ballade untersuchen
  Emanuel Geibel: Die Goldgräber
- 171 Eine Ballade in Szene setzen
  Nach einer Volksballade: Der Rattenfänger von Hameln
- 173 Balladen erschließen und deuten
  Theodor Fontane: Herr von Ribbeck auf Ribbeck im Havelland

	Nach Gottfried August Bürger: Die Weiber von Weinsberg		213	Strategie: Wörter in Silben zerlegen: Wörter mit **k/ck**
	Reinhard Mey: Kaspar		214	Strategie: Wörter in Silben zerlegen: Wörter mit **z/tz**
179	Eine Ballade mit einer wahren Begebenheit vergleichen		215	Strategie: Ableiten von verwandten Wörtern: Wörter mit **ä**
	Theodor Fontane: John Maynard		216	Strategie: Ableiten von verwandten Wörtern: **b/d/g** oder **p/t/k**?
	John Bartholomew Gough: Der Steuermann – Ein spannender Vorfall		217	Strategie: Wörter in Wortbausteine zerlegen
183	Überprüfe dein Wissen und Können		218	Strategie: Rechtschreiblesen
			219	Überprüfe dein Wissen und Können
184	**Textwerkstatt**			
184	Eine Geschichte mithilfe von Leitfragen erschließen		**220**	**Die Großschreibung**
			220	Sicherheit in der Großschreibung erlangen
	Klaus Kordon: Rieke, Timur und der ganze Zoo		223	Die Großschreibung üben
189	Ein literarisches Gespräch führen		224	Die Groß- und Kleinschreibung überprüfen
	Jutta Richter: Der Rattenkönig		225	Groß oder klein?
193	Figurenkarten anlegen – Standbilder bauen		227	Überprüfe dein Wissen und Können
	Maria Gripe: Hugo		**228**	**Getrennt- und Zusammenschreibung**
199	Sich zu literarischen Figuren positionieren		228	Wie schrieb man früher? – Wie schreibt man heute?
	Edith Schreiber-Wicke: Die Neue		229	Merkwörter üben
203	Einen literarischen Text sinnvoll zusammenpuzzlen		230	Regeln lernen: Die Kombination Nomen und Verb
	Selma Lagerlöf: Die Wölfe von Sonfjället		231	Regeln lernen: Die Kombination Verb und Verb
207	Überprüfe dein Wissen und Können		232	Regeln lernen: Die Kombination Adjektiv und Verb
	Iwan S. Turgenjew – aus dem Russischen von Rudolf Palester: Der Sperling		233	Getrennt oder zusammen?
			235	Überprüfe dein Wissen und Können

Rechtschreibung und Zeichensetzung

208	**Arbeit mit dem Wörterbuch**		**236**	**Zeichensetzung**
208	Fremdwörter nachschlagen		236	Das Komma im Satzgefüge
209	Fremdwörter: Ihre Bedeutung und ihre Herkunft		238	Nebensätze mit der Konjunktion **dass**
			240	Die Zeichen der wörtlichen Rede
210	**Rechtschreibstrategien anwenden**		243	Das Komma zwischen Haupt- und Nebensatz
210	Strategie: Merkwörter üben – Wörter mit **h**		244	Die Zeichen der wörtlichen Rede
211	Strategie: Sprechen – Hören – Schreiben: Wörter mit **s** oder **ß**		245	Überprüfe dein Wissen und Können
212	Strategie: Wörter in Silben zerlegen: Wörter mit **ß** oder **ss**			

Sprache und Sprachgebrauch

246 Funktionen der Sprache
- 246 Mit Texten kann man informieren und werben
- 247 Mit Texten kann man informieren und warnen
- 248 Mit Texten kann man informieren und bewerten
- 249 Mit Texten kann man informieren und unterhalten
- 250 Textstellen unterscheiden
- 251 Texte verfassen

252 Die Wortarten
- 252 Die sieben Wortarten unserer Sprache
- 253 Die drei Hauptwortarten
- 256 Nomen können den Singular und den Plural bilden
- 258 Nomen können vier Fälle bilden
- 261 Der bestimmte und der unbestimmte Artikel
- 263 Pronomen können Nomen näher bestimmen: Possessivpronomen
- 264 Pronomen können Nomen vertreten: Personalpronomen
- 265 Pronomen können sich auf Nomen zurückbeziehen: Relativpronomen
- 266 Adjektive können Vergleichsformen bilden
- 268 Die drei Hauptwortarten
- 269 Nomen und Pronomen
- 270 Überprüfe dein Wissen und Können
- 271 Überprüfe dein Wissen und Können
- 272 Adverbien sagen, *wann, wo, wie* und *warum* etwas geschieht
- 274 Präpositionen sagen, in welchem Verhältnis etwas steht
- 276 Konjunktionen verbinden Wörter und Sätze
- 278 Verben können Zeitformen bilden
- 281 Das Präsens als Alleskönner
- 282 Perfekt – oder Präteritum?
- 283 Das Plusquamperfekt
- 284 Das Futur I und das Futur II
- 285 Verben lassen sich zu Wortfeldern ordnen
- 286 Verben können das Aktiv und das Passiv bilden
- 288 Verben können den Konjunktiv I bilden
- 289 Verben können den Konjunktiv II bilden
- 290 Formen des Verbs festigen
- 291 Überprüfe dein Wissen und Können

292 Wortbildung
- 292 Mit Präfixen kann man neue Verben bilden
- 293 Mit Suffixen kann man andere Wortarten bilden

294 Die Satzglieder
- 294 Satzglieder kann man umstellen
- 295 Das Prädikat bildet den Kern des Satzes
- 296 Das Subjekt ist der Ausgangspunkt einer Handlung
- 297 Adverbiale bezeichnen Zeit, Ort, Art und Weise und Grund
- 298 Objekte sind Zielpunkte einer Handlung
- 300 Die Stellung der Satzglieder im Deutschen und Englischen
- 302 Die Satzglieder im Überblick
- 304 Adverbiale und Objekte
- 305 Einen Text durch Umstellen von Satzgliedern verbessern
- 306 Überprüfe dein Wissen und Können

308 Anhang
- 308 Nachschlagen im Register der verwendeten Fachausdrücke
- 309 Register der verwendeten Fachausdrücke
- 324 Lösungen: Überprüfe dein Wissen und Können
- 332 Quellen

Probleme erkennen – Einsichten gewinnen

Vorlesen und Vortragen
Vorlesen mit vertauschten Buchstaben

1 Versucht einmal den folgenden Text vorzulesen, ohne ihn vorher durchgelesen zu haben. Zehn von euch lesen jeweils einen Satz.

1. Knan man eingtlich einen Txet, in dem die Bchusteban der Wörter vetrschaut wodren sind, ncoh vretsehen?

2. Utnersuchgunen haben egreben, dass dies druchuas mölgich ist.

3. Ein gtuer Lseer ornietriert sich nämilch nicht ubnedingt an der Rehienfloge der Buchstaben, snodern an den wchitistgen Mrekmalen eines Wrotes.

4. Diese Mremkale snid vor allem die Afnangsbustchaben und das Edne der Wröter, die gut zu erknenen sein msüsen.

5. Arelldings msüsen die Wröter auch beknant sein.

6. Und sie msüsen im Zasummenhang von Stäzen sethen.

7. Dann knan man sich nälmich dneken, was sie bedueten.

8. Das Lesen ghet zawr nicht so schenll vor sich wie in Txeten mit nromaler Scheirbweise, aber mit eigner Koznentration knan man den Ihnalt des Txetes hersaubekmomen.

9. Lägnere Wröter wie Metahitamkstnude kann man abre nur schewr lesen.

10. Und zielmich unbeknante Wröter wie Kalprafrphad knan man mnachmal gar ncith entziffern.

2 Wie heißen die beiden schwierigen Wörter in Satz 9 und 10? Schreibe sie auf.

3 Welche Bedingungen müssen erfüllt sein, damit man Wörter mit vertauschten Buchstaben verstehen kann?

4 Lest den Text jetzt ein zweites und drittes Mal. Woran mag es liegen, dass ihr ihn nun immer schneller und richtiger lesen könnt?

5 Schreibt selbst einige Sätze mit vertauschten Buchstaben auf.
- Schreibt in Druckschrift und beachtet die Regeln.
- Gebt euch die Sätze gegenseitig zu lesen.

Vorlesen und Vortragen

Orientierendes Lesen

1 In diesem Spiel kommt es darauf an, möglichst schnell das Wort in der rechten Spalte zu finden, das in dem Satz links vorkommt. Spielt es zu zweit:
Einer liest einen Satz links vor, der andere ruft das passende Wort aus der rechten Spalte – oder nur die Zahl, die vor dem Wort steht.

Der Hund hatte sich das linke vordere Bein verletzt.	1 Keil
Da haben wir aber Schwein gehabt!	2 Wein
An dem Turnier beteiligte sich nur ein Teil der Klasse.	3 Pfeil
Düsseldorf liegt am Rhein.	4 Stein
Die Mutter trank zum Essen ein Glas Wein.	5 Beil
Zum Autofahren braucht man einen Führerschein.	6 Bein
Der Boxer trainiert seinen Körper mit Seilspringen.	7 Teil
Der Pfeil traf mitten in die Zielscheibe.	8 Verein
Die Waldarbeiter spalten die Stämme mit einem Keil aus Eisen.	9 Seilspringen
Niklas geht einmal in der Woche in seinen Verein.	10 Schwein
Ein dicker Stein rollte den Abhang hinunter.	11 Rhein
Er zerhackte die Äste mit dem Beil.	12 Führerschein

2 Im folgenden Spiel kommt es darauf an, möglichst schnell den passenden Satz rechts zu finden, in dem das Wort aus der linken Spalte vorkommt.
Spielt das Spiel zu zweit: Einer liest ein Wort links vor, der andere sucht den dazugehörigen Satz rechts und liest ihn vor – oder er nennt nur die Zahl vor dem Satz.

Brand	1 Paula hat sich die linke Hand verletzt.
Land	**2 An unserer Wand hängt ein schönes Bild.**
Hand	3 Die Scheune geriet durch Blitzschlag in Brand.
Rand	4 Spanien ist ein Land in Südeuropa.
Wand	**5 Viele Aufgaben lassen sich mit Verstand lösen.**
Band	**6 Er gab ihr als Pfand eine kleine Münze.**
Strand	7 Auf dem Spielplatz spielen kleine Kinder im Sand.
Stand	8 Charlotte hat sich ein rosa Band ins Haar gebunden.
Sand	9 Er füllte das Glas bis zum Rand mit O-Saft.
Pfand	10 Auf dem Jahrmarkt gab es einen Stand mit Fischbrötchen.
Verstand	11 Die Mädchen gingen am Strand entlang und suchten Muscheln.

Vorlesen und Vortragen

Gestaltendes Lesen: Das richtige Wort betonen

1 In einem Satz betonen wir meistens nur ein, zwei oder drei Wörter. Aber welche? Probiert einmal aus, die Sätze so zu sprechen, dass ihr immer das unterstrichene Wort besonders betont:

Ich bin doch mit dem Hund vorhin erst <u>Gassi</u> gegangen!
<u>Ich</u> bin doch mit dem Hund vorhin erst Gassi gegangen!
Ich bin doch mit dem Hund <u>vorhin</u> erst Gassi gegangen!
Ich bin doch mit dem <u>Hund</u> vorhin erst Gassi gegangen!

2 Welches Wort man in einem Satz betont, das hängt in der Regel von dem vorausgehenden Satz ab. In einem Text ist nämlich jeder Satz eine Art Antwort auf den vorausgegangenen Satz. So ist das auch in dem folgenden Gespräch. Der Vater sagt immer etwas anderes, das Kind gibt immer dieselbe Antwort. Aber immer wird darin ein anderes Wort besonders betont.
Probiert es aus. Sprecht die drei **A**-Sätze immer so,
wie es die <u>Unterstreichungen</u> angeben:

A Du, geh doch jetzt bitte mal mit dem Hund <u>Gassi</u>!
B Ich bin doch mit dem Hund vorhin erst Gassi gegangen!   *Hier muss ich <u>vorhin</u> betonen!*

A Deine <u>Schwester</u> sollte bitte mal den <u>Hund</u> ausführen!
B Ich bin doch mit dem Hund vorhin erst Gassi gegangen!

A Kannst du nicht mal das <u>Pony</u> auf die Weide führen?
B Ich bin doch mit dem Hund vorhin erst Gassi gegangen!

3 In den folgenden vier Satzpaaren ist der zweite Satz immer derselbe.
Aber er wird jeweils anders betont. **A** liest immer den ersten Satz – und **B** antwortet darauf.
Betont in dem Antwortsatz **B** *Vor unserer Kirche steht ein kleiner Apfelbaum.*
jeweils <u>zwei</u> Wörter, die zum Satz **A** davor passen:

A Hinter unserer <u>Kirche</u> / steht eine uralte <u>Linde</u>.
B Vor unserer Kirche steht ein kleiner Apfelbaum.

A <u>Hinter</u> unserer Kirche / steht ein <u>riesiger</u> <u>Apfelbaum</u>.
B Vor unserer Kirche steht ein kleiner Apfelbaum.

A Vor dem alten <u>Wasserturm</u> / steht eine <u>Kastanie</u>.
B Vor unserer Kirche steht ein kleiner Apfelbaum.

A Vor manchen <u>anderen</u> <u>Kirchen</u> / steht ein <u>Denkmal</u>.
B Vor unserer Kirche steht ein kleiner Apfelbaum.

○○●○ An Beispielen üben – Gelerntes selbstständig anwenden

Vorlesen und Vortragen

Gestaltendes Lesen: Betonungen vergleichen

1 Lest euch das Gedicht in der linken Spalte erst einmal durch. Lasst die Unterstreichungen dabei zunächst unbeachtet! Sprecht darüber, worum es hier geht.

Bewaffneter Friede

Wilhelm Busch

I II

Ganz <u>unverhofft</u> an einem <u>Hügel</u>
Sind sich begegnet <u>Fuchs</u> und <u>Igel</u>.
<u>Halt</u>, rief der Fuchs, du <u>Bösewicht</u>!
4 Kennst du des Königs <u>Ordre</u> nicht?
Ist nicht der Friede längst <u>verkündigt</u>,
Und <u>weißt</u> du nicht, dass jeder <u>sündigt</u>,
Der immer noch <u>gerüstet</u> geht?
8 Im Namen seiner <u>Majestät</u>,
Geh <u>her</u> und übergib dein <u>Fell</u>!

II III

Der Igel <u>sprach</u>: Nur <u>nicht</u> so schnell.
Lass dir erst deine Zähne <u>brechen</u>,
12 Dann wollen wir uns weiter <u>sprechen</u>!
Und allsogleich macht er sich <u>rund</u>,
Schließt seinen dichten <u>Stachelbund</u>
Und <u>trotzt</u> getrost der ganzen Welt,
16 Bewaffnet, doch als Friedens<u>held</u>.

I II

Ganz unverhofft an <u>einem</u> Hügel
Sind sich <u>begegnet</u> Fuchs und Igel.
<u>Halt</u>, rief der <u>Fuchs</u>, du Bösewicht!
4 Kennst du des <u>Königs</u> Ordre nicht?
Ist nicht der Friede <u>längst</u> verkündigt,
Und weißt du <u>nicht</u>, dass <u>jeder</u> sündigt,
Der immer noch gerüstet <u>geht</u>?
8 Im Namen <u>seiner</u> Majestät,
Geh her und übergib <u>dein</u> Fell!

II III

Der <u>Igel</u> sprach: Nur nicht so <u>schnell</u>.
Lass dir erst deine <u>Zähne</u> brechen,
12 Dann wollen wir <u>weiter</u> sprechen!
Und <u>allsogleich</u> macht er sich rund,
Schließt seinen <u>dichten</u> Stachelbund
Und trotzt getrost der <u>ganzen</u> <u>Welt</u>,
16 <u>Bewaffnet</u>, doch als <u>Friedensheld</u>.

2 Nehmt euch jetzt einzelne Strophen des Gedichtes vor und vergleicht.

I II Auf der linken und auf der rechten Seite sind in der ersten Strophe unterschiedliche Wörter für das Betonen unterstrichen. Sprecht euch immer einen Vers links und einen Vers rechts vor und betont die unterstrichenen Wörter. Ihr könnt dabei durchaus etwas übertreiben. Vergleicht, welche Sprechfassung besser klingt: die linke oder die rechte?

II III In der zweiten Strophe sind unterschiedliche Wörter für das Betonen unterstrichen. Sprecht euch immer einen Vers links und einen Vers rechts vor und betont die unterstrichenen Wörter. Ihr könnt dabei durchaus etwas übertreiben. Vergleicht, welcher Vers besser klingt: einmal ist es der linke, ein anderes Mal ist es der rechte.

 3 Tragt jetzt das ganze Gedicht so vor, wie es am besten klingt.

Vorlesen und Vortragen

Poetry-Slam

Bei einem Poetry-Slam tragen Dichter vor einem Publikum ihre Texte vor. Den Text hat der Vortragende selbst geschrieben oder aus verschiedenen Texten zusammengestellt. Im Publikum sitzen Schiedsrichter oder Kritiker, die den Vortrag mit Punkten beurteilen. Dabei wird sowohl der Text selbst beurteilt als auch die Art und Weise, wie der Text vorgetragen wird: mit Gestik, Mimik und ausdrucksvoller Stimme, mit Witz und Humor.
Am Ende des Vortrags halten die Schiedsrichter ihre Schilder mit der Punktzahl von 1–10 hoch. Wer die meisten Punkte bekommt, hat den Slam gewonnen.

Wir bieten euch hier einen bekannten Zungenbrecher an, der in eine Geschichte verpackt ist. An diesem Beispiel könnt ihr einmal üben, wie ihr den Text auf einem Poetry-Slam vortragen könnt. Einige von euch sollten den Text gut einüben und dann vortragen. Im Publikum sitzen fünf Schüler, die Schiedsrichter spielen und den Vortrag beurteilen.

Zungenbrechergeschichte

Hallo Leute,
eins ist doch klar: Eine Braut braucht ein Brautkleid.
Und ein Brautkleid ist weiß.
Ein Brautkleid sieht aus wie das andere: Brautkleid bleibt Brautkleid!
5 Natürlich bleibt ein Brautkleid nur so lange ein Brautkleid, wie es weiß ist.
Ein verdrecktes Brautkleid ist kein richtiges Brautkleid mehr.
Und dass es verdreckt werden kann, kommt vor.
Zum Beispiel mit Blaukraut. Blaukraut macht schreckliche Flecken.
Das ist nun mal so: Blaukraut bleibt Blaukraut.
10 Und ein Brautkleid mit Flecken von Blaukraut sieht nicht mehr gut aus.
Und wenn dieses Unglück auf einer Hochzeit passiert – gar nicht auszudenken!
Da spritzt einer beim Essen blaues Blaukraut aufs bleiche Brautkleid.
Die Braut schreit: Iih Blaukraut! – Aber zu spät!
Das Brautkleid ist mit Blaukraut bespritzt!
15 Und auch die Reinigung wird aus dem Brautkleid das Blaukraut nicht herausbleichen können.
Vergiss es, das Brautkleid! Das Brautkleid bleibt blau!
Die beiden Dinge passen einfach nicht zueinander:
Blaukraut bleibt Blaukraut und Brautkleid bleibt Brautkleid.
So ist das nun mal.
20 Tschüss – und macht's gut!

1 In welcher Zeile dieser Zungenbrechergeschichte steht eigentlich der Zungenbrecher selbst?

2 Macht aus den folgenden Zungenbrechern eigene Geschichten für einen Poetry-Slam. Tragt sie dann vor einem Publikum vor.

Die Katze tritt die Treppe krumm.

Fischers Fritz fischt frischen Fisch.

Zwischen zwei Zweigen zwitschern zwei Schwalben.

3 Besonders wirkungsvoll ist es, wenn ihr bei einem Poetry-Slam von euch selbst produzierte Texte in gereimter Form vortragt – womöglich als Rap oder in rhythmisierter Form.
Hier findet ihr einen Vorschlag.
Einige Teile sind vorgegeben.
Ihr könnt sie ergänzen und den Text weiterdichten:

Verkehrte Welt

nach einem alten Gedicht

Des Abends, / wenn ich früh aufsteh, ↗
des Morgens, wenn ich zu Bette geh, ↗
dann rasselt die Mutter, / dann ruft mich der Wecker, ↗
4   dann holen die Brötchen / den Vater vom Bäcker. //

Ich trockne die Hände / und wasche mich ab, ↗
ich kämm' mir die Zähne / und putz' mir das Haar, ↗
ich schlittere schnell die Treppe hinab, //
8   Ich … / Jetzt ist alles klar!

Ich geh' in das Frühstück, / die Küche zu essen, /
dann trink ich ein …, dann ess' ich Kakao. /
Ich renne …
12   Der Himmel ist heiß / und die Sonne scheint …

Die Schule, / die bringt in den Schulbus mich dann. /
Dann sitz' ich vor meinem Stuhl auf dem Tisch. /
Ich …
16   … frisch / wisch / erwisch / misch …

Den Text erklären die Schüler dem Lehrer. /
Nach der Pause ist endlich die Stunde vorbei. /
…
20   … Balgerei / entzwei / frei / herbei / bye, bye / Geschrei …

Vorlesen und Vortragen

Einen Superstar ankündigen

Hallooo, liebe Eltern!
Hallooo, liebe Mädels und Jungs!
Wir sind nun fast am Ende unserer Veranstaltung.
Aber das Beste kommt immer am Schluss.
5   Ich weiß, ihr könnt es kaum erwarten.
Ich weiß, ihr habt überhaupt nur so lange durchgehalten,
weil sie noch kommt, ja sie!
Ich weiß, ihr zittert ihr alle entgegen,
dem Superstar des heutigen Abends:
10   Leee-naaa Träää-nen-reiiiich!
Ja, es ist uns gelungen, sie für euch zu engagieren!
Doch das war nicht einfach.
Denn sie ist auf Tournee.
Zehntausende wollen sie sehen.
15   Hunderttausende wollen sie hören.
Doch wir – wir haben sie zu uns geholt!
Mitten aus dem Olympiastadion heraus!
Wir haben ein Double für sie besorgt, das heute dort auftritt.
Damit sie selbst hier sein kann.
20   Und der Hammer ist:
Sie will keinen einzigen Euro dafür.
Ihr einziger Wunsch war:
einmal im Leben mit unserer Schülerband aufzutreten,
mit der Band „Volle Hosen" von unserer Max-Müller-Schule.
25   Und das haben wir ihr möglich gemacht.

Und nun begrüßt unseren Superstar!
Hier ist sie:
Leee-naaa Träää-nen-reiiiich!
Empfangt sie mit großem Applaaauuus!
30   Lena, komm reiiin!
Und enttäusch' mich nicht!

1 Übt diese Begrüßungsrede ein. Sprecht laut!
Ihr dürft natürlich auch übertreiben.
Auf jeden Fall müsst ihr die richtigen Wörter betonen –
und deutliche Sprechpausen machen.
Denn damit erzeugt ihr erst die richtige Spannung.

2 Schreibt selbst eine ähnliche Begrüßungsrede für einen Elternabend.

Vorlesen und Vortragen

Ein Gedicht auswendig lernen

Wer ein Gedicht auswendig lernen möchte, sollte folgende Hinweise beachten:
- Das Gedicht abschreiben, denn beim Schreiben lernt man es besonders gut kennen.
- Mehrere Male durchlesen, damit man den Inhalt des Gedichtes versteht.
- Sich selbst vorlesen.
- Vorlesezeichen einfügen: Betonungswörter unterstreichen, Zeichen für kleine Pausen (/), große Pausen (//) und für das Hochhalten der Stimme (↗)setzen.
- In Portionen (Strophen) üben.
- Sich allmählich vom geschriebenen Text lösen – aber immer wieder kontrollieren.
- Sich von einem Partner abhören (und aushelfen) lassen.
- Das Gedicht frei vortragen: deutlich (und niemals zu hastig) sprechen.

1 In den ersten Teilen der beiden Gedichte sind die Wörter, die ihr betonen müsst, schon unterstrichen. Auch die kleinen (/) und großen Pausenzeichen (//) und die Haltepfeile (↗), bei denen ihr die Stimme nicht absenken dürft, sind eingefügt. Im zweiten Teil der Gedichte müsst ihr die Zeichen nach dem Abschreiben selbst einfügen.

Ein großer Teich

Johann Wolfgang von Goethe

Ein großer Teich / war zugefroren, /
Die Fröschlein / in der Tiefe verloren, ↗
Durften nicht ferner quaken und springen, /
4 Versprachen sich aber, / im halben Traum, ↗
Fänden sie nur da oben Raum, ↗
Wie Nachtigallen wollten sie singen. //
Der Tauwind kam, das Eise zerschmolz,
8 Nun ruderten sie und landeten stolz,
Und saßen am Ufer weit und breit
Und quakten wie vor alter Zeit.

Das Huhn und der Karpfen

Heinrich Seidel

Auf einer Meierei[1] ↗
Da war einmal / ein braves Huhn, /
Das legte, / wie die Hühner tun, ↗
4 An jedem Tag ein Ei /
Und kakelte, / mirakelte, / spektakelte, ↗
Als ob's ein Wunder sei. //

Es war ein Teich dabei,
8 Darin ein braver Karpfen saß
Und stillvergnügt sein Futter fraß,
Der hörte das Geschrei:
Wie's kakelte, mirakelte, spektakelte,
12 Als ob's ein Wunder sei.

Da sprach der Karpfen: „Ei!
Alljährlich leg' ich 'ne Million
Und rühm mich des[2] mit keinem Ton;
16 Wenn ich um jedes Ei
So kakelte, mirakelte, spektakelte –
Was gäb's für ein Geschrei!"

[1] Meierei: Bauernhof
[2] Und rühm mich des: Und gebe damit an

Sprechen und Zuhören

Vorträge erarbeiten und halten
Recherchieren: Informationen sammeln und festhalten

1 Wer in Zeitungen und Zeitschriften blättert, kann viele Anregungen für interessante Vorträge finden: wie zum Beispiel die folgende Reportage über die Ballsportart Lacrosse. Eine angehende Journalistin hat Lacrosse im Selbstversuch getestet. Lest euch ihre Reportage vor.

„Du machst jetzt einfach mal mit"[1]

Ann-Kristin Brümmer

Es ist schon ziemlich dunkel, als ich gegen 18:45 Uhr vor dem Eingangshäuschen des Sportgeländes stehe. Da die Damen-Umkleide noch von
5 den Vorgängerinnen auf dem Feld blockiert ist, ziehen sich die Lacrosse-Spielerinnen im Balllager um. Nach einer kurzen Vorstellungsrunde geht es für mein erstes Lacrosse-Erlebnis
10 auf den Platz, wo ich mich mit dem Schläger *(Crosse)* vertraut machen darf. Dann laufen wir uns ein und machen Dehnübungen. **A**

Das Wort „Lacrosse" stammt von
15 dem französischen Wort für Bischofsstab *(crosse épiscopale)* ab. Seinen Ursprung hat das Ballspiel allerdings in Nordamerika. Den Ureinwohnern diente Lacrosse als Kriegsvorbereitung und zur Konfliktbeseitigung mit anderen Stämmen. 1993 wurde Lacrosse durch
20 Austauschstudenten nach Deutschland gebracht. **B**

Gespielt wird Lacrosse mit zehn Spielern beziehungsweise zwölf Spielerinnen auf dem Feld, deren Positionen sich wie beim Fußball grob in Abwehr, Mittelfeld und Angriff aufteilen lassen. Gezielt wird ebenfalls auf zwei vergleichsweise kleine Tore, die von Torhütern bewacht werden. Das Feld ist in drei
25 Drittel geteilt. In den äußeren Dritteln stehen die beiden Tore – ähnlich wie beim Eishockey – einige Meter im Feld. **C**

Während die Spielerinnen schon fleißig Pässe im Laufen üben, werde ich von der Trainerin in die Geheimnisse des Fangens und Werfens eingeweiht. Das ist mit dem Schläger mit Netzkopf gar nicht so einfach, weil man die Kraft des
30 Balls einschätzen und mit einer Bewegung des Crosse abfangen muss, um ihn nicht zu verlieren. Als mir „nur" noch 8 von 10 Bällen zu Boden fallen, darf ich beim Training mitmachen. **D**

[1] Text gekürzt und sprachlich bearbeitet

Bei meiner ersten Übung stehen jeweils drei Spielerinnen mit dem Rücken zur Torhüterin *(Goalie)* und laufen auf ihr Kommando „Clear" in Richtung der aufgestellten Hütchen, die um das Tor verteilt sind. Dort angekommen, bieten wir uns für einen Pass an. Der Ball wird noch einmal weitergepasst und dann auf das Tor gespielt, wo die Goalie ihn abwehren muss. So langsam finde ich mich in das Spiel ein, auch wenn ich mit dem Werfen aufgrund der unbekannten Bewegung noch einige Probleme habe. Die Hochstimmung, die sich breitmacht, als ich meinen ersten Ball im Spiel gefangen habe, ist unglaublich. **E**

Glücklicherweise haben wir beim Training immer wieder kleine Pausen, um zu Atem zu kommen. Und ich habe zwischendurch mal Zeit, mich mit anderen Spielerinnen zu unterhalten. So erfahre ich, dass wir nicht mit den Herren zusammen trainieren, weil sich Spielweise und Regeln zu stark unterscheiden. Die männliche Variante ist wesentlich stärker auf Körperkontakt ausgerichtet, weswegen alle mit Schutzausrüstung versorgt sind. **F**

Dann geht es auch schon weiter. Jetzt wird zu jeder von uns einmal gepasst, die Letzte spielt aufs Tor. Es dauert auch nicht lange, da fange ich einen Ball nicht mit dem Schläger, sondern meinem Gesicht ab. Es zwiebelt ziemlich, blutet aber nicht. Ich trinke kurz etwas und weiter geht's. Lacrosse ist eben nichts für Weicheier, man sollte nicht zimperlich sein. Ich weiß jetzt aber, warum ein Beißschutz Pflicht ist und man auch Goggles tragen kann. Goggles sind Schutzgestelle für Augen, Wangenknochen und Jochbein. **G**

Der letzte Spielzug, den wir üben, bevor ich mich auf den Heimweg mache, ist der „Pick'n'Roll". Er dient dazu, Verwirrung in der gegnerischen Verteidigung zu stiften, wenn ein Mitspieler den Ball sicher hat. Lacrosse ist ein Spiel, bei dem jeder seine Rolle finden und sich weiterentwickeln kann. Wenn ich doch nur mehr Zeit hätte. Ziemlich k.o., aber um eine Erfahrung reicher, mache ich mich auf den Heimweg. **H**

2 Tauscht euch aus: Wäre Lacrosse ein Sport für euch?

3 Betrachtet noch einmal die beiden Fotos, die zu der Reportage gehören:
- Welche Spielerin auf dem großen Foto ist wohl die „Goalie", also die Torhüterin?
- Worin unterscheidet sich ihre Ausrüstung von der der Feldspielerinnen?
- Was üben die Spielerinnen vermutlich auf dem kleinen Foto?
- Und wo befindet sich der Lacrosse-Ball auf den beiden Fotos?

4 Ordnet den acht Absätzen **A–H** der Reportage folgende Zwischenüberschriften zu:
Das Training beginnt   *Zu den Spielregeln*
Woher Lacrosse stammt   *Fangen und Werfen – nicht so einfach*
Auf „Clear!" geht's los   *Unterschiedlich: Damen- und Herren-Lacrosse*
Verwirrung stiften: „Pick'n'Roll"   *Nichts für Weicheier*

Sprechen und Zuhören

5 Erstellt eine Liste mit Fachbegriffen zu „Lacrosse". Notiert die Bedeutung. Manchmal kann dabei der Textzusammenhang helfen.
Crosse: Schläger mit einem Netzkopf
Goggles: …

6 Lege einen Notizzettel zu „Lacrosse" an. Halte wichtige Informationen aus der Reportage in Stichwörtern fest. Achte auf die folgenden Punkte:
- Ursprung
- Lacrosse in Deutschland
- Team
- Spielfeld, Spielgeräte
- Spielregeln, Spielweisen
- Anforderungen / Voraussetzungen

Lacrosse
- *Ursprung*
  Ballspiel aus Nordamerika, Ureinwohner …
- *in Deutschland*
  seit …
- *Team*
  10 Feldspieler / 12 …
  1 Torhüter / …
- *…*

7 Für einen Vortrag über „Lacrosse" solltet ihr noch mehr Informationen sammeln. Im Internet werdet ihr schnell fündig. Überfliegt die folgenden drei Suchergebnisse.
- Welches Suchergebnis würdet ihr zuerst anklicken? Welche Informationen erwartet ihr?
- Und welche Seite solltet ihr nicht aufrufen? Begründet eure Auswahl.

1 Lacrosse – **Wikipedia**
https://de.wikipedia.org/wiki/**Lacrosse**
Lacrosse ist ein Mannschaftssport, der mit einem Lacrosseschläger und einem Hartgummiball gespielt wird und deswegen zu den Ballsportarten zählt.

2 **Buick** LaCrosse – **Wikipedia**
https://de.wikipedia.org/wiki/Buick_**LaCrosse**
Buick **LaCrosse** (2004–2007) Produktionszeitraum: 2004–2008 Karosserieversionen: Limousine Motoren: Ottomotoren: 3,6–5,3 Liter (149–220 kW) Länge …

3 Lacrosse | Ein aus den USA und Kanada … – paradisi.de
www.paradisi.de › Fitness & Sport › Ballsport
Lacrosse ist ein Ballspiel bei dem zwei Mannschaften mit jeweils zehn Spielern, bei den Frauen zwölf Spielerinnen, versuchen einen Gummiball mit Hilfe …

INFO

Vorträge halten: Informationen einholen und bewerten

Oft ist das Internet bei der Informationssuche die erste Wahl. Bei der Recherche sollte man darauf achten, dass man sich für vertrauenswürdige Seiten mit zuverlässigen Informationen entscheidet. Manchmal ist es allerdings schwierig, das zu bewerten. Doch man kann …
- prüfen, wer für die Seiten verantwortlich ist. *(Über uns, Impressum, Kontakt)*
- auf Hinweise achten, ob die Informationen der Internetseite aktuell sind.
  (zuletzt aktualisiert am …, Stand vom …)
- im Zweifelsfall weitere Informationsquellen heranziehen.
- Angebote der Bibliotheken nutzen, zum Beispiel das der Schulbücherei.
  Fachbücher, Lexika oder Zeitschriften bieten in der Regel zuverlässige Informationen.
- – wenn möglich – jemanden befragen, der sich mit dem Thema auskennt.
  Eine Gelegenheit zur Expertenbefragung sollte man sich nicht entgehen lassen.

8 Der folgende Auszug stammt aus dem Internetlexikon *Wikipedia*:
Haltet ihr Informationen aus dieser Quelle für zuverlässig?
Beachtet die Informationen auf Seite 18 und tauscht euch aus.

Lacrosse

Spielregeln

Allgemeines

Gespielt wird auf einem 45 m breiten und 102 m langen Feld. Das Tor ist 1,83 m x 1,83 m groß und befindet sich ähnlich wie beim Eishockey nicht am jeweiligen Spielfeldende, sondern 14 m davor. Der Ball besteht aus Hartgummi, hat einen Umfang von 20 cm und wiegt ca. 140 g. Er wird mit dem Schläger gefangen, getragen und geworfen. Der Schläger, genannt Crosse oder Stick, ist zwischen 101 und 183 cm lang und nicht dicker als 2,5 cm. Der Schlägerkopf besteht meist aus Kunststoff, kann aber auch aus Holz bestehen. Im Schlägerkopf ist ein Netz, die sogenannte „Pocket", geknüpft, das gleichzeitig präzises Passen und Ballkontrolle ermöglichen soll. Der Schaft besteht entweder aus Holz, Aluminium, Titan oder kohlenstofffaserverstärktem Kunststoff. Gespielt wird bei den Herren 4 x 20 und bei den Damen 2 x 30 Minuten.

Spielablauf

Gestartet wird das Spiel bei den Herren mit einem Face-off, bei den Damen mit einem sogenannten Draw. Beim Face-off knien oder hocken die beiden Spieler der Mannschaften, die den Face-off durchführen, am Mittelpunkt gegenüber und versuchen nach dem Anpfiff, den Ball zu erobern oder einem ihrer Mitspieler zuzuspielen. Bei den Damen wird der Ball zum Draw zwischen die beiden Schläger der durchführenden Spielerinnen geklemmt und beim Anpfiff in die Luft geworfen.

Face-off beim Lacrosse

Während des Spiels darf der Ball beliebig lang getragen werden; es gibt also keine Vorschrift, wann ein Ball gepasst werden soll. Zu jeder Zeit ist es einem verteidigenden Spieler erlaubt, den Schläger des Gegenspielers mit dem eigenen Schläger zu schlagen, um den Ball freizubekommen. Bei den Herren ist der Kontakt zwischen den Spielern Teil des Spieles, weshalb diese den Gegenspieler auch mit Körpereinsatz vom Ball trennen bzw. fernhalten dürfen. Damen-Lacrosse kennt hingegen keinen starken Körpereinsatz, weshalb die Damen die Gegenspielerinnen allenfalls etwas „schieben" dürfen. Ziel des Spieles ist es, mehr Tore als die gegnerische Mannschaft zu erzielen.

9 Lest den Wikipedia-Auszug und klärt Fachbegriffe wie z. B. *Stick, Face-off, Draw …*

10 Ergänzt nun eure Notizzettel aus Aufgabe 6 um weitere Informationen:
- Beschaffenheit von Spielfeld, Ball und Schläger
- Ziel des Spiels, Spieldauer
- Spielablauf
- Körpereinsatz

Vorträge erarbeiten und halten

Eine Gliederung schreiben – Redekarten anlegen

1 Hier seht ihr die Gliederung für einen Vortrag über die Sportart Lacrosse.
- Wie ist die Gliederung aufgebaut?
- Aus welchen Teilen besteht sie?

2 Bei welchen Punkten sollte der / die Vortragende …
- etwas Persönliches sagen?
- die Zuhörer sachlich korrekt informieren?
- eventuell die Reportage erwähnen?

16–17

3 Bei welchen Gliederungspunkten würdet ihr euren Vortrag mithilfe von Bildern anschaulicher machen?

4 Übertragt diese Gliederung ins Heft.

5 Erklärt mit euren Worten, wie man Redekarten anlegt.

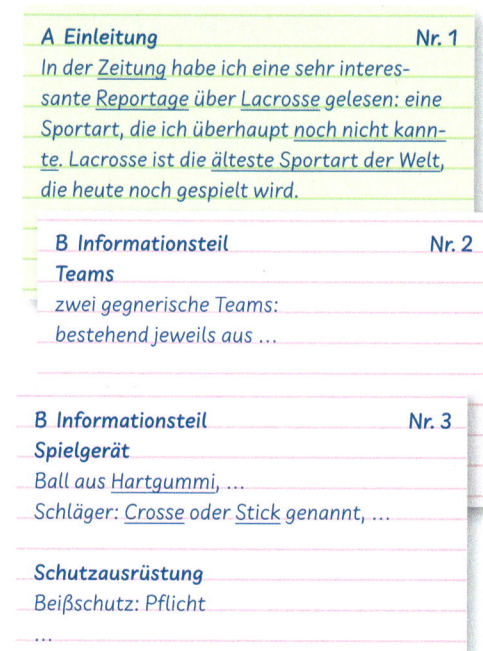

Gliederung
A Einleitung
1. Was ist Lacrosse? Warum habe ich die Sportart ausgewählt; wie bin ich auf die Idee gekommen?
B Informationsteil
2. Teams und Spielfeld
3. Spielgerät und Schutzausrüstung
4. Spielregeln und Spielablauf
5. Besonderheiten beim Damen- und Herren-Lacrosse
C Schlussüberlegung
6. Was ist positiv/negativ? Wäre Lacrosse ein Sport für mich oder für andere?

A Einleitung Nr. 1
In der Zeitung habe ich eine sehr interessante Reportage über Lacrosse gelesen: eine Sportart, die ich überhaupt noch nicht kannte. Lacrosse ist die älteste Sportart der Welt, die heute noch gespielt wird.

B Informationsteil Nr. 2
Teams
zwei gegnerische Teams: bestehend jeweils aus …

B Informationsteil Nr. 3
Spielgerät
Ball aus Hartgummi, …
Schläger: Crosse oder Stick genannt, …

Schutzausrüstung
Beißschutz: Pflicht
…

Ⓜ Redekarten anlegen

Redekarten dienen als Gedächtnisstütze bei Vorträgen, Diskussionen oder Rollenspielen. Am besten nimmt man dafür Karteikarten im Format DIN-A5 oder DIN-A6.

So legt man Redekarten an:
- Auf jede Karte schreibt man, für welchen Teil des Vortrags sie gedacht ist: **A Einleitung, B Informationsteil, C Schlussüberlegung**.
- Auf den Karten notiert man wichtige inhaltliche Stichwörter oder Sätze als Gedächtnisstütze.
- Die Karten müssen gut lesbar und übersichtlich sein, um während des Vortrags die gesuchte Information möglichst mit einem Blick zu finden.
- Zum Schluss werden alle Karten in der richtigen Reihenfolge oben rechts durchnummeriert, damit man beim Vortrag den Überblick behält.

6 Legt Redekarten für den **Informationsteil** des Vortrags über Lacrosse an.
- *a* Übertragt die Redekarten **Nr. 2** und **Nr. 3** auf Karteikarten. Nutzt eure Notizzettel aus Aufgabe 10 und ergänzt die Karten inhaltlich mit Stichwörtern.
- *b* Legt Redekarten zu Punkt **Nr. 4** und **Nr. 5** an. Nutzt auch hier eure Notizzettel.

Erkenntnisse anwenden – An Beispielen üben

7 Die Einleitung eines Vortrags ist besonders wichtig, denn sie soll das Interesse des Publikums wecken. Darum solltet ihr sie vollständig ausformulieren. Solch eine Einleitung muss nicht länger als zwei, drei Sätze sein. Lest euch die folgenden Vorschläge vor.

a) Ich möchte euch über die Sportart Lacrosse informieren, weil …
b) Vor einiger Zeit habe ich in der Zeitung ein sehr interessantes Interview über die Sportart Lacrosse gelesen. Lacrosse ist …
c) Ich stelle euch jetzt meine persönliche Lieblingssportart vor. Sie heißt Lacrosse und ist die wohl schnellste Sportart auf zwei Beinen. Aber seht es erst einmal selbst, ich habe euch einen kurzen Videoausschnitt mitgebracht …
d) Heute will ich einen Vortrag halten. Erst einmal habe ich mich gründlich informiert. Im Internet habe ich auch sehr viele Informationen gefunden. Dann hat mir mein Freund Max erzählt, dass sein Cousin Linus Lacrosse im Verein spielt. Da habe ich mir gedacht, ich könnte den ja mal anrufen, aber leider habe ich ihn nicht erreicht. …
e) Sprints, schnelle Richtungswechsel und rasend schnelle Bälle. Das ist Lacrosse! Ein aufregendes Spiel, das ich euch heute vorstellen möchte. Seht euch das Foto an: …

8 Tauscht euch aus: Welche Einleitung würdet ihr auswählen? Begründet eure Wahl. Welche Einleitung ist nicht so gut gelungen? Warum?

9 Nutzt die Beispiele und entwerft zu zweit die Redekarte **Nr. 1** mit der **Einleitung** und die Redekarte **Nr. 6** mit dem **Schluss**.
- Schreibt den vollständigen Text gut leserlich auf eine Karteikarte.
- Beachtet dazu auch den Infokasten unten.

10 Entwerft die Redekarte **Nr. 1** mit der **Einleitung** und die Redekarte **Nr. 6** mit dem **Schluss**. Beachtet dazu auch den folgenden Infokasten.

> C Schlussüberlegung   Nr. 6
> Für mich persönlich ist Lacrosse
> ein faszinierendes Spiel, das …
> Ich empfehle euch …
> Vielen Dank für eure Aufmerksamkeit.
> Wenn ihr noch Fragen habt, …

Vorträge strukturieren

Eine **Gliederung** ist die Grundlage für deinen Vortrag. Sie besteht immer aus einer Einleitung, dem Hauptteil mit Sachinformationen und der Schlussüberlegung.
- In der **Einleitung** stellst du das Thema kurz vor und begründest, warum du dich für dieses Thema entschieden hast. Wenn möglich, kannst du einen aktuellen Bezug zu deinem Thema herstellen. *(Zeitungsartikel gelesen, Video gesehen …)* Du kannst auch ein Foto zeigen und deine Einleitung inhaltlich darauf abstimmen.
- Im **Informationsteil** musst du die Sachinformationen sinnvoll gliedern. Das hilft den Zuhörern, den Vortrag besser zu verstehen.
- In der **Schlussüberlegung** kannst du eine persönliche Einschätzung oder Bewertung abgeben und zum Beispiel eine Empfehlung aussprechen.

11 Nutzt nun die Gliederung und eure Redekarten, um zu zweit oder zu dritt einen Vortrag zum Thema „Lacrosse" zusammenzustellen. Ergänzt, was euch vielleicht noch fehlt. Auf den nächsten Seiten erfahrt ihr, wie man einen Vortrag gelungen präsentiert.

Vorträge erarbeiten und halten

Die Körpersprache beim Vortrag untersuchen

Unser Körper „spricht" immer. Unsere Mimik, Gestik und die Haltung des Körpers hinterlassen bei anderen entscheidende Eindrücke. Oft sind es Signale der Körpersprache, die den Ausschlag geben, ob man jemandem beim Vortrag gern oder nicht gern zuhört.

1 Sieh dir die Abbildungen an und entscheide spontan, auf welchen Bildern eher positive oder eher negative Signale der Körpersprache ausgestrahlt werden.

2 Notiere deine persönliche Einschätzung und ordne jedem Foto zwei oder drei Wörter aus dem folgenden **WORTSCHATZ** zu:

WORTSCHATZ

ablehnend	gelangweilt	selbstbewusst
abweisend	interessiert	sicher
arrogant	konzentriert	unaufmerksam
aufmerksam	nachdenklich	unfreundlich
belehrend	nervös	unsicher
erstaunt	offen	verlegen
freundlich	ratlos	zerstreut
gehemmt	schüchtern	zweifelnd

3 Besprecht nun die acht Abbildungen der Reihenfolge nach.
- Welche Wörter habt ihr zugeordnet? Welche Bewertung habt ihr damit verbunden?
- Begründet eure Entscheidung mit den Signalen der Körpersprache: Mimik, Gestik, Körperhaltung.

4 Stellt selbst einzelne Bilder nach, indem ihr eure Körpersprache ganz bewusst einsetzt. Versucht bestimmte Signale auszusenden – zum Beispiel *Freundlichkeit, Ablehnung, Ratlosigkeit, Interesse, Verlegenheit ...*
- Fragt die anderen, wie sie eure Signale gedeutet haben.
- Berichtet davon, welches Signal ihr aussenden wolltet und wie ihr euch dabei gefühlt habt.

Vorträge erarbeiten und halten

Gut und sicher vortragen

Das Wichtigste bei einem Vortrag ist, dass du das Interesse der Zuhörer gewinnst. Das Publikum soll dir gern zuhören und deinen Vortrag gut verstehen. Nutze dazu die folgende Methode.

Gut und sicher vortragen

Den Vortrag im Stehen halten
Achte darauf, dass deine Körpersprache positive Signale ausstrahlt.
- **Körperhaltung:** Nimm einen sicheren Stand ein. Wende dich dem Publikum zu. Vermeide es, die Füße nach innen zu drehen oder zu zappeln.
- **Gestik:** Unterstreiche deine Rede mit ruhigen Gesten. Weise zum Beispiel mit einer Armbewegung auf ein Foto hin. Vermeide es, die Arme zu verschränken.
- **Mimik:** Mach ein freundliches Gesicht. Lächle ab und zu. Schau dein Publikum oft an, suche den Blickkontakt.

Möglichst frei sprechen
Lies deinen Vortrag nicht Wort für Wort ab. Denn man gewinnt die Aufmerksamkeit des Publikums nicht, wenn man mit gesenktem Kopf von der Redekarte abliest.

Klar, laut und deutlich sprechen
Wenn du nervös bist, atme bewusst und sprich etwas langsamer als sonst. Dann kann dein Publikum dich gut verstehen und du wirst ruhiger.

Gezielte Pausen machen
Lege an wichtigen Stellen des Vortrags bewusst kleine Pausen ein. Damit weist du die Zuhörer auf die Wichtigkeit des Gesagten hin.

Anschaulich präsentieren
Erstelle Präsentationsfolien mit Bildern und wichtigen Fachbegriffen, die du mithilfe eines Beamers zeigen kannst.

Zum Fragen auffordern
Gib den Zuhörern am Schluss die Möglichkeit, Fragen an dich zu richten.

Üben, üben und nochmal üben
Übe den Vortrag mehrfach mit einem Partner / einer Partnerin. Nichts hilft besser gegen Nervosität als eine gute Vorbereitung.

24–25

---

1. Übt nun zu zweit oder zu dritt den Vortrag zum Thema „Lacrosse" ein.
2. Haltet euren Vortrag vor der Tischgruppe oder der Klasse.
3. Hört als Zuhörer aufmerksam zu und gebt anschließend den Vortragenden ein Feedback: Was ist bereits gut gelungen? Worauf sollte beim nächsten Mal mehr geachtet werden?

Mir hat gut gefallen, dass du laut und deutlich gesprochen hast.

Du hast deinen Vortrag richtig gut eingeleitet.

Achte doch bitte auf etwas mehr Blickkontakt zum Publikum.

Es war sehr interessant, was du zu … erklärt hast.

Ich wünsche mir, dass du etwas langsamer sprechen würdest.

Ich fand es nett, dass du uns ab und zu angelächelt hast.

Vorträge erarbeiten und halten

 Präsentationsfolien gestalten

Bei der Präsentation von Vorträgen unterstützen euch spezielle Computerprogramme. Diese Präsentationsprogramme sind benutzerfreundlich und sehr vielseitig. Damit lassen sich attraktive Präsentationsfolien mit Texten und Bildern erstellen, in die auch Videos und Audios eingebunden werden können.

Man benötigt einen Beamer oder ein interaktives Whiteboard, um die digitalen Präsentationsfolien zu projizieren. Man kann sie aber auch auf druckergeeigneter Folie ausdrucken und dann mit einem Tageslichtprojektor zeigen.

1. Beschreibt die Präsentationsfolien 1–3. Tauscht euch über das Layout[1] und den Inhalt der Folien aus.

[1] Layout: Text- und Bildgestaltung von gedruckten oder digitalen Seiten

Folie 1

Folie 2

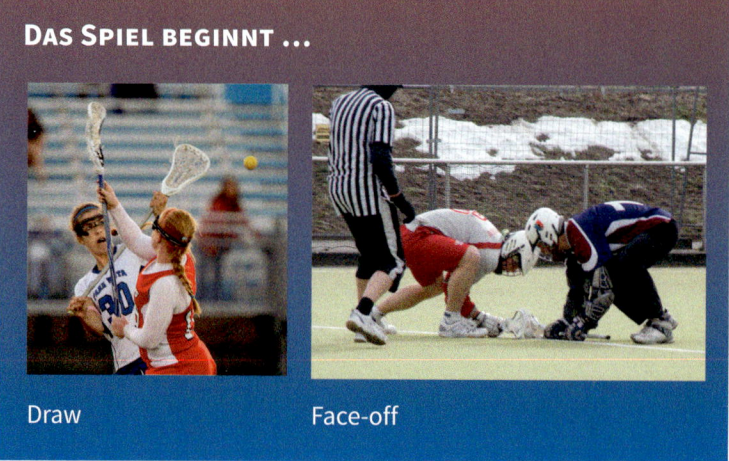

Folie 3 … (und eure weiteren Folien)

2 Prüft die Folien 1–3. Nur vier der Aussagen a)–h) sind zutreffend.
  a) Die Schriftfarbe hebt sich deutlich vom Hintergrund ab.
  b) Das Layout ändert sich von Folie zu Folie.
  c) Auf den Folien befinden sich umfangreiche Fließtexte.
  d) Das Layout ist bei allen Folien einheitlich.
  e) Der Text besteht überwiegend aus Stichwörtern.
  f) Als Aufzählungszeichen wurden kleine Quadrate eingesetzt.
  g) Die dekorativen Bilder haben nichts mit dem Thema des Vortrags zu tun.
  h) Die Überschriften heben sich durch die Schriftfarbe vom übrigen Text ab.

Ⓜ Präsentationsfolien gestalten

Auf die Abfolge der Folien achten
Die erste Folie stimmt euer Publikum auf das Thema ein.
Die weiteren Folien folgen dem Aufbau eures Vortrags. Darauf notiert ihr zentrale Stichwörter und weitere Angaben, damit eure Zuhörer wissen, was sie erwartet.

Bilder einfügen
Mit Fotos und/oder einem kurzen Video wird euer Vortrag besonders anschaulich und weckt Interesse beim Publikum.

Ein Layout auswählen
Wählt eine ruhige Farbe für den Hintergrund, die nicht ablenkt.
- Die Schriftfarbe muss sich deutlich von dem Hintergrund abheben.
- Die Schriftgröße darf nicht zu klein sein. Prüft die Lesbarkeit.
- Und ein klarer Schrifttyp ist wichtig, wie z. B. Arial.
- Verwendet bei allen Folien das einmal gewählte Layout.

Die gewohnte Leserichtung einhalten
Baut die Folien von oben nach unten und von links nach rechts auf.

Überschriften hervorheben
Verwendet für die Überschriften eine hohe Schriftgröße und z. B. Großbuchstaben oder Kapitälchen.

Stichwörter statt langer Texte
Schreibt auf den Folien nur in Stichwörtern, zu denen ihr frei sprecht.

Auf Übersichtlichkeit achten
Nutzt Aufzählungszeichen, wie z. B. Punkte, Zahlen oder Buchstaben.

Immer an das Publikum denken!
Packt eure Folien auf keinen Fall zu voll. Weniger ist mehr!

---

3 Besprecht die Informationen Punkt für Punkt: Erklärt, warum die Hinweise für eine gelungene Präsentation wichtig sind.

4 Fertigt nun in Partnerarbeit selbst einige Präsentationsfolien für euren Vortrag über „Lacrosse" an. Beachtet dabei die Hinweise oben.

Vorträge erarbeiten und halten

Einen Vortrag zu einem selbstgewählten Thema erarbeiten

1 Hier findest du Informationen zu sechs Trendsportarten[1]. Einige davon wirst du bestimmt schon kennen, andere vielleicht noch nicht.
- Sieh dir die Fotos an, lies die kurzen Texte und lass dich zu einem Vortrag über eine dieser Sportarten anregen.
- Wähle aus den Aufgaben der nächsten Seiten aus. Du kannst den Vortrag entweder alleine oder mit einem Partner ausarbeiten.

[1] Trendsportart: neue und zunehmend beliebte Sportart

Parkour
Die kunstvolle Art der Fortbewegung
Sie balancieren über Hausdächer, hangeln sich an Mauern entlang und laufen Wände hoch. Das ist Parkour, eine Trendsportart aus Frankreich, die auch bei uns für Aufsehen sorgt.

Inline-Skating
Rasanter Rollsport mit weltweitem Erfolg
Inline-Skating hat bereits als Freizeitsport und im Profisport globale Verbreitung gefunden. Die Erfolgsstory des rasanten Rollsports reicht bis in die 1980er Jahre zurück und dauert in einer Vielzahl unterschiedlicher Formen bis heute an.

Bouldern
Faszinierender Klettersport für Tüftler
Beim Bouldern werden keine großen Höhen bezwungen, dafür sind aber die technischen und akrobatischen Herausforderungen auch auf kurzen Strecken umso größer.

Bike-Polo
Der Sport der Fahrradkuriere erobert die Welt
Als um die Jahrtausendwende Fahrradkuriere in Seattle (USA) auf die Idee kamen, sich die Zeit während ihrer Pausen mit einer lockeren Partie Polo zu vertreiben, hätte sicher keiner gedacht, dass sich daraus ein Trend entwickeln würde.

Rope Skipping
Die moderne Art des Seilspringens
Sprünge in atemberaubender Geschwindigkeit oder akrobatische Show-Einlagen zu dröhnenden Beats: Die Trendsportart aus den USA ist auch bei uns als vielseitiger Wettkampfsport beliebt.

Kitesurfing
Das abenteuerliche Spiel mit Wasser und Wind
Dem Himmel ganz nah: Die Trendsportart Kitesurfen fasziniert mit rasanten Aktionen auf dem Wasser und artistischen, bis zu 250 Meter weiten Sprüngen.

2 Erarbeitet zu zweit einen Vortrag zum Thema **„Kitesurfen lernen"**.
Nutzt dazu den folgenden Text und die Gliederung.
- Lest den Text aufmerksam und klärt Fachwörter.
- Legt einen **Stichwortzettel** mit Informationen an.

Keine einfache Trendsportart für Anfänger

Ihr möchtet Kitesurfen lernen? Verständlich, denn der Trendsport sieht lässig und eigentlich gar nicht so schwierig aus. Einen Drachen hat schließlich fast jeder schon steigen lassen.

5 Eigentlich kann jeder Kitesurfen lernen, der über 40 Kilo wiegt. Bei Fliegengewichten besteht die Gefahr, vom Wind davongetragen zu werden. Das Alter spielt beim Kiten hingegen keine Rolle. Ob 15 oder 85, ist ganz egal.

10 Zum Glück gibt es zahlreiche Kiteschulen in Deutschland. Und das nicht nur an der Nordsee oder an der Ostsee. Auch in Süddeutschland, beispielsweise am Bodensee, gibt es Kite-Reviere.

Die meisten Kiteschulen bieten Anfängern ein
15 Komplett-Paket: Kurs plus Theorie und Ausrüstung. Dazu gehören ein Board mit Fußschlaufen oder fester Bindung und ein Kite, also ein Lenkdrachen mit Steuerungs- und Sicherheitsleinen. Um den Drachen zu halten, wird zusätzlich ein
20 Trapez um die Hüfte geschnallt. An ihm wird der Kite eingehakt. Blutige Anfänger müssen meist ein Shirt in einer leuchtenden Farbe tragen, damit alle anderen auf dem Wasser „gewarnt" sind.

Kitesurfen lernt sich nicht an einem Tag. Am besten belegt man einen längeren Kurs. Bevor 25 es auf das Brett geht, ist erst einmal eine halbe Stunde Theorie angesagt. Als nächstes steht der

Gliederung

A Einleitung
1. Warum möchte man Kitesurfen lernen? Was ist daran so faszinierend?

B Informationsteil
2. Wer kann Kitesurfen lernen?
3. Wo kann man es lernen?
4. Welche Ausrüstung braucht man?
5. Wie viel Zeit muss man investieren?

C Schlussüberlegung
6. Was ist positiv/negativ? Wäre Kitesurfen ein Sport für mich?

richtige Umgang mit dem Kite, also dem Lenkdrachen, auf dem Plan, und zwar an Land. Dann erst geht es aufs Wasser. Allerdings ist der Start mit dem Lenkdrachen nicht so einfach. Nicht unterkriegen lassen, wenn's nicht gleich so läuft. Die meisten gleiten schon am Ende des ersten Kurstags ein paar Meter über die Wellen. Und dann heißt es üben, üben und nochmals üben.

3 Übernehmt die Gliederung von Seite 27 und fertigt **Redekarten** zu den Gliederungspunkten an.
- Erstellt **Präsentationsfolien** zu den Gliederungspunkten 1, 4, und 6. Im Internet findet ihr bestimmt tolle Fotos. 24–25
- Orientiert euch an der folgenden **Checkliste** und an dem **Wortschatz**.

4 Übt den Vortrag in Partnerarbeit ein. 23

5 Erarbeite einen Vortrag zu einer der Trendsportarten, die auf Seite 26 und 27 vorgestellten werden.
- Hole selbstständig Informationen ein: im Internet, in der Bücherei, in Zeitungen …
- Orientiere dich an der **Checkliste** unten.
- Übe den Vortrag mit einem Partner ein.
- Du kannst den **Wortschatz** nutzen.

CHECKLISTE
- ✓ Ich lege einen Stichwortzettel mit Informationen und Fachwörtern an.
- ✓ Ich erstelle eine Gliederung.
- ✓ Ich schreibe Redekarten.
- ✓ Die Einleitung und den Schluss formuliere ich aus.
- ✓ Ich fertige anschauliche Präsentationsfolien an.
- ✓ Den Vortrag übe ich gemeinsam mit einem Partner / einer Partnerin.

6 Haltet eure Vorträge vor dem Plenum.

7 Hört als Zuhörer aufmerksam zu:
- Achtet auch auf Sprache, Gestik, Mimik und Körperhaltung der Vortragenden.
- Gebt den Vortragenden ein faires Feedback:
  Was ist gut gelungen?
  Was kann noch verbessert werden?
  Was war besonders interessant?
  Worüber hätte man gern mehr erfahren?

WORTSCHATZ: TEXTBAUSTEINE

… möchte die Trendsportart … vorstellen.
… ist eine aufregende Sportart …
… hatte ich noch nie etwas von … gehört.
… stammt aus …
… ist seit … auch bei uns sehr beliebt.
Ballspiel, Wassersport, Wettkampfsport, Mannschaftssport, Einzelsportart, Freizeitsport
… ist sowohl für Mädchen / Frauen und Jungen / Männer geeignet.
Und so funktioniert …
Das Spiel läuft folgendermaßen ab: …
Ziel von … ist …
Das Spielfeld besteht aus … und hat die Maße …
An Ausrüstung braucht man …
Wer … ausüben möchte, sollte als Sportler / Sportlerin vor allem …
… ist eine / keine Sportart für jedermann.
Das Verletzungsrisiko beim … lässt sich verringern, wenn …
An …. fasziniert mich besonders, dass …
… ist eine Sportart, die ich (nicht) unbedingt selbst lernen / ausüben möchte.
… könnte meine neue Lieblingssportart werden.
Meine Empfehlung: Probiert … selbst einmal aus.
Vielen Dank für eure Aufmerksamkeit.
Wenn ihr noch Fragen habt …

Vorträge erarbeiten und halten

Überprüfe dein Wissen und Können

1 Bei der Vorbereitung eines Vortrags gibt es verschiedene Arbeitsschritte, die hier etwas durcheinandergeraten sind. Ordne die acht Arbeitsschritte, indem du die Buchstaben in der richtigen Reihenfolge notierst.
- **A** Als Gedächtnisstütze auf weiteren Redekarten wichtige Stichwörter notieren.
- **B** Den Vortrag vor der Klasse halten.
- **C** Den Vortrag mehrfach üben.
- **D** Eine Einleitung formulieren und auf eine Redekarte schreiben.
- **E** Eine Gliederung für den Vortrag schreiben.
- **F** Die Texte genau lesen und einen Stichwortzettel mit wichtigen Informationen anlegen.
- **G** Sich zum Thema Texte und Bilder aus dem Internet und der Bücherei beschaffen und auswählen.
- **H** Präsentationsfolien anfertigen, um den Vortrag zu veranschaulichen.

2 Welche Wörter gehören in diesen Lückentext? Schreibe sie mit den Ziffern auf.

Körpersprache

Unser **1** „spricht" immer. Unsere Körperhaltung, unsere **2** und **3** hinterlassen bei anderen entscheidende Eindrücke. Oft sind es **4** der Körpersprache, die den Ausschlag geben, ob man jemandem beim **5** gern oder nicht gern zuhört.

Abzeichen
Mund
Fremdsprache
Ohren
Gestik
Signale
Körper
Vertrag
Mimik
Vortrag

3 Notiere drei Tipps, die man während eines Vortrags beachten sollte.

4 Erstelle zu einem der beiden folgenden Infotexte eine Redekarte. Schreibe dazu Stichwörter auf und achte auf Übersichtlichkeit.

📖 Was ist „Padel"?

Padel kann als eine Kombination der Sportarten Tennis und Squash bezeichnet werden. Es wurde 1965 in Mexiko entwickelt und wurde 1974 in Südspanien eingeführt. Padel gehört zu den am schnellsten wachsenden Sportarten weltweit. Ein Grund ist sicherlich, dass Padel schnell zu erlernen ist. Der Schläger *(Padel)* ist handlich, die Regeln sind einfach. Der Einstieg in das Spiel gelingt auch Anfängern problemlos: Bereits nach wenigen Schlägen kann es zu langen und spannenden Ballwechseln kommen, die für großen Spielspaß sorgen.

📖 Padel: Spielregeln

Padel spielt man im Doppel, also „zwei gegen zwei". Die Ballwechsel werden mit einem Unterhandschlag eröffnet, bei dem der Treffmoment von Schläger und Ball maximal auf Höhe der Hüfte erfolgt. Im Spiel darf der Ball nur einmal auf dem Boden aufsetzen. Jedoch darf der Ball nach dem Aufsetzen auch an eine oder mehrere Seitenwände prallen. Gezählt wird nach Tennisregeln (15:0, 30:0, …). Ein Match geht über zwei Gewinnsätze.

5 Schreibe eine kurze Einleitung für einen Vortrag zum Thema: **Eine Sportart, die mir gut gefällt**.

Probleme erkennen – Einsichten gewinnen

Sprechen und Zuhören

Miteinander diskutieren
Meinungen untersuchen – Argumente ermitteln

1 Diese Gruppe diskutiert über ein interessantes Thema ...
Lest das Gespräch laut.
Als Sprecher und Sprecherinnen braucht ihr drei Mädchen und drei Jungen.

Anna: Wisst ihr, was ich gestern in der Zeitung gelesen habe? In Aachen gibt es eine Schule, da beginnt jeder Tag mit einer Stunde Sport. Toll, ne?
Was haltet ihr denn davon? Ich fände es super, wenn es das an unserer Schule auch geben würde.

Ole: Warum das denn?

Anna: Na ja, ich denke, wenn man jeden Morgen Sport macht, startet man viel fitter und entspannter in den Tag. Da kann man sich bestimmt auch besser auf den Unterricht konzentrieren.

Leon: Ich sehe das genauso wie du. Ich kenne das vom Lernen zu Hause. Wenn ich Mathe pauken muss, gehe ich vorher eine Runde mit dem Hund spazieren. Danach kann ich mich dann viel besser auf die Zahlen konzentrieren.

Ole: Aber jeden Tag Sport? Und das so kurz nach dem Aufstehen? Ohne mich! Da streike ich. Mir reichen die zwei Stunden Sport pro Woche, die wir jetzt schon haben. Entspannter bin ich dadurch auch nicht. Wenn ich mir vorstelle, erst zehn Runden um den Sportplatz zu rennen und danach die Deutscharbeit zu schreiben ...

Jana: Ich sehe das ähnlich wie du, Ole. Besonders wenn man dann den ganzen Tag verschwitzt im Unterricht sitzt – igitt – da halte ich überhaupt nichts von.

Probleme erkennen – Einsichten gewinnen

Cem: Ach Jana. Man kann doch auch nach dem Sport duschen.
Anna: Genau.
Cem: Ich finde die Idee an sich gut, aber ich glaube, mir würde das zu viel. Ich gehe ja jetzt schon dreimal in der Woche nachmittags zum Handball. Da ist es mir wichtiger, in der Schule mehr Zeit für andere Fächer wie Deutsch und Mathe zu haben.
Ole: Genau das finde ich auch wichtig. Mein Onkel sagt immer: Lesen, Schreiben, Rechnen muss man können. Von Sport hat er nichts gesagt. Den kann man in der Freizeit machen.
Anna: Also in dem Artikel stand, dass da kein schweißtreibender Sport gemacht wird, sondern viele kleine Übungen für die Beweglichkeit und Geschicklichkeit. Das schult das Gehirn und soll einem dann auch in anderen Schulfächern helfen.
Jana: Aber muss es denn unbedingt Sport sein? Ich meine, ein Instrument zu spielen fördert doch auch das Gehirn.
Shida: Das stimmt. Ich spiele ja seit vier Jahren Schlagzeug. Da muss ich echt viele unterschiedliche Bewegungen mit Füßen, Armen und Händen machen. Und das ist zum Teil anstrengender als Sport.
Leon: Hmm, darüber habe ich noch gar nicht nachgedacht. Aber nicht jeder kann sich ein Instrument leisten. Außerdem hat unsere Schule jetzt schon zu wenig Musiklehrer. Da sind doch ein paar Gymnastikübungen eine günstige Alternative.
Shida: Da hast du wohl recht.

2 Gebt mit euren Worten mündlich wieder:
Welche Argumente **für** bzw. **gegen** regelmäßigen Frühsport in der Schule werden zwischen den Jungen und Mädchen ausgetauscht?

3 Untersucht die Beiträge der Schülerinnen und Schüler zum Thema **Frühsport** im Einzelnen:
- Wer spricht sich **dafür**, wer spricht sich **dagegen** aus?
- Gibt es jemanden, der **geteilter Meinung** ist?
- Prüft, ob die Jungen und Mädchen ihren Standpunkt sachlich und überzeugend begründen.
- Wie reagieren die Kinder jeweils auf die Standpunkte der anderen? Nennt auch dazu Beispiele.

4 Welche Meinungen habt ihr denn zu diesem Thema?
Beantwortet die Frage zunächst still für euch selbst.

5 Führt jetzt eine Meinungsabfrage zu diesem Thema in eurer Klasse durch: *ja – unentschieden – nein*.
- Welche Argumente sind jeweils für euren Standpunkt ausschlaggebend?
- Begründet eure Position. Ihr könnt euch dazu am **WORTSCHATZ** orientieren.

WORTSCHATZ

Für mich gibt es in dieser Frage eine / keine eindeutige Antwort: …
Ich bin dafür, weil … / Ich bin dagegen, denn …
Ich denke es gibt Punkte, die dafür und die dagegen sprechen. Deshalb …
Ich stehe auf dem Standpunkt, dass …
Jeden Tag Sport – das ginge ja noch. Aber wenn …
Meiner Meinung nach …

Miteinander diskutieren

Regeln für erfolgreiches Diskutieren

1 Die Klasse 7b plant am übernächsten Freitag einen Wandertag. In einer Kleingruppe diskutieren sechs Schülerinnen und Schüler über mögliche Ausflugsziele.
Lest das Gespräch mit verteilten Rollen. Auch hier sind drei Jungen und drei Mädchen beteiligt.

Yannick *(begeistert)*: Also, ich mach mal 'nen Vorschlag, ich will mit euch zum Lasertag. Was meint ihr, Jungs?

Moritz *(stimmt zu)*: Cool, das wird klasse! Super Idee! Ich will da auf jeden Fall hin! Geht klar!

Lara *(verständnislos)*: Was ist denn das für 'n Vorschlag! Hab ich mir schon gedacht, immer nur das, was die Jungs woll'n. Da komm' ich nicht mit!

Yannick *(vorwurfsvoll)*: Das war ja klar, ich habe nichts anderes von dir erwartet, immer bist du dagegen! Mach doch selbst 'nen besseren Vorschlag! Lasertag ist super, da kann man sich auch nicht verletzen! Einfach spitze!

Denise *(stimmt zu)*: Hmm ... Lasertag, das hört sich spannend an, hab' ich noch nie gemacht.

Lara *(ablehnend)*: Ich will da einfach nicht hin, das könnt ihr alleine machen! Ich bin da raus! Ich will was machen, was wir alle gut finden – Jungs und Mädchen.

Moritz *(vorwurfsvoll)*: Hast ja noch nicht mal 'nen eigenen Vorschlag! Es spricht doch viel für Lasertag: Es geht um Taktik und Geschick – und man kann sich nicht verletzen. Wieso ist das nichts für Mädchen? Vielleicht ist es etwas teuer, aber es lohnt sich auf jeden Fall.

Lara *(protestiert)*: Dafür zahle ich keinen Cent! Ich will in 'nen Freizeitpark! Da kommen alle gerne mit.

Denise *(freudig)*: Coole Idee, ein Freizeitpark ist ganz nett für einen Ausflug, aber wir müssen uns fragen, ob das nicht zu teuer ist.

Leo *(genervt)*: Was habt ihr alle für merkwürdige Vorschläge? Überhaupt nicht umsetzbar – viel zu teuer! Und außerdem will da eh keiner hin! Bevor noch jemand solche Ideen hat, hält er lieber den Mund, das nervt total.

Fatima *(schlägt vor)*: Was ist mit dir los, Leo? Hast du 'nen besseren Vorschlag? Ich würde lieber einen Kanuausflug machen, was meint ihr? Da kann man den ganzen Tag auf einem Fluss sein. Ich weiß aber nicht, wie teuer so etwas ist.

Leo *(noch genervter)*: Gar nichts ist mit mir los! Aber jetzt hast du noch so eine komische Idee – Kanu – das wird ja immer schlimmer! In den Freizeitpark könnt ihr mit der Familie fahren, da müssen wir nicht zusammen hin! Meint ihr, unsere Lehrer sind von solchen Vorschlägen begeistert? Das ist doch alles viel zu teuer!

Denise *(begeistert)*: Kanu, das ist eine tolle Idee, Fatima! Das wird bestimmt klasse, da wäre ich nie drauf gekommen!

Lara *(ablehnend)*: Das kann doch nicht euer Ernst sein! Den ganzen Tag auf dem Wasser! Ich sehe das genauso wie Leo! Immer nur Sport, das will ich nicht! Da geh' ich doch noch lieber in 'nen Freizeitpark, obwohl der bestimmt etwas teurer ist. Wer unbedingt Wasser will, kann ja im Freizeitpark auf die Wildwasserbahn.

Yannick *(kompromissbereit)*: Hmm … eigentlich will ich mit euch immer noch zum Lasertag. Aber der Freizeitpark ist auch ziemlich cool, und Kanu könnte ich mir auch vorstellen!

Leo *(kompromisslos)*: Das ist doch nicht euer Ernst, Leute, da bin ich raus! Nachher haben wir alle einen Sonnenstich! Und wenn es regnet, bleib ich gleich zu Hause! Ich glaube sowieso nicht, dass unsere Lehrer und Eltern so was gut finden. Vielleicht sollten wir eher mal ins Museum gehen, da lernen wir noch was!

Denise *(begeistert)*: Ja, Leo, Museum ist auch gut, denn so oft geht man da sonst ja auch nicht rein. Ich war sogar mal bei einer Museumsnacht, und das war echt spitze!

Fatima *(wägt ab)*: Museum, das haben wir doch erst beim letzten Mal gemacht. Wenn wir beim Kanu Kappen aufsetzen, dann bekommen wir auch keinen Sonnenstich und Sonnencreme gibt es auch. Ich finde, der Kanuausflug wäre prima, ist vielleicht auch nicht so teuer, aber in einem Freizeitpark gibt es vielleicht auch 'ne Wildwasserbahn und wir könnten zusammen was machen. Kanu finde ich aber noch interessanter! Das macht nicht jeder!

Moritz *(stimmt zu)*: Du hast recht, Fatima, mir würde das auch gefallen. Aber wir sollten vielleicht nach etwas suchen, hinter dem alle stehen. Denn wenn viele keine Lust haben, bringt das auch nichts. Es muss doch etwas geben, was allen gefällt. Und vor allem sollten wir auch darauf achten, dass das Ganze nicht zu teuer ist.

Lara *(bestimmend)*: Wer ist jetzt für den Freizeitpark? Ich will, dass wir jetzt abstimmen.

Fatima *(fasst zusammen)*: Ey Leute, das bringt so doch nichts! Jeder denkt nur daran, was *er* will. So kommen wir nicht weiter!

2 Untersucht das Diskussionsverhalten der Jungen und Mädchen.
- Wie verhalten sie sich während des Gesprächs?
- Wie reagieren sie auf Äußerungen und Vorschläge von anderen?

3 Nennt Gründe, warum sich die Gruppe nicht auf ein gemeinsames Ausflugsziel einigen konnte.

4 Welche **Tipps** könnt ihr der Gruppe geben, damit sie beim nächsten Mal erfolgreicher miteinander diskutieren kann? Nutzt dazu auch die Informationen im Kasten.

Regeln für erfolgreiches Diskutieren

In einer Diskussion sollten die Beteiligten …

- die eigene Meinung sachlich vertreten und beim Thema bleiben,
- höflich, ruhig und in passender Lautstärke sprechen,
- andere ausreden lassen und niemandem ins Wort fallen,
- Zugeständnisse machen und Wertschätzung ausdrücken,
- sich andere Meinungen anhören und darauf eingehen,
- sich eventuell auch mal entschuldigen,
- Verständnis für andere äußern,
- Begründungen für eigene Vorschläge nennen.

Aufgaben der Diskussionsleitung:

- die Diskussion eröffnen und in das Thema einführen,
- den Rednern der Reihe nach das Wort erteilen – eventuell nach einer Rednerliste,
- darauf achten, dass die Diskussionsregeln eingehalten werden,
- nachfragen, wenn etwas unklar ist,
- das Ergebnis am Ende der Diskussion zusammenfassen und ein Fazit ziehen.

Miteinander diskutieren

Eine Diskussion untersuchen

Die sechs Schülerinnen und Schüler versuchen erneut, sich in einer Gruppendiskussion gemeinsam auf ein Ausflugsziel zu einigen. Yannick übernimmt dieses Mal die Diskussionsleitung – und Moritz führt nach Meldung eine Rednerliste.

1 Lest diese Diskussion mit verteilten Rollen.

Yannick *(führt ein)*: Also ich fange mal an. Wir müssen uns heute auf einen gemeinsamen Vorschlag für unseren Wandertag einigen. In der letzten Diskussion hatten wir bereits die Ideen: Lasertag, Kanu und Freizeitpark.
Denise, Fatima und Leo melden sich. Moritz notiert sie auf der Rednerliste.
Yannick *(moderiert)*: Denise, was ist deine Idee für unseren Ausflug, du bist dran.
Denise *(schlägt vor)*: Ich würde gern mit euch in den Freizeitpark fahren. Das war Laras Idee. Die finde ich einfach super! Da gibt es total unterschiedliche Sachen, z. B. Wasserrutschen und Achterbahnen.
Yannick *(wägt ab)*: Das finde ich auch nicht schlecht. Wir müssten uns aber genau über die Kosten informieren, ein Freizeitpark ist bestimmt nicht ganz so günstig.
Lara meldet sich mit zwei Händen.
Yannick *(fragt nach)*: Lara, willst du direkt dazu etwas sagen?
Lara *(stimmt zu, wägt ab)*: Ja, ich würde gern noch mal sagen, weshalb ich den Freizeitpark gut finde. Da kann jeder genau das machen, was er will. Wir müssen aber bei der Planung überlegen, ob die Fahrt dorthin für uns nicht zu weit ist.
Yannick *(stimmt zu, fragt nach)*: Stimmt! Über die Kosten und den Ort haben wir noch gar nicht gesprochen. Fatima, was sagst du dazu? Du bist an der Reihe.
Fatima *(erklärt, begründet)*: Ich bleibe immer noch beim Kanufahren. Da sind wir entspannt den ganzen Tag auf dem Wasser und jeder muss mitmachen. Und so teuer wie der Freizeitpark ist das bestimmt nicht.
Yannick *(bedankt sich, fragt nach)*: Danke Fatima! Hat jemand noch etwas zum Kanu zu sagen?
Leo und Moritz melden sich mit zwei Händen.
Leo *(lehnt ab, ist aber kompromissbereit)*: Mir gefällt das nicht, ich mag kein Wasser! Es ist mir zu anstrengend! Es sei denn, wir setzen uns mit mehreren ins Kanu und wir wechseln uns ab. Ich will auf gar keinen Fall in den Fluss fallen!
Moritz *(schlägt vor, erklärt)*: Ich finde gut am Kanu, dass es nicht so teuer ist. Das habe ich zumindest gehört. Vielleicht sollten wir aber vorher Frau Schubert fragen und vielleicht auch unsere Eltern? Vielleicht brauchen wir auch einen Sportlehrer mit Kanuschein? Ach so Leo, ich setz mich zu dir ins Kanu, das kentert dann bestimmt nicht.
Yannick *(stimmt zu, argumentiert)*: Stimmt, man muss viel bedenken. Vielleicht sollten wir das alles mal aufschreiben. Danke für die Beiträge von Leo und Moritz. Jetzt will ich aber auch noch mal einen Vorschlag machen. Ich bin nach wie vor für Lasertag, da ist man in einem Team, muss taktisch überlegen und kann sich nicht verletzen, ähnlich wie beim Kanu.

Moritz ergänzt die Rednerliste um die Handzeichen von Fatima, Denise und Moritz.

Yannick *(überlässt Fatima das Wort)*

Fatima *(begründet)*: Das sind gute Argumente. Aber ich finde Kanu im Vergleich zum Lasertag besser, weil wir draußen sind und nicht in der Halle. Viele waren auch schon dort. Ich glaube nicht, dass schon so viele Kanu gefahren sind. Das ist voll das Event! Das macht man nicht einfach mal so. Zum Lasertag kannst du mit 'nem Geburtstag fahren.

Yannick *(bedankt sich, beachtet die Rednerliste)*: Danke Fatima. Denise, du hattest dich gemeldet, jetzt bist du dran.

Denise *(begründet, fragt nach)*: Kanu würde ich auch besser finden, das habe ich noch nie gemacht, vielleicht geht es den anderen genauso?

Yannick *(kommentiert)*: So Leute, ich denke, Moritz möchte noch was sagen. Und dann fasse ich zusammen, damit wir in unserer Gruppe abstimmen können.

Moritz *(fasst zusammen)*: Lasertag, Freizeitpark und Kanu sind gute Vorschläge, aber das meiste spricht für Kanu. Es scheint allen den größten Spaß zu bringen. Nun wollen wir mal schauen, was die anderen in der Klasse dazu sagen. Auf alle Fälle aber muss der Ausflug bezahlbar sein.

Yannick *(fasst zusammen)*: Wir haben drei Vorschläge besprochen, Lasertag, Freizeitpark und Kanu, es sind Gründe dafür und dagegen genannt worden. Wir müssten zwar noch Fragen klären, z. B. ob unsere Eltern oder Frau Schubert damit einverstanden sind. Ich denke aber, wenn keiner mehr etwas sagen möchte, können wir jetzt abstimmen.

2 Was hat sich in der erneuten Diskussion der Gruppe verändert? Äußert eure ersten Eindrücke.

3 Untersucht diese Diskussion unter folgenden Gesichtspunkten:
- Organisation, Ablauf und Leitung der Diskussion,
- Argumente, die **für** oder **gegen** die einzelnen Ausflugsziele vorgebracht werden,
- Verhalten der Diskussionsteilnehmer zueinander,
- Reaktionen auf andere Beiträge und Vorschläge.

Schaut in den Text und findet jeweils passende Beispiele als Beleg.
Ihr könnt dazu den **WORTSCHATZ** nutzen.

4 Bei wem könnt ihr eine deutliche Veränderung im Vergleich zur ersten Diskussion erkennen?
Woran wird diese Veränderung deutlich?

5 Welche Punkte aus dem Infokasten von Seite 33 spiegeln sich am deutlichsten im Diskussionsverhalten der Jungen und Mädchen wider?
Nennt auch hier Beispiele für die Veränderungen.

WORTSCHATZ

abwägen	kompromissbereit
ansprechen	lösungsorientiert
argumentieren	motiviert
auf andere eingehen	nachfragen
auffordern	nachgeben
begeistern	offen sein (für andere Vorschläge)
begründen	vorschlagen
fragen	Vorschläge einbringen
interessiert	zu bedenken geben

Miteinander diskutieren

Eine Diskussionsmethode erproben

> **Ⓜ Fishbowl**
> - Bildet einen großen Stuhlkreis oder ein Hufeisen.
> - In der Mitte befindet sich ein kleiner Innenkreis mit insgesamt 5–7 Stühlen.
> - 5–7 Schülerinnen und Schüler sitzen im Innenkreis und diskutieren miteinander über das vereinbarte Thema. Ein leerer Stuhl befindet sich zusätzlich im Kreis.
> - Alle anderen Schülerinnen und Schüler sitzen im Außenkreis. Sie hören aufmerksam zu. Nach der Diskussion geben sie Rückmeldung. Zwischenrufe und Kommentare sind nicht erlaubt.
> - Wer sich vom Außenkreis an der Diskussion beteiligen möchte, setzt sich auf den freien Stuhl im Innenkreis. Nach einem Redebeitrag wird der Innenkreis wieder verlassen.
> - Die Diskussionsleitung führt durch die Diskussion, moderiert und fasst am Ende die Inhalte zusammen. Die Leitung diskutiert **nicht** mit.

1 Führt eine Diskussion nach den Regeln der Fishbowl-Methode durch.
Die Diskussion sollte maximal fünfzehn Minuten dauern. Schaut dazu die nächsten Schritte **A–C** an.

A Themenfindung

Gibt es ein Thema, zu dem es in eurer Klasse aktuell unterschiedliche Meinungen gibt?
Über welches Thema aus der Schule oder aus den Nachrichten möchtet ihr unbedingt diskutieren?
Tauscht euch aus, erstellt eine Liste, und einigt euch auf ein Diskussionsthema.

Ihr könnt auch aus folgenden Themenvorschlägen wählen:
- Gemeinsames Frühstück in der ersten Woche nach den Ferien?
- Lesenacht mit der Klasse in der Schule?
- Einführung von Geburtstagspaten, die für ein Geburtstagskind – per Los gezogen – eine kleine Überraschung organisieren sollen.
- Theaterbesuch

○○●○ Gelerntes vertiefen und selbstständig anwenden

B Vorbereitung

- Wer leitet die Diskussion?
- Wer sitzt im Innenkreis und diskutiert?
- Wer gibt nach der Diskussion Rückmeldung?
- Gibt es Sonderregeln?

Die Diskussionsleitung:

- Überlege dir eine Einleitung, mit der du die Diskussion eröffnest. Bereite dazu eine Sprechkarte vor.
- Mache dir klar, welche verschiedenen Ansichten es zum Diskussionsthema geben könnte.

Die Diskutierenden:

- Mache dir klar, was dein Standpunkt ist und wie du ihn begründen kannst.
- Erstelle dir Sprechkarten. Nutze dazu den **WORTSCHATZ**.

Die Rückmeldenden:

- Überlege dir, wen du während der Diskussion beobachten möchtest.
- Entscheide dich, was du beobachten möchtest. Bereite dich mithilfe der **CHECKLISTE** unten vor.

C Durchführung und Rückmeldung

- Baut die beiden Stuhlkreise bzw. das Hufeisen und den Stuhlkreis auf.
- Nehmt eure Plätze ein.
- Führt eure Diskussion.
- Gebt euch zum Schluss gegenseitig Rückmeldung.

WORTSCHATZ

Da ist natürlich etwas Wahres dran, aber man muss auch bedenken, dass …
Die Argumente haben mich überzeugt / nicht überzeugt, weil …
Einerseits ist es nachvollziehbar, dass …; aber andererseits …
Ich denke, dass …
Ich möchte … unterstützen. Deshalb bin ich auch der Ansicht …
Ich vertrete den Standpunkt …
Meiner Ansicht / Auffassung / Meinung nach ist es so, dass …
Nachvollziehbar, was … schildert, aber …
Natürlich hat … recht, wenn man bedenkt … aber … hat dabei vergessen, dass …
Nein, das sehe ich ganz anders. Du hast bei … übersehen, dass …
Zum einen … zum anderen …

CHECKLISTE

Die Diskussionsleitung …
- ✓ … hat in das Thema passend eingeführt.
- ✓ … hat moderiert, indem sie den Diskussionsteilnehmern das Wort erteilt, Nachfragen gestellt und Redebeiträge aufeinander bezogen hat.
- ✓ … hat am Ende die Standpunkte zusammengefasst und zur Lösung angeleitet.

Die Diskutierenden …
- ✓ … haben sich wie häufig und wie intensiv beteiligt.
- ✓ … haben ihren Standpunkt sachlich und verständlich vorgebracht.
- ✓ … haben ihren Standpunkt begründet.
- ✓ … haben wertschätzend, höflich und freundlich miteinander gesprochen.
- ✓ … haben einander ausreden lassen und sind sich nicht ins Wort gefallen.
- ✓ … haben Verständnis für andere aufgebracht und andere Standpunkte zugelassen.
- ✓ … waren kompromissbereit und haben unterschiedliche Standpunkte überdacht.

Miteinander diskutieren

Eine Diskussion im Plenum führen und auswerten

1 Das folgende Insel-Spiel wird zunächst in Tischgruppen (4–6 Personen) und anschließend mit der gesamten Klasse durchgeführt. Lest euch die Spielanleitung gemeinsam durch.

Das Insel-Spiel

Stellt euch vor, ihr macht zu viert eine Segeltour in der Südsee. In der Nacht gerät euer Schiff in einen schweren Sturm und beginnt zu sinken. Alle können sich auf das Rettungsboot retten. Es ist ein Ruderboot aus Holz, ohne Motor. Am nächsten Morgen seht ihr in der Ferne Land, eine einsame Insel. Einige Gegenstände treiben noch im Wasser umher.

Die Gegenstände sind:
- eine Angel
- ein Schlafsack
- eine Schwimmweste
- eine Tube Sonnencreme
- ein Fass mit 20 Litern Trinkwasser
- ein Laptop
- ein Verbandskasten
- ein Portemonnaie
- eine Taschenlampe
- ein weißes Hemd
- ein Feuerzeug
- eine Kiste mit fünf Kilogramm Nahrung
- eine Sonnenbrille
- ein Satellitentelefon mit geladenem Akku
- ein Messer
- ein Reiseführer über Tahiti
- ein leerer Koffer
- ein Sonnenhut
- eine Signalpistole mit einer Patrone
- ein Eimer

Euer Boot ist schon sehr voll. Ihr könnt deshalb nur noch **zehn** der umhertreibenden Gegenstände zur einsamen Insel mitnehmen.

2 Wähle zuerst **allein** zehn Gegenstände aus, die du für euer Überleben am wichtigsten hältst.
- Mach dir deine Auswahl bewusst.
- Wäge gut ab, welchen Nutzen ihr jeweils von diesem Gegenstand hättet.

3 Tauscht euch danach in der Tischgruppe über eure Auswahl aus.
- Begründet, warum ihr genau diese Gegenstände mitnehmen wollt. Nutzt den **WORTSCHATZ**.
- Formuliert nun aus euren Ideen eine gemeinsame **Tischgruppen**-Liste.

4 Präsentiert eure Liste dann im Plenum und vergleicht eure Ergebnisse untereinander.
- Diskutiert eure Vorschläge und begründet eure Ablehnung bzw. euren Zuspruch.
- Entwickelt anschließend in der Klasse eine **gemeinsame Liste** für alle.

WORTSCHATZ

besonders gut geeignet – das Überleben sichern – immens wichtig – lebensnotwendig – praktisch – sinnvoll – strategisch wichtig – unbrauchbar – unentbehrlich – unnütz – unsinnig – unverzichtbar – unwichtig – überflüssig – überlebenswichtig – zwingend erforderlich

Miteinander diskutieren
Überprüfe dein Wissen und Können

1 Welche Regeln sind für eine Diskussion wichtig? Notiere die vier richtigen Buchstaben.
  A Man lässt Redner ausreden und fällt ihnen nicht ins Wort.
  B Eine Rednerliste ist immer überflüssig.
  C Die Diskussionsleitung moderiert die Diskussion.
  D Die Sprache in Diskussionen ist wertschätzend.
  E Beleidigungen darf man zur Begründung an wenigen Stellen einsetzen.
  F Die Diskussionsleitung leitet am Anfang ins Thema ein und fasst am Ende zusammen.
  G Die Diskussionsleitung kann zwischendurch spontan wechseln.

2 Auf was sollte man in einer Diskussion Wert legen?
  Notiere die vier richtigen Buchstaben.
  A Zugeständnisse machen B Drohungen
  C Gegenangriffe D Wertschätzung
  E Entschuldigungen F Beleidigungen
  G Unterstellungen H Verständnis für andere ausdrücken

3 Finde passende Beschreibungen für folgende Redebeiträge.
  Der **WORTSCHATZ** gibt dir Anregungen.
  Lia: Es freut mich, dass wir uns dafür entschieden haben.
  Mischa: Das habe ich nicht bedacht! Du hast Recht.
  Miriam: Das gefällt mir, weil ich das noch nicht gemacht habe.
  Fabian: Das ist zwar nicht das, was ich unbedingt machen muss, aber ich kann es mir auch vorstellen.

  WORTSCHATZ

  begeistert, begründend, einsichtig, gibt zu, kompromissbereit, wertschätzend, zustimmend

4 An welche Regeln sollte man sich in einer Diskussion halten?
  Notiere die zwei richtigen Buchstaben.
  a) Ich sage immer, was ich meine. Es geht mir nur darum, was mir gefällt.
  b) Ich höre anderen aufmerksam zu.
  c) Ich achte darauf, durch meine Beiträge niemanden zu beleidigen.
  d) Es ist nicht notwendig, meine Meinung zu begründen.

5 Welche der folgenden Redebeiträge würdest du in einer Diskussion verwenden? Finde eine passende Begründung.
  a) „Du immer mit deinen blöden Vorschlägen."
  b) „Deine Begründung kann ich wirklich nachvollziehen."
  c) „Mir gefällt gut, was du gesagt hast."
  d) „Deine Idee hat mich überzeugt, darauf kann ich mich gut einlassen."

  WORTSCHATZ

  …, weil Verständnis für andere ausgedrückt wird.
  …, weil andere Ideen wertgeschätzt werden.
  …, weil der Beitrag Kompromissbereitschaft zeigt.
  …, weil es abwertend ist.

Lineare und nicht lineare Texte lesen
Einen Sachtext und eine Infografik untersuchen

1 Worum geht es in dem folgenden Text?
Schaut euch zunächst das Foto an und lest die Überschrift.

2 Lest nun den Text vor und verschafft euch einen Überblick.

Lebensmittelverschwendung in Deutschland

Es soll schmecken, gut aussehen und natürlich gesund sein. Dafür wird viel Aufwand betrieben. Aber eine ungeheure Menge Lebensmittel landet nicht auf dem Teller, sondern auf dem Müll. Eine Studie der Universität Stuttgart hat ermittelt, dass in Deutschland jährlich etwa 11 Millionen Tonnen noch genießbare Lebensmittel entsorgt werden: von den Privathaushalten[1], von der Gastronomie[2] und Großabnehmern[3], von der Lebensmittelindustrie und vom Handel.

Dieser Abfallberg hat – laut der Stuttgarter Studie – viele Ursachen. So landen Lebensmittel zum Beispiel im Müll, weil sie nicht den Anforderungen entsprechen, wie „zweibeinige" Möhren oder krumme Gurken. Oder Supermärkte bieten bis Ladenschluss volle Regale mit leicht verderblichen Waren an. Aber vor allem planen die Verbraucher zu wenig und kaufen zu viel ein. Würde nur das gekauft, was gegessen wird, ließe sich der vermeidbare Lebensmittelabfall um 6,7 Millionen Tonnen pro Jahr reduzieren. So könnten pro Kopf und Jahr rund 82 Kilogramm Lebensmittelabfälle im Wert von etwa 230 Euro eingespart werden.

Das Wegwerfen von Lebensmitteln kostet nicht nur bares Geld, sondern es schadet auch der Umwelt und verbraucht wertvolle Ressourcen[4]. Deshalb ist es wichtig, dass Verbraucher einige einfache, aber wirksame Regeln im Umgang mit Lebensmitteln beachten: So sollte man sich eine Einkaufsliste machen und nur das kaufen, was man wirklich braucht. Auch bei krummem Gemüse sollte man zugreifen. Zuhause sollten die Lebensmittel fachgerecht gelagert werden, damit sie möglichst lange halten. Und wenn einmal das Mindesthaltbarkeitsdatum abgelaufen ist, sollte man sich auf Nase und Augen verlassen. Denn oft sind die Lebensmittel noch genießbar.

[1] Privathaushalt: Personen, die gemeinsam in einer Wohnung leben: In Deutschland gibt es bei 81 Mio. Einwohnern rund 40 Mio. Privathaushalte (Stand 2010).
[2] Gastronomie: Gastgewerbe: Hotel, Restaurant, Café
[3] Großabnehmer: z. B. Klinik, betriebliche Kantine, Schulmensa
[4] Ressourcen: Betriebsmittel wie Arbeitskraft, Geld, Rohstoffe, Energie, Wasser, Boden

3 Tauscht euch aus:
- Welche Informationen sind euch nach dem ersten Lesen im Gedächtnis geblieben?
- Wie sind eure eigenen Erfahrungen im Umgang mit Lebensmitteln?

4 Lest nun den Text noch einmal unter folgenden Fragestellungen:
a) Wo werden Lebensmittel verschwendet?
b) Was sind die Ursachen?
c) Wie kann Abhilfe geschaffen werden?
- Schlagt Unverstandenes nach oder fragt eure Lehrerin / euren Lehrer. Nutzt auch die Fußnoten.
- Legt einen Stichwortzettel an: Haltet für jeden Absatz Zwischenüberschriften und wichtige Stichwörter fest.

Lebensmittelverschwendung in Deutschland
- Studie der Universität Stuttgart
- jährlich 11 Mio. t Lebensmittelabfälle
- Privathaushalte, Gastronomie/ Großabnehmer ...

Was sind die Ursachen?
...

5 Benutzt den Stichwortzettel, um euch die wesentlichen Textinformationen mündlich wiederzugeben.

Was sollten Verbraucher beachten?
...

6 Betrachtet nun die folgende Infografik zum selben Thema:
- Welche Informationen aus dem Sachtext könnt ihr wiedererkennen?
- Welche Informationen sind neu?

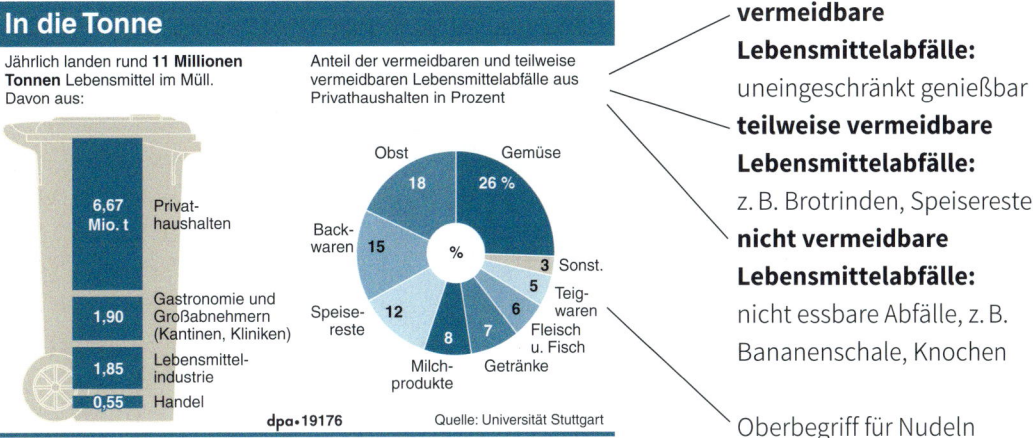

vermeidbare Lebensmittelabfälle:
uneingeschränkt genießbar
teilweise vermeidbare Lebensmittelabfälle:
z. B. Brotrinden, Speisereste
nicht vermeidbare Lebensmittelabfälle:
nicht essbare Abfälle, z. B. Bananenschale, Knochen

Oberbegriff für Nudeln

7 Beschreibt die Infografik nun mündlich in der Tischgruppe. Nutzt dazu den **WORTSCHATZ**.

....

WORTSCHATZ: TEXTBAUSTEINE

In der Infografik mit der Überschrift ... geht es um das Thema ...
Die Quelle der Daten ist eine Studie der ...
Das wichtigste Ergebnis der Studie steht in einem Satz unter der Überschrift: „ ... "
Auf der Infografik sind ... Diagramme abgebildet.
Das Säulendiagramm stellt die Verursacher von ... dar, nämlich ...
Mehr als die Hälfte der ... verursachen ...
Mit knapp 2 Millionen Tonnen folgen nahezu gleichauf ...
Die wenigsten Abfälle verursacht ...
Aus dem Kreisdiagramm kann man ablesen, was ...
An der Spitze der weggeworfenen Lebensmittel stehen mit 44 Prozent ...
Es folgen ...
Im einstelligen Prozentbereich bleiben ...
Als Blickfang/Eyecatcher dient ...

8 Welcher der beiden Texte auf den Seiten 40 und 41 ist ein linearer bzw. ein nicht linearer Text? Lest die folgenden Informationen aufmerksam und begründet eure Antwort.

Lineare und nicht lineare Texte

Linear sind alle Texte, die in Zeilen fortlaufend (linear) geschrieben sind, zum Beispiel Berichte oder Beschreibungen.

Lineare Texte werden in der Regel fortlaufend gelesen – also in der oberen Zeile von links nach rechts und dann von Zeile zu Zeile von oben nach unten.

Nicht lineare Texte kann man dagegen nicht hintereinander weg lesen, sondern man muss öfter mit den Augen hin- und herspringen. **Diagramme, Tabellen** und **Infografiken** zählen dazu. In nicht linearen Texten geht es meistens um Zahlen, die bildlich dargestellt werden.

Diagramme gibt es in vielen unterschiedlichen Formen. Häufig verwendet werden **Säulen-, Linien-, Kreis-** oder **Balkendiagramme**.

Säule

Linie

Balken

Kreis

Ich mag Diagramme, Tabellen und Co. Ich finde es gut, wenn Zahlen und Fakten übersichtlich und kommentarlos dargestellt werden. **A**

Also, ich finde, das hängt ganz davon ab, was ich wissen will … **C**

Ich lese lieber längere Texte, in denen etwas zusammenhängend erklärt wird. Das lässt sich doch viel besser verstehen. **B**

9 Wer plädiert hier für lineare/nicht lineare Texte – mit welcher Begründung?
- **A, B** oder **C**? Welchen Standpunkt teilt ihr? Begründet eure Meinung.
- Tauscht euch über die Vor- und Nachteile von linearen / nicht linearen Texten aus.

10 Betrachtet das folgende Organigramm aufmerksam.
- Klärt die Bedeutung von Fachbegriffen wie *Entsorgungswege, kommunales Sammelsystem, Eigenkompostierung …*
- Beschreibt und erklärt das Organigramm in der Tischgruppe.

Organigramm

Ein **Organigramm** (Kurzwort für **Organisationsdiagramm**) ist eine ganz spezielle Diagrammform: In einem Schaubild wird der Aufbau einer Organisation in übersichtlicher Form dargestellt.

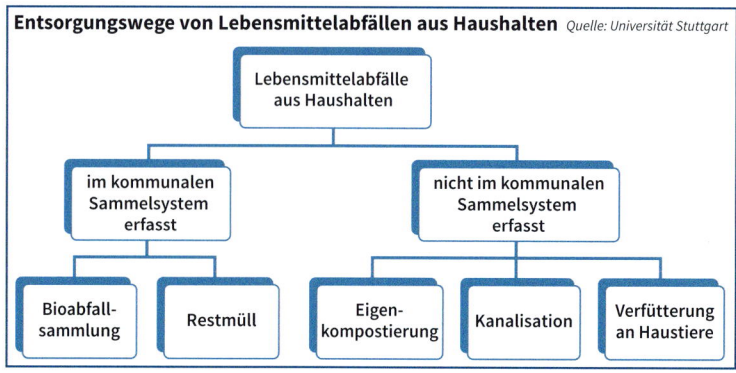

Lineare und nicht lineare Texte lesen

Lineare Sachtexte selbstständig erschließen

1 Lies zunächst die Überschrift des folgenden Zeitungsberichts und schau dir das Foto an.
- Besprich mit einem Partner, worum es geht und welche Informationen ihr erwartet.
- Notiert dazu Stichwörter.

2 Erschließe gemeinsam mit deinem Partner den Zeitungsbericht:
I Absatz A–C, *II* Absatz A–E, *III* Absatz A–G.
Nutzt dazu die **Sechs-Schritt-Lesemethode**, die auf Seite 44 abgedruckt ist.
Folgt den Anweisungen und geht Schritt für Schritt vor.

200 Jahre Fahrrad: Alles Gute, alter Drahtesel![1]

Karin Kura

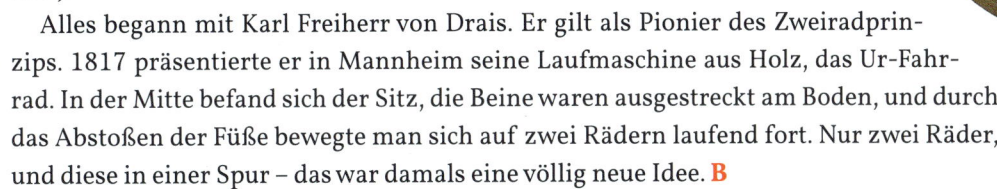

Das Fahrradfahren ist eine ganz alltägliche Sache, der Drahtesel ist aus unserem Leben nicht mehr wegzudenken. Über Deutschlands Straßen rollen 72 Millionen Fahrräder. Manche radeln zur Arbeit, Kinder radeln zur
5 Schule. Beliebt ist der Radausflug am Wochenende. 2017 feierte das Fahrrad Jubiläum: Das weltweit am meisten verbreitete Individual-Verkehrsmittel wurde 200 Jahre alt. **A**

Alles begann mit Karl Freiherr von Drais. Er gilt als Pionier des Zweiradprin-
10 zips. 1817 präsentierte er in Mannheim seine Laufmaschine aus Holz, das Ur-Fahrrad. In der Mitte befand sich der Sitz, die Beine waren ausgestreckt am Boden, und durch das Abstoßen der Füße bewegte man sich auf zwei Rädern laufend fort. Nur zwei Räder, und diese in einer Spur – das war damals eine völlig neue Idee. **B**

Den rund 13 Kilometer langen Premierenlauf startete Drais am 12. Juni 1817. Ins-
15 gesamt brauchte Drais für seinen Ritt auf dem Holzgestell nur eine Stunde – und war damit schneller als die Postkutsche. Und die Erfindung schlug ein. Drais' Laufmaschine, Draisine genannt, verbreitete sich rasch in Europa. Findige Tüftler kopierten sehr rasch seine Idee. Man schätzt, dass zwischen 5 000 und 10 000 solcher Laufräder – meist aus Eschenholz gebaut – in der ersten Hälfte des 19. Jahrhunderts auf den Straßen unterwegs
20 waren. **C**

Der große Durchbruch gelang dem Fahrrad damals aber noch nicht. In den folgenden 50 Jahren blieb die Draisine ein teures Spielzeug reicher Leute. Erst 1867 wurde auf der Weltausstellung in Paris ein Velociped mit Tretkurbeln am Vorderrad präsentiert. Später folgte das Hochrad. Damit kam man zwar flott vorwärts, aber es gab zahlreiche Kopf-
25 stürze. Also stieg man wieder um auf das Niederrad mit zwei gleich großen Rädern. Und nun ging es Schlag auf Schlag. Im Jahr 1888 erfand der Brite John Boyd Dunlop den Luftreifen. Dann kam die Kraftübertragung durch die Kette, eine Ausstattung, die bis heute üblich ist. **D**

[1] Text gekürzt und sprachlich bearbeitet

Nach 1900 wurde das Fahrrad immer mehr zum Gefährt für die breite Bevölkerung, das in Massenproduktion hergestellt werden konnte. Die Umweltbewegung in den 1970er Jahren war der Beginn eines erneuten Aufschwungs des Rades. Dazu kamen die Fitnesstrends aus den USA in den 1980er Jahren mit dem Mountainbike als neuem Sportgerät. Heute wird das Fahrrad vielseitig genutzt – als Lastenträger, Freizeitspaß und Fitness- und Sportgerät in schickem Design. **E**

Und die Bedeutung des Fahrrads steigt weiter. Es ist ein umweltschonendes Verkehrsmittel. Vor allem in den Städten mit den chronisch verstopften Straßen, der schlechten Luft und dem Verkehrslärm könnte es Entlastung bringen. Viele Kommunen bemühen sich, die Wege für Radler attraktiver zu gestalten. So gibt es mancherorts Straßen, in denen Fahrräder Vorrang haben, Radwege werden ausgebaut, Mieträder an Bahnhöfen und anderen zentralen Stellen platziert. **F**

Neuen Schwung in das Thema Mobilität bringt das E-Bike – gerade auch für Berufspendler. Doch es bleibt noch viel zu tun, um die Städte so radfreundlich zu gestalten, bis das Fahrrad für mehr Menschen eine echte Alternative zum Auto im öffentlichen Nahverkehr wird. **G**

Die Sechs-Schritt-Lesemethode

1. Überfliegend lesen: Worum geht es in dem Text?
Überfliege den Text zuerst einmal. Dabei erfährst du, worum es sich ungefähr handelt. Orientiere dich dabei an den großgeschriebenen Nomen, denn oft enthalten sie die wichtigsten Informationen.

2. Gründlich lesen: Was steht in den einzelnen Absätzen?
Lies nun Absatz für Absatz genau. In der Partner- oder Gruppenarbeit ist es hilfreich, wenn einer den Text vorliest und die anderen still mitlesen.

3. Unverstandenes klären: Was verstehe ich nicht?
Lass dich nicht von Wörtern irritieren, die du nicht gleich verstehst. Oft erklären sie sich aus dem Zusammenhang. Ansonsten frage einen Partner oder schlage im Wörterbuch nach.

4. Zwischenüberschriften formulieren: Was ist das Wichtigste in den einzelnen Absätzen?
Schreibe als Zwischenüberschrift für jeden Absatz eine Frage, einen kurzen Satz oder ein Schlüsselwort auf.

5. Informationen festhalten: Was will ich mir unbedingt merken?
Schreibe jetzt zu den Zwischenüberschriften weitere Stichwörter auf.

6. Inhalt wiedergeben: Wie kann ich den Text zusammenfassen?
Benutze dazu deine Zwischenüberschriften und Stichwörter und gib den Inhalt mit eigenen Worten einem Partner oder in der Tischgruppe wieder. Ergänzt oder korrigiert euch gegebenenfalls gegenseitig.

Lineare und nicht lineare Texte lesen

Nicht lineare Texte selbstständig erschließen

1 Verschafft euch zunächst einen Überblick über die Infografik.
- Wie lautet die Überschrift?
- Benennt die Diagrammformen, die in dieser Infografik vorkommen.
- Um welche beiden Themen geht es?
- Nennt die beiden Spitzenreiter.

2 Erschließe dir das Balkendiagramm.
- Gehe nach der **Drei-Schritt-Lesemethode** vor (siehe unten).
- Nutze den **Wortschatz**.

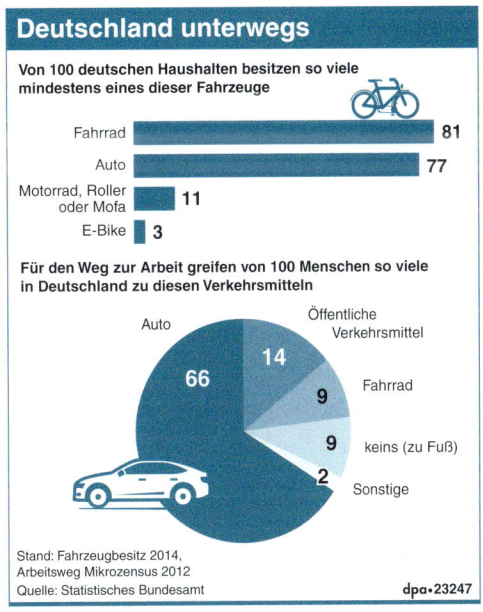

Wortschatz: Textbausteine

In dem Balkendiagramm geht es um das Thema Fahrzeugbesitz in Deutschland.
Die Quelle ist …
Der Spitzenreiter ist …, denn von 100 Haushalten besitzen 81 mindestens …
Dicht gefolgt vom …
Auf dem vorletzten Platz …
Das Schlusslicht …

3 Erschließe dir beide Diagramme der Infografik mithilfe der **Drei-Schritt-Lesemethode**.

4 Führt über die Ergebnisse der Infografik ein Gespräch in der Klasse:
- Wie erklärt ihr euch, …
  … dass es in mehr Haushalten Fahrräder gibt als Autos?
  … warum 66 Prozent der Befragten das Auto für ihren Weg zur Arbeit wählen?
  … warum nur neun Prozent das Fahrrad für den Arbeitsweg wählen?
- Was müsste sich eurer Meinung nach ändern, damit mehr Menschen mit dem Rad zur Arbeit fahren?

Die Drei-Schritt-Lesemethode für nicht lineare Texte

Erster Schritt: Sich orientieren
- Lies die Überschrift. Wirf einen ersten Blick auf Infografik, Diagramm oder Tabelle.

Zweiter Schritt: Den Inhalt erfassen
- Notiere kurz, um welches Thema es geht und was du gleich verstehen kannst.
- Kläre genau, was schwierige Fachwörter und Beschriftungen, z. B. Größen- oder Zahlenangaben, bedeuten.
- Lege einen Notizzettel an. Schreibe wichtige Informationen stichwortartig auf.

Dritter Schritt: Ergebnisse wiedergeben
- Nutze den Stichwortzettel und gib die Informationen anderen mündlich wieder.
- Oder: Nutze deinen Stichwortzettel und schreibe die Informationen in einem kurzen Text auf.

Lineare und nicht lineare Texte lesen

Eine Umfrage durchführen – Umfrageergebnisse auswerten

Die Daten für die beiden Diagramme in der Infografik „Deutschland unterwegs" auf Seite 45 wurden mit einer Umfrage ermittelt.

1 Führt in eurer Klasse eine ähnliche Umfrage durch.
- Schreibt zwei Fragen mit den passenden Auswahlmöglichkeiten an die Tafel oder an das Board. → **Beispiel A**
- Wenn jeder seine Striche gesetzt hat, lässt sich alles schnell und einfach auswerten.

2 Stellt eure Umfrageergebnisse in zwei Diagrammen dar.
- Ihr könnt mit der Hand **Balkendiagramme** zeichnen. Benutzt dazu Karopapier, Lineal, Bleistift und farbige Stifte. → **Beispiel B**
- Oder ihr könnt euch für **Kreisdiagramme** entscheiden, die ihr mit der Diagrammfunktion am Computer erstellt. → **Beispiel C**
- Wichtig ist, dass ihr die Diagramme genau beschriftet, damit die Leser alles gut verstehen können.

Beispiel A

1. Frage
Welches Verkehrsmittel gibt es mindestens einmal bei dir zu Hause? (Mehrfachnennungen möglich)
- Fahrrad |||| |||| |||| |||| |||| | 26
- Auto |||| |||| |||| |||| ||| 23
- Motorrad, Roller oder Mofa |||| || 7
- E-Bike |||| 4

2. Frage
Welches Verkehrsmittel benutzt du überwiegend für den Schulweg? (eine Nennung)
- öffentliche Verkehrsmittel |||| ||| 8
- Fahrrad |||| |||| | 11
- keins (zu Fuß) |||| | 6
- Sonstige || 2
- Auto ||| 3

Beispiel B

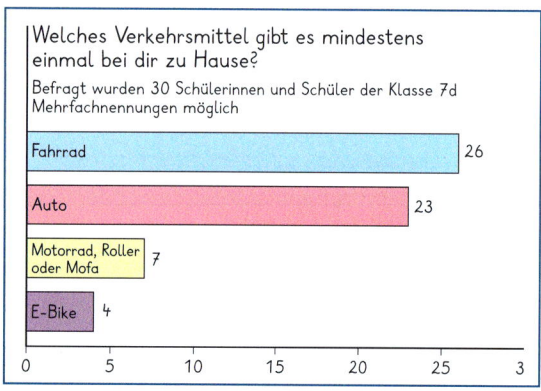

Beispiel C

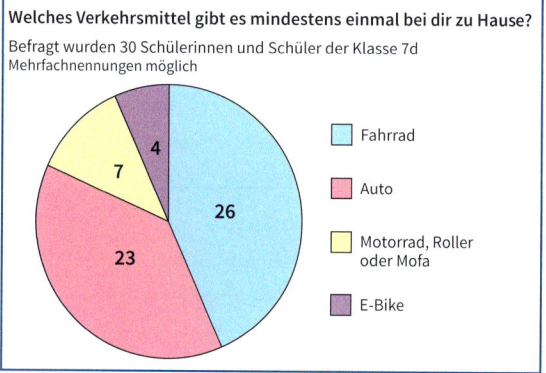

3 Besprecht die Umfrageergebnisse eurer Klasse.
- Erläutert, was ihr beim Thema „Fahrzeugbesitz" erwartet habt – und was nicht. Nennt mögliche Gründe.
- Mit welchen Verkehrsmitteln legen die meisten von euch ihren Schulweg zurück?
- Nennt Gründe, warum ihr euren Schulweg so zurücklegt, wie ihr es tagtäglich tut.
- Wenn ihr es euch aussuchen könntet, wie würdet ihr dann am liebsten euren Schulweg zurücklegen?

Lineare und nicht lineare Texte lesen

Informationen aus linearen und nicht linearen Texten nutzen

Wie steht es um die körperliche Fitness von Kindern und Jugendlichen in Deutschland?
Seit langem gibt es Untersuchungen, um diese Frage zu beantworten.
Auf dieser und der nächsten Seite findet ihr dazu einen Sachtext und eine Infografik.

1 Erschließt euch den Sachtext unter folgenden Fragestellungen:
  a) Was erwartet ihr, wenn ihr die Überschrift lest?
  b) Wie lautet die gute und wie die schlechte Nachricht?
  c) Woher stammen die Erkenntnisse?
  d) Was versteht man unter „unorganisiertem Sport"?
  e) Warum ist Bewegungsmangel heutzutage ein so großes Problem?
  f) Wofür werden Eltern und Lehrer kritisiert?
  • Schlagt Unverstandenes nach oder fragt nach. Beachtet die Fußnoten.
  • Legt einen Stichwortzettel an: Haltet für jeden Absatz Zwischenüberschriften und wichtige Stichwörter fest.

Bewegungsmangel bei Kindern[*]

Heike Le Ker

Die gute Nachricht zuerst: Kinder in Deutschland bewegen sich neuen Untersuchungen zufolge wieder mehr. Ein Grund zum Aufatmen ist das aber nicht, denn es gibt auch eine schlechte Nachricht: „Es gibt mehr und mehr motorisch[1] auffällige Kinder. Die Schere zwischen sehr fitten Kindern und solchen, die sich überhaupt nicht bewegen, öffnet sich immer weiter", sagt der Sportwissenschaftler Alexander Woll. Zusammen mit anderen Wissenschaftlern forscht er dazu in Karlsruhe am Institut für Sport und Sportwissenschaft.

Grundlage für diese Erkenntnis ist die MoMo-Studie[2], für die die motorische Leistungsfähigkeit von knapp 5000 Kindern zwischen 4 bis 17 Jahren in zwei Zeiträumen (2003 bis 2006 und 2009 bis 2012) erfasst wurde. Die Kinder mussten Liegestütze machen, rückwärts laufen, hüpfen oder springen.

Der Vergleich zwischen beiden Untersuchungszeiträumen ergab zwar eine leichte Verbesserung. Aber: „35 Prozent der 4- bis 17-Jährigen können beispielsweise keine drei Schritte rückwärts auf einem drei Zentimeter breiten Balken machen", so Woll. Zwar sei die Gesellschaft noch nie so sportlich wie jetzt gewesen, gleichzeitig aber sei Bewegungsmangel noch nie zuvor so ein großes Problem gewesen wie heute. Es gebe zwar ein enormes Angebot an organisiertem Sport in Schulen, Sportvereinen und Fitnessclubs. Dies könne aber nicht ausgleichen, was der Gesellschaft an „unorganisiertem Sport" – dem Kicken auf der Straße etwa, dem Spielen im Wald – verloren gegangen sei.

„Insgesamt nehmen die Inaktivitätszeiten[3] zu", erklärt Woll. „Es gibt Kinder, die ganz stark in der Medienwelt, in der Passivität[4] sind."

Etwa 60 Prozent der Jungen und 50 Prozent der Mädchen sitzen Wolls Angaben zufolge

---

[1] motorisch: die Bewegungsabläufe betreffend
[2] MoMo (Motorik-Modul): ein Bestandteil der repräsentativen KiGGs-Studie, die seit 2003 die Gesundheit von Kindern in Deutschland untersucht
[3] Inaktivitätszeiten: (körperlich) untätige Zeiten
[4] Passivität: Untätigkeit, Inaktivität

[*] Text gekürzt und sprachlich bearbeitet

täglich drei Stunden oder länger vor Bildschirmen. <mark>Weniger als ein Drittel der Kinder und Jugendlichen erreicht die Bewegungsempfehlung der WHO[5] von mindestens 60 Minuten pro Tag.</mark> Nach Ansicht des Forschers richten Eltern wie Lehrer die Aufmerksamkeit weiter viel zu sehr auf die intellektuellen Fähigkeiten[6] des Kindes. Bildungsexperten sprächen viel von Frühförderung in Mathe, Deutsch, Englisch. „Von Frühförderung der motorischen Fähigkeiten spricht niemand", bemängelt Woll. „Dabei nimmt man mit zu wenigen Bewegungsmöglichkeiten den Kindern grundlegende Entwicklungschancen."

[5] WHO: Weltgesundheitsorganisation der Vereinten Nationen
[6] intellektuelle Fähigkeiten: geistige Fähigkeiten

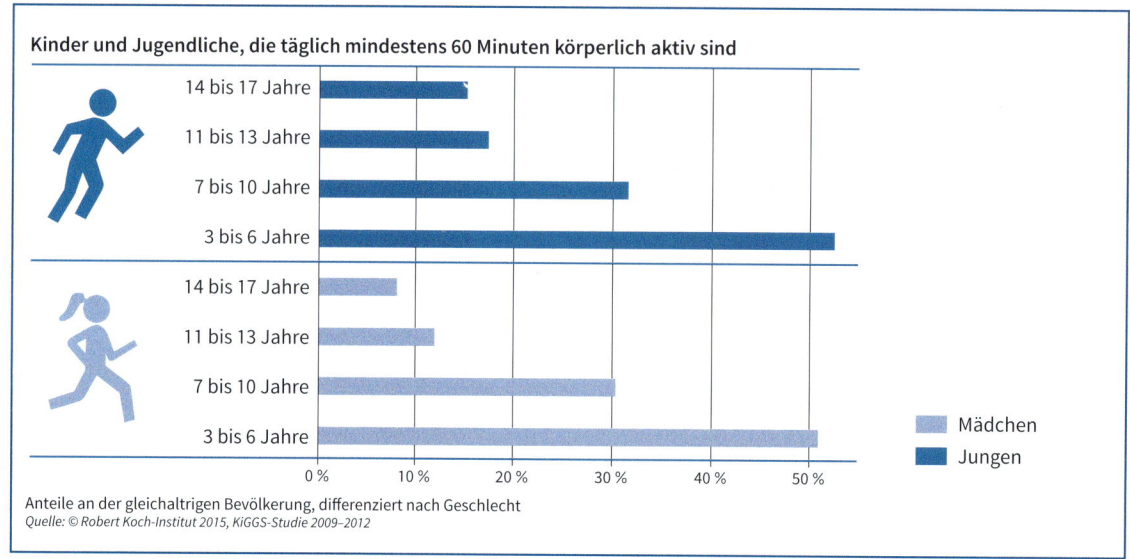

Kinder und Jugendliche, die täglich mindestens 60 Minuten körperlich aktiv sind

Anteile an der gleichaltrigen Bevölkerung, differenziert nach Geschlecht
Quelle: © Robert Koch-Institut 2015, KiGGS-Studie 2009–2012

2 Untersucht die Infografik. Macht euch Notizen.
- Um welche Fragestellung geht es?
- Aus welcher Quelle und von wann stammen die Daten?
- Welche Gruppe wurde befragt?
- Nach welchen Merkmalen sind die Daten differenziert?
- Wie sind die Daten dargestellt?

3 Welche Ergebnisse der Studie findet ihr besonders auffällig? Bewertet die Ergebnisse.

4 Vergleicht den Sachtext mit der Infografik.
- Im Text ist ein Satz markiert. Belegt den Satz mithilfe von Daten aus der Infografik.
- Nennt weitere Aussagen aus dem Sachtext, die sich mit Daten aus der Infografik untermauern lassen.

5 Haltet einen Vortrag.
Informiert eure Klasse darüber, wie es um die körperliche Fitness von Kindern und Jugendlichen in Deutschland steht.
- Nutzt dazu die Informationen, die ihr aus Sachtext und Infografik gewonnen habt.
- Fertigt Präsentationsfolien an, die euren Vortrag begleiten.
- Regt abschließend zu einem Gedankenaustausch an, wie ihr selbst mehr Bewegung in euren Alltag bringen könnt.

Lineare und nicht lineare Texte lesen

Überprüfe dein Wissen und Können

1 Ergänze in dem Lückentext folgende Wörter:
Diagramme, fortlaufend, hin- und herspringen, Infografiken, lineare, links, nicht lineare, oben, rechts, unten, Zahlen. Notiere: 1) *lineare*, 2) …

Lückentext

Alle Texte, die in Zeilen fortlaufend geschrieben sind, nennt man 1 Texte. Man liest sie fortlaufend: in der oberen Zeile von 2 nach 3 und dann von Zeile zu Zeile von 4 nach 5 . Dagegen liest man in der Regel 6 Texte ganz anders. Beim Lesen muss häufig man mit den Augen 7 . Zu den nicht linearen Texten gehören Tabellen, 8 und 9 . Oftmals geht es um 10 , die anschaulich dargestellt werden.

2 Sieh dir das Kreisdiagramm aufmerksam an. Schreibe in einem Satz auf, worum es geht.

3 Notiere …
- die Quelle und das Jahr.
- die Gruppe und die Anzahl der Befragten.
- etwas zur Farbauswahl.
- etwas zur Hervorhebung des Spitzenergebnisses.

4 Ergänze die folgenden Satzanfänge zu den Ergebnissen der Umfrage:
*Genau die Hälfte aller Befragten nutzt …
Knapp ein Drittel der Befragten setzt … oder …
Etwa ein Fünftel …*

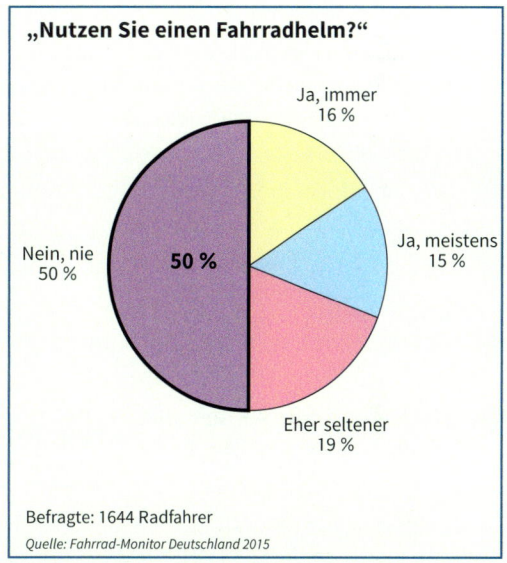

5 Betrachte das Balkendiagramm und notiere …
- in einem Satz, worum es geht.
- die Gruppe und Anzahl der Befragten.
- die Bedeutung der Farben.

6 Fasse die Gesamtergebnisse der Umfrage in fünf Sätzen zusammen.
Fast alle Radfahrer, die einen Helm tragen, wollen damit …

7 Vergleiche die Ergebnisse von Männern und Frauen. Werte die Umfrage in einem informierenden Text aus.

8 Wie oft trägst du beim Radeln einen Helm? Begründe deine Entscheidung.

Zeitungen: lesen – untersuchen – machen
Wie sich Jugendliche informieren

1 Wie informieren sich Jugendliche über das aktuelle Tagesgeschehen, Sport, Musik, Mode oder Promis?

Beim Frühstücken schau ich auch mal in die Tageszeitung.

Nachrichten lese ich online – im Internet gibt es viele kostenlose Nachrichtenportale.

Kommt doch auch alles im Fernsehen. Man muss nichts lesen.

Bei uns läuft immer Radio. Da kommt auch alles aktuell.

Über die Schließung unseres Freibads wurde nur in der Zeitung berichtet. Aber im Radio kam gar nichts.

Mit dem Handy bin ich immer online – und mit Youtube und Twitter auf dem neuesten Stand.

Ich verlass mich lieber auf Blogs und auf meine WhatsApp-Gruppe. Da wird alles gepostet, was mich wirklich interessiert.

Also – ich weiß nicht. Die einen berichten so, die anderen so. Man muss schon verschiedene Sachen benutzen.

2 Welche Informationsquellen werden genannt?

3 In welchen Äußerungen könnt ihr euch wiederfinden – was seht ihr anders?

4 Berichtet, welche Informationsquellen ihr nutzt.

5 Wertet die Infografik aus:
- Überschrift, Befragte, Quelle, Diagrammform
- zur Auswahl stehende Medien und Themen
- Welches Medium liegt vorn, was folgt …?
- Das Fernsehen kann punkten bei …?

Wie informieren sich Jugendliche?
Zu folgenden Themen informieren sich 12- bis 19-Jährige in Deutschland am häufigsten im/in …

	Internet	Fernsehen	Radio	Tageszeitungen	Zeitschriften
Computer-/Konsolenspiele	73	8	1	0	5
Informationen zu aktuellen persönlichen Problemen	66	11	3	6	3
Musik	64	10	17	1	2
Ausbildung/Beruf	52	5	2	11	8
Stars	50	26	3	4	12
Mode	47	10	0	3	25
Sport	35	40	4	13	5
Aktuelle Nachrichten	30	43	8	14	2

Quelle: Jim-Studie 2015 · Rest an 100: Sonstiges · © Globus 11036

6 Formuliert Sätze zu den jeweiligen Spitzenreitern der Medien.
*Im **Internet** informieren sich 73 von 100 Jugendlichen über … Im **Fernsehen** … Im **Radio** …*

7 Nennt Gründe, warum sich Jugendliche vor allem im Internet informieren. Überlegt auch, warum sie dazu eher selten Printmedien, also gedruckten Zeitungen und Zeitschriften, nutzen.

○○○○ Probleme erkennen – Einsichten gewinnen

8 Stellt euch folgenden Fall vor: Zu ein und demselben Ereignis gibt es sich widersprechende Berichte im Fernsehen, Internet, Radio und in der Tageszeitung.
- Welchem Medium würdet ihr im Zweifelsfall vertrauen?
- Erstellt ein Meinungsbild in der Klasse.
- Haltet die Ergebnisse fest. Erstellt auch eine Rangliste.

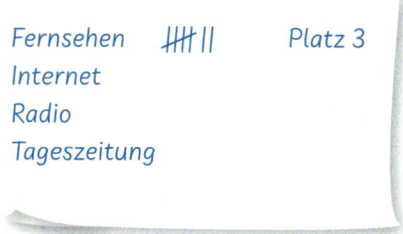

9 Auch in der JIM-Studie 2016 wurde die Frage nach der Glaubwürdigkeit von verschiedenen Medien gestellt. Die Ergebnisse der JIM-Studie sind **repräsentativ**, das heißt, sie sind typisch für die Gruppe der 12- bis 19-Jährigen in Deutschland.
- Wertet das Balkendiagramm aus.
- Vergleicht die repräsentativen Ergebnisse mit dem Meinungsbild eurer Klasse.

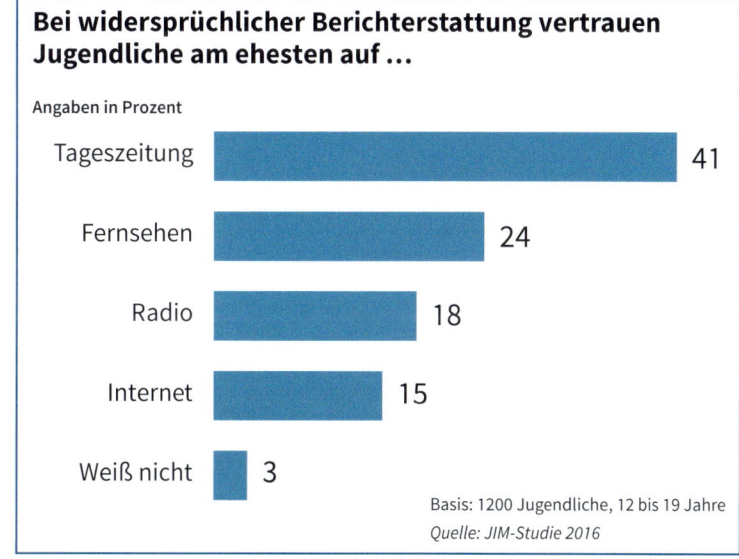

10 Fast dreimal so viele Jugendliche vertrauen der Tageszeitung mehr als dem Internet. Warum wird die Glaubwürdigkeit von Tageszeitungen eigentlich so hoch eingeschätzt?
- Diskutiert in der Tischgruppe: Auf welches Medium treffen die Aussagen **A–M** eher zu – auf das Internet oder auf Tageszeitungen?

A Dort schreiben ausgebildete Journalisten, die Redakteure.
B Es gibt mehr Zeit für gründliche Recherche und Besprechungen.
C Man bekommt schnell aktuelle Informationen, manchmal nahezu in Echtzeit.
D Es ist oft unklar, woher die Informationen stammen und ob sie richtig sind.
E Die Redakteure unterliegen dem Pressegesetz und haben eine Sorgfaltspflicht.
F Es gibt für die Leser ein Recht auf Gegendarstellung.
G Man weiß, wer für den Inhalt verantwortlich ist.
H Jeder kann dort zu Wort kommen, aber es wird auch viel Unsinn geschrieben.
I Beim Lesen wird man oft durch Links und Werbung abgelenkt.
J Die Themengebiete sind übersichtlich angeordnet.
K Oft sind noch veraltete Artikel vorhanden.
L Man hat mehr Ruhe beim Lesen.
M Dieses Medium hat in Deutschland eine lange Tradition.

11 Zieht nun ein Fazit. Wer schneidet eurer Ansicht nach bei der Glaubwürdigkeit besser ab: das Internet oder die Zeitung?

Zeitungen: lesen – untersuchen – machen

Zeitungen in Deutschland

Heutzutage können Nachrichten per Internet, Fernsehen und Radio blitzschnell verbreitet werden. Trotzdem lesen in Deutschland immer noch 41,2 Millionen Bürger an einem durchschnittlichen Tag mindestens eine gedruckte Zeitung. Dabei stehen rund 370 verschiedene Zeitungen zur Auswahl.

Hagenower Kreisblatt   FLENSBURGER TAGEBLATT   Bild
Hannoversche Allgemeine   WESER KURIER
WELT am SONNTAG   BRAUNSCHWEIGER ZEITUNG
Rhein-Lahn-Zeitung
Wetzlarer Neue Zeitung   OSTHOLSTEINER ANZEIGER
Hamburger Abendblatt   Mitteldeutsche Zeitung

1 Lest euch diese Namen von Zeitungen vor. Einige sind euch vielleicht bekannt.
- Wonach sind die Zeitungen benannt?
- Viele führen das Wort „Zeitung" im Namen: Welche anderen Bezeichnungen gibt es noch?
- Wie heißen die Zeitungen bei euch?

2 Wann und wo lesen Menschen Zeitung?
- Erzählt von euren Beobachtungen.
- Bei welchen Gelegenheiten und an welchen Orten lest ihr gern Zeitung?

3 Wann spricht man eigentlich von „Zeitungen" und wann von „Zeitschriften"?
- Nennt Beispiele und erklärt die Unterschiede.
- Beachtet dazu folgende Informationen.

Zeitungen und Zeitschriften

Zeitungen erscheinen täglich (Tageszeitung) oder wöchentlich (Wochenzeitung). Sie sind meist auf großen Seiten aus einfachem Papier gedruckt und nicht zusammengeheftet, sondern gefaltet. Zeitungen informieren hauptsächlich über das aktuelle Tagesgeschehen.

Zeitschriften erscheinen in regelmäßigen Abständen, aber nicht täglich. Es handelt sich um gedruckte Hefte mit kleineren Seiten aus höherwertigem (glänzendem) Papier, denn sie enthalten oft sehr viele Fotos. Zeitschriften informieren häufig über spezielle Sachgebiete.

4 Auf das folgende Zeitungslexikon könnt ihr bei eurer Arbeit mit Zeitungen zurückgreifen. Lest Eintrag für Eintrag gemeinsam und tauscht euch darüber aus.

Kleines Lexikon rund um die Zeitung

Abonnement und Einzelverkauf
Zeitungen kann man einzeln im Laden kaufen oder regelmäßig im Abonnement beziehen. Dann werden sie von Zeitungszustellern oder der Post direkt ins Haus geliefert. Die allermeisten Zeitungen können auch in einer digitalen Ausgabe erworben und am Tablet, Smartphone oder PC gelesen werden.

Artikel, Zeitungsartikel
Texte in der Zeitung, die von der → Redaktion geschrieben worden sind, heißen Artikel – im Unterschied etwa zu Anzeigen oder Leserbriefen. Ein Artikel besteht in der Regel aus einer Überschrift, einem Vorspann und dem Fließtext, das ist der normale Text. Längere Artikel bekommen zusätzlich zur Überschrift oder Schlagzeile noch eine Dachzeile (über der Schlagzeile) oder eine Unterzeile (unter der Schlagzeile).

Fotos
Fotos sind ein zentrales Element von Zeitungsseiten. Als Blickfang (Eyecatcher) sollen sie das Interesse der Zeitungsleser wecken und ihre Aufmerksamkeit fesseln. Manche Fotos vermitteln auch selbst eine Nachricht.

Impressum
Im Impressum findet der Leser die Adressen und Verantwortlichen von → Redaktion und → Verlag – meist auf der zweiten Seite der Zeitung.

Layout
Zeitungstexte werden in Spalten gesetzt, weil sie dann einfacher zu lesen sind. Die Spalten sind das Grundgerüst des Layout-Bogens, auf dem die → Redakteure am Computer den Aufbau von Zeitungsseiten planen.

Pressefreiheit und Informationsfreiheit
Das deutsche Grundgesetz garantiert Pressefreiheit und Informationsfreiheit: „Jeder hat das Recht, seine Meinung in Wort, Schrift und Bild frei zu äußern und zu verbreiten und sich aus allgemein zugänglichen Quellen ungehindert zu unterrichten." Zeitungen tragen wesentlich dazu bei, dass sich jeder aufgrund umfassender Informationen eine Meinung bilden kann.

Redakteur, Redakteurin, Redaktion
Redakteure sind festangestellte Journalisten, die in einer Redaktion zusammenarbeiten. Sie bauen Seiten auf und recherchieren. Sie schreiben und redigieren → Artikel: Das heißt, sie bearbeiten und korrigieren Texte für die Veröffentlichung. Ein Chefredakteur / eine Chefredakteurin leitet die gesamte Redaktion.

Sparten und Ressorts
Die Zeitung ist in Sparten aufgeteilt; die → Redaktion in Ressorts. Das Ressort Sport zum Beispiel verantwortet die Sparte Sport, das Ressort Wirtschaft die Sparte Wirtschaft. An der Titelseite wirken alle Ressorts mit.

Verlag
Zeitungsverlage sind Wirtschaftsunternehmen, die ein Produkt anbieten und Gewinn erwirtschaften wollen. Einen Großteil ihrer Einnahmen erzielen sie jedoch nicht durch den Verkauf der Zeitung, sondern durch den Verkauf von Anzeigenplätzen in der Zeitung: Je mehr Leser die Zeitung und damit die Anzeigen lesen, desto mehr Geld kann der Verlag dafür verlangen.

5 Macht zu zweit ein kleines Quiz:
- Einer stellt eine Frage zu dem Zeitungslexikon. Zum Beispiel: *Wo steht in den meisten Zeitungen das Impressum?* Oder: *Womit verdienen Zeitungsverlage das meiste Geld?*
- Und der andere sucht die Antwort in dem Zeitungslexikon.
- Wechselt euch ab.

Zeitungen: lesen – untersuchen – machen

Titelseiten kritisch unter die Lupe nehmen

Abonnementzeitung [Abo-Zeitung]

In Deutschland gibt es mehr als 300 Abonnementzeitungen, wie z. B. die *Braunschweiger Zeitung*. Abonnementzeitungen werden überwiegend im Abonnement verkauft. Neben dem Anzeigengeschäft sind die Abonnements für die Zeitungsverlage eine sehr wichtige Einnahmequelle.

[1] Auf dieser Doppelseite seht ihr zwei unterschiedliche Titelseiten vom selben Tag. Beschreibt euren ersten Eindruck.

[2] *Braunschweiger Zeitung* und *Bild-Zeitung* kann man auf einen Blick gut unterscheiden.
- Nennt Unterschiede im Layout[1].
- Vergleicht, wie die Schlagzeilen formuliert sind.

[3] Während die *Braunschweiger Zeitung* zu den Abonnementzeitungen zählt, gehört die *Bild-Zeitung* zu den Straßenverkaufszeitungen.
- Nutzt die Infos am Rand und erklärt diese Zuordnung.
- Überlegt, warum die Titelseiten von Straßenverkaufszeitungen auffälliger gestaltet sind als die von Abo-Zeitungen.

[1] Layout: Art der Text- und Bildgestaltung

Einsichten gewinnen – An Beispielen üben

Straßenverkaufszeitung [Boulevardzeitung²]

In Deutschland gibt es acht Straßenverkaufszeitungen, zum Beispiel die *Bild-Zeitung* oder die *Hamburger Morgenpost*. Sie werden überwiegend einzeln verkauft, am Kiosk, beim Bäcker, an der Tankstelle, im Supermarkt oder ... Neben dem Anzeigengeschäft ist der Einzelverkauf bei diesen Zeitungen eine sehr wichtige Einnahmequelle.

² Boulevard: von *frz.* boulevard [bulewar] – breite Straße

4 Untersucht nun den Aufbau und die Gestaltung der beiden Titelseiten genauer.

a) **Zeitungskopf:** Hier steht vor allem der Name der Zeitung.
 – Platzierung: Wo steht der Zeitungskopf?
 – Informationen: Worüber informiert er?
b) **Zeitungsname:** Wie ist der Name gestaltet: Buchstaben-Größe, Farbe, Hintergrund?
c) **Farben:** Welche Farben beherrschen die Titelseite?
d) **Spalten:** Wie viele gibt es maximal auf der Titelseite?
e) **Aufmacher:** Das ist der Artikel mit der dicksten Schlagzeile.
 – Platzierung: Wo steht der Aufmacher?
 – Schlagzeile: Wie ist die Schlagzeile gestaltet: Schriftgröße, Farbe, Hintergrund? Gibt es dazu eine Dachzeile oder eine Unterzeile?
 – Fotos: Wie viele Fotos gehören zum Aufmacher?
 – Text: Wie lang ist der Text des Aufmachers?
f) **Anteil von Text und Bild:** Was überwiegt auf der Titelseite insgesamt?
g) **Werbung:** Wie viele Anzeigen gibt es? Wo sind sie platziert?

5 Haltet eure Ergebnisse aus Aufgabe 4 in einer Tabelle fest:

	Braunschweiger Zeitung	Bild-Zeitung
Zeitungskopf	Platzierung: oben auf der Titelseite Informationen: Name, Datum …	Platzierung: … Informationen: …
Zeitungsname	große schwarze Buchstaben auf weißem Hintergrund	…
Aufmacher	Platzierung: … Schlagzeile: … Foto: … Text: …	Platzierung: … Schlagzeile: … Foto: … Text: …
Werbung	…	…

6 Ermittelt mithilfe von **Positionslinien**, wie ihr die beiden Titelseiten einschätzt:
- Bildet dazu in der Klasse zwei etwa gleich große Gruppen:
eine für die *Braunschweiger Zeitung* und eine für die *Bild-Zeitung*.
- Jede Gruppe bereitet ein Plakat vor, auf dem jedes Gruppenmitglied seinen Standpunkt ankreuzt.

7 Nutzt eure Arbeitsergebnisse für ein abschließendes Klassengespräch über die beiden Titelseiten. Begründet eure Standpunkte.
- Worin unterscheiden sich die *Bild-Zeitung* und die *Braunschweiger Zeitung*?
Und worin sind sie sich ähnlich?
- Was bewertet ihr positiv? Was schätzt ihr kritisch ein?
- In welchen Situationen würdet ihr eher zu einer Abo-Zeitung greifen,
wann zu einer Straßenverkaufszeitung?

Titelseite

Titelseiten sollen die **Aufmerksamkeit** der Leserschaft wecken. Möglichst viele Menschen sollen die Zeitung in die Hand nehmen und lesen. Deshalb stehen auf der Titelseite die aktuellen Nachrichten, die nach Einschätzung der Zeitungsredaktion an diesem Tag besonders wichtig und spektakulär sind – und damit für ein großes Publikum interessant sind. Das Aussehen der Titelseite bestimmen Gestaltungselemente wie **Zeitungskopf, Farben, Spalten, Aufmacher, Schlagzeilen** und **Fotos** sowie **Werbeanzeigen**.
Bei Straßenverkaufszeitungen ist der Anteil von Schlagzeilen und Bildern deutlich höher als bei Abonnementzeitungen.

Zeitungen: lesen – untersuchen – machen

Eine Titelseite gestalten

1 Gestaltet gemeinsam in den Tischgruppen eigene Titelseiten mit interessanten Fotos und Beiträgen. So könnt ihr vorgehen:
- Legt folgende Materialien bereit:
  aktuelle Zeitungen zum Ausschneiden,
  einen großen Bogen Tonkarton,
  Stifte, Schere, Kleber.
- Denkt euch einen Zeitungsnamen aus.

2 Schneidet interessante Zeitungsartikel und Fotos aus. Trefft die Auswahl gemeinsam.
- Überlegt, welche Schlagzeilen und Fotos sich als Aufmacher eignen.
  Wie sollen sie angeordnet werden? Schiebt eure Ausschnitte so lange hin und her,
  bis ihr mit der Wirkung zufrieden seid.
- Klebt dann alles dicht an dicht auf.
- Gestaltet die Titelseite vor allem so, dass ihr das Interesse möglichst vieler Schülerinnen und Schüler weckt und sie eure Titelseiten gern lesen mögen.
- Vielleicht dürft ihr eure Titelseiten in der Pausenhalle oder im Flur aufhängen.

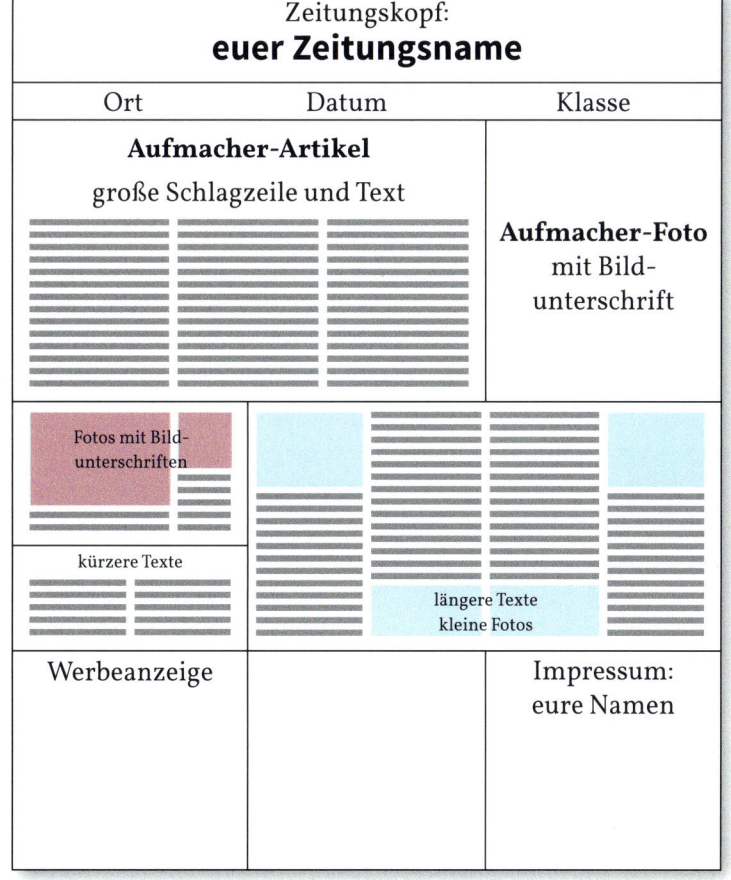

Zeitungen: lesen – untersuchen – machen

Den Aufbau untersuchen – eine Wandzeitung anfertigen

Zeitungsseiten besitzen einen Seitenkopf, in dem die Leser auf eine bestimmte Sparte, ein Sachgebiet, hingewiesen werden, zum Beispiel:

Politik   Wirtschaft   Stadt & Land   Sport   Kultur   Ratgeber

1 Unter welchem Seitenkopf finden die Leser wohl folgende Schlagzeilen?
Ordnet sie zu: *I II* a)–f), *III* g)–l).

a) Einbußen für die Stahlwirtschaft
b) Neues Feuerwehrhaus für Heringsdorf?
c) Frankreich ist Ehrengast auf der Buchmesse
d) Ein Punkt reicht fürs WM-Ticket
e) Parlamentswahlen in Großbritannien
f) Gesundheits-Apps sollten fachlich geprüft sein

g) Autobranche: Firma für Ladesäulen gegründet
h) Liederabendreihe im Staatstheater eröffnet
i) Debakel für deutsche Hockeyfrauen
j) EU weitet Sanktionen gegen Nordkorea aus
k) Energielabel auf Elektrogeräten oft irreführend
l) Jubel über Nobelpreis in Hannover

2 Blättert einige Tageszeitungen durch und macht euch Notizen:
- Notiert die Themen der Seitenköpfe.
- Welche Informationen enthalten die Seitenköpfe außerdem?
- Warum gibt es Seitenköpfe? Beachtet die folgenden Informationen.
- *III* Erläutert, warum die Titelseite dabei eine Ausnahme bildet.

Wie Tageszeitungen aufgebaut sind

Zeitungsleser möchten ihre Lieblingsseiten schnell finden. Deshalb brauchen Zeitungen eine Ordnung nach Sachgebieten. Diese Sachgebiete heißen **Sparten**. Sie stehen – mit Ausnahme der **Titelseite** – in den **Seitenköpfen** der Zeitung. Wichtige Sparten in der Tageszeitung sind zum Beispiel **Politik, Wirtschaft, Lokales & Regionales, Kultur [Feuilleton]** und **Sport**.
Die Seitenköpfe der Zeitung weisen auf die Sparten hin und bieten den Lesern schnelle Orientierung. Die zu Lagen gefalteten Zeitungsseiten werden als **Bücher** bezeichnet. Die dicken Zeitungen am Wochenende haben besonders viele Bücher.

3 Untersucht, wie die Tageszeitung in eurer Region aufgebaut ist: Sammelt die Zeitung von Montag bis Samstag. Bildet dann für jeden Wochentag eine Gruppe.
- Notiert die Anzahl der „Bücher".
- Schreibt die Seitenüberschriften (Seitenköpfe) der verschiedenen Sparten auf. Zählt die Seiten.
- Notiert Sonstiges, zum Beispiel: Beilagen, Prospekte.

4 Stellt die Ergebnisse eurer Untersuchung übersichtlich in einer Tabelle dar.
Ihr könnt euch an dem Beispiel auf der nächsten Seite orientieren.

5 Präsentiert anschließend eure Tabelle im Plenum und tragt die Ergebnisse vor.
Dazu könnt ihr den **WORTSCHATZ** auf der nächsten Seite nutzen.

Wortschatz: Textbausteine

- *Wir haben die Montags-/Dienstags-/.../Samstagsausgabe unserer Tageszeitung untersucht.*
- *Die/Der/Das ... (Zeitungsname) ist mit ... Büchern und insgesamt ... Seiten an diesem Wochentag ziemlich dünn/nicht besonders dick/sehr umfangreich.*
- *Jeweils ein eigenes Buch haben die Sparten ...*
  Das liegt vermutlich daran, dass ...
  Sparten, die weniger Raum in der Zeitung haben, sind ...
  Darüber hinaus ...
  Außerdem ...
- *Private Kleinanzeigen nehmen insgesamt ...*
  Es gibt in dieser Ausgabe ...
- *Kommerzielle[1] Werbung spielt an diesem Wochentag eine große/eher kleine Rolle.*
  Man findet insgesamt ...
  ... einzelne Werbeanzeigen
  ... ganze Seiten mit Werbung
  ... Beilagen:
  ... Prospekte/Flyer mit Angeboten der Firmen ...
- *Besonders ist uns an der Zeitung von Montag/Dienstag/... aufgefallen, dass ...*

[1] kommerziell: geschäftlich, gewinnorientiert

6 Führt ein Klassengespräch:
- Was fällt am Aufbau der Zeitung im Laufe der Woche auf? Was ist an jedem Tag gleich, welche Unterschiede gibt es?
- Wie lest **ihr** Zeitung? Was lest ihr immer zuerst? Und wie findet ihr euch zurecht?

7 Stellt in der nächsten Woche eine **Wandzeitung** für eure Klasse zusammen:
Bildet dazu Redaktionsteams, die jeweils für eine Sparte verantwortlich sind.
- Jedes Team erhält einen festen Platz an der Pinnwand und kennzeichnet ihn mit einer Seitenüberschrift.
- Wählt für eure Sparte interessante Beiträge aus der Zeitung aus, schneidet sie aus und pinnt sie an die Wand.
- Aktualisiert eure Wandzeitung regelmäßig: Ersetzt veraltete Beiträge durch neue.

Braunschweiger Zeitung
Freitag, 6. Oktober

1. Buch	Seitenanzahl
Titelseite	1
Politik	1
Hintergrund	1
Debatte	2
Wirtschaft	2
Leser-Seite	1

2. Buch	Seitenanzahl
Braunschweig	2 ½
Anzeigen: Kontaktbörse	½
Braunschweig & Service	1

3. Buch	Seitenanzahl
Niedersachsen & Region	1
Werbung: Vorsfelde live	2
Gifhorns Nachbarn	1

4. Buch	Seitenanzahl
Gifhorn	1
Gifhorn & Meinersen	1
Papenteich & Isenbüttel	1
Sassenburg & Service	1
Familienanzeigen	2
Amtliche Bekanntmachungen und Kontaktanzeigen	1
Freizeit-Tipps	1

5. Buch	Seitenanzahl
Sport	3
Braunschweiger Sport	1
Gifhorner Sport	2

6. Buch	Seitenanzahl
Kultur & Leben	1
TV-Programm am Freitag	1
Panorama	1
Nachrichten für Kinder/Wetter	1

Beilage
TV-Programm der nächsten Woche

Zeitungen: lesen – untersuchen – machen

Nachrichten aus Deutschland und der Welt

Zeitungsredaktionen kaufen internationale und überregionale Nachrichten von **Nachrichtenagenturen** ein, die Reporter in aller Welt beschäftigen. Große Nachrichtenagenturen in Deutschland sind zum Beispiel, die **dpa/DPA** (Deutsche Presse-Agentur) oder die **afp/AFP** (Agence France-Presse), die für alle wichtigen Ressorts Nachrichten, Bilder und Videos liefern. Der **sid/SID** (Sport-Informations-Dienst) versorgt speziell das Ressort Sport. Viele Zeitungen und Nachrichtenportale stellen sogenannte **Newsticker** online, sodass man aktuelle Nachrichten rund um die Uhr im Internet verfolgen kann.

ZEIT ONLINE Aktuelle Schlagzeilen   Donnerstag, 19. Oktober

15:46 **Fußball**   Jugendarbeit: UEFA zahlt Bundesligisten acht Millionen Euro – SID
15:42 **Musik**   Udo Lindenzwerg: „Bordeigene Kids" sind nix für ihn – dpa
15:30 **Deutschland**   Gericht verbietet Geschlechterquote für Aufnahme in Gymnasium – AFP
15:26 **Flugzeugbau**   Premiere in Toulouse: A330neo absolviert ersten Testflug – dpa
15:22 **Konflikte**   Der Schlagabtausch zwischen Madrid und Barcelona – dpa
15:22 **Japan**   Japanische Behörden geben in Manga Verhaltenstipps bei möglichem Atomangriff – AFP
15:14 **Fußball**   Augsburg gegen Hannover mit Khedira – SID
15:14 **Parteien**   Wegen Jamaika-Verhandlungen: CSU-Parteitag erst im Dezember – dpa
15:06 **Internet**   BSI warnt vor Cyber-Attacken zum Weltklimagipfel in Bonn – dpa
15:06 **Deutschland**   Polizei leistet allein bei Fußballspielen mehr als 2,2 Millionen Arbeitsstunden – AFP
15:06 **Wissenschaft**   Dackelblick: Hunde setzen Mimik möglicherweise gezielt ein – dpa
15:00 **Verkehr**   Verkehrskontrollen: Ampel-Sünder und Handy am Steuer – DPA Hamburg

1 Betrachtet diesen kurzen Ausschnitt aus dem Newsticker von ZEIT ONLINE.
- Welche Nachrichtenagenturen haben die Schlagzeilen geliefert?
- Wo steht die neueste Nachricht? – Warum ist das immer so?
- Welche Schlagzeilen ordnet ihr den Ressorts **Politik, Wirtschaft** und **Sport** zu? Lest euch die entsprechenden Schlagzeilen vor.

2 Diese Meldung zu der Schlagzeile aus Japan stand am nächsten Tag in der Zeitung. Gebt sie mit eigenen Worten wieder.

3 Welche Aussage trifft **nicht** auf diese Meldung zu?
a) Die Meldung informiert genauer als die Schlagzeile.
b) Es wird die Quelle für die Angaben genannt.
c) Das Wichtigste steht bereits in der Schlagzeile.
d) Das Wichtigste kommt erst am Schluss.
e) Im ersten Satz wird die wichtigste Information wiederholt.

4 Ruft im Internet verschiedene Newsticker auf.
- Welche Nachrichten sind gerade aktuell?
- Von welchen Nachrichtenagenturen stammen sie?
- Wie bewertet ihr die Auswahl der Nachrichten?

Meldung

Japanische Behörden geben in Manga Verhaltenstipps bei möglichem Atomangriff

Tokio (AFP) Mit einem neuen Manga-Comic geben die japanischen Behörden Verhaltenstipps für den Fall eines nordkoreanischen Atomangriffs. In dem diesen Monat von den Behörden der Insel Hokkaido veröffentlichten vierseitigen Comic wird die Bevölkerung unter anderem aufgefordert, bei einem Angriff den Kopf mit Armen oder Kissen zu schützen.

5 Geht zu zweit die folgenden Informationen Punkt für Punkt durch. Prüft dabei, ob die Merkmale von Nachrichten auf die Meldung auf Seite 60 zutreffen.

Nachrichten und Meldungen

Die wichtigste Textsorte in der Zeitung sind **Nachrichten**. Sie enthalten Informationen, die für viele Menschen interessant, neu und wichtig sind.
- Nachrichtentexte werden möglichst **sachlich** formuliert.
- Sie geben Antworten auf **W-Fragen**: Wer? Was? Wann? Wo? Warum? ...
- Sie informieren über die **Quelle**, aus der die Nachricht stammt.
- Die wichtigste Information steht bereits in der **Schlagzeile**.

Nachrichten in Kurzform werden **Meldungen** genannt. Sie bieten den Lesern schnelle Informationen in wenigen Sätzen. Meldungen sind oft in einer Randspalte untereinander angeordnet. Auf der Titelseite enthalten sie häufig einen Hinweis auf einen ausführlichen Bericht im Inneren der Zeitung.

INFO

6 Worum geht es in den folgenden Meldungen? Lest die Schlagzeilen. Welchen Ressorts würdet ihr sie zuordnen: **Wirtschaft, Medien, Politik, Sport, Lokales** ...?

Meldung A

Handball-Livebilder ungewiss

Den Handballfans droht auch bei der Heim-WM der Frauen im Dezember ein TV-Blackout. Momentan deutet einiges darauf hin, dass das Turnier wie schon die vergangene WM der Männer nur im Onlinestream zu sehen ist. Bislang wurde noch kein Partner für die Live-Übertragung gefunden. **sid**

Meldung B

5,4 Millionen Menschen wollen mehr Arbeit

Wiesbaden. Rund 5,4 Millionen Menschen in Deutschland wollten im vergangenen Jahr mehr arbeiten. Neben Arbeitslosen und weiteren Erwerbslosen sind in dieser Zahl auch 2,6 Millionen Menschen enthalten, die bereits einen Job haben. Von ihnen üben sogar knapp 1,2 Millionen eine Vollzeittätigkeit aus, wie das Statistische Bundesamt in Wiesbaden berichtete. **dpa**

Meldung C

Post baut zweites Werk für E-Autos

Düren. Die Post-Tochter Streetscooter baut angesichts der großen Nachfrage ihr Angebot an elektrisch betriebenen Autos aus. In Düren nahe Aachen werde ein zweites Werk für den Bau von 10 000 Elektro-Autos jährlich gebaut, teilte das Unternehmen mit. Die Herstellung in Düren soll im zweiten Quartal 2018 starten. Bis zu 250 Arbeitsplätze entstehen dort, erklärte das Unternehmen. Bisher produziert die Deutsche Post in Aachen. In beiden Werken zusammen sollen künftig bis zu 20 000 Streetscooter pro Jahr vom Band laufen. Die Post setzt bundesweit bereits eine Flotte von rund 3 000 E-Autos zur Auslieferung von Paketen ein. **dpa**

7 Notiert, welche W-Fragen die drei Meldungen beantworten: *I* Meldung **A**, *II* Meldung **B**, *III* Meldung **C**.

II **8** Welche Adjektive aus dem **WORTSCHATZ** beschreiben die Sprache von Nachrichten am ehesten? Belegt eure Auswahl mit Textbeispielen.

III **9** Stellt euch vor, ihr solltet aus den Schlagzeilen und Meldungen auf den Seiten 60 und 61 eine Zeitungsseite der Sparte **Panorama** zusammenstellen. Begründet eure Auswahl.

WORTSCHATZ

anschaulich
gefühlvoll
hochsprachlich
informativ
sachlich
schwierig
spannend
umgangssprachlich
verständlich

Zeitungen: lesen – untersuchen – machen

Das Wichtigste zuerst: Zeitungsberichte

Martin-Luther-Straße
Falscher Zebrastreifen
Jugendliche malten nachts Zebrastreifen

Wolfsburg. Diese Randalierer waren besonders kreativ: In der Nacht zu Sonntag malten Jugendliche einen täuschend echten Zebrastreifen auf die Martin-Luther-Straße. Als sie daneben ein geklautes Schild aufstellen wollten, wurden sie von der Polizei überrascht. Die Polizisten auf Streife fuhren gegen 1.50 Uhr auf der Martin-Luther-Straße und beobachteten dort mehrere Personen, die vor ihnen die Flucht ergriffen. Nachdem die Beamten einen 17-Jährigen schnappten und sich die Fahrbahn näher anschauten, wussten sie, warum die Unbekannten Reißaus nahmen: Auf der Fahrbahn war in weißer Farbe ganz frisch ein Zebrastreifen aufgemalt. Außerdem waren die Täter offensichtlich dabei gestört worden, auch noch ein „Fußgängerüberweg"-Schild aufzustellen. Das hatten sie zuvor am Walther-Flex-Weg gestohlen. Zum fachgerechten Aufbau des Schildes hatten die Täter bereits Vorbereitungen getroffen. Die Polizei ermittelt jetzt gegen die „Maler" unter anderem wegen Sachbeschädigung.

Jugendliche hatten in der Nacht zu Sonntag in der Martin-Luther-Straße einen Zebrastreifen aufgemalt.

1 Für welches Ressort wurde hier recherchiert? Warum war den Redakteuren diese Nachricht wohl einen etwas längeren Bericht wert?

2 Welche Funktion haben das Foto und die Bildunterschrift für den Leser?

3 Den fettgedruckten Vorspann am Anfang des Zeitungsberichtes nennt man **Lead**. Welche W-Fragen beantworten bereits die Überschriften und der Lead?

> **Die wichtigste Information steht am Anfang.**
>
> **Dann folgen wichtige Zusatzinformationen und interessante Einzelheiten.**
>
> **Den Schluss bilden ergänzende Details.**

4 Das Schaubild zeigt den Aufbau von Zeitungsberichten im **Lead-Stil**.
- Erklärt euch diesen Aufbau.
- Welche Vorteile hat der Lead-Stil für die Leser?
- Weist nach, dass der Bericht „Falscher Zebrastreifen" im Lead-Stil geschrieben ist.

Zeitungsberichte

Zeitungsberichte informieren den Leser ausführlich. Typische Merkmale sind:
- die **Schlagzeile**, die durch **Dachzeile** und **Untertitel** ergänzt werden kann.
- der fett gedruckte Vorspann (**Lead**), der wichtige **W-Fragen** beantwortet.
- der mehrspaltige **Fließtext** im **Lead-Stil**, der dem Prinzip **„Das Wichtigste zuerst"** folgt.
- ein **Foto**, das als Blickfang Aufmerksamkeit weckt.
- die insgesamt **sachliche** Sprache.

5 Schreibe zu dem Zeitungsbericht „Falscher Zebrastreifen" eine kurze Meldung.
- Kürze den Bericht um etwa die Hälfte. Deine Meldung sollte aus 50 bis 60 Wörtern bestehen.
- Du kannst Sätze aus dem Bericht übernehmen oder eigene Sätze schreiben.
- Achte auf das Prinzip:
„Das Wichtigste zuerst".

Zeitungen: lesen – untersuchen – machen

Berichte redaktionell überarbeiten und schreiben

Neben ausgebildeten Redakteuren schreiben auch freie Mitarbeiter für die Zeitung, z. B. auch Schüler und Studenten. Da kann es vorkommen, dass ein Bericht überarbeitet werden muss, bevor er gedruckt werden kann.

1 Der folgende Bericht entspricht nicht ganz den Regeln, die für einen Zeitungsbericht gelten. Lest ihn aufmerksam.

Viel Spaß im Winter
Birkenbüttel. Polizeiobermeister Andreas Müller, liebevoller Vater von drei reizenden Kindern, konnte sich bei dem zurzeit herrschenden ekligen Dauerfrost einen langgehegten Wunsch erfüllen. Er legte im gepflegten Garten seines hübschen Wohnhauses am verträumten Ortsrand von Birkenbüttel eine eigene Eisbahn an.

Zu allgemein! Neue Schlagzeile und Untertitel finden!

Viel zu viele Adjektive! Sachlicher!

Müller erinnert sich noch gut daran, wie die Kinder aus den Dörfern früher im Winter auf den überschwemmten und gefrorenen Wiesen Schlittschuh laufen konnten. Die Idee, selbst eine Eisbahn im Garten zu bauen, hatte Müller schon länger. Als Müller von seinen Kindern, Amelie (13) und Alexander (15) immer mehr bestürmt wurde, gab sich Müller einen Ruck. Müller legte in seinem Garten eine 250 Quadratmeter große Eisfläche an: „Ich habe das Gefälle der Wiese hinter unserem Haus etwas ausgeglichen, eine 10 mal 25 Meter große Folie im Landwirtschaftshandel gekauft und die Ränder der Fläche abgesteckt."

*Müller, Müller ...
Pronomen verwenden,
z. B. Er ...
oder andere Bezeichnungen
z. B. Familienvater ...*

Die Birkenbütteler sind rundum begeistert von der Initiative ihres Nachbarn. Ortsbürgermeister Kruse lobt das Engagement von Müller: „Er denkt immer auch an die Dorfgemeinschaft."

Dieser Absatz gehört an den Schluss.

Der anstrengenden Arbeit folgte schnell die Belohnung. „Weil die Wasserfläche auf der Folie viel flacher als in einem Teich ist, war sie innerhalb kurzer Zeit zugefroren", erklärt der Familienvater, „Schon nach wenigen Tagen war das Eis fest und die Kinder konnten Eis laufen." Mutter Anja berichtet: „Also zunächst habe ich die Aktivitäten meines Mannes recht skeptisch beäugt, aber dann hat mich schließlich die Begeisterung meiner Kinder angesteckt. Jetzt drehe auch ich jeden Tag einige Runden auf dem Eis."

*Viel zu lang!
Wörtliche Reden kürzen
oder zusammenfassend
wiedergeben.*

Bildunterschrift fehlt!

Ihren privaten Eisgarten nutzt die Müller-Family nicht nur im Familienkreis. Viele Kids aus der Nachbarschaft fahren total auf das allabendliche Eis-Event in Müllers Garten ab. Um die coole Stadionatmosphäre perfekt zu machen, stellte der Vater des Projekts sogar noch einen Scheinwerfer auf eine Leiter. Unter „Flutlicht" liefert sich nun die Dorfjugend bis acht Uhr abends geile Eishockeyspiele. Echt abgefahren!

Weniger englische Wörter!
Keine Jugendsprache!
Sachlich bleiben!

2 Am Rand des Berichts findet ihr Kritikpunkte, die ein Redakteur zur Überarbeitung angemerkt hat.
- Setzt euch mit den Anmerkungen auseinander.
- Überarbeitet nun den Bericht mithilfe der Anmerkungen in der Tischgruppe.
- Stellt dann eure Ergebnisse im Plenum vor.
- In welcher Sparte der Zeitung würdet ihr diesen Bericht platzieren?

3 Schreibe einen Zeitungsbericht über ein interessantes Ereignis aus deiner Umgebung: zum Beispiel über ein Fußballspiel, ein Konzert, ein Schulfest, die Einweihung einer Skaterbahn, die Wochenendfahrt mit der Jugendgruppe …
Nutze beim Schreiben die folgende **CHECKLISTE**.

CHECKLISTE
- ✔ Ich finde eine interessante Schlagzeile und einen informativen Untertitel.
- ✔ Der Lead ist kurz und sachlich und enthält die wichtigsten Informationen.
- ✔ Ich befolge das Prinzip „Das Wichtigste zuerst".
- ✔ Ich verwende für die Personen unterschiedliche Bezeichnungen.
- ✔ Ich schreibe insgesamt sachlich.
- ✔ Umgangs- und Jugendsprache vermeide ich.
- ✔ Adjektive und wörtliche Reden setze ich gezielt, aber sparsam ein.

Tipp:
Schreibt und gestaltet eure Zeitungsberichte am Computer. Präsentiert sie dann anderen zum Lesen, z. B. als Wandzeitung oder auf der Schulhomepage.
Ihr könnt auch eine eigene Mini-Zeitung gestalten. Anregungen dazu findet ihr auf den folgenden Seiten.

Zeitungen: lesen – untersuchen – machen

Eine Mini-Zeitung zum Selbermachen

DER THEO-EXPRESS
ZEITUNG DER KLASSE 7a

Theodor-Heuss-Schule 12. November

Frische Salzbrezeln im Schulkiosk eingetroffen
Brezel-Engpass nach drei Wochen beendet

Die beliebten Salzbrezeln sind ab sofort wieder im Schulkiosk erhältlich. Der Verkauf war vor drei Wochen wegen Lieferschwierigkeiten eingestellt worden. Hausmeister Werner Jäkel: „Jede Pause kamen Schüler und fragten nach den Brezeln. Jetzt habe ich einen neuen Lieferanten gefunden und gleich 500 Stück bestellt." Erste Test-Käuferinnen beurteilten die Qualität der Brezeln so:

„Knusprig und salzig, einfach lecker!"

1 Schaut euch die Gestaltung dieser Titelseite an.
Wie wirken der Zeitungskopf, der Aufmacher, das Layout …?

2 Worum geht es in dem Aufmacher-Artikel?
- Welche W-Fragen werden beantwortet?
- Für welche Leserschaft ist dieser Beitrag interessant?
- Was soll der Eyecatcher bei den Lesern bewirken?

3 Schreibt eure eigene Mini-Zeitung. Sie soll aus zwei DIN-A4-Seiten bestehen.
- Bildet dazu Redaktionsteams von vier bis fünf Schülerinnen und Schülern.
- Überlegt, worüber ihr in eurer Mini-Zeitung etwas schreiben wollt.
  *Sommerfest   Klassenfahrt   Bundesjugendspiele   Jugendparlament
  Aktuelles aus der Schule   Westernreiten   Sonnenfinsternis   Ballett   Interviews
  Delfinsprache   Styles & Trends   Schulband   Skaten   Mixed Fußball
  Vorstellung von Serien, Filmen, Büchern oder Spielen   Kommentare & Leserbriefe*

4 Jedes Team gestaltet nun seine eigene Mini-Zeitung mit selbst verfassten Beiträgen auf zwei Seiten. Hilfreiche Tipps dazu findet ihr auf der nächsten Seite.

Tipps für eine Mini-Zeitung
- Eure Zeitung braucht einen Namen:
  einen Namen, der sich gut merken lässt.
- Legt fest, was in eurer Zeitung stehen soll.
  Denkt dabei an die unterschiedlichen
  Interessen eurer Leser.
  Witz und Kritik sind erlaubt.
  Aber übertreibt es damit nicht!
- Teilt die Aufgaben unter euch auf:
  Wer entwirft den „Kopf" für die Titelseite?
  Wer kann Comics oder Karikaturen zeichnen?
  Wer schreibt was?
  Wer macht die passenden Fotos dazu?
  Achtung! Jede Person kann selbst frei
  entscheiden, ob Fotos von ihr gemacht und
  ob sie veröffentlicht werden dürfen.
  Fragt Personen, bevor ihr sie fotografiert.
  Sprecht mit eurem Lehrer / eurer Lehrerin
  über das **„Recht am eigenen Bild"**.
- Ganz wichtig ist der Redaktionsschluss.
  Legt fest, wann die Beiträge fertig sein sollen.
  Haltet diesen Termin ein!
- Tragt euer Material in der Redaktion zusammen.
  Sichtet Fotos und Texte.
  Habt ihr treffende Schlagzeilen gefunden?
  Vergesst die Bildunterschriften nicht.
- Eure Namen stehen im Impressum, denn ihr seid
  für den Inhalt eurer Zeitung verantwortlich.
  Es muss also stimmen, was ihr schreibt.
  Ihr dürft niemanden beleidigen oder etwas
  Unwahres über ihn behaupten.
- Denkt auch daran, die Texte gegenseitig
  Korrektur zu lesen.
  Viele Augen sehen mehr als zwei.
- Nutzt für das Layout ein Textverarbeitungsprogramm.
  Gestaltet die Seiten am PC und

✓ Aktuelles
✓ Interview mit dem neuen Hausmeister
✓ Krimi-Wettbewerb
✓ Die neue Schulband
✓ Testbericht für Gamer
✓ Was ist in? Was ist out?
✓ Witze und Comics
✓ Impressum

Redaktionsschluss
 Freitag, 12.00 Uhr

Impressum
Texte: Mia Schmidt, Paul Winter
Fotos: Nick Meier
Titel: Melike Gökay
Layout: …

Zeitungskopf	
Aufmacher	Foto

	Impressum

5 Präsentiert eure Mini-Zeitungen in einem „Galeriegang".
- Nehmt euch danach noch etwas Zeit und lest die Artikel, die euer besonderes Interesse geweckt haben.

Galeriegang
- **Ausstellen der Arbeitsergebnisse:**
  Legt die Mini-Zeitungen auf den Tischen aus oder hängt sie an die Pinnwand.
- **Rundgang:**
  Versammelt euch vor der ersten Mini-Zeitung, die von ihrem „Redaktionsteam" präsentiert wird. Wenn alle Fragen dazu beantwortet sind, geht ihr weiter zur nächsten Zeitung.

Zeitungen: lesen – untersuchen – machen

Überprüfe dein Wissen und Können

1 Kennst du dich mit Fachwörtern rund um die Zeitung aus? Schreibe jeweils das richtige auf.
a) Die Überschrift über der Schlagzeile heißt *Oberzeile – Topzeile – Dachzeile*.
b) Der fett gedruckte Vorspann von Zeitungsberichten ist der *Lead – Trailer – Jingle*.
c) Die Namen der verantwortlichen Redakteure stehen im *Imperfekt – Imperativ – Impressum*.
d) Eine gefaltete Lage von Zeitungsseiten nennt man *Packung – Stapel – Buch*.
e) Wer eine Zeitung bestellt und regelmäßig bezieht, hat sie *abonniert – analysiert – absolviert*.
f) Aktuelle Nachrichten in Kurzform sind *Meldungen – Wendungen – Sendungen*.
g) Boulevardzeitungen sind *Kioskzeitungen – Straßenverkaufszeitungen – Fotozeitungen*.
h) **dpa** ist die Abkürzung für eine *Newsplattform – Satellitenschüssel – Nachrichtenagentur*.

2 Die Teile des folgenden Berichts sind durcheinandergeraten.
- Ordne die drei Abschnitte nach dem Prinzip „Das Wichtigste zuerst".
- Notiere die Buchstaben in der passenden Reihenfolge.
- Schreibe eine passende Schlagzeile für den Zeitungsbericht auf.

A Rüde Sammy büxte abends seinem Besitzer während eines Spaziergangs in Musterstedt aus. Auf seinem Alleingang wurde der Hund beim Überqueren der Kantstraße – so meldete es die Polizei – vom Nachtbus erfasst. Der Hund blieb kurz verletzt liegen, humpelte dann aber in den Stadtwald und verschwand.

B Ein verletzter Labrador hat Donnerstagnacht allein zum Tierarzt gefunden. Das von einem Bus angefahrene Tier war kilometerweit zur Praxis gelaufen und hatte dort stundenlang auf Einlass gewartet.

C Am Morgen fand Tierarzt Tom B. den Vierbeiner wartend vor seiner Tür: „Ich habe Sammy gleich an seinen weißen Pfoten erkannt." In der Praxis wurde der Hund sofort in den Behandlungsraum gebracht. Wenig später konnte ihn sein Besitzer gut versorgt wieder abholen. Bis auf eine verstauchte Pfote war Sammy nichts passiert.

3 In dem folgenden Zeitungsartikel stehen Wörter und Sätze, die nicht in einen sachlichen Bericht passen. Notiere diese fünf Textstellen: 1) *idyllischen*, 2) …

Hilfsbereite Polizisten fassen Autodieb am Pferdemarkt

Neustadt. Dank ihrer Hilfsbereitschaft ging der Polizei in Neustadt am Donnerstagabend ein gesuchter Autodieb ins Netz.

Bei einer Streifenfahrt fiel zwei Beamten der Bereitschaftspolizei ein liegen gebliebener Geländewagen am idyllischen Pferdemarkt auf. Sie hielten an, um ihre Unterstützung anzubieten. Allerdings konnte der 48-jährige Fahrer keine Fahrzeugpapiere vorweisen. Eine Überprüfung ergab, dass die an dem roten SUV angebrachten Kennzeichen gefälscht waren und der Wagen bereits drei Tage zuvor in dem verschlafenen Örtchen Waldhausen gestohlen worden war.

Liegen geblieben war die schicke Karre, weil der Mann kurz zuvor den falschen Kraftstoff getankt hatte, Benzin statt Diesel. So ein Dummkopf! Die verdiente Strafe folgte auf dem Fuß. Der 48-Jährige wurde vorläufig festgenommen und musste die Nacht im Polizeigewahrsam verbringen. Das Fahrzeug wurde sichergestellt.

4 Notiere, auf welche drei W-Fragen die Überschrift des Zeitungsberichts bereits eine kurze Antwort gibt.

Werbung
Eine Werbeanzeige erschließen und untersuchen

Dieses Plakat stammt aus dem Jahr 2014.
Das Copyright der Anzeige liegt bei der Cölner Hofbräu P. Josef Früh KG.

1 Schaut euch diese Werbeanzeige einmal in Ruhe an.

2 Schreibe auf, was dir beim Betrachten des Plakates sofort ins Auge springt. Notiere außerdem, was du darüber hinaus noch alles entdecken kannst.

3 Tauscht euch im Plenum über eure Notizen aus und klärt anschließend im Gespräch:
- Was ist der besondere **Eye-Catcher** dieser Anzeige? Lest dazu im Infokasten.
- Für welches Produkt und von welcher Firma wird hier geworben?
- Welche Farben und Farbeffekte wurden verwendet? Welche Wirkung haben sie?
- Wo taucht das Produkt selbst in der Anzeige auf?
- Welche Informationen erhält man über das Produkt?
- Welches sind die **gestalterischen** Besonderheiten dieser Anzeige?
- Worin liegen die **sprachlichen** Besonderheiten dieser Anzeige?

Eye-Catcher

Unter einem Eye-Catcher versteht man in der Werbung ein auffälliges Bild- oder Textelement, das den Blick des Betrachters „einfangen" soll (*engl.* to catch). Die Aufgabe des Eye-Catchers ist es, beim Betrachter Aufmerksamkeit zu wecken. Dazu werden bestimmte Reize eingesetzt, wie z. B. Bilder, Effekte usw. Im Deutschen verwendet man dafür die Wörter „Blickfang" oder „Hingucker".

● ○ ○ ○ Probleme erkennen – Einsichten gewinnen

4 Die Brauerei wirbt auf dieser Anzeige mit dem Fußballer Lukas Podolski.
Betrachtet die Anzeige noch einmal aufmerksam.
- Wodurch wird die besondere Nähe zwischen dem Fußballer und dem Produkt erzeugt? Wie wird diese Nähe in Szene gesetzt?
- Welche Ausstrahlung geht von dieser Art der Darstellung aus? Wählt die passenden Begriffe aus:
  Ruhe – Dynamik – Action – Sportlichkeit – Müdigkeit – Ausdauer – Passivität – Frische.
- Welche Wirkung erhofft sich die Firma wohl bei den Betrachtern dieser Anzeige?

5 Auch das Zusammenspiel zwischen Bild und Text ist in dieser Werbeanzeige passgenau aufeinander abgestimmt.
- Lest den Slogan und den Text darunter. Nutzt dazu auch den Infokasten unten.
- Beschreibt, wodurch die Bausteine **Bild** und **Text** eng aufeinander bezogen sind.

6 Diskutiert darüber, welche „Botschaft" durch dieses Zusammenspiel von Slogan, Bild und Text an den Betrachter ausgeht.

7 Es gibt verschiedene Erklärungsmodelle, um zu verstehen, wie Werbung aufgebaut ist.
Hier lernt ihr das bekannteste Modell kennen: das **AIDA-Modell**.
Es besteht aus vier Stufen. Schaut euch dazu diese Übersicht in Ruhe an.

A **A**ttention = Aufmerksamkeit: **Eye-Catcher** und / oder **Slogan** treten in einer Werbeanzeige optisch hervor. Der Blick und damit auch die Aufmerksamkeit des Betrachters sollen **„eingefangen"** werden.

I **I**nterest = Interesse: Durch die Aufmerksamkeit wird das Interesse des Betrachters geweckt. Man will mehr über das **Produkt** erfahren und wissen, worum es in der Anzeige geht. Das Interesse wird, z. B. durch **Informationen**, unterstützt.

D **D**esire = Wunsch, Verlangen: Das Interesse soll dazu führen, dass der Wunsch entsteht, dieses **Produkt** haben zu wollen.

A **A**ction = Aktion, Handlung: Der Betrachter soll nun vom Kauf überzeugt sein und das Produkt kaufen wollen. Ein sprachlicher Appell kann diese „Aktion" unterstützen.

8 Ordnet den vier Stufen des AIDA-Modells die Bausteine dieser Werbeanzeige zu.

Produktname — Slogan — Firmenlogo — Firmenname — Eye-Catcher — Informationen über das Produkt — Abbildung des Produkts

---

Slogan – Slogans

Ein Slogan ist ein wirkungsvoll formulierter, einprägsamer Spruch, der besonders in der Werbung zur Anwendung kommt.
Slogans bringen die zentrale Werbeaussage für ein Produkt oder eine Marke sprachlich kurz und genau auf den Punkt. Daher prägen sie sich besonders gut im Gedächtnis ein.
Verstärkt wird diese positive Wirkung oft durch eine sprachlich-rhythmische Betonung und durch den Wohlklang der Wörter (Reime, Lautmalerei).

INFO

Werbung

Eine Werbeanzeige mithilfe des AIDA-Modells erschließen

Nicht immer wird für Produkte geworben, die man kaufen kann. Auch Vereine, Hilfsorganisationen oder Freiwilligen-Organisationen machen Werbung, um zum Beispiel Unterstützung durch neue Mitglieder zu bekommen.

1 Schaut euch die Anzeige des Landesfeuerwehrverbandes Bayern aufmerksam an.

2 Wendet das **AIDA-Modell** auf diese Anzeige an und erschließt sie euch.
Orientiert euch an den folgenden Fragen.
- Haltet eure Antworten schriftlich fest.
- 🖉 Du kannst dazu auch den **Wortschatz: Textbausteine** nutzen.
- Präsentiert eure Ergebnisse anschließend in der Tischgruppe oder im Plenum.

Attention: Was hat deinen Blick eingefangen?
Was erweckt deine Aufmerksamkeit?
Interest: Wofür wird hier von wem geworben?
Wer wird angesprochen (Zielgruppe)?
Welche Informationen bietet die Anzeige?
Welche Fragen bleiben offen?
Desire: Wie wird das Interesse für die Teilnahme an der Jugendfeuerwehr geweckt?
Action: Was fordert zum Handeln auf?

Wortschatz: Textbausteine

Der Eye-Catcher dieser Anzeige ist …
Mein Blick wird eingefangen durch …
Der Slogan fordert dazu auf, …
Der Slogan verspricht, dass …
Die Werbeanzeige will dazu anregen, dass …
Beim Betrachter soll der Wunsch entstehen …
Meine Aufmerksamkeit wird durch … erhalten.
Die Anzeige stellt … dar.
Die Anzeige … wirbt für …
… werden besonders angesprochen.
Die Anzeige richtet sich an …
Die Anzeige wirkt auf mich …

Werbung

Die Sprache von Werbeslogans untersuchen

1 Informiert euch anhand des folgenden Textes über die Bedeutung von Slogans in der Werbung.

Der Slogan

Egal für welche Art von Produkt geworben wird, fast immer beinhaltet die Werbung einen Slogan. Diese Slogans sind aber nicht frei erfunden, sondern folgen bestimmten Prinzipien. Die Länge der Slogans spielt dabei eine wesentliche Rolle:
Ein Slogan muss einfach, kurz und aussagekräftig sein, da der Betrachter einer Werbeanzeige meist nur wenige Sekunden seiner Aufmerksamkeit schenkt und TV- oder Radiospots in der Regel sehr kurz sind. Wenn es ein Slogan in dieser kurzen Zeitspanne nicht schafft, sich beim Zuhörer / Zuschauer einzuprägen, hat er versagt. Deshalb sollte der Slogan aus fünf bis sieben Wörtern bestehen. In der Werbegestaltung bezeichnet man dieses Prinzip auch als **KISS-Regel** (**K**eep **I**t **S**hort and **S**imple = Halte es kurz und einfach.). In seiner Kürze vermittelt der Slogan die Vorteile des Produkts. Und dies gelingt mithilfe verschiedener sprachlicher Stilmittel:

a) Slogan mit einer Aufforderung (Imperativ): *Lasst es krachen!* (Brandt Minis)
b) Frage-/Antwort-Slogan: *Ist der neu? – Nein, mit Perwoll gewaschen.* (Perwoll)
c) Ich-/Mein-Slogan: *Nur wenn ich sauber bin, bin ich wirklich frisch.* (WC Frisch)
d) Du-/Dein-Slogan: *So wie du.* (Mercedes-Benz A-Klasse)
e) Wir-/Unser-Slogan: *Wir sind deins.* (ARD)
f) Endreim-Slogan: *Bester Sport vor Ort* (Karstadt Sport)
g) Stabreim-Slogan: ***M**ilch **m**acht **m**üde **M**änner **m**unter.* (Milch)
h) Slogan, der an Redewendungen anknüpft: *Red Bull verleiht Flügel.* (Red Bull)
i) Fremdsprachlicher Slogan: *Comfort is the new cool.* (Citroën C4 Cactus)
j) Slogan mit Begründung: *Weil Erde nicht gleich Erde ist.* (Compo Sana)
k) Zwei-Wort-Slogan: *Herrlich ehrlich.* (Paulaner Zwickel)
l) Gegensatz-Slogan: *Am Abend geht die Sonne auf.* (Schöfferhofer Weizen)
m) Drei-Wort-Slogan: *Erfrischend. Spritzig. Leicht.* (Rivella Refresh)

Viele Slogans lassen sich nicht nur einer dieser Kategorien zuordnen, sondern sie bestehen aus mehreren Gestaltungselementen. So ist der Slogan „Herrlich ehrlich" nicht nur ein Zwei-Wort-Slogan, sondern gleichzeitig auch ein Slogan mit Endreim, da die Wörter „Herrlich" und „ehrlich" beide auf „lich" enden.

2 Stellt weitere aktuelle Beispiele für Werbe-Slogans (Anzeigen in Zeitungen und Zeitschriften, Plakatwerbung, Radio, TV, Internet) zusammen.
Ordnet sie den verschiedenen sprachlichen Stilmitteln aus dem Text oben zu.

3 Ordnet die Slogans dieser drei Anzeigen den verschiedenen Slogan-Arten im Text auf Seite 71 zu. Manchmal passen auch zwei Zuordnungen.

4 Beschreibt Zusammenhänge, die zwischen den Produkten und ihren Slogans hergestellt werden.

> **Tipp zum Slogan der Autowerbung:**
> Möchte man **alle Käufergruppen** ansprechen, werden oft Namen wie „Erika Mustermann", „Max Mustermann", „Lieschen Müller", „Hinz und Kunz" oder „Otto Normalverbraucher" verwendet.

5 Untersucht die Anzeigen mithilfe des AIDA-Modells nun genauer.
Macht deutlich, wie der Slogan in Verbindung mit den anderen Elementen der Werbeanzeige auf den Betrachter wirkt. Greift dazu auf das **AIDA-Modell** zurück.
I Anzeige „Feuerwehr", *II* Anzeige „Frosch", *III* Anzeige „Opel".

6 Versucht euch auch selbst einmal als Werbetexter.
- Erfindet einen Slogan, z. B. für Turnschuhe, ein Mountainbike, ein Kleidungsstück, eine soziale Einrichtung, einen Verein oder …
- Eure Zielgruppe sind Jugendliche wie ihr.
- Gebt eurem Produkt einen „coolen" Namen.
- Euer Slogan soll die Wünsche und Fantasien eurer Zielgruppe ansprechen.
- Euer Slogan muss auf jeden Fall kurz und einprägsam sein.

> **Tipps:**
> - Nutzt Adjektive, die positive Eigenschaften eures Produkts herausstellen: *trendy, exklusiv, frisch, sportlich, flexibel, schön …*
> - Fordert eure Zielgruppe mit Verben zum Handeln auf: *erfüllen, genießen, erleben, bewegen, fühlen, verwirklichen …*
> - Nutzt Nomen, die positive Werte für euer Produkt vermitteln: *Freiheit, Energie, Fitness, Bewegung, Natur, Pflege, Spaß, Unabhängigkeit, Lässigkeit …*

Werbung

Eine Analyse über eine Werbeanzeige untersuchen

Dieses Plakat stammt aus dem Jahr 2014.
Das Copyright der Anzeige liegt bei der Cölner Hofbräu P. Josef Früh KG.

1 Lest diesen Analysetext zur Werbeanzeige **„Früh Sport"**.
Markiert sind Satzanfänge und Textbausteine, die auch zur Analyse anderer Werbeanzeigen verwendet werden können.

Analyse der Werbeanzeige „FRÜH SPORT"

Diese Werbeanzeige ist von der Cölner Hofbräu Brauerei Früh erstellt worden. Es handelt sich um ein gedrucktes Werbeplakat, mit dem für ein Zitronenmixgetränk geworben wird. Die Anzeige befindet sich an einer Plakatwand in der Hannoverschen Straße in Köln.

Der Eye-Catcher ist für mich Lukas Podolski. Er hat meinen Blick sofort eingefangen, weil ich ein großer Fan von ihm bin. Außerdem spiele ich auch Fußball. Ich habe mir die Anzeige mit großem Interesse angesehen, weil sie mich sofort an Fußball erinnert.

Ich denke, die Werbeanzeige spricht mit ihrem Produkt die Zielgruppen Jugendliche und Erwachsene an. Es kann von allen getrunken werden, denn es ist ohne Alkohol.

Der Slogan heißt „FRÜH SPORT mit Poldi", dabei ist *Frühsport* als Wort ganz auffällig geschrieben. Deshalb ist mir auch der Slogan besonders im Kopf geblieben. Man spricht ihn als „Frühsport" aus und meint damit den Sport am frühen Morgen. Im Slogan ist aber der Firmenname „Früh" als einzelnes Wort sichtbar – und meint damit ja die Brauerei, die das Getränk herstellt. Der Slogan soll dazu auffordern, Frühsport mit Lukas Podolski zu machen.

Im Text der Anzeige „Taufrisch aus der Früh Brauerei: Der isotonische, vitaminreiche Zitronenmix mit 0,0% Alkohol" erfährt man, welche Getränkeart Früh Sport ist, von welcher Brauerei es hergestellt wird und dass es alkoholfrei ist. Der Anzeigentext befindet sich in kleiner weißer Schrift unterhalb des Slogans.

Der Hintergrund der Anzeige ist einheitlich rot. Dadurch konzentriert man sich auf die Bilder, das Produkt und die Schrift. Man erkennt drei Bildteile. Lukas Podolski mit einer roten Kapuzenjacke, auf der vorn das Firmenlogo „Früh" geschrieben steht. „Poldi" befindet sich in einer typischen Fußballpose. Er sieht aus, als würde er einen Fußball aufs Tor ballern. Er schießt aber keinen Ball, sondern eine übergroße gelbe Zitrone. Die Zitrone ist größer als ein Fußball und von Wasserspritzern umgeben und soll wahrscheinlich für das „taufrisch" in der Produktbeschreibung stehen. Im Vordergrund steht das Produkt, eine Glasflasche mit der Fassbrause. Das Getränk heißt „Früh Sport". Im unteren Teil der Werbung befindet sich in dünner und sehr kleiner weißer Schrift der Firmenname „Cölner Hofbräu Früh" sowie die Telefonnummer und Homepage der Brauerei. Die gesamte Werbeanzeige ist fast ausschließlich in den Farben Rot und Gelb gehalten.

Die Anzeige soll vermutlich aussagen, dass die Frische der Zitrone und die Sportlichkeit von „Poldi" in dem Getränk stecken. Die Absicht des Slogans ist es, durch das Trinken des Getränks „Früh Sport" mit oder wie Lukas Podolski Sport zu treiben. Die Werbestrategie ist hier, dass der prominente ehemalige Fußballnationalspieler Lukas Podolski vorkommt, den jeder kennt, weshalb man das Getränk vielleicht auch haben möchte. Ich kann mir vorstellen, dass es viele Fans von „Poldi" gibt, die sich dadurch erhoffen, so sportlich und erfolgreich wie er zu werden.

Einige meiner Fragen sind allerdings nicht beantwortet worden: Wie viel Zucker mag wohl darin sein? Wie teuer ist eine Flasche des Getränks? Was bedeutet eigentlich *isotonisch*? Kann ich nicht auch einfach einen Schuss Zitronensaft in mein Mineralwasser geben?

Ich bin von der Anzeige ... Ich denke an ... Es entsteht bei mir der Eindruck, dass ... Gut gefällt mir an der Anzeige, dass ... Ich hätte Lust darauf ... Ich finde die Idee der Werbegestalter total super ... Besser gefallen würde es mir aber, wenn ...

2 Verfasse nun selbst einen eigenen **Schlussteil** zu dieser Analyse.
- Nutze dazu die gelb markierten Satzanfänge.
- Vergleicht eure Ergebnisse anschließend im Plenum.

3 Schaut euch den Aufbau dieser Werbe-Analyse noch einmal gemeinsam an.
- Ordnet die folgenden Teilüberschriften den passenden Textabschnitten zu.
- Schreibt danach die Punkte noch einmal in der **richtigen Reihenfolge** für euch auf.
  a) Offene Fragen stellen
  b) Eigene Meinung und Wirkung der Anzeige erklären
  c) Einleitung formulieren
  d) Slogan benennen und erklären
  e) Informationstexte der Anzeige benennen und erklären
  f) Mögliche Zielgruppe für das Produkt benennen und begründen
  g) Aussageabsicht und Strategien der Anzeige untersuchen
  h) Gestaltung und Aufbau genau beschreiben
  i) Eye-Catcher benennen und begründen

Werbung

Eine Werbe-Analyse verfassen

1 Verfasse eine Analyse zu dieser Werbeanzeige des Reiseunternehmens „Neckermann".
Nimm die Satzanfänge der Seiten 74 und 75 zu Hilfe sowie den **Wortschatz** unten.
- Kontrolliere dich selbst mithilfe der **Checkliste** oder kontrolliert euch partnerweise.
- Präsentiere deine Analyse vor der Klasse und hole dir Rückmeldung ein.

Wortschatz: Textbausteine

Besser gefallen würde es mir ... – Das Produkt spricht mich an, weil ... – Der Text in der Anzeige sagt etwas über ... – Die Anzeige hat mein Interesse durch ... geweckt – Die Anzeige ist so zu verstehen, dass ... – Die Aussageabsicht lautet ... – Die Werbeanzeige befindet sich ... – Der Slogan sagt aus... – Es gefällt mir, dass ... – Es spricht mich an, dass ... – Es spricht mich nicht an, weil... – Ich kann mir vorstellen, dass das Produkt ... – Ich kritisiere daran, dass ... – Man erfährt aus dem Werbetext (nicht), dass ... – Man kann die Anzeige so erklären, dass ... – Mein Interesse ist geweckt, weil ...

Checkliste

Ich schreibe ...
- ✓ ... eine Einleitung mit Firma, Produkt, Art und Form der Anzeige und dem Ort des Erscheinens.
- ✓ ... welcher Eye-Catcher meine Aufmerksamkeit weckt und begründe es.
- ✓ ... an welche Zielgruppe sich die Werbung richtet und begründe es.
- ✓ ... den Slogan auf, erkläre seinen Aufbau und seinen Bezug zum Produkt.
- ✓ ... die Anzeigeninformationen auf und erkläre ihre Bedeutung für das Produkt.
- ✓ ... detailliert, wie die Anzeige aufgebaut ist.
- ✓ ... über die möglichen Aussageabsichten und Strategien der Anzeige.
- ✓ ... Fragen auf, die ich noch habe und die durch die Anzeige nicht geklärt werden.
- ✓ ... meine eigene Meinung auf und erkläre die Wirkung, die die Anzeige bei mir hinterlässt.

Werbung

Informationen über Werbung sammeln und auswerten

1 Führe selbst eine Werbungs-Recherche durch, indem du ein Protokoll erstellst.
Achte dazu einen Tag während deines Schulwegs auf Werbung.
So kannst du herausfinden, wie viel und welche Werbung dir täglich auf deinem Schulweg begegnet.
- Übertrage die folgende Tabelle auf ein Blatt.
- Trage das Protokoll bei dir, wenn du dich auf deinen Schulweg begibst,
denn später kannst du dich nicht mehr an alle Einzelheiten erinnern.

Ⓜ Ein Protokoll erstellen – Werbung auf meinem Schulweg

Werbungs-Recherche auf meinem Schulweg von: Hannover   **nach:** Hannover
Wochentag und Datum ...
Weg von ...   **nach ...**

Ort (Straße und Platz)	Art	Produkt	Welche Zielgruppe?	Wurde mein Interesse geweckt?
Bahnhofsplatz, Werbewand	Anzeige mit Schrift und Bild	Schokolade	Kinder, Jugendliche, Erwachsene	ja
Curtmannstraße, Litfaßsäule	Anzeige mit Schrift und Bild	Auto	Erwachsene	nein
...	...	...	...	...

---

2 Werte deine Recherche aus. Dazu erstellst du einen kleinen Auswertungstext.
- Du kannst dazu den **WORTSCHATZ: TEXTBAUSTEINE** nutzen.
- Ergänze die Lücken durch deine persönlichen Beobachtungen.

WORTSCHATZ: TEXTBAUSTEINE

*Meine Recherche zum Thema „Werbung" hat am ... auf dem Weg von ... bis ... stattgefunden.
Ich war mit dem Fahrrad / zu Fuß / mit dem Bus ... zur Schule unterwegs.
Insgesamt sind mir ... Werbeanzeigen begegnet. Dabei handelt es sich hauptsächlich
um Werbung für ... Meine Zielgruppe ist ... angesprochen worden. Andere Zielgruppen sind ...
Mir hat / haben die folgenden Anzeige/n von der Firma ... am besten gefallen, weil ...
Mir ist aufgefallen, dass ... Überrascht hat es mich, dass ... Nicht gefallen hat mir ...
Der tollste Eye-Catcher war für mich ... Obwohl ich mir das Produkt nie kaufen würde,
war die witzigste Werbung für mich das Plakat ...
Mein Ergebnis zur Werbungs-Recherche auf meinem Schulweg lautet ...*

Werbung

Werbeanzeigen untersuchen

Sieh dir die folgenden Seiten 78–80 mit den verschiedenen Werbeanzeigen und ihren Aufgaben zuerst einmal an.
- Entscheide dann, welche Anzeige du gern genauer untersuchen möchtest.
- Ihr könnt auch zu zweit oder in kleinen Gruppen arbeiten.
- Präsentiert eure Ergebnisse anschließend im Plenum.

1 Notiere deinen ersten Eindruck zu dieser Anzeige.

2 Was ist für dich in dieser Werbung der Eye-Catcher?

3 Welche Informationen enthält die Anzeige **nicht**?

4 Welche Nomen und Adjektive kannst du notieren, wenn du dir die Anzeige ansiehst? Du kannst dich dazu am **WORTSCHATZ** orientieren.

5 Welche **Bausteine von Werbung** kannst du dieser Anzeige zuordnen? Notiere die Bausteine mit Beispielen.

Slogan *Eye-Catcher* *Firmen-Logo* *Firmen-Name + Slogan*
Infotext *Abbildung des Produktes* *Kaufanreiz / Preisvorteil*

WORTSCHATZ

bunt – frisch / Frische – Gemüse – gesund / Gesundheit – grün – knackig – lecker – Obst – Vielfalt – vital

6 Auf einem Wochenmarkt gibt es, meist einmal pro Woche, regionale und überregionale Produkte zu kaufen.
- Welche Zielgruppe soll mit dieser Anzeige wohl vor allem angesprochen werden?
- Begründe deine Vermutung.

7 Gesunde Ernährung mit viel Obst und Gemüse ist für alle Menschen wichtig.
- Gestalte eine neue Anzeige für den Supermarkt, die vor allem **Jugendliche** wie dich anspricht. Du kannst dazu Teile der alten Anzeige übernehmen, z. B. den Aufbau.
- Zur Gestaltung deiner Anzeige kannst du Bilder aus Katalogen und Zeitschriften verwenden, die du ausschneidest und auf einer großen Pappe aufklebst.
- Oder du entwirfst deine Anzeige am Computer und suchst im Internet schöne Bilder heraus.

🅤 **8** Sieh dir die Anzeige zuerst einmal in Ruhe an.
Notiere dann deine Eindrücke in Stichwörtern.

🅤 **9** Was ist dein Eye-Catcher?

🅤 **10** Was gefällt dir an dieser Anzeige?
Und was spricht dich vielleicht nicht an?

🅤 **11** Für welches „Produkt" wird in dieser Anzeige eigentlich geworben?

🅤 **12** Wie verstehst du den Slogan „Geschenk ohne Grenzen"?
Versuche den Slogan zu deuten.

🅤 **13** Beschreibe den Aufbau und die Gestaltung der Anzeige.
Nutze die gelb markierten Satzanfänge und den **Wortschatz: Textbausteine**
auf den Seiten 74–76.

74–76

🅤 **14** Gestalte eine eigene Anzeige für eine gemeinnützige Organisation, die sich z. B.
für den Umwelt- oder Naturschutz, den Tierschutz oder etwas Ähnliches einsetzt.
- Du kannst dich dazu an der vorgestellten Anzeige orientieren.
- Du kannst aber auch deiner Fantasie freien Lauf lassen.
- Verwende zur Gestaltung deines Werbeplakats Bilder aus Zeitschriften und Katalogen oder gestalte deine Anzeige am Computer.

🅤 **15** Präsentiere deine Anzeige im Plenum und erläutere sie.
- Gib deinen Mitschülerinnen und Mitschülern anschließend Gelegenheit für Rückfragen.
- Bitte für dich selbst auch um eine Rückmeldung zu deiner Arbeit.

16. Sieh dir die Anzeige zuerst einmal an und notiere deine Eindrücke.

17. Hast du auf den ersten Blick erkannt, für welches Produkt hier geworben wird?
Erkläre, wer wofür Werbung macht.

18. Welche Gefühle sollen wohl beim Betrachter der Anzeige angesprochen werden?

19. Welche besonderen Eigenschaften des Produkts werden hier herausgestellt?
Und warum werden dazu wohl Bilder von Tieren und keine parkenden Autos gezeigt?

20. Welche Bausteine einer Werbeanzeige werden in dieser Anzeige verwendet?
Welche Bausteine fehlen? Erstelle eine Übersicht.

21. Formuliere zu dieser Anzeige einen auffordernden Slogan.

22. Gestalte mit diesem Eye-Catcher eine eigene Werbeanzeige.
    - Überlege dir, für welche Firma und für welches Produkt du werben möchtest.
    - Welche Zielgruppe soll damit angesprochen werden?
    - Entwirf auch einen ansprechenden Slogan.
    - Du kannst deine Anzeige als Plakat gestalten, indem du weitere Bilder
      aus Zeitschriften und Katalogen ausschneidest.
      Oder du arbeitest mit dem Computer und entwirfst dort deine Anzeige.

23. Präsentiert eure Anzeigen in der Klasse. Ihr könnt auch einen **Galeriegang** veranstalten.

Werbung

Überprüfe dein Wissen und Können

1 Welche Erklärung passt zu welchem Fachbegriff?
Ordne die Fachbegriffe den richtigen Ziffern zu und schreibe sie auf. *Eye-Catcher = ?*

Eye-Catcher	**1** Ist eine Erklärung, wie Werbung funktioniert.
Slogan	**2** Wird auch als „Hingucker" bezeichnet.
Produkt	**3** Kurz, aussagekräftig und schnell zu merken.
AIDA-Modell	**4** Das Produkt soll eine bestimmte Gruppe von Menschen, z. B. Jugendliche, ansprechen.
Zielgruppe	**5** Ist das, was verkauft werden soll.

2 Welche Bausteine sind typisch für eine Werbeanzeige? Notiere die fünf richtigen Buchstaben.

- **A** Firmenlogo
- **B** Bilder mit Tieren
- **C** Abbildung des Produkts
- **D** Slogan
- **E** Informationstext
- **F** Anhänger
- **G** Kundenbewertung
- **H** Infobroschüre
- **I** Eye-Catcher

3 Welche Aussagen über Slogans sind richtig? Schreibe die richtigen zwei Buchstaben auf.
a) Jede Werbung hat einen Slogan.
b) Slogans sind immer frei erfunden.
c) Slogans sollten einfach, kurz und aussagekräftig sein.
d) Slogans bestehen immer nur aus einem sprachlichen Gestaltungselement.
e) Slogans vermitteln die zentrale Werbeaussage für ein Produkt oder eine Marke.

4 Ordne die Begriffe zum **AIDA-Modell** in der richtigen Reihenfolge:

Desire   **Interest**   **Action**   **Attention.**

5 Welche der folgenden Sätze könnten in einem Analysetext zu einer Werbeanzeige stehen?
Notiere die drei richtigen Buchstaben.
a) An den Farben der Anzeige ist mir nichts aufgefallen. Das sind ganz normale Farben.
b) Mir ist gleich der Eye-Catcher der Anzeige aufgefallen: die lustigen Tiere.
c) Wie viel das Produkt kosten soll, verrät die Anzeige nicht.
d) Keine Ahnung, an welche Zielgruppe sich diese Anzeige richtet. Ist ja auch egal.
e) Bei dem Slogan „Seien Sie anspruchsvoll!" handelt es sich um einen Slogan mit Aufforderung.

6 Ordne diesen Slogans die richtige Slogan-Art zu. Notiere: *1c, …*

1) Gesund. Lecker. Vitaminreich.
2) Alles, aber außergewöhnlich anders.
3) Es ist dein Projekt.
4) So wie's mir gefällt.
5) Schmutz geht – Sauberkeit bleibt.
6) Live your dreams now.
7) Ein Haus gibt's bei Immobilien-Gauß.
8) Lassen Sie Ihre Zähne strahlen!

a) Ich-Slogan
b) Du-Slogan
c) Drei-Wort-Slogan
d) Endreim-Slogan
e) Stabreim-Slogan
f) Gegensatz-Slogan
g) Slogan mit einer Aufforderung
h) Fremdsprachlicher Slogan

Schreiben und Präsentieren

Experimente beschreiben und erklären
Ein Experiment beschreiben und ausprobieren

1. Seht euch die Bilderfolge zu dem Versuch „Loch in der Hand" aufmerksam an: Macht euch zu jedem Bild Notizen.

2. Beschreibt den Versuchsablauf nun mündlich mithilfe der Bilder und eurer Notizen.

3. Probiert das Experiment selbst aus. Falls es nicht gleich beim ersten Mal funktioniert, versucht es erneut.

4. Beschreibt nun genau, was ihr beobachtet habt. Ergänzt gegebenenfalls eure Notizen.

5. Stellt Vermutungen an, wie sich das „Loch in der Hand" erklären lässt. Auf welches Vorwissen könnt ihr dabei zurückgreifen?

● ○ ○ ○ Probleme erkennen – Einsichten gewinnen

Experimente beschreiben und erklären

Eine Versuchsbeschreibung untersuchen

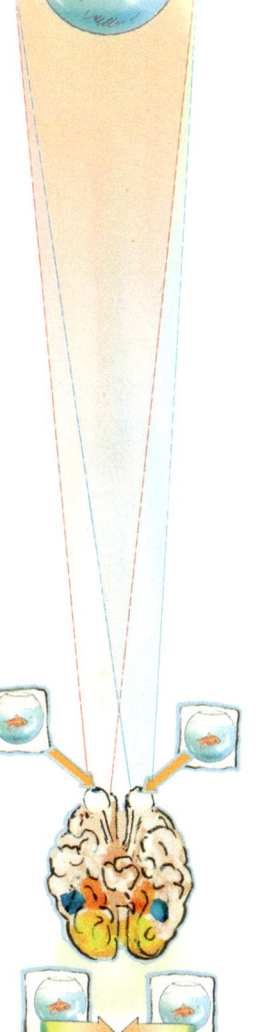

Versuch: „Loch in der Hand"

A Für das Experiment „Loch in der Hand" wird ein DIN-A4-Blatt benötigt. Es wird zu einer Röhre mit einem Durchmesser von etwa 3 cm gerollt.

B Zuerst führt man das Papierrohr mit der rechten Hand zum rechten Auge. Man blickt hindurch. Dabei wird auch das linke Auge offen gelassen. Dann die offene linke Hand mit dem Daumen dicht ans Ende der Rolle legen. Nun mit dem einen Auge durch das Rohr sehen und mit dem anderen Auge in die Umgebung blicken.

C Nach ein paar Sekunden des Abwartens sieht man, wie scheinbar ein Loch durch die linke Hand hindurchführt.

D Wie lässt sich das „Loch in der Hand" erklären? Menschen nehmen immer zwei Bilder wahr: mit jedem Auge ein anderes. Das ist auch der Grund für das räumliche Sehen. Das Gehirn setzt dann diese beiden unterschiedlichen Bilder zu einem einzigen Bild zusammen.

E Bei diesem Versuch passiert also Folgendes: Während das linke Auge ganz normal die Umgebung wahrnimmt, sieht das rechte Auge nur einen kleinen Ausschnitt, der durch die Papierrolle eng begrenzt wird. Weil diese beiden Bilder im Gehirn ein Bild ergeben, sieht man in der linken Hand scheinbar ein Loch. Deshalb funktioniert die optische Täuschung auch nur dann, wenn beide Augen geöffnet sind.

1 Welche Teile des Textes sind eher beschreibend, welche eher erklärend?

2 Findet heraus, wie der Text aufgebaut ist: Ordnet dazu die folgenden Zwischenüberschriften den Textabschnitten **A** bis **E** zu. Notiert die Ergebnisse.
- Wie das Experiment durchgeführt wird
- Welches Material benötigt wird
- Was man beobachtet
- Was bei diesem Experiment im Kopf passiert
- Wie sich das Versuchsergebnis erklären lässt

3 In den Textabschnitten **A**, **B**, **C** gibt es *Passiv-, Infinitiv-* und *man*-Formen.
- *I II* Schreibe drei Sätze im Passiv und drei Sätze in der man-Form heraus.
  Passiv-Form: Für das Experiment „Loch in der Hand" wird ein DIN-A4-Blatt benötigt.
  man-Form: Zuerst führt man …
- *II* Schreibe aus Abschnitt **B** zwei Sätze mit Infinitivformen heraus.
  Dann die offene linke Hand … ans Ende der Rolle legen.
- *III* Schreibe die Textabschnitte **A**, **B** und **C** auf.
  Formuliere dabei die Sätze in einer anderen Form.
  Für das Experiment benötigt man … Zuerst wird das Papierrohr …
  Überlege aber auch, bei welchen Sätzen du auf eine Umformung verzichten solltest.

286

4 Untersucht die Sprache in der Versuchsbeschreibung auf Seite 83.
Macht euch zu folgenden sprachlichen Gestaltungsmitteln Notizen:
a) In welcher Zeitform stehen die Verben?
b) Notiert für das Nomen *Röhre* und das Verb *sehen* Wörter mit ähnlicher Bedeutung: *Röhre, Papierrohr …   sehen …*
c) Schreibt Wörter für die zeitliche Reihenfolge heraus: *zuerst …*
d) Findet Beispiele für Fachwörter und genaue Bezeichnungen: *Durchmesser, die offene linke Hand …*
e) Notiert Wörter, die eine Begründung oder Schlussfolgerung deutlich machen: *Das ist auch der Grund für, also …*
f) 🖉 Welches Wort macht deutlich, dass es sich um eine optische Täuschung handelt?

5 Probiert das folgende kleine Experiment einmal aus.

Das „träge" Buch

Für das Experiment braucht man ein Buch, ein einfaches DIN-A4-Blatt und einen Tisch.
Das Blatt Papier wird so auf den Tisch gelegt, dass die schmale Seite des Papiers etwa 3 cm über die Tischkante hinausragt. Dann legt man das Buch auf das Blatt.
5 Jetzt wird das Blatt Papier mit einem kräftigen Ruck waagerecht unter dem Buch hervorgezogen. Das Buch bleibt auf dem Tisch liegen.
Wie kann man sich das erklären? Auch für ein Buch gilt das physikalische Gesetz der Trägheit. Die Trägheit lässt Körper in ihrem Ruhe- oder Bewegungszustand verharren. Deshalb bleibt das Buch an seinem Platz und fällt nicht vom
10 Tisch herunter.

6 Lest euch zuerst die folgenden Informationen aufmerksam durch.
Weist sie dann Punkt für Punkt an der Versuchsbeschreibung „Das träge Buch" nach.

Versuche beschreiben und erklären

Texte über Versuche sind **beschreibend** und **erklärend**. Die **Beschreibung** eines Versuchs muss so formuliert sein, dass jeder den Versuch in gleicher Weise nachmachen kann.
Die **Erklärung** des Versuchs muss so formuliert sein, dass jeder sie auch verstehen kann.
- Gliedere den Text einer Versuchsbeschreibung übersichtlich in mehrere Abschnitte:
  Beschreibe im **1. Abschnitt**, was man für den Versuch benötigt.
  Beschreibe im **2. Abschnitt**, wie der Versuch durchgeführt wird.
  Beschreibe im **3. Abschnitt**, was man beobachtet: das Versuchsergebnis.
  Erkläre im **4. Abschnitt** das Versuchsergebnis mithilfe von Vorwissen.
- Schreibe im **Präsens** und wähle unpersönliche Formen *(man-Form, Passivform, Infinitivform)*.
- Schreibe sachlich. Verwende **Fachwörter** und bezeichne Dinge und Vorgänge möglichst präzise.
- Verdeutliche den Versuchsablauf mit Wörtern wie:
  zunächst, zuerst, nun, jetzt, dann, danach, anschließend, schließlich, zuletzt …
- Verdeutliche Erklärungen, Begründungen und Schlussfolgerungen mit Wörtern wie:
  aus diesem Grund, deshalb, darum, folglich, also, nämlich, weil …

Experimente beschreiben und erklären

Unpersönliche Formen in Versuchsbeschreibungen anwenden

1 Hier sind drei verschiedene Fassungen einer Versuchsbeschreibung. Lest euch die Texte vor.

Eine „Solarheizung" für den kleinen Finger

Text A:
Man stellt zunächst etwas Alufolie, Klebefilm, einen Zirkel und eine Schere bereit.
Auf die Alufolie zeichnet man mit dem Zirkel einen Kreis mit 12 cm Durchmesser und in dessen Mitte einen Kreis mit 1 cm Durchmesser. Dann schneidet man den großen Kreis aus und schneidet ihn in gerader Linie bis zum Mittelkreis auf. Nun formt man einen Trichter und klebt ihn zusammen. Dabei achtet man darauf, dass die Alufolie nicht zerknittert und sich die glänzende Seite auf der Innenseite des Trichters befindet.
Jetzt stülpt man den nach oben geöffneten Alu-Trichter auf den kleinen Finger und hält die Hand für einige Minuten ruhig in die Sonne. Die „Solarheizung" heizt den kleinen Finger spürbar auf. Denn der Alu-Trichter reflektiert die Sonnenstrahlen und bündelt ihre Wärme.

Text B:
Es wird zunächst etwas Alufolie, Klebefilm, ein Zirkel und eine Schere bereitgestellt.
Auf die Alufolie wird mit dem Zirkel ein Kreis mit 12 cm Durchmesser und in dessen Mitte ein Kreis mit 1 cm Durchmesser gezeichnet. Dann wird der große Kreis ausgeschnitten und in gerader Linie bis zum Mittelkreis aufgeschnitten. Nun wird ein Trichter geformt und zusammengeklebt. Dabei wird darauf geachtet, dass die Alufolie nicht zerknittert und sich die glänzende Seite auf der Innenseite des Trichters befindet.
Jetzt wird der nach oben geöffnete Alu-Trichter auf den kleinen Finger gestülpt und die Hand wird für einige Minuten ruhig in die Sonne gehalten.
Die „Solarheizung" heizt den kleinen Finger spürbar auf. Denn der Alu-Trichter reflektiert die Sonnenstrahlen und bündelt ihre Wärme.

Text C:
Zunächst Alufolie, Klebefilm, einen Zirkel und eine Schere bereitstellen.
Auf die Alufolie mit dem Zirkel einen Kreis von 12 cm Durchmesser und in dessen Mitte einen Kreis von 1 cm Durchmesser zeichnen. Dann den großen Kreis ausschneiden und ihn in gerader Linie bis zum Mittelkreis aufschneiden. Nun einen Trichter formen und zusammenkleben. Darauf achten, dass die Alufolie nicht zerknittert und sich die glänzende Seite auf der Innenseite des Trichters befindet.
Jetzt den nach oben geöffneten Alu-Trichter auf den kleinen Finger stülpen und die Hand einige Minuten ruhig in die Sonne halten. Die „Solarheizung" heizt den kleinen Finger spürbar auf. Denn der Alu-Trichter reflektiert die Sonnenstrahlen und bündelt ihre Wärme.

2 Welche Unterschiede fallen euch in den Texten **A, B** und **C** auf? Beachtet die Markierungen.
- Welche Teile der Texte sind gleich? Lest die Sätze vor.
- Wie wirken die Texte auf euch: *flüssig, abgehackt, sperrig, gut verständlich, schwer verständlich …?*

3 Schreibe die Versuchsbeschreibung neu auf. Wechsle dabei man-Formen, Passiv- und Infinitivformen so, dass sich dein Text angenehmer lesen und besser verstehen lässt.
So kannst du anfangen:
Zunächst Alufolie, Klebefilm, einen Zirkel und eine Schere bereitstellen. Auf die Alufolie zeichnet man mit dem Zirkel einen Kreis mit 12 cm Durchmesser und in dessen Mitte einen Kreis mit 1 cm Durchmesser. Dann wird der große Kreis ausgeschnitten und …

4 Vergleicht eure Versuchsbeschreibungen in der Tischgruppe.

Experimente beschreiben und erklären
Beschreibende und erklärende Texte überarbeiten

Versuch: „Wasser fließt bergauf" (Teil I)

a) Man braucht <u>für den Versuch „Wasser fließt bergauf"</u> zwei Gläser, eine kleine Kiste in der Höhe der Gläser und einen knickbaren Trinkhalm.
b) Man führt den Versuch <u>am besten</u> in einer Wanne durch.
c) Man stellt <u>zuerst</u> die Kiste auf den Boden der Wanne.
d) Man füllt <u>ein Glas</u> mit Wasser und stellt es vorsichtig auf die Kiste.
e) Man stellt <u>das andere Glas</u> auf den Boden der Wanne, sodass es tiefer steht als das Glas auf der Box.
f) Man knickt anschließend den Trinkhalm an der vorgesehenen Stelle und taucht ihn mit dem kürzeren Ende in das volle Glas.
g) Man saugt dann so lange an dem langen Ende des Halms, bis er mit Wasser gefüllt ist.
h) Man hält danach die Öffnung mit einem Finger fest zu.
i) Man hängt nun das lange Ende des Trinkhalms in das leere Glas und nimmt den Finger von der Öffnung.
j) Man kann jetzt beobachten, wie das Wasser durch den Halm von einem Glas in das andere Glas fließt; es fließt also ein Stückchen *bergauf*.

1 Alle Sätze fangen mit „man" an. Sorge für Abwechslung.
- Stelle in den Sätzen **a)–e)** die unterstrichenen Satzglieder an den Satzanfang.
  Für den Versuch „Das Wasser fließt bergauf" braucht man …
- Welche Satzglieder sollten in den Sätzen **f)–j)** am Satzanfang stehen? Natürlich kannst du auch ab und zu „man" am Satzanfang stehen lassen.
- Schreibe den überarbeiteten Text auf.

2 Überarbeite den Text und schreibe ihn auf.
- Stelle in den Sätzen **a)–e)** die unterstrichenen Satzglieder an den Satzanfang. Verwende dabei in den Sätzen **c), d)** und **e)** Infinitiv-Formen:
  Zuerst die Kiste auf den Boden stellen. …
- Hole auch in den Sätzen **f)–j)** andere Satzglieder an den Satzanfang. Verwende dabei in den Sätzen **f), g)** und **h)** Passivformen:
  Anschließend wird der Trinkhalm an der vorgesehenen Stelle geknickt und …
- Überarbeite die Sätze **i)** und **j)** nach deiner eigenen Vorstellung.

3 Lest euch eure überarbeiteten Versuchsbeschreibungen vor und gebt euch gegenseitig Rückmeldung.

○●○○ Erkenntnisse anwenden – An Beispielen üben

Die Erklärung, warum Wasser „bergauf" fließen kann, ist gar nicht so kompliziert, wie ihr vielleicht denkt. Wasser besteht aus Teilchen, die man „Moleküle" nennt. Diese Wasserteilchen werden von einer Kraft namens „Kohäsion" zusammengehalten.

WORTSCHATZ

also
aus diesem Grund
da
darum
denn
deshalb
deswegen
folglich
sodass
weil
wenn

4 Die folgende Erklärung ist noch etwas unvollständig. Ergänze Wörter, die eine **Begründung, Bedingung** oder eine **Schlussfolgerung** deutlich machen.
- Nutze dazu den **WORTSCHATZ**.
- Schreibe den Text in dein Heft.

Versuch: „Wasser fließt bergauf" (Teil II)

Wie kann das Wasser „bergauf" fließen? Verantwortlich dafür sind zwei Kräfte: Die eine ist die Schwerkraft, ? sie das Wasser nach unten zieht. Die andere ist die Kohäsions-
5 kraft, ? sie dafür sorgt, dass Moleküle gleicher Art sich anziehen und zusammenhalten.

In diesem Versuch passiert Folgendes: Durch den Knick gibt es in dem Strohhalm zwei unterschiedlich lange Wassersäulen.
10 ? ist das Gewicht der Wassersäule im langen Teil natürlich höher, und die Schwerkraft kommt hier stärker zur Wirkung.
? das Wasser nun aus dem langen Teil abläuft, wird durch die Kohäsionskraft das Wasser aus
15 dem kurzen Teil über den Knick mitgezogen. Es fließt ? „über den Berg" in das leere Glas.
? kann das Wasser nur „bergauf" fließen, ? die Schwerkraft das Wasser im langen Teil nach unten zieht und die Wassersäule nicht reißt, ?
20 die Kohäsionskraft die Wasserteilchen zusammenhält.

5 Lest eure ergänzten Erklärungstexte vor.

6 Erklärt euch nun gegenseitig mündlich, warum das Wasser „bergauf" fließt.

Experimente beschreiben und erklären

Versuche beschreiben – Versuche erklären

1 In diesem Kapitel findest du Aufgaben zu drei unterschiedlichen Experimenten.
Zu einem davon sollst du eine eigene Versuchsbeschreibung anfertigen.
Sieh dir zuerst alles in Ruhe an und entscheide dich dann für ein Experiment.

2 Im **ersten Experiment** geht es um einen „Backpulver-Vulkan".
Lies die folgende Tabelle und verschaffe dir einen ersten Überblick.

WORTSCHATZ: TEXTBAUSTEINE

„Der Backpulver-Vulkan"

Materialien: ein Teller, zwei Gläser, Alufolie, Klebefilm, Schere, drei Päckchen Backpulver, zwei Päckchen rote Lebensmittelfarbe, Spülmittel, ein halbes Glas Essig, Wasser

*Für den „Backpulver-Vulkan" benötigt man … und …
Außerdem …*

- aus Klebeband ein Röllchen anfertigen (die Klebeseite ist außen)
- mit dem Röllchen ein Glas mittig auf den Teller kleben

*Zuerst fertigt man aus Klebeband …
Dabei ist …
Mit dem Röllchen wird …*

- zwei Bahnen Alufolie über Glas und Teller legen, sodass alles gut abgedeckt ist
- die Ränder der Folie an der Unterseite des Tellers festkleben

*Danach werden zwei Bahnen Alufolie über …

Anschließend klebt man die Ränder der Folie …*

- mit der Schere über der Glasöffnung ein kleines Loch in die Alufolie stechen
- von dort aus die Alufolie kreuzweise einschneiden – nur bis zum Innenrand des Glases

*Mit der Schere sticht man über …

Von dort aus die Alufolie kreuzweise …*

- die vier Ecken nach innen knicken und am Innenrand des Glases festkleben
- den „Vulkan" auf eine wasserdichte Unterlage stellen

*Die vier Ecken werden nach innen …

Dann stellt man den „Vulkan" auf …*

○○●○ Gelerntes vertiefen und selbstständig anwenden

- Backpulver in den „Krater" streuen
- in einem Glas Essig und Wasser mit Lebensmittelfarbe vermischen
- einen Spritzer Spülmittel dazugeben
- das rote Gemisch in den „Vulkankrater" gießen

Nun das Backpulver in …
Essig und Wasser in einem Glas mit …
Man gibt noch einen …
Jetzt wird das …

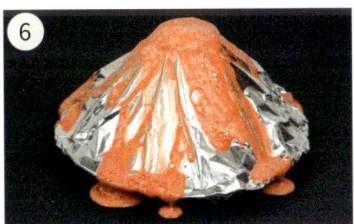

- „Vulkan" bricht sofort aus
- rote „Lava" quillt blubbernd oben aus dem „Krater" heraus und fließt die „Vulkanhänge" hinunter

Sofort bricht der …
Rote „Lava" …

3 Schreibe nun den ersten Teil der Versuchsbeschreibung auf.
Nutze dazu die Stichwörter in der Tabelle und den **WORTSCHATZ**.

4 Erkläre nun das Experiment im zweiten Teil deiner Versuchsbeschreibung:
- Schreibe dazu den folgenden Text auf.
- Wähle dabei aus den markierten Wörtern jeweils das passende Wort aus.

Was kommt / passiert im „Vulkankrater"? Das Essig-Wasser-Gemisch trifft / tritt auf das Backpulver. Das im Backpulver enthaltene Natron reagiert mit der Süße / Säure des Essigs. Das Gas Kohlendioxid (CO_2) freut / bildet sich. Dieses Sprudelgas dehnt sich stark / lustig aus. Zusätzlich bringt das Spülmittel das Gemisch zum Weinen / Schäumen. Schnell wird es im Glas / Haus des „Vulkankraters" zu eng, und die rote „Lava" quillt unten / oben heraus.

5 Überprüfe zum Schluss deine Versuchsbeschreibung mithilfe der folgenden **CHECKLISTE**.

CHECKLISTE

- ✓ Meine Versuchsbeschreibung hat eine Überschrift.
- ✓ Ich beschreibe den Versuch so, dass andere ihn nachmachen können.
- ✓ Das Versuchsergebnis erkläre ich so, dass andere es verstehen können.
- ✓ Den Text schreibe ich im Präsens.
- ✓ Ich schreibe sachlich und verwende Fachwörter.
- ✓ Ich verwende unpersönliche Formen:
  man-Form, Passivform, Infinitivform.
- ✓ Ich achte auf vollständige und korrekte Sätze.
- ✓ Ich achte auf die Rechtschreibung und die Zeichensetzung.

Ü 6 Betrachte die folgenden Fotos zum **zweiten Experiment** „Sonnenturbine".
Lies auch die Erklärungen in der Tabelle aufmerksam.

Die „Sonnenturbine"

		WORTSCHATZ: TEXTBAUSTEINE
	• ein DIN-A4-Bogen festes, schwarzes Tonpapier, Alufolie, eine Stecknadel, ein knickbarer Trinkhalm, Klebefilm, Zirkel, Schere	*Für das Experiment „Sonnenturbine" braucht man …* *Benötigt werden außerdem …*
	• Tonpapier längs zu einer Röhre aufrollen: 30 cm hoch, 8 cm Durchmesser • Rolle mit Klebefilm fixieren • die Röhre am unteren Ende sechsmal einschneiden: in gleichmäßigen Abständen, etwa 3 cm tief	*Zuerst stellt man … her.* *Dazu den DIN-A4-Bogen Tonpapier …* *Danach schneidet man die Röhre …*
	• drei Laschen nach oben knicken und abschneiden: es entstehen drei rechteckige Öffnungen und drei „Füße", auf denen die Röhre stehen kann	*Die drei Laschen werden …* *Abwechselnd entstehen …*
	• mit Zirkel auf Alufolie einen Kreis zeichnen (7 cm Durchmesser) und ausschneiden • Alu-Scheibe am Rand sechsmal in regelmäßigen Abständen einschneiden: etwa 1,5 cm tief: Alufolie reißt leicht	*Nun wird mit dem Zirkel …* *Den Rand der Scheibe schneidet man …* *Aber man sollte vorsichtig sein, weil …*
	• an den Rändern die sechs Abschnitte der Alu-Scheibe zu einem Flügelrad verbiegen – wie bei einer Weihnachtspyramide	*Anschließend die sechs Abschnitte …*
	• Trinkhalm mit Klebestreifen an der Röhre befestigen: knickbarer Teil des Halmes überragt die Röhre	*In einem weiteren Arbeitsschritt wird … Dabei muss …*
	• Flügelrad am Trinkhalm befestigen: Stecknadel durch die Mitte des Rades stecken, Stecknadel oberhalb der Knickstelle durch den Trinkhalm stechen	*Zuletzt wird das Flügelrad …* *Dazu steckt man die Stecknadel erst durch … und dann …*
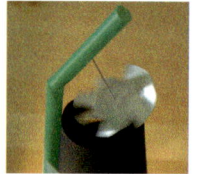	• Trinkhalm am oberen Ende leicht knicken: Flügelrad befindet sich über der Öffnung der Röhre, muss sich leicht drehen lassen	*Man knickt noch den Trinkhalm …, sodass sich …*
	• „Sonnenturbine" fertig • „Sonnenturbine" an einem sonnigen und windstillen Ort aufstellen • beobachten, etwas abwarten: Flügelrad beginnt sich zu drehen	*Jetzt ist …* *So wird das Experiment durchgeführt:* *Man stellt … Nun …* *Nach einiger Zeit beginnt …*

○○●○ Gelerntes vertiefen und selbstständig anwenden **91**

𝑢 **7** Schreibe den ersten Teil deiner Versuchsbeschreibung mithilfe der Fotos und Stichwörter in der Tabelle auf. Nutze auch den **Wortschatz** links und die **Checkliste** auf Seite 89.

𝑢 **8** Erkläre im zweiten Teil deines Textes das Versuchsergebnis.
- Nutze dazu folgende Stichwörter:
schwarze Pappröhre, Sonne stark erwärmt / schwarze Körper / Strahlung besonders gut aufnehmen, reflektieren Strahlung nicht / in der Röhre Luft stärker erwärmt als Umgebungsluft / warme Luft steigt in der Röhre nach oben, setzt Flügelrad in Bewegung / durch Öffnungen am Fuß der Röhre, Luft fließt nach, ein kontinuierlicher Luftstrom entsteht
- So kannst du beginnen:
So lässt sich das Experiment erklären: Die schwarze Pappröhre wird von der Sonne stark erwärmt, weil schwarze Körper …

𝑢 **9** Prüfe zum Schluss deinen Text noch einmal mit der **Checkliste** auf Seite 89.

𝑢 **10** Das **dritte Experiment** ist ein Versuch mit Hefe. Verschaffe dir mithilfe der **Bilderfolge** und der **Zutatenliste** einen Überblick über den Versuchsablauf. Lege dir einen Notizzettel an.

„Einen Ballon mithilfe von Hefe aufblähen"

Zutatenliste

- 100 ml handwarmes Wasser
- ein Würfel frische Backhefe
- ein Teelöffel Zucker
- vier Teelöffel Mehl

11 Schreibe den ersten Teil der Versuchsbeschreibung „Einen Ballon mithilfe von Hefe aufblähen".
- Verwende deine Notizen und die **Zutatenliste** mit den genauen Mengenangaben.
- Schau beim Schreiben auch ab und zu auf die **CHECKLISTE** auf Seite 89.
- Nutze den folgenden **WORTSCHATZ**.

WORTSCHATZ

Fachwörter		**Wörter für die zeitliche Reihenfolge**	
arbeiten	erklären	anschließend	immer mehr
aufblähen	gießen	danach	jetzt
aufblasen	hinzufügen	dann	in der Folge
aufsteigen	produzieren	daraufhin	nach wenigen Minuten
beginnen	rühren	dazu	nun
beobachten	schäumen	folglich	schließlich
dazugeben	zerbröckeln	im Anschluss	zunächst

12 Erkläre nun im zweiten Teil deines Textes das Versuchsergebnis.
Lies dazu auch die Sacherklärung rechts.

Hefe, Hefen
Hefen sind mikroskopisch kleine Pilze. Die „Backhefe" verarbeitet Zucker und Stärke. Dabei gibt sie das Gas Kohlenstoffdioxid [CO_2] ab. Dieses Gas lagert sich dann als kleine Bläschen im Teig ein und bläht ihn auf.

13 Prüfe deinen Text zum Schluss noch einmal mit der **CHECKLISTE** auf Seite 89.

14 Führt nun gemeinsam eine **Schreibkonferenz** in der Tischgruppe durch. Arbeitet mit diesen Textlupen.

Textlupe Rechtschreibung: Großschreibung, korrekte Schreibung von Fachwörtern …

Textlupe Zeichensetzung: Punkt am Satzende, Komma bei Aufzählungen, Komma vor *dass* …

Textlupe Satzanfänge: gleichförmige Satzanfänge vermeiden

Textlupe Unpersönliche Formen: man-Form, Passivform, Infinitivform wechseln

Textlupe Verständlichkeit der Beschreibung

Textlupe Verständlichkeit der Erklärung

15 Stellt eure Ergebnisse anschließend im Plenum vor.

Experimente beschreiben und erklären

Experimentieren – Protokollieren – Präsentieren

Auf den nächsten beiden Seiten findest du Vorschläge für Versuche, die du selbst durchführen kannst. Du kannst zwischen drei Angeboten wählen. Zum Schluss sollst du deinen Versuch im Plenum präsentieren, zum Beispiel in einer Bildschirmpräsentation oder auf einem Plakat.

I Thesen im Experiment prüfen
- Jeder Zehnte schreibt mit links.
- Jeder Dritte blättert eine Zeitschrift nicht von vorn, sondern von hinten durch.
- Blau ist die Lieblingsfarbe der meisten Leute.
- Jeder Zweite kann das „Haus vom Nikolaus" auf Anhieb korrekt zeichnen.
- Jeder Dritte knüllt Papier zusammen, bevor er es wegwirft.
- Jeder Vierte schreibt eine kurze Notiz in Druckschrift.
- Beim Würfeln kommen alle Zahlen gleich oft vor.
- Wird eine Münze geworfen, kommen Kopf oder Zahl gleich oft vor.

Gehe folgendermaßen vor:
- Entscheide dich für eine der Thesen. Hältst du sie für zutreffend oder nicht?
- Um die These zu prüfen, überlege dir einen Versuch, der sich einfach wiederholen lässt.
  - Fordere deine Versuchspersonen auf, etwas zu tun:
    Lass sie zum Beispiel eine Farbkarte wählen oder etwas aufschreiben.
  - Versuchsbedingungen lassen sich variieren, zum Beispiel kann man verschiedene
    Münzen werfen oder per Hand oder Becher würfeln.
- Halte die Ergebnisse in einer Liste oder Tabelle fest. Dabei kannst du die Ergebnisse filtern, zum Beispiel nach Altersgruppen oder nach Geschlecht.
- Beachte: Je öfter ein Versuch durchgeführt wird, desto größer ist die Aussagekraft der Ergebnisse.
- Stelle die Ergebnisse des Experimentes in einem Diagramm dar.
- Schreibe ein Versuchsprotokoll. Nutze dazu den Infokasten.

Versuche protokollieren

Ein Versuchsprotokoll dokumentiert den Ablauf und die Ergebnisse eines bestimmten Experiments. Es sollte zu folgenden Punkten Informationen enthalten:
- **Namen** der durchführenden Person / Personen: *Malte Müller, Tiana Kosic*
- **Datum, Zeit:** *03. Mai 20??, 9:30 – 11:00 Uhr*
- **Thema, Zielsetzung:** Welche These / Fragestellung soll untersucht werden? *Ist Blau die Lieblingsfarbe der meisten Leute?*
- **Materialien:** *Farbkarten in Blau, Rot, Gelb, Grün, Schwarz, Weiß …*
- **Durchführung und Beobachtungen:** *Insgesamt nehmen 30 Versuchspersonen teil: Jeweils 15 Mädchen und 15 Jungen wählen aus den angebotenen 12 Farbkarten …*
- **Ergebnis:** Halte die Ergebnisse in Tabellen, Diagrammen oder auf Fotos fest.
- **Auswertung und Deutung:** Entsprechen die Ergebnisse deinen Erwartungen? Wie erklärst du dir die Ergebnisse? Nenne mögliche Ursachen und Gründe. Greife auch auf dein Vorwissen zurück.

II Die Sprengkraft von Bohnen und Co.

Was du brauchst:
- Gips (Bastel- oder Modelliergips)
- Wasser
- durchsichtige, feste Plastikbecher
- einige getrocknete weiße Bohnen oder Mungobohnen

Gehe folgendermaßen vor:
- Führe den Versuch durch.
- Notiere deine Beobachtungen Tag für Tag in einer Tabelle.
- Dokumentiere sie mit Fotos.
- Schreibe ein Versuchsprotokoll. Nutze dazu den Infokasten auf Seite 93.

So wird es gemacht:
- Gips und Wasser zu einem Brei anrühren, wie auf der Packung angegeben
- den Plastikbecher mit dem Gipsbrei füllen
- einige Bohnen in den Brei einrühren
- Bohnen und Gips im Plastikbecher ruhen lassen
  Am zweiten Tag können erste Veränderungen beobachtet werden.

Sacherklärung
Wie in anderen Pflanzensamen auch, sind in den trockenen Bohnen Nährstoffe gespeichert, damit der Trieb wächst. Die Bohne braucht zum Keimen und Wachsen Licht und Wasser.
In diesem Experiment holt sich die Bohne das Wasser aus der feuchten Gipsmasse.

III Welche Farben im Filzstift stecken

Was du brauchst:
- verschiedenfarbige Filzstifte
- Löschpapier oder Kaffeefilter
- eine flache Schale mit Wasser

So wird's gemacht:
- mit verschiedenfarbigen Filzstiften auf das Löschpapier dicke Punkte malen: in einer Reihe, etwa 1 bis 2 cm vom Rand entfernt.
- den Rand des Papiers ins Wasser halten: die Farbpunkte selbst müssen gerade noch über der Wasseroberfläche sein.
- beobachten, was passiert, wenn das Löschpapier das Wasser aufsaugt und langsam trocknet.

Gehe nun folgendermaßen vor:
- Führe den Versuch durch.
- Notiere deine Beobachtungen für jede Filzstiftfarbe in einer Tabelle. Was kannst du in Zeitintervallen von fünf Minuten feststellen? Dokumentiere das auch mit Fotos.
- Schreibe ein Versuchsprotokoll. Nutze dazu den Infokasten auf Seite 93.

Sacherklärung
Das Löschpapier saugt Wasser auf und transportiert es weiter. Das Wasser verdünnt die Filzstiftfarbe und nimmt sie auf seinem Weg mit. Das Wasser verdunstet, erste Farbbestandteile bleiben wieder am Papier hängen. Einzelne Farbbestandteile können vom Wasser verschieden weit mitgenommen werden. Jeder Farbbestandteil bildet einen Streifen auf dem Löschpapier.

Gelerntes überprüfen

Experimente beschreiben und erklären

Überprüfe dein Wissen und Können

1 Drei Sätze über Versuchsbeschreibungen sind richtig. Notiere die Buchstaben.
  a) Versuchsbeschreibungen sollen beschreibend und erklärend sein.
  b) Versuchsbeschreibungen sollen spannend und erzählend sein.
  c) Versuchsbeschreibungen stehen immer im Präsens.
  d) Typisch für solche Texte sind man- und Passivformen.
  e) Auf den Gebrauch von Fachwörtern sollte man unbedingt verzichten.

2 Formuliere die beiden folgenden Sätze ins Passiv um:
  a) Man führt den Versuch am besten in einer Wanne durch. → *Der Versuch …*
  b) Man hält die Öffnung mit einem Finger zu.

3 Sieh dir die beiden Fotos zum Experiment „Frischetest fürs Frühstücksei" an.

4 Wie sollte der Anfang einer Versuchsbeschreibung lauten?
  Wähle aus und schreibe den passenden Anfang auf.
  a) Eier bleiben recht lange frisch. Auf den Eierkartons steht ja auch das Haltbarkeitsdatum. Ich teste trotzdem immer, ob mein Frühstücksei wirklich frisch ist.
  b) Für den Versuch „Frischetest fürs Frühstücksei" benötigt man ein oder mehrere rohe Eier, ein großes Glas und kaltes Wasser.

5 Schreibe die folgenden Sätze in der richtigen Reihenfolge auf. Stelle in jedem Satz ein anderes Wort an den Anfang. Einmal ist es bereits unterstrichen.
  Man wartet anschließend ein paar Sekunden ab. Das Glas wird zuerst zu drei Vierteln mit kaltem Wasser gefüllt. Man legt das rohe Ei dann vorsichtig in das Wasser.

6 Überprüfe am Foto, welche der drei Beobachtungen zutrifft.
  Schreibe den richtigen Satz auf.
  a) Das Ei schwimmt an der Wasseroberfläche.
  b) Das Ei sinkt und bleibt am Boden des Glases senkrecht stehen.
  c) Das Ei sinkt zum Boden des Glases und bleibt dort fast waagerecht liegen.

7 Schreibe die folgende Erklärung für den Frischetest auf. Setze passende Wörter aus dem **WORTSCHATZ** in die Lücken ein. Achte auf die Großschreibung am Satzanfang.
  Der Frischetest für Eier funktioniert ?:
  ? man ein Ei längere Zeit aufbewahrt, verdunstet daraus immer mehr Feuchtigkeit. ? wird die Luftblase im Inneren des Eis immer größer. Und ? Luft leichter ist als Wasser, verringert sich dabei das Gewicht des Eis, ? das von der Eierschale umschlossene Volumen gleich bleibt. ? wird das Ei nach einigen Wochen zu einem schwimmfähigen Körper.

WORTSCHATZ

aus diesem Grund
da
deshalb
folgendermaßen
während
wenn

8 Vervollständige die letzten beiden Sätze: *Bei diesem Versuch passiert nun Folgendes: … Das bedeutet, dass … Damit hat das Ei den Test bestanden.*

Schreiben und Präsentieren

Von Erlebnissen erzählen
Eine Erlebniserzählung näher untersuchen

Wenn du etwas Interessantes erlebt hast, dann möchtest du es gern anderen weitererzählen. Du möchtest andere daran teilhaben lassen und hättest es wohl am liebsten, wenn sie sagen: „Toll, was du da erlebt hast!" Wenn du dann auch noch spannend erzählst, dann hören dir andere auch gern zu. Erzählen und Zuhören macht einfach Spaß.

1 Erzählt euch doch einmal etwas, das ihr erlebt oder gehört habt. Es muss ja keine lange Geschichte sein. Und hört euch gegenseitig zu, was die anderen erzählen.

2 Die folgende Geschichte ist wirklich spannend. Da ist nämlich etwas passiert, das ziemlich gefährlich war. Und so etwas ist immer erzählenswert. Lest euch die Geschichte durch – oder lest sie euch vor.

In großer Gefahr

Am Vormittag hatten sich Luisa, ihr Vater und eine Gruppe von Badegästen zu einer Wattwanderung aufgemacht. Sie wollten auf die kleine Insel hinüber. Luisas Bruder Marco war
5 nicht mitgegangen, ihm war so eine Wanderung durchs Watt[1] ein bisschen unheimlich. Gespannt beobachtete er vom Strand aus mit seinem Fernglas, wie die Gruppe langsam durchs Watt stapfte. Immer kleiner wurden die
10 Menschen in der Ferne. Zuletzt waren es nur noch winzige Punkte. Trotzdem konnte er seine Schwester an ihrem leuchtend roten Tuch noch erkennen, das sie sich um den Hals geschlungen hatte. Nach und nach war die Gruppe
15 drüben auf der Insel irgendwo verschwunden.

Marco sagte zu seiner Mutter, die in einem Strandkorb lag: „Na, hoffentlich kommen die wieder heil zurück!" Plötzlich bewegte sich dort drüben etwas. „Da sind sie wieder!", rief
20 Marco. Aber die beiden sahen auch, wie sich die Priele[2] hier unten am Strand mehr und mehr mit Wasser füllten. In diesem Augenblick bekam die Mutter einen Schreck. Voller Unruhe ließ sie sich von Marco das Fernglas geben und
25 rief: „Die stehen ja schon ganz tief im Wasser!" Da schrie Marco: „Die Rettungsstation! Ich glaube, wir sollten die Männer von der Rettungsstation rufen!" Jetzt rannten die beiden zur Station, und die Mutter rief in panischer
30 Angst zu den Männern hinauf: „Da drüben!

[1] Watt: weicher grauer Schlicksand vor der Küste, der von der Flut täglich überflutet wird
[2] Priel: flussähnliche Vertiefungen im Watt, die sich bei Flut füllen und sehr tief sein können

○○○○ Probleme erkennen – Einsichten gewinnen

Die Leute! Die schaffen es nicht! Meine Tochter ist auch dabei! Sie müssen etwas tun!" Einer der Männer sagte ganz ruhig: „Ja, wir haben sie schon beobachtet. Wir holen sie da raus!" Und
35 dann ließen sie ihr rotes Motorboot zu Wasser und brausten los. Am Strand hatten sich aufgeregte Badegäste versammelt. Hastig riss Marco seiner Mutter das Fernglas aus der Hand und beobachtete, wie das Boot bei den Leuten
40 dort hinten ankam. Er sah, wie einer nach dem anderen an Bord gehievt wurde und das Boot wieder wendete. Nach kurzer Zeit kam es durch die Gischt am Strand wieder an. Erleichtert sahen die Badegäste, wie die Geretteten durchs
45 Wasser auf den Strand zu wateten. Luisa rannte zu ihrer Mutter und rief: „Das wäre beinahe schief gegangen!" Einer der Rettungsleute sprach mit dem Vater: „Das war unverantwortlich! Ohne Wattführer darf man so etwas nicht
50 machen!" Der Vater entschuldigte sich. Marco sagte zu seinem Vater: „Ich habe alles beobachtet. Mann, hattet ihr ein Glück!"

3 Erzählt, was ihr von der Geschichte behalten habt.

4 Sprecht darüber, was diese Geschichte so anschaulich und spannend macht.

5 Erarbeitet die folgenden Punkte in Tischgruppen:
- Die Personen der Geschichte aufschreiben: *Luisa …*
- Adjektive notieren, die etwas Gefährliches signalisieren: *unheimlich …*
- Spannende Wörter aufschreiben, mit denen manche Sätze anfangen: *Plötzlich …*
- Wörtliche Reden heraussuchen, in denen sich Aufregung und Dramatik ausdrücken (entsprechende Zeilenangaben notieren).

Von Erlebnissen erzählen

Eine **Erlebniserzählung** erzählt von einem **tatsächlichen** oder **ausgedachten** Erlebnis.
Im **Mittelpunkt** steht ein **besonderes Ereignis** der Geschichte.
Das ist oft eine unerwartete, spannende oder gefährliche **Situation**.
Der **Anfang** der Geschichte schildert, wie es zu diesem besonderen Ereignis kommt.
Das **Ende** schildert, wie sich die Situation wieder entspannt.

Mit einer Erlebniserzählung wollen wir andere **unterhalten**.
Sie ist deswegen **anschaulich** und **spannend**.

INFO

---

6 Der Text lässt sich in Abschnitte untergliedern.
- In welchen Zeilen wird erzählt, wie es zu dem besonderen Ereignis kommt?
- Wo steht, wie die Geschichte ausgeht?
- Gib diesen Abschnitten Zwischenüberschriften.

Schreiben und Präsentieren

Von Erlebnissen erzählen

In der Ich-Form erzählen – In der Er-Form erzählen

1 Stell dir vor, die Ereignisse hätte Luisa als Ich-Erzählerin erzählt.
Dann würde die Geschichte ganz anders aussehen. Schreibe sie auf.
Der folgende **Wortschatz** hilft dir dabei:

Wortschatz: Textbausteine

*Am Vormittag machte ich mich mit meinem Vater und einigen anderen Badegästen
zu einer Wattwanderung auf. Wir wollten … Langsam stapften wir …
Das war ziemlich anstrengend, denn manchmal … Auf halbem Weg …
Auf der Insel … Dann machten wir uns auf den Rückweg. Doch da merkten wir plötzlich, dass …
Mit meinen kurzen Beinen … Immer tiefer … Mir wurde … zumute. Nach einiger Zeit kam …
Wir wurden alle … Dann erreichten wir … Zum Glück war …*

2 Stell dir vor, die Ereignisse hätte Marco als Ich-Erzähler erzählt. Du müsstest dann
alles so schreiben, wie Marco es selbst erlebt hat. Schreibe die Geschichte auf:
*Eines Vormittags wollten wir eine Wattwanderung machen. Ich hatte aber keine Lust
dazu. Deswegen blieb ich am Strand. Doch ich beobachtete, wie Luisa und unser Vater …*

3 Stell dir vor, die Ereignisse hätte einer der Rettungshelfer in der Ich-Form erzählt. Du müsstest
dann schreiben, was er beobachtet und erlebt hat. Schreibe die Geschichte auf:
*Wir saßen oben auf unserer Station und beobachteten wie gewöhnlich den Strand. Ich sah eine
kleine Gruppe von Leuten zur Insel hinüberwandern. Als sie auf dem Rückweg waren, bemerkte
ich plötzlich, dass die Flut kam. „He", sagte ich zu meinem Kollegen, „sieh dir das an! Sind die
wahnsinnig! Die schaffen das doch nicht mehr zurück!" Ich sah durch das Fernglas, wie …*

4 Lest euch eure Texte gegenseitig vor.

5 Vergleicht die Texte miteinander:
Was konntet ihr von Luisa oder Marco oder dem Rettungshelfer
in der Ich-Form **nicht** erzählen? Was musstet ihr euch **hinzudenken**?

INFO

In der Ich-Form erzählen – In der Er-Form erzählen

Wenn man etwas erzählt, hat man verschiedene Möglichkeiten:

Man kann eine Geschichte in der **Ich-Form** erzählen.
Dabei kann ich erzählen, was **ich** erlebt, gesagt und gedacht habe:
Ich *beobachtete die Wanderer mit* **meinem** *Fernglas. Da sah* **ich***, wie …*

Man kann eine Geschichte in der **Er-** oder **Sie-Form** erzählen.
Dabei kann ich erzählen, was **andere** erlebt, gesagt und gedacht haben:
Marco *beobachtete die Wanderer.* **Er** *verfolgte* **sie** *mit* **seinem** *Fernglas.*

Erkenntnisse anwenden – An Beispielen üben

Von Erlebnissen erzählen

Eine Erlebniserzählung schreiben

1 Lest euch den folgenden Zeitungsbericht durch und gebt ihn mündlich wieder.

Feuerwehr rettet Terrier

Garbsen. Am gestrigen Freitag machte der 13-jährige Niklas G. mit seinem Terrier Wizzi einen Spaziergang am Kanal. Auf dem Deich ließ er ihn von der Leine, woraufhin der Hund die Böschung hinunter in den mit einer dünnen Eisdecke überzogenen Kanal
5 rutschte. Das Tier brach ein und konnte sich aus dem Eisloch nicht mehr befreien. Der Junge rief mit seinem Handy die Feuerwehr an, die nach kurzer Zeit vor Ort war. Es wurde eine Leiter ausgelegt, auf der einer der Männer an das Loch herankriechen und den Hund herausholen konnte. Der Terrier war stark unterkühlt,
10 konnte aber gerettet werden.

2 Schreibe den Zeitungsbericht in eine spannende Erlebniserzählung um.
Schreibe in der Ich-Form aus der Sicht von Niklas.
*Ich hätte nie gedacht, dass ich mit meinem Wizzi einmal eine solche Katastrophe erleben würde! Gestern ging ich mit ihm … Zuerst fing alles ganz ruhig an.
Auf dem Deich ließ ich Wizzi … Er schlitterte … und lief auf … Doch plötzlich …
Er versuchte … Aber er konnte sich … Sofort rief ich … Nach endlos langer Zeit …
Die Männer … Einer von ihnen kroch … Und tatsächlich: Er holte Wizzi …
Der zitterte … Einer der Männer … in eine Decke. Dann brachte uns die Feuerwehr …
Als wir dort ankamen, fühlte sich Wizzi …*

3 Schreibe den Zeitungsbericht in eine spannende Erlebniserzählung um.
Schreibe in der Ich-Form aus der Sicht von Niklas.
Orientiere dich an der **Checkliste** und am **Wortschatz**.

Checkliste

- ✓ Ich erzähle in der Ich-Form.
- ✓ Ich erzähle in Vergangenheitsformen (Präteritum, Perfekt).
- ✓ Ich verwende einige Adjektive, die die Geschichte spannend und anschaulich machen.
- ✓ Ich schreibe auch manchmal auf, was ich denke und fühle.
- ✓ Ich verwende an einer Stelle auch die wörtliche Rede.

Wortschatz

Satzanfänge
auf einmal
da
doch dann
in diesem Augenblick
plötzlich
sofort

Schreiben und Präsentieren

4 Die folgende Rettungsaktion ist einer Joggerin zu verdanken. Lest euch erst einmal durch, was hier passiert ist und wie die Aktion ablief.

Auf dem Campingplatz oben über dem Badesee herrschte ein fröhliches Treiben, und unten im Wasser tummelten sich die Badenden. Ein etwa dreijähriges Mädchen, das noch eben im Kinderwagen geschlafen hatte,
5 rieb sich die Augen, stieg aus, schnappte sich den Buggy und kurvte damit oben auf der Wiese des Campingplatzes herum. Ihre Haare flogen im Wind, sie lachte. Plötzlich aber kriegte sie die Kurve nicht und geriet gefährlich dicht an den Rand der Böschung. Sie klammerte sich
10 an das Gefährt, doch schon kippte es um. Das Mädchen schrie und wollte den Buggy nicht loslassen. Da rutschte sie damit die steile Böschung hinunter. Der Wagen überschlug sich, das Kind ließ los, schlug Purzelbäume und kugelte in den See hinein. Das Wasser spritzte auf, der Bug-
15 gy versank. Eine junge Joggerin, die sich gerade der Stelle näherte, hatte das Ganze schon aus einiger Entfernung beobachtet und das Unglück kommen sehen. Sie sprintete den Uferweg entlang, zog die Kleine an einem Bein aus dem Wasser heraus und legte sie in den Sand. Die Joggerin
20 wollte gerade um Hilfe rufen, da fing das kleine Mädchen schon an zu schreien. Quicklebendig krabbelte es auf und jammerte: „Mein Buggy! Mein Buggy!" Der Vater kam die Böschung heruntergesprungen und nahm seine Tochter in den Arm. „Den Buggy holen wir nachher wieder
25 raus", sagte er. Die Joggerin sagte: „Da hätten Sie aber besser aufpassen müssen!" Der Vater bedankte sich bei der Jugendlichen. Die Joggerin schüttelte nur den Kopf über so viel Unaufmerksamkeit – und lief weiter.

5 Schreibe den Text um. Erzähle das Ganze in der Ich-Form aus der Sicht der Joggerin.
Orientiere dich am **Wortschatz** und an der **Checkliste**.

Checkliste
- ✔ Ich schreibe in der Ich-Form aus der Sicht der Joggerin.
- ✔ Ich erzähle in einer Vergangenheitsform (Präteritum, Perfekt).
- ✔ Ich verwende anschauliche Adjektive.
- ✔ Ich achte auf abwechslungsreiche Satzanfänge.
- ✔ Ich schreibe, was die Joggerin denkt.
- ✔ Ich verwende wörtliche Reden.
- ✔ Ich gebe dem Text eine passende Überschrift.

Wortschatz: Textbausteine

Gestern joggte ich …
Plötzlich sah ich von Weitem …
Das Kind kurvte …
Ich dachte noch: …
Doch da war es schon passiert:
Die Kleine …
Ich rannte … Ich sprang …
An einem Bein zog ich …
Doch die …
Ich dachte …
Da kam auch schon …
Er sagte …
Ich antwortete …
Dann lief ich …
Ich sagte mir …

Von Erlebnissen erzählen

Eine Erlebniserzählung mithilfe von Textlupen überarbeiten

An der Steilküste

In den letzten Ferien wanderte ich einmal mit meinen Bruder oben an einer Steilküste der Ostsee entlang. Wir sahen runter aufs Meer und sahen uns die Segelschiffe an. Wir sahen aber nicht die Kühe, die hinter uns auf der Wiese weideten. Mein
5 Bruder sagte auf einmal: „Du, die Kühe dort drüben sehen so komisch zu uns rüber!" Tatsächlich! Die jungen Bullen standen in einer Reihe nebeneinander und sahen zu uns herüber.

Und auf einmal kamen sie richtig in Fahrt und bewegten sich auf uns zu. Ich sagte: „Ich glaube, die mögen deine Badehose
10 nicht." Mein Bruder hatte nähmlich eine knallrote Badehose an. Die Bullen kamen plötzlich in Trab. Sie liefen immer schneller auf uns zu. Was sollten wir machen? Wir rannten an der Steilküste endlang. Die Bullen kamen immer näher. Mein Bruder beugte sich über den Rand der Umzeunung und sah hinunter. Er
15 sagte: „Wir müssen springen!" Ich sagte: „Wie? Was? Da runter?" Er war aber in diesem Augenblick schon unter dem Zaun durch geklettert und gesprungen. Und da sprang ich auch hinter ihm her.

Wir steckten bis zu den Waden unten im tiefem Lehm. Wir
20 sahen dann in die Höhe. Wir sahen über uns sieben oder acht Bullenköpfe, die über den Rand zu uns hinuntersahen. „Glück gehabt!", sagte mein Bruder. Wir zogen dann die Füße aus den Matsch heraus. Ich habe aber meine Schuhe nicht herausgekriegt. Die stecken wohl noch heute dort in den Lehm.

Spannende Stellen loben
Was in den Zeilen … steht, ist richtig spannend erzählt!

Satzanfänge anschauen
Viele Sätze fangen mit demselben Wort an. Manchmal könnte man ein anderes Wort an den Anfang schieben! Dadurch wird der Text spannender.

Auf Wiederholungen achten
In ganz vielen Sätzen: *sahen, sahen!* Dafür gibt es doch auch andere Wörter!

Rechtschreibung beachten
In zweiten Absatz sind drei Rechtschreibfehler!

Grammatische Fehler suchen
Im ersten und im letzten Absatz sind die Endungen mancher Wörter falsch. Akkusativ und Dativ verwechselt!

1 Setzt euch in Gruppen zu Schreibkonferenzen zusammen. Jede Gruppe arbeitet mit zwei Textlupen und macht Verbesserungsvorschläge. Die Verbesserungsvorschläge werden mit Zeilenangaben aufgeschrieben.

   I   Textlupe **Spannende Stellen loben** und Textlupe **Satzanfänge anschauen**

   II   Textlupe **Spannende Stellen loben** und Textlupe **Rechtschreibung beachten**

   III   Textlupe **Auf Wiederholungen achten** und Textlupe **Grammatische Fehler suchen**

2 Die Gruppen teilen ihre Ergebnisse der Klasse mit.

3 Überarbeitet den Text und schreibt ihn neu auf.

Von Erlebnissen erzählen

Erlebniserzählungen schreiben und präsentieren

1 Schreibe selbst einen Erzähltext. Entscheide dich für eine der Anregungen **A–G**. Nutze die **Wortschatz**-Angebote auf Seite 102 und 104 sowie die **Checkliste**!

A Denke dir zu diesem Anfang und Schluss ein Ereignis aus, das im Mittelpunkt steht.

Ich hätte nie gedacht, dass wir diesen Staffellauf der beiden Stadtschulen über den Kirchberg gewinnen würden. Eigentlich hatte die 7b die besseren Läufer. Zwei Jungen und zwei Mädchen bildeten jeweils eine Staffel. Ich selbst war der Letzte. Ich
5 stand oben auf dem Berg und konnte die Läufer gut beobachten. Die ersten beiden Läuferinnen unserer 7a und der 7b rannten nebeneinander her. Dann kamen die ersten beiden Jungen. Unser Moritz verlor mindestens hundert Meter auf seinen Gegner. Aber Sandra aus unserer Klasse holte wieder etwas auf. Als ich
10 den Staffelstab von ihr bekam, lief Niklas, mein Gegner aus der 7b, schon weit vor mir den Berg hinunter. Doch dann passierte etwas, womit keiner gerechnet hatte. **(Ereignis im Mittelpunkt)** So war es mir dann doch noch gelungen, dass unsere Staffel gewinnen konnte. Aber nur durch das Pech der anderen. Schade
15 eigentlich!

Wortschatz: Textbausteine

Mann mit Hund über den Weg …
Hund mit Gebell auf Niklas zu…
Niklas … Angst…
Staffelstab verloren …
Hund schnappte sich den Stab …
Hund brachte ihn seinem Herrchen …
Mann übergab Niklas Staffelstab …
Niklas viel Zeit verloren …
Also … ich an Niklas vorbei …

B Schreibe diesen Erzählanfang weiter.

Es kommt eigentlich selten vor, dass ich mich irgendwo verirre. Aber einmal bin ich allein in die Innenstadt gefahren und habe mir die Schaufenster angeschaut. Dabei geriet ich in der Altstadt in enge Gassen, und
5 auf einmal wusste ich nicht mehr, wo ich war. Ich irrte umher. Nach einiger Zeit stellte fest, dass ich hier ja schon einmal vorbeigekommen war. War ich im Kreis herumgelaufen? Ich wollte mein Handy einschalten, um meinen Standort zu finden, doch ich bekam nur
10 das Signal: Aufladen! Ich trottete weiter. Mir kam alles ganz fremd vor. **(Mittelteil und Schluss)**

C Schreibe zu diesem Mittelteil einen Anfang und einen Schluss.

Hier geht es um eine „Schatzsuche", die die Klasse 7c auf ihrem Ausflug gespielt hat.

(Anfang der Geschichte): … Die letzte Nachricht bei unserer Schatzsuche lautete: *Biegt an der übernächsten Kreuzung links ab!* Doch plötzlich kamen wir an einen Wassergraben. Wie sollten wir da hinüber gelangen?
Paula sagte: „Na, springen!" Oskar sagte: „Das schaffen wir nie!" Und ich war mir auch nicht sicher. Der Graben war ziemlich breit. Aber war das Wasser dort unten tief? Wir schauten uns um. Weit und breit keine Brücke! Waren wir den falschen Weg gegangen? Wir guckten uns den Zettel mit der Nachricht noch einmal ganz genau an. Vielleicht hatten wir ja nicht richtig gelesen! Würden wir jemals den Schatz finden? … (Ende der Geschichte)

D Schreibe zu einem dieser Themen eine Geschichte:
- Unterwegs bei Sturm und Gewitter
- Panne beim Fahrradausflug
- Eine Wanderung ohne Proviant
- Haustürschlüssel beim Strandspaziergang verloren
- Ausgesperrt – und die Nachbarn verreist!

E Suche eine interessante Zeitungsnachricht und forme sie in eine Erzählung um.

F Erzähle etwas Spannendes, das du selbst erlebt hast.

G Denke dir zu einem dieser Bilder eine Geschichte aus. Gib den Personen Namen.
- Eines Tages ritt … auf ihrem Pferd …
- Eines Tages durfte … mit einem Fischer zum Angeln auf den See hinausfahren …

Schreiben und Präsentieren

WORTSCHATZ

Satzanfänge	**Aufregungswörter**	**Gedankenreden**
Plötzlich …	Angst, ängstlich	Was war das?
Auf einmal …	aufgeregt,	Das kann doch nicht wahr sein!
In diesem Augenblick …	erschrecken, erschrocken	So etwas hatte ich noch nie erlebt!
Im nächsten Augenblick …	erstaunlich	Du meine Güte!
In diesem Moment …	feuchte Hände	Wie konnte denn das passieren?
Da …	Gänsehaut	Wenn das nur gut geht!
Daraufhin …	Gefahr, gefährlich	Was war denn nun los?
Jetzt …	gespannt	Wie sollte das denn gehen?
Unversehens …	gespenstisch	Wie war das nur möglich?
Doch dann …	kalter Schauer	Was sollte ich tun?
Kurz danach …	merkwürdig	…
Wenig später …	pochte das Herz	
Endlich …	Schreck, schrecklich	
Schließlich …	seltsam	
Letzten Endes …	stockte der Atem	
…	unheimlich	
	unruhig	
	…	

CHECKLISTE

- ✔ Ich notiere mir ein Ereignis, um das es in der Geschichte geht.
- ✔ Ich erzähle in den Formen der Vergangenheit (Präteritum, manchmal Perfekt).
- ✔ Ich achte auf abwechslungsreiche Satzanfänge.
- ✔ Ich verwende anschauliche Adjektive.
- ✔ Ich schreibe, was in meinen Gedanken vorgeht.
- ✔ Ich verwende manchmal wörtliche Reden.
- ✔ Ich formuliere eine spannende Überschrift.
- ✔ Ich lese den Text aufmerksam durch und berichtige Fehler.

Tipps zur Überarbeitung:
Überarbeitet eure Texte mithilfe der Textlupen:

 **Spannende Stellen loben**

 **Satzanfänge anschauen**

 **Auf Wiederholungen achten**

 **Rechtschreibung überprüfen**

 **Grammatische Fehler berichtigen**

Tipps zur Präsentation:
Präsentiert eure fertigen Texte:
- Lest sie euch in einer Vorlesestunde gegenseitig vor.

Außerdem könnt ihr …
- eure überarbeiteten und gedruckten Texte zu einem Erzählheft zusammenstellen.
- eure Texte mit den Texten aus einer Parallelklasse austauschen.

Gipfelstürmer

Von Erlebnissen erzählen

Einen Erzähltext unter die Lupe nehmen

1 Lies dir diesen Text zuerst einmal durch.

Mr. Brown hatte Freunde auf dem Land besucht. Gemächlich fuhr er jetzt in seinem Jeep zurück in die Stadt. Es war spät geworden. Dunkelheit hatte sich über die Landschaft gelegt. Gespenstisch reckten die Bäume ihre Zweige über die Straße. Doch die Scheinwerfer des Wagens leuchteten das Straßenband
5 hell aus, sodass Mr. Brown den Mittelstreifen und die Ränder der Landstraße gut erkennen konnte. Ein Song tönte aus den Lautsprechern. Mr. Brown summte ihn mit. Nach einiger Zeit überquerte er die Brücke über den Black River. Auch in der Dunkelheit war sie gut zu erkennen an dem niedrigen Eisenzaun des Geländers. Plötzlich leuchtet ihm das grelle Aufblendlicht eines
10 Motorrads in die Augen. Einen Augenblick lang hält sich Mr. Brown eine Hand vors Gesicht. Warum blendet der denn nicht ab? Der fährt ja wie ein Verrückter, dachte er und hupte dem vorbeirasenden Motorrad hinterher. Empört schüttelte er den Kopf: Ein Wahnsinniger! Dann bremste er, hielt an, stieg aus und wandte sich um. In diesem Augenblick hört er ein Quietschen von Brem-
15 sen. Dann nur noch ein lautes Scheppern. „Oh my God!" rief er aus. „Der ist doch hoffentlich nicht ..." Schwitzend stand er am Straßenrand und blickte in das Dunkel hinein Richtung Brücke. *****1***** Als ein Auto vorbeikam, wedelte er mit den Armen und hielt es an. Zwei Männer schauten fragend aus den heruntergekurbelten Scheiben. „Was ist los?", fragte der eine. „Da auf der Brücke!
20 Da ist einer ...!", schrie Mr. Brown – und berichtete stotternd, was er soeben gehört hatte. Doch die beiden dachten wohl, dass etwas mit ihm selbst nicht in Ordnung sei. „Okay", sagte der eine, „wir schaun mal!" Langsam fuhren sie in Richtung Brücke. Mr. Brown wendete seinen Wagen und fuhr ihnen nach. Aber die beiden waren weitergefahren und nicht mehr zu sehen. *****2***** Mr.
25 Brown hielt an, stieg aus und blickte über das Brückengeländer hinab in den Fluss. In der Dunkelheit war absolut nichts zu erkennen. Er dachte: *****3***** . Mit zitternden Fingern wählte er auf seinem Handy die Nummer und stammelte: „Auf der Brücke... Über den Black River ... Da ist eben ... Kommen Sie ... Aber schnell!" Er wartete. Immer wieder schaute er über das Geländer
30 in den Fluss hinunter. Dunkel! Nur das Rauschen des Wassers! *****4***** Endlich kam der Rettungswagen. Die Feuerwehrleute ließen eine Leiter zum Fluss hinunter. Und dann – tatsächlich: Sie brachten einen Verletzten nach oben. „Er ist noch okay", sagte einer. „Nur die Maschine ist Schrott." Mr. Brown atmete auf. Er dachte: *****5***** .

2 Dieses Erlebnis von Mr. Brown ist recht spannend erzählt.
Aber wie diese Spannung erzeugt wird, das solltest du einmal
genauer unter die Lupe nehmen.
Hier sind einige Aufgaben zum Text:

A Die Geschichte besteht aus Erzählsätzen mit eingefügten Gedankenreden
und wörtlichen Reden. Suche heraus:
Zeile 11: **Gedankenrede:** *Warum blendet der denn nicht ab?*
Zeile 15: **Wörtliche Rede:** *„Oh my God!"*
Zeile ???: …

B Die ganze Geschichte ist weitgehend in Vergangenheitsformen erzählt.
Lies den Text daraufhin durch, an welchen Stellen diese Zeitformen auftreten.
Suche einige davon heraus:
Zeile 1 – Plusquamperfekt: *Mr. Brown hatte Freunde auf dem Land besucht.*
Zeile 1 – Präteritum: *Gemächlich fuhr er jetzt …*
Zeile ??? – …

C Das Präsens wird in wörtlichen Reden und Gedankenreden verwendet.
Suche auch solche Stellen:
Zeile 11: *Warum blendet der denn nicht ab?*
Zeile ???: …

D Es gibt aber drei Stellen, an denen plötzlich das Präsens
im Erzähltext auftaucht.
Das sind besonders spannende Stellen.
Suche diese Präsensstellen heraus.
Zeile 9: *Plötzlich leuchtet ihm das grelle Aufblendlicht …*
Zeile ???: …

E In Erzähltexten spielen besonders die Satzanfänge eine wichtige Rolle, weil sie
dazu beitragen, eine Geschichte abwechslungsreich und spannend zu machen.
Suche Satzanfänge heraus, die dir besonders auffallen:
Zeile 1: *Gemächlich fuhr er …*
Zeile 2: *Dunkelheit hatte sich …*
Zeile ???: …

3 Schreibe auf, was dir sonst noch an diesem Text auffällt.
Achte dabei auch auf die Zeichensetzung.

4 Denke dir aus, was Mr. Brown an den Stellen ***1*** bis ***5***
gedacht haben mag. Notiere deine Ideen.

5 Gib der Geschichte eine Überschrift, die zum Lesen anreizt –
aber nicht zu viel verrät.

○○○● Gelerntes überprüfen

Von Erlebnissen erzählen

Überprüfe dein Wissen und Können

1. Welche der folgenden Aussagen sind richtig? Schreibe die beiden Buchstaben auf.
   a) Erzähltexte sollen spannend sein.
   b) Erzähltexte stehen immer in der Ich-Form.
   c) Erzähltext stehen meistens im Präteritum.
   d) Erzähltexte müssen auf jeden Fall wahr sein.

2. Welche der folgenden Aussagen sind richtig? Schreibe die beiden Buchstaben auf.
   a) In der Ich-Form kann ich nur erzählen, was ich selbst sehe und höre.
   b) In der Ich-Form kann ich erzählen, was alle Personen denken und fühlen.
   c) In der Er-Form kann man nur erzählen, was um einen herum geschieht.
   d) In der Er-Form kann man in alle Personen hineinschauen.

3. Worauf musst du bei einer spannenden Erzählung achten? Zwei Aussagen sind richtig.
   a) Dass sie gleich am Anfang erzählt, wie die Geschichte ausgeht.
   b) Dass sie aufregende Wörter enthält.
   c) Dass sie im Präsens steht.
   d) Dass sie manchmal etwas andeutet, aber noch nicht verrät, wie es weitergeht.

4. Welcher Satz könnte der Anfang einer spannenden Geschichte sein? Schreibe den Buchstaben auf.
   a) Mein Name ist Cordula, ich habe noch zwei Geschwister mit Namen Paula und Tom.
   b) Gestern habe ich etwas erlebt, das ich nicht so schnell vergessen werde.

5. Die folgende Geschichte muss noch etwas überarbeitet werden, damit eine spannende Erzählung daraus wird. Schreibe sie auf. Verändere oder ergänze den Text dort, wo **rote …** und **Anmerkungen** stehen, damit die Geschichte spannender wird.

Die Straße, in der wir damals wohnten, führte zum Hafen hinunter. Ich hätte nie gedacht, dass da einmal etwas Unangenehmes **(Wähle ein anderes Wort.)** passieren könnte. Aber es wurde tatsächlich unangenehm **(Wähle ein anderes Wort.)**, als wir eines Sonntags Skateboard fuhren, Felix und ich. Wir fuhren **(Wähle ein anderes Wort.)** den Berg hinunter, schneller und schneller. Mir wurde es auf einmal zu schnell. Ich fuhr auf ein Auto zu, das am Rand parkte, und stützte mich daran ab. **…** **(Füge hier eine Frage oder einen Ausruf ein.)** Das Auto setzte sich in Bewegung. **…** **(Füge hier eine Gedankenrede ein.)** Das Auto fuhr tatsächlich los, und niemand saß drin. **…** **(Füge hier ein, wie sich das Kind fühlte.)** Das Auto fuhr **(Schreibe nicht dreimal hintereinander „Auto".)** schneller und schneller. Ich schrie: „**…**!" **(Füge hier ein, was das Kind schrie.)** Einige Leute sprangen zur Seite. **(Schreibe den folgenden Satz im Präsens:)** Da lief plötzlich ein Mann herzu, er machte die Tür auf, er griff ins Lenkrad und lenkte das Auto nach rechts auf eine kleine Mauer zu. Mein Herz klopfte wie verrückt. Am Ende fuhr das Auto **(Schon wieder zweimal „Auto"!)** gegen das Mäuerchen und blieb stehen. **…** **(Schreibe hier auf, wie sich das Kind jetzt fühlte.)** War ich eigentlich schuld an diesem Unglück? Als die Polizei kam und ein Protokoll anfertigte, sagte mir eine Polizistin: „Du hast keine Schuld. **(Schreibe auf, wie sie das dem Kind gegenüber begründete.)** **…**" Da war ich aber froh.

Schreiben und Präsentieren

Probleme erkennen – Einsichten gewinnen

Inhalte zusammenfassen und wiedergeben
Eine Erzählung mit ihrer Inhaltsangabe vergleichen

1 Auf den nächsten Seiten könnt ihr erfahren, wie ihr schriftlich den Inhalt einer Geschichte zusammenfassend wiedergeben könnt. Lest euch die ganze Geschichte aber zuerst einmal durch.

Der Sturzhelm

Nach einer Geschichte von Rolf Wilhelm Brednich

Als ich ungefähr dreizehn Jahre alt war, hatte ich ab und zu nicht genug Taschengeld; es reichte selten aus, um mir etwas Besonderes kaufen zu können. In meiner Verzweiflung ging ich eines Tages in einen Second-Hand-Laden und wollte dort dem Inhaber einen meiner beiden Sturzhelme verkaufen,
5 den ich nicht mehr gebrauchte, weil er mir zu klein geworden war – oder mein Kopf größer.

Der Mann sagte zu mir: „Nein! So etwas nehmen wir nicht. Für Sturzhelme gibt es bei uns keine Nachfrage. Sie sind so gut wie unverkäuflich." Traurig ging ich wieder nach Hause.

10 Am nächsten Tag redete ich mit meinen Klassenkameraden darüber. Die kamen auf die Idee, wie man den Verkäufer für die Übernahme des Sturzhelms interessieren könnte. Da sagte einer: „Vier oder fünf von uns könnten doch an mehreren Tagen hintereinander einzeln in den Laden gehen und fragen, ob man dort nicht einen Sturzhelm erwerben kann. Wenn der Besit-
15 zer merkt, dass immer wieder Leute danach fragen, dann nimmt er deinen vielleicht."

Und das taten sie dann auch! Am Dienstag ging Torsten hin und fragte: „Kann man bei Ihnen einen Sturzhelm bekommen?" Am Mittwoch fragte Niklas: „Ich suche dringend einen preiswerten Sturzhelm." Am Freitag fragte
20 Felix: „Ich habe ein neues Mountainbike bekommen. Kann man bei Ihnen nicht einen Sturzhelm erwerben?" So ging es mehrere Tage lang, natürlich in einigen Abständen, damit der Verkäufer nicht misstrauisch wurde. Immer musste der Besitzer des Ladens sagen: „Ich bedaure! Mit einem Sturzhelm kann ich nicht dienen."

25 Vierzehn Tage später ging ich selber noch einmal in den Second-Hand-Laden und sagte mit etwas weinerlicher Stimme: „Können Sie mir nicht doch für meinen Sturzhelm etwas Geld geben? Ich brauche es wirklich dringend!" Und siehe da, der Besitzer erkannte mich gleich wieder und sagte: „Ich bin hocherfreut! Du kommst mir sehr gelegen!" Und dann sagt er noch: „Ich
30 habe plötzlich mehrere Interessenten für einen Sturzhelm bekommen. Die Nachfrage scheint doch nicht so schlecht zu sein. Ich biete dir zwölf Euro." Ich sagte: „Haben Sie vielen, vielen Dank für Ihre Freundlichkeit!" Glücklich zog ich dann ab. Natürlich ist keiner meiner Freunde jemals wieder in diesen Laden gegangen und hat nach einem Sturzhelm gefragt.

○○○○ Probleme erkennen – Einsichten gewinnen

Jetzt erfahrt ihr Schritt für Schritt, wie die Inhaltsangabe zu den einzelnen Textabschnitten aussieht.

2 Lest zuerst **links** den ersten Absatz der Geschichte.

# Der Sturzhelm	**Inhaltsangabe**
Nach einer Geschichte von Rolf Wilhelm Brednich	*Die Geschichte „Der Sturzhelm" von Rolf Wilhelm Brednich erzählt …*
Als ich ungefähr dreizehn Jahre alt war, …	*… von einem dreizehnjährigen Jungen.*
… hatte ich ab und zu nicht genug Taschengeld; es reichte selten aus, um mir etwas Besonderes kaufen zu können. In meiner Verzweiflung ging ich eines Tages …	*Er geht, weil er nicht genug Taschengeld hat, …*
… in einen Second-Hand-Laden und wollte dort dem Inhaber einen meiner beiden Sturzhelme verkaufen, den ich nicht mehr gebrauchte, weil er mir zu klein geworden war – oder mein Kopf größer.	*… in einen Second-Hand-Laden und will seinen alten Sturzhelm verkaufen.*

3 Lest jetzt die **Inhaltsangabe** in der **rechten** Spalte im Zusammenhang.

4 Vergleicht den Anfang der Geschichte mit der Inhaltsangabe.
Dabei solltet ihr Folgendes miteinander besprechen:
- Wie beginnt die Geschichte – und wie fängt die Inhaltsangabe an?
- Wie viele Wörter enthält die Geschichte einschließlich der Überschrift – und wie viele die Inhaltsangabe? Zählt die Wörter.
- Welche Wörter und Teile von Sätzen der Geschichte sind in der Inhaltsangabe wörtlich wiedergegeben worden?
Sucht diese Wörter heraus.
- In welcher Zeitform (Präsens – Präteritum) ist die Geschichte geschrieben?
Und in welcher Zeitform steht die Inhaltsangabe?
Nennt die Verben im Vergleich.
- Die Geschichte erzählt der dreizehnjährige Junge aus seiner Sicht in der Ich-Form:
  … hatte ich ab und zu nicht genug Taschengeld …
  Wie sieht es dagegen in der Inhaltsangabe aus?
  Was ist aus dem „Ich" in der Inhaltsangabe geworden?
- Was ist in der Inhaltsangabe alles weggelassen worden?
Nennt solche Wörter und Sätze.
- Und warum sind diese Stellen wohl weggelassen worden?
Begründet diese Veränderung.

5 Achtet jetzt einmal darauf, wie die wörtliche Rede in der Inhaltsangabe wiedergegeben wird.
- Welche Wörter sind aus der Geschichte in die Inhaltsangabe übernommen worden?
- Was alles ist weggelassen worden?
- Mit welchem Verb wird die wörtliche Rede „Nein! So etwas nehmen wir nicht." in der Inhaltsangabe wiedergegeben?

Der Mann sagte zu mir:
„Nein! So etwas nehmen wir nicht.
Für Sturzhelme gibt es bei uns keine Nachfrage.
Sie sind so gut wie unverkäuflich."
Traurig ging ich wieder nach Hause.

Der Mann weist ihn ab,

weil es für Sturzhelme keine Nachfrage gibt.

So geht die Geschichte weiter:

Am nächsten Tag redete ich mit meinen Klassenkameraden darüber. Die kamen auf die Idee, wie man den Verkäufer für die Übernahme des Sturzhelms interessieren könnte. Da sagte einer: „Vier oder fünf von uns könnten doch an mehreren Tagen hintereinander einzeln in den Laden gehen und fragen, ob man dort nicht einen Sturzhelm erwerben kann. Wenn der Besitzer merkt, dass immer wieder Leute danach fragen, dann nimmt er deinen vielleicht."

Der Junge redet nun mit seinen Klassenkameraden darüber. Sie schlagen vor, an mehreren Tagen hintereinander einzeln in den Laden zu gehen und nach einem Sturzhelm zu fragen.

Und das taten sie dann auch! Am Dienstag ging Torsten hin und fragte: „Kann man bei Ihnen einen Sturzhelm bekommen?" Am Mittwoch fragte Niklas: „Ich suche dringend einen preiswerten Sturzhelm." Am Freitag fragte Felix: „Ich habe ein neues Mountainbike bekommen. Kann man bei Ihnen nicht einen Sturzhelm erwerben?" So ging es mehrere Tage lang, natürlich in einigen Abständen, damit der Verkäufer nicht misstrauisch wurde. Immer musste der Besitzer des Ladens sagen: „Ich bedaure! Mit einem Sturzhelm kann ich nicht dienen." …

Das tun sie auch an einigen Tagen hintereinander. Aber der Verkäufer bedauert immer wieder, keinen Sturzhelm zu haben.

6 Gebt noch einmal mündlich wieder, auf welche Idee die Freunde des Jungen kommen – und warum sie das tun.

7 Vergleicht miteinander:
- In der Geschichte kommen die unterstrichenen Verben *redete* und *taten* vor. In welcher Zeitform stehen sie in der Inhaltsangabe?
- In der Geschichte kommen längere wörtliche Reden vor. Wie werden sie in der Inhaltsangabe zusammengefasst?

● ○ ○ ○ Probleme erkennen – Einsichten gewinnen

Inhaltsangabe

Inhaltsangaben sind Texte, die **mit wenigen Worten** über den Inhalt eines Textes **informieren**.

1) **Zusammenfassung:** Inhaltsangaben **fassen** kurz **zusammen**, was in einer Geschichte ausführlich erzählt wird. Dabei wird vieles weggelassen.

2) **Er- oder Sie-Form:** Das **Ich** einer Ich-Erzählung wird in einer Inhaltsangabe zum **Er** oder zur **Sie**:

   Ich ging in einen Second-Hand-Laden.
   → *Er geht in einen Second-Hand-Laden.*
   → *Sie geht in einen Second-Hand-Laden.*

3) **Zeitform:** Inhaltsangaben **informieren** darüber, was in der Geschichte steht, sie erzählen es aber **nicht** nach. Deswegen stehen sie im **Präsens**:

   *Ich **ging** in einen Second-Hand-Laden.*
   → *Er **geht** in einen Second-Hand-Laden.*

4) **Wörtliche Reden:** In der Inhaltsangabe wird das **Wichtigste** von wörtlichen Reden zusammenfassend wiedergegeben:

   Der Mann sagte zu mir: „Nein! So etwas nehmen wir nicht."
   → *Der Mann **weist ihn ab**.*

8 Welche der folgenden Beispielsätze gehören zu welcher Regel im Kasten? Schreibe so auf:
Zu a) gehört Regel ..., zu b) gehört Regel ... usw.

a) In der **Geschichte** steht: *Als ich ungefähr dreizehn Jahre alt war, ...*
   In der **Inhaltsangabe** steht: *ein dreizehnjähriger Junge ...*

b) In der **Geschichte** ist die Rede von: *Taschengeld reichte nicht aus, Verzweiflung.*
   In der **Inhaltsangabe** ist kurz und knapp von *nicht genug Taschengeld* die Rede.

c) In der **Geschichte** heißt es: *Der Mann sagte: „Nein! So etwas nehmen wir nicht. Für Sturzhelme gibt es bei uns keine Nachfrage. Sie sind so gut wie unverkäuflich."*
   In der **Inhaltsangabe** heißt es kurz und knapp: *Er wird vom Besitzer des Ladens abgewiesen.*

d) In der **Geschichte** steht: *Und das taten sie dann auch!*
   In der **Inhaltsangabe** steht: *Und das tun sie auch.*

9 Lies dir jetzt noch einmal den letzten Absatz der Geschichte (Seite 108) durch.

10 Schreibe zu diesem Schluss die Inhaltsangabe in vier, fünf kurzen Sätzen auf.
a) *l* So könnten die Sätze beginnen:
   Vierzehn Tage später geht der Junge ... und bittet ... Der Besitzer des Second-Hand-Ladens freut sich über ... Er bietet ihm ..., und der Junge bedankt sich ... Die anderen Jungen ...
b) *ll* Orientiere dich dabei an der **Checkliste** und verwende die Verben aus dem **Wortschatz**.
c) *lll* Der letzte Absatz enthält 112 Wörter; verkürze ihn auf 45–50 Wörter.
   Orientiere dich an der **Checkliste** und am **Wortschatz**.

Checkliste

- ✓ Ich gebe nur das Wichtigste wieder.
- ✓ Ich schreibe in der Er-/Sie-Form.
- ✓ Ich schreibe im Präsens.
- ✓ Ich gebe die wörtlichen Reden zusammenfassend wieder.

Wortschatz

bedankt sich für ...
bietet ... an
bittet um ...
freut sich über ...

Inhalte zusammenfassen und wiedergeben

Wie man wörtliche Reden wiedergeben kann

Wiedergabe von wörtlichen Reden in Inhaltsangaben

Wörtliche Reden werden in Inhaltsangaben **verkürzt** wiedergegeben.

In einer **Geschichte** heißt es:
Wütend sagte das Mädchen: „Ich finde das unehrlich! Du hast mir nicht die Wahrheit gesagt!" Der Junge antwortete: „Tut mir leid! Ja, ich bin schuld, aber ich wollte das nicht." (30 Wörter)

In einer **Inhaltsangabe** wird das auf wenige Wörter verkürzt zu:
*Das Mädchen **wirft** dem Jungen **vor**, dass er unehrlich gewesen ist. Der Junge **gibt** seine Schuld **zu**.* (17 Wörter)

1 Verkürze die folgenden wörtlichen Reden so, dass sie in einer Inhaltsangabe stehen könnten. Denke daran, dass du die Sätze im Präsens schreibst!
a) Jana fragt ihre Freundin um Rat. b) Özil regt sich …

a) Jana sagte zu ihrer Freundin: „Ich weiß nicht, was ich tun soll. Gib mir doch einen Rat!"
b) Özil sagte zu seinem Freund: „Du spinnst doch! Ich könnte mich über dich aufregen!"
c) Jakob sagte: „Ja, ich muss zugeben, dass ich Schuld habe."
d) Tommy sagte zu seinem Bruder: „Gib mir doch bitte ein Stück Schokolade ab!"
e) Der Vater sagte zum Nachbarn: „Vielen Dank, dass Sie mir Ihr Werkzeug geliehen haben!"
f) Die Verkäuferin sagte: „Hier, dieses Kartenspiel, das sollten Sie unbedingt kaufen!"
g) Die Mutter rief ihrem Sohn zu: „Was für eine schreckliche Unordnung in deinem Zimmer!"
h) Paula sagte zu Paul: „Gib mir endlich mein Buch zurück!"
i) Der Vater fragte Jasmin: „Was wünschst du dir denn zum Geburtstag?"
j) Frau Meier fragte ihre Nachbarin: „Na, wie sieht es aus? Wie ist Ihr Befinden?"
k) Marie sagte zu Felix: „Du hast da aber einen Fehler gemacht!"
l) Die Frau sagte: „Ich bedaure meine Unvorsichtigkeit sehr."
m) „Du hast mir zu recht meinen Fehler vorgeworfen", sagte Pitt. „Ich gebe es ja zu."

WORTSCHATZ

fragt … um Rat
regt sich auf über …
gibt zu
bittet um …
bedankt sich bei … für …

WORTSCHATZ

anbieten …
sich **aufregen** über …
bedauern …
sich **beklagen** über …
sich **erkundigen** nach …
fragen nach …
fordern …
hinweisen auf …
zugeben …

Inhalte zusammenfassen und wiedergeben
Wörtliche Reden zusammenfassen

1 An dieser kleinen Geschichte könnt ihr die Wiedergabe eines Inhalts noch einmal üben. Ergänzt in der Inhaltsangabe die Sätze, die noch fehlen.

Seltsamer Spazierritt
Johann Peter Hebel

Ein Mann reitet auf seinem Esel nach Haus und lässt seinen Buben zu Fuß nebenher laufen.

Kommt ein Wanderer und sagt: „Das ist nicht recht, Vater, dass Ihr reitet und lasst Euren Sohn laufen; Ihr habt stärkere Glieder." Da stieg der Vater vom Esel herab und ließ den Sohn reiten.

Kommt wieder ein Wandersmann und sagt: „Das ist nicht recht, Bursche, dass du reitest und lässt deinen Vater zu Fuß gehen. Du hast jüngere Beine." Da saßen beide auf und ritten eine Strecke.

Kommt ein dritter Wandersmann und sagt: „Was ist das für ein Unverstand: Zwei Kerle auf einem schwachen Tier; sollte man nicht einen Stock nehmen und euch beide hinabjagen?" Da stiegen beide ab und gingen zu dritt zu Fuß, rechts und links der Vater und Sohn und in der Mitte der Esel.

Kommt ein vierter Wandersmann und sagt: „Ihr seid drei komische Gesellen. Ist's nicht genug, wenn zwei zu Fuß gehen? Geht's nicht leichter, wenn einer von euch reitet?" Da band der Vater dem Esel die vorderen Beine zusammen, und der Sohn band ihm die hinteren Beine zusammen, zogen einen starken Baumpfahl durch, der an der Straße stand, und trugen den Esel auf der Achsel heim. So weit kann's kommen, wenn man es allen Leuten will recht machen.

Seltsamer Spazierritt

Eine Inhaltsangabe

In der Geschichte „Seltsamer Spazierritt" von Johann Peter Hebel befinden sich ein Vater, der auf einem Esel reitet, und sein Sohn auf dem Heimweg.

Ein Wanderer wirft dem Vater vor, dass er den Sohn laufen lässt. Also lässt der Vater den Sohn reiten.

*Ein zweiter Wandersmann regt sich darüber auf, dass …
Also …*

U uu
*Der dritte Wanderer wird darüber wütend, dass …
Also …*

uu
*Ein vierter Wandersmann …
Also …*

Inhalte zusammenfassen und wiedergeben

Den Inhalt einer Ballade wiedergeben

1 In der Ballade „Die Goldgräber" (Seite 168–169) kommen wörtliche Reden vor.
In einer Inhaltsangabe gibt man wörtliche Reden in der Regel nur in einer verkürzten Form wieder.
Dabei fasst man die wörtlichen Reden **mit Verben** zusammen.
Lies die folgenden Textausschnitte und die entsprechenden Inhaltsangaben aufmerksam.

In der Ballade heißt es:

1) als die Goldgräber ihren Schatz feiern wollen:
… Sprach Tom, der Jäger: „Nun lasst uns ruhn!
Zeit ist's, auf das Mühsal¹ uns gütlich² zu tun.
Geh, Sam, und hol uns Speisen und Wein,
Ein lustiges Fest muss gefeiert sein." …

Verkürzung der wörtlichen Reden mit Verben:

Tom **bittet** Sam, Speisen und Wein für ein Festessen zu holen.

2) als sie Sam zum Einkaufen geschickt haben:
… Die andern saßen am Bergeshang,
Sie prüften das Erz, und es blitzt' und es klang.
Sprach Will, der Rote: „Das Gold ist fein;
Nur schade, dass wir es teilen zu drein'!"
   „Du meinst?" – „Je, nun, ich meine nur so,
Zwei würden des Schatzes besser froh " –
„Doch wenn – " – „Wenn was?" – „Nun nehmen wir an,
Sam wäre nicht da" – „Ja, freilich, dann, – –"

Tom und Will **beraten** darüber, wie sie Sam loswerden und sich zu zweit das Gold teilen könnten.

3) als Sam nach dem Einkauf zurückkommt:
… „Nun her mit dem Korb und dem bauchigen Krug!"
Und sie aßen und tranken mit tiefem Zug.
„Hei lustig, Bruder! Dein Wein ist stark;
Er rollt wie Feuer durch Bein und Mark.
   Komm, tu uns Bescheid³!" – „Ich trank schon vorher;
Nun sind vom Schlafe die Augen mir schwer.
Ich streck ins Geklüft⁴ mich." – „Nun gute Ruh'!
Und nimm den Stoß⁵ und den dazu!"

Tom und Will **trinken** vom Wein und **fordern** Sam **auf**, mitzutrinken. Der aber **redet** sich **heraus**. In der Nacht **erstechen** die beiden ihn.

4) als Sam schon im Sterben liegt:
… Noch einmal hob er sein blass Gesicht:
„Herrgott im Himmel, du hältst Gericht!
   Wohl um das Gold erschluget ihr mich;
Weh' euch! Ihr seid verloren, wie ich.
Auch ich, ich wollt den Schatz allein,
Und mischt' euch tödliches Gift an den Wein."

Sam **gibt zu**, dass er das Gold auch allein haben wollte und Gift in den Wein **gemischt hat**.

¹ das Mühsal: die viele Mühe und Arbeit
² es uns gütlich tun: es uns gut gehen lassen
³ tu uns Bescheid: Trink mit uns gemeinsam!
⁴ ins Geklüft: hinter den Felsen
⁵ Stoß: *hier:* Stich mit dem Messer

Erkenntnisse anwenden – An Beispielen üben

2 Lies dir die Ballade auf Seite 168–169 noch einmal aufmerksam durch.
Schreibe dann eine Inhaltsangabe zu dieser Ballade.
Setze dabei die verkürzten Wiedergaben der wörtlichen Reden von Seite 114
für die Ziffern **(1) – (4)** in deinen Text ein.

Inhaltsangabe
*In seiner Ballade „Die Goldgräber" erzählt Emanuel Geibel eine schauerliche Geschichte aus der Zeit des Goldrauschs in Amerika. Drei Männer, Tom, Will und Sam, graben in mühsamer Arbeit Tag und Nacht nach Gold. Endlich finden sie einen großen Klumpen, der alle drei reich machen könnte. Den glücklichen Fund wollen sie feiern. – **(1)** – Doch Tom und Will haben den Plan, Sam um seinen Anteil zu betrügen. Als Sam zum Einkaufen geht, – **(2)** – Dann kommt Sam mit einem Krug Wein vom Einkauf zurück. – **(3)** – Als Sam schon im Sterben liegt, – **(4)** – So gehen alle drei an ihrer Geldgier zugrunde.*

3 Lies dir die Ballade auf Seite 168–169 noch einmal aufmerksam durch.
Schreibe dann eine Inhaltsangabe zu dieser Ballade.
• Ergänze die Stellen inhaltlich, an denen Pünktchen **...** stehen.
• Überlege dir, wie du die wörtlichen Reden **(1) – (4)** wiedergeben möchtest.
Du kannst dich dazu an den Formulierungen auf der vorigen Seite orientieren.

Inhaltsangabe
*In seiner Ballade „Die Goldgräber" erzählt Emanuel Geibel eine schauerliche Geschichte aus der Zeit des Goldrauschs in Amerika. Drei Männer, … graben in mühsamer Arbeit … Endlich finden sie … Der könnte alle drei … Den glücklichen Fund wollen sie nun … **(1)** Doch Tom und Will haben den Plan, … Als Sam … **(2)** Dann kommt Sam … zurück.
(3) Als Sam schon im Sterben liegt **(4)** So sind alle drei …*

WORTSCHATZ

auffordern
beraten
bitten um
gestehen
sich herausreden
zugeben

4 Besprecht eure Inhaltsangaben in der Gruppe.
• Gebt euch Tipps, wie man sie noch verbessern könnte.
• Achtet besonders darauf, dass man auch in der Inhaltsangabe gut verstehen kann, was alles geschehen ist.

5 In der Inhaltsangabe eines Schülers stehen folgende Sätze, die für eine Inhaltsangabe nicht passend sind.
• Überarbeitet die Sätze so, dass alles in einem einzigen Satz zusammengefasst ist.
• Achtet auf die **Zeitformen**, auf die **wörtliche Rede** und streicht alles, was **überflüssig** ist.

Als Sam in der Stadt war, um Speisen und Wein zu holen, redeten Tom und Will miteinander. Erst wollte keiner mit der Sprache so richtig raus. Doch dann schmiedeten die beiden ihren Plan:
„Nehmen wir an, Sam wäre nicht da!" In diesem Augenblick war es ausgesprochen: Sie wollten Sam umbringen.

Inhalte zusammenfassen und wiedergeben

Den Inhalt einer Geschichte nach Gehör wiedergeben

1 Die folgende Geschichte stand in mehreren Zeitungen, und auch Schriftsteller haben sie schon erzählt. Lest sie euch **nicht** vorher durch!
Lasst einen geübten Vorleser die Geschichte vorlesen – und hört dabei zu.

Pech im Urlaub

Ein Ehepaar reist mit dem Auto nach Italien in die Ferien. Als die beiden in ihrem Hotel ankommen, steht zum Empfang ein Mann vor der Tür des Hotels. Der junge Mann lässt sich die Autoschlüssel geben, um den Wagen in die
5 Hotelgarage zu fahren. Die Koffer will er auf ihr Zimmer bringen. Die Gäste freuen sich über den freundlichen Empfang. Sie lassen sich den Zimmerschlüssel geben und gehen auf ihr Zimmer. Das Gepäck kommt aber nicht an. Sie gehen wieder zum Empfang hinunter. Dort erfahren
10 sie, dass das Hotel gar keine Garage hat. Das Auto ist weg – mitsamt dem Gepäck.

   Die beiden Feriengäste sind wütend und reisen mit der Bahn wieder ab. Am übernächsten Tag bekommen sie einen Brief von dem Hotel. Darin entschuldigt sich der
15 Hoteldirektor. Das Auto sei wieder gefunden worden und das Gepäck auch. In dem Brief liegt ein Gutschein für acht Tage Aufenthalt in dem Hotel – ganz umsonst. Daraufhin sind die beiden erleichtert und reisen mit der Bahn wieder nach Italien. Im Hotel angekommen, erfahren sie, dass
20 man von einem wiedergefundenen Auto nichts weiß und dass der Gutschein gefälscht ist. Entnervt fahren die Eheleute wieder nach Hause. Als sie dort ankommen, stellen sie fest: Einbrecher haben ihr ganzes Haus ausgeplündert.

2 Ihr habt nun die Geschichte gehört. Vielleicht lasst ihr sie euch noch ein zweites Mal vorlesen, damit ihr euch den Inhalt besser merken könnt.

3 Mehrere Schüler und Schülerinnen geben jetzt den Inhalt mündlich wieder. Ihr könnt diese Inhaltswiedergabe im Plenum oder an Gruppentischen durchführen.

4 Besprecht miteinander, wie die Schüler den Text wiedergegeben haben:
- Ist alles richtig wiedergegeben?
- Ist die Wiedergabe eher kürzer oder eher länger ausgefallen?
- Ist etwas weggelassen oder hinzugefügt worden?

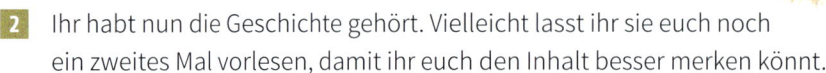

○●●○ An Beispielen üben – Gelerntes selbstständig anwenden   117

Inhalte zusammenfassen und wiedergeben
Eine Inhaltsangabe überarbeiten

Der folgende Text ist eine Inhaltsangabe zu der Geschichte „Die Neue" auf Seite 199–201.
Ihr müsst die Geschichte nicht kennen, um die folgenden Aufgaben lösen zu können.
Die Inhaltsangabe informiert euch nämlich schon ganz gut darüber.
Doch manches gehört dort nicht hinein, und manches müsste anders formuliert sein.

1 In der Inhaltsangabe kommen **fünf umgangssprachliche Wörter** vor,
die in einer sachlichen Inhaltsangabe nichts zu suchen haben.
Außerdem müssten **eine wörtliche Rede** und **eine falsche Zeitform** verändert werden.
Suche diese Wörter heraus. Schreibe die Inhaltsangabe dann korrigiert auf.

„Die Neue" ist eine Schulgeschichte von Edith Schreiber-Wicke. Anna Maria ist neu
in eine Schulklasse gekommen. Sie hat ungekämmte Haare, trägt ein weites Herrenhemd, einen breiten Gürtel, fransige Jeans und eine fette Eisenkette um den Hals.
Die Lehrerin fordert sie auf: „Zieh dich morgen wieder normal an!" Doch Anna
5 Maria weiß nicht, was normal ist. Und die Kinder ärgern sich voll krass über die
Lehrerin. Sophy, ein Mädchen aus der Klasse, trifft mit den anderen eine Verabredung. Zu Hause bittet sie ihre Mutter um ein weites Hemd von ihrem Vater, sie findet einen alten Gürtel und eine Messingkette. In dieser Kleidung geht sie am nächsten Morgen zur Schule. Auch die anderen Mädchen haben sich ähnliche beknackte
10 Sachen mitgebracht. Als die Lehrerin in die Klasse kommt, sieht sie die Kinder irre
verkleidet an den Tischen sitzen. Sie entschuldigte sich dafür, dass sie Anna Maria
gestern so unhöflich empfangen hat. Die Kinder sind wieder happy mit ihr.

2 In der Inhaltsangabe kommt einiges vor, was anders sein müsste:
- Auf einige umgangssprachliche Ausdrücke müsste verzichtet werden.
- Die Zeitformen müssten an einigen Stellen verändert werden.
- Wörtliche Reden müssten anders formuliert werden.

Überarbeite die Inhaltsangabe entsprechend.

„Die Neue" ist eine Schulgeschichte von Edith Schreiber-Wicke. Anna Maria ist neu in eine
Schulklasse gekommen. Sie hat ungekämmte, struppige Haare, trägt ein weites Herrenhemd,
einen breiten Gürtel, fransige Jeans und eine fette Eisenkette um den Hals. Die Lehrerin fordert sie auf: „Zieh dich morgen wieder normal an!" Doch Anna Maria weiß nicht, was normal
5 ist. Und die Kinder ärgern sich voll krass über die Lehrerin. Die Neue tut ihnen schrecklich leid.
Sophy, ein Mädchen aus der Klasse, trifft mit den anderen eine Verabredung. Zu Hause bittet
sie ihre Mutter um ein Hemd von ihrem Vater, sie findet einen alten Gürtel und eine Messingkette. Mit diesen Sachen geht sie am nächsten Morgen zur Schule. Auch die anderen Mädchen
haben sich ähnliche beknackte Sachen mitgebracht. Als die Lehrerin in die Klasse kam, sah sie
10 alle Kinder mit irre verstrubbelten Haaren und in alten Klamotten an ihren Tischen sitzen. Da
sagte sie: „Ich entschuldige mich dafür, dass ich Anna Maria gestern so unhöflich empfangen
habe." Die Kinder finden ihre Lehrerin super und sind wieder happy mit ihr.

Schreiben und Präsentieren

Inhalte zusammenfassen und wiedergeben

Eine Inhaltsangabe schreiben

1 Schreibe eine Inhaltsangabe zur Ballade „Der Handschuh".
- Beachte, dass dein Text **keine mündliche**, sondern **eine schriftliche Inhaltsangabe** ist.
- Nutze auch die **CHECKLISTE** unten auf dieser Seite und den **WORTSCHATZ**.

WORTSCHATZ: TEXTBAUSTEINE

*Die Ballade „Der Handschuh" stammt von … Sie spielt in ganz alten Zeiten.
König Franz und die Menge der Zuschauer sitzen im … und erwarten …
Der König lässt zunächst … und danach … Die wilden Tiere …
Plötzlich fällt ein Handschuh … Den hat Fräulein Kunigund …
Sie fordert den Ritter Delorges dazu auf, …
Der Ritter … Die Zuschauer …
Doch Ritter Delorges gibt … nicht in die Hand, sondern … Am Ende …*

2 Schreibe eine Inhaltsangabe zu der Ballade „Die Weiber von Weinsberg".
Lies dir die Ballade auf Seite 174–175 aufmerksam durch.
Nutze auch die **CHECKLISTE** und den folgenden **WORTSCHATZ**.

WORTSCHATZ: TEXTBAUSTEINE

*In der Ballade „Die Weiber von Weinsberg" von … wird erzählt, wie Kaiser Konrad …
Die Menschen wollen aber nicht …
In seinem Zorn verkündet er den Belagerten, dass er …
Eines Nachts gehen in ihrer Not einige Frauen zu …
Der Kaiser verspricht ihnen, …
Am nächsten Morgen … die Frauen …
Einige Minister versuchen … Doch Konrad … Am Ende …*

3 Schreibe zur Ballade „Herr von Ribbeck auf Ribbeck im Havelland" eine Inhaltsangabe. Lies dir dazu den Balladentext auf Seite 173 aufmerksam durch. Nutze für deine Inhaltsangabe die **CHECKLISTE**.

4 Überprüft eure Inhaltsangaben in einer **Schreibkonferenz** und überarbeitet sie.

CHECKLISTE

- ✓ Ich leite meine Inhaltsangabe mit einem Satz ein, in dem der Titel und der Verfasser genannt werden.
- ✓ Ich gebe das Geschehen der Reihe nach in Kurzform wieder.
- ✓ Ich nenne die Personen der Ballade beim Namen.
- ✓ Ich schreibe alles so knapp wie möglich und lasse Unwichtiges weg.
- ✓ Ich achte auf eine sachliche Sprache.
- ✓ Ich verzichte auf anschauliche und dramatische Sprache.
- ✓ Ich schreibe meine Inhaltsangabe im Präsens.
- ✓ Ich fasse die wörtlichen Reden zusammen.

○ ○ ● ○ Gipfelstürmer

Inhalte zusammenfassen und wiedergeben

Wörtliche Reden in indirekte Reden umformen

Auf diesen beiden Seiten lernst du eine besonders elegante Möglichkeit kennen, wie du in einer Inhaltsangabe wörtliche Reden verkürzt wiedergeben kannst. Sie heißt: **indirekte Rede**.

1 Vergleiche zunächst einmal die wörtlichen Reden links mit den indirekten Reden rechts.

Geschichte mit wörtlichen Reden:	**Inhaltsangabe mit indirekten Reden:**
nach: „Der Sturzhelm":	
Der Verkäufer sagte zu mir: „Für Sturzhelme **gibt** es bei uns keine Nachfrage."	Der Verkäufer sagt, für Sturzhelme **gebe** es keine Nachfrage.
Niklas sagte: „**Ich suche** dringend einen preiswerten Sturzhelm."	Niklas sagt, **er suche** einen Sturzhelm.
nach: „Die Goldgräber":	
Tom, der Jäger, sprach: „Geh, Sam, und **hol** uns Speisen und Wein, ein lustiges Fest **muss** gefeiert sein."	Tom sagt, Sam **solle** Speisen und Wein **holen**, ein Fest **müsse** gefeiert werden.
nach: „Die Neue":	
Die Lehrerin sagte: „Deinem Namen **entnehme ich**, dass **du** ein Mädchen **bist**. Ein Mädchen **zieht** sich aber anders an und frisiert sich ordentlich. Also was dein Äußeres betrifft, so **wünsche ich**, dass **du** morgen normal **aussiehst**."	Die Lehrerin sagt, **sie entnehme Annas** Namen, dass **sie** ein Mädchen **sei**. Ein Mädchen **ziehe** sich aber anders an, also **wünsche sie**, dass **Anna** morgen normal **aussehe**.

> ### Die indirekte Rede im Konjunktiv I
>
> In der indirekten Rede wird die normale Verbform stets in eine Form im **Konjunktiv I** umgeformt. Und die **Ich-** oder **Du-Form** wird in eine **Er-, Sie-** oder **Es-Form** umgeformt:
> statt: *es gibt* → **es gebe**, statt: *ich suche* → **er suche**, statt: *es muss* → **es müsse**, statt: *du bist* → **er sei**, statt: *ich wünsche* → **sie wünsche**, statt: *er hat* → **er habe**.

2 Verkürze die folgenden wörtlichen Reden zu indirekten Reden im Konjunktiv I.

Wörtliche Reden:
a) Paul sagte zu Paula: „Du musst mir endlich einmal mein Buch zurückgeben!"
b) Marie sagte zu Felix: „Du hast da aber einen ganz dummen Fehler gemacht!"
c) Felix sagte: „Ich bin darüber echt traurig."
d) Die Frau sagte: „Ich bedaure meine Unvorsichtigkeit wirklich sehr."
e) Pitt sagte zu Patt: „Du hast mir ganz zu recht einen Fehler vorgeworfen."

3 Hier ist noch einmal die Geschichte „Seltsamer Spazierritt". Verkürze die wörtlichen Reden der vorbeikommenden Wanderer zu indirekten Reden im Konjunktiv I.

Seltsamer Spazierritt

Johann Peter Hebel

Ein Mann reitet auf seinem Esel nach Haus und lässt seinen Buben zu Fuß nebenher laufen.

Kommt ein Wanderer und sagt: „Das ist nicht recht, Vater, dass Ihr reitet und lasst Euren Sohn laufen; Ihr habt stärkere Glieder." Da stieg der Vater vom Esel herab und ließ den Sohn reiten.

Kommt wieder ein Wandersmann und sagt: „Das ist nicht recht, Bursche, dass du reitest und lässt deinen Vater zu Fuß gehen. Du hast jüngere Beine." Da saßen beide auf und ritten eine Strecke.

Kommt ein dritter Wandersmann und sagt: „Was ist das für ein Unverstand: Zwei Kerle auf einem schwachen Tier; sollte man nicht einen Stock nehmen und euch beide hinabjagen?" Da stiegen beide ab und gingen zu dritt zu Fuß, rechts und links der Vater und Sohn und in der Mitte der Esel.

Kommt ein vierter Wandersmann und sagt: „Ihr seid drei komische Gesellen. Ist's nicht genug, wenn zwei zu Fuß gehen? Geht's nicht leichter, wenn einer von euch reitet?" Da band der Vater dem Esel die vorderen Beine zusammen, und der Sohn band ihm die hinteren Beine zusammen, zogen einen starken Baumpfahl durch, der an der Straße stand, und trugen den Esel auf der Achsel heim. So weit kann's kommen, wenn man es allen Leuten will recht machen.

Seltsamer Spazierritt

Eine Inhaltsangabe

In der Geschichte „Seltsamer Spazierritt" von Johann Peter Hebel befinden sich ein Vater, der auf einem Esel reitet, und sein Sohn auf dem Heimweg.

Ein vorbeikommender Wanderer *** zum Vater, er *** den Sohn reiten lassen, denn er *** stärkere Glieder. Also …

Ein zweiter Wanderer ***, der Sohn *** den Vater reiten lassen, denn *** *** jüngere Beine. Also …

Ein dritter Wanderer ***, zu zweit *** man nicht auf einem schwachen Tier reiten. Also …

Ein vierter Wandersmann ***, ob es nicht leichter ***, wenn einer auf dem Esel ***.

Da binden die beiden den Esel über einen Ast und tragen ihn auf den Schultern nach Hause. So komisch geht es aus, wenn man es allen Leuten recht machen will.

○○○● Gelerntes überprüfen

Inhalte zusammenfassen und wiedergeben

Überprüfe dein Wissen und Können

1 Was ist ein Inhaltsangabe? Schreibe die beiden richtigen Buchstaben auf.
  a) die sachliche Zusammenfassung eines längeren Erzähltextes.
  b) eine kurze Nacherzählung eines längeren Textes.
  c) ein Text, mit dem ich andere informieren möchte.
  d) ein Text, mit dem ich andere unterhalten möchte.

2 Welches sind Merkmale einer Inhaltsangabe? Schreibe die vier richtigen Buchstaben auf.
  a) möglichst kurze Sätze.
  b) die Zeitform Präsens.
  c) wörtliche Reden.
  d) Anschaulichkeit und Spannung.
  e) Sachlichkeit.
  f) die Angabe der wichtigsten Personen.
  g) die Angabe der wichtigsten Ereignisse und Orte des Geschehens.

3 Wie sollte der Anfang einer Inhaltsangabe aussehen? Schreibe den richtigen Buchstaben auf.
  a) Es herrschte ein furchtbares Unwetter auf dem Meer. Die Wellen schlugen gegen den Strand. ...
  b) Die Ballade erzählt davon, wie ein Schiffbrüchiger aus einem gestrandeten Schiff gerettet wird. ...

4 Gib den folgenden Dialog ohne wörtliche Rede verkürzt wieder:
Ich fragte den Besitzer des Second-Hand-Ladens: „Ich möchte Ihnen gern meinen Sturzhelm verkaufen. Er ist mir zu klein geworden."
Der Verkäufer antwortete: „Ich bedaure! Sturzhelme sind bei uns so gut wie unverkäuflich."

5 Die folgende Inhaltsangabe zum ersten Teil einer Geschichte enthält eine Reihe von Fehlern, die in einer Inhaltsangabe nicht vorkommen dürfen: überflüssige Adjektive, umgangssprachliche Ausdrücke und falsche Zeitformen. Überarbeite den Text.
In der Geschichte „Der Punker in der U-Bahn" von Rolf Wilhelm Brednich setzt sich ein Junge mit rotem Irokesenschnitt einer Frau gegenüber auf die Bank. Die Frau fing gleich an, furchtbar auf die Jugend von heute zu schimpfen, und beleidigte den Jungen, weil er einen so beknackten Haarschnitt hat. Der Junge bleibt ganz cool.

6 Schreibe in wenigen Sätzen eine Inhaltsangabe zum zweiten Teil der Geschichte.
[...] Als plötzlich der Kontrolleur hereinkam, begann die Frau aufgeregt nach ihrer Fahrkarte zu suchen. Sie suchte und suchte, aber fand sie nicht. Der Junge hatte auf dem Bahnsteig aus Versehen eine Familienkarte gezogen, die er nun bei sich trug. Er holte sein Ticket aus der Tasche und zeigte es dem Kontrolleur. Lächelnd wandte er sich an die Frau und sagte: „Aber Mama! Hier ist doch unser Ticket! Ich habe es vorhin eingesteckt!" Verwundert schaute die Frau auf. Und dann musste sie selber lächeln. Als der Kontrolleur weg war, bedankte und entschuldigte sie sich bei dem Jungen.

Argumentieren: Meinungen begründen
Zu einer Streitfrage Stellung nehmen

Ob im Internet, im Fernsehen oder in Zeitschriften, überall in den Medien sieht man top gestylte Models, Schauspieler, Fußballstars und andere Promis. Da wollen viele Jungen und Mädchen mithalten, und die Schule ist ihr Laufsteg. Und so kann man schon morgens auf dem Schulweg jede Menge gestylte Jungen und Mädchen bestaunen. Aber nicht jedem gefällt das. Die Meinungen von Schülern, Eltern und Lehrern sind geteilt.

sich stylen

*Im Englischen bedeutet **to style**: gestalten, entwerfen.*
*Im Deutschen verwenden wir **stylen** umgangssprachlich häufig im Sinne von: sich in bestimmter Weise zurechtmachen, sich schön machen.*

Ich style mich. Das Model ist perfekt gestylt.

1 Sollte man sich für die Schule stylen?
Wie steht ihr zu dieser Streitfrage?
Führt eine Punkteabfrage in der Klasse durch.

Punkteabfrage

1: Zeichnet eine große Tabelle auf ein Plakat. Orientiert euch an dem Beispiel.
2: Jeder von euch bekommt einen Klebepunkt.
3: Klebt die Punkte auf dem Plakat so auf, wie es eurem Standpunkt entspricht.
Tipp: Ihr könnt eure Punkte auch mit dicken Filzstiften aufmalen.
4: Zählt, wie viele Punkte es für „ja", „nein" und „unentschieden" gibt. Notiert das Ergebnis unten in der Tabelle.

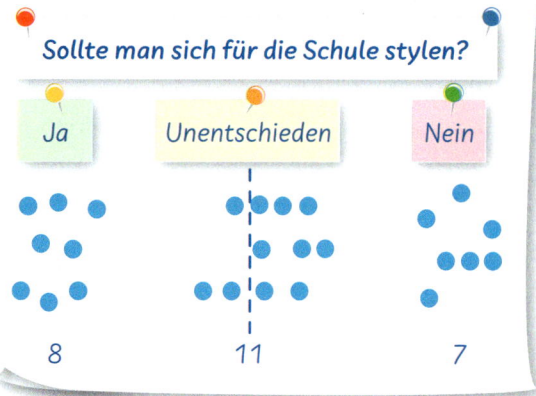

2 Wertet eure Punkteabfrage in einem Gespräch im Plenum aus.
- Wo habt ihr euren Punkt platziert: bei „ja", „nein" oder „unentschieden"? Begründet eure Entscheidung.
- Wie ist das Ergebnis in eurer Klasse insgesamt ausgefallen?
- Nutzt den **Wortschatz** als Anregung für eure Gesprächsbeiträge.

Wortschatz: Textbausteine

Ich habe mit „ja" gestimmt, weil …
Ich habe mich dagegen entschieden, weil …
In dieser Frage bin ich unentschieden, denn …
Das Ergebnis habe ich erwartet, weil …
Also, ich war schon sehr erstaunt, dass so viele / so wenige für …
Die vielen Punkte bei „…" zeigen mir, dass …
Ich erkläre mir das so: …
Ich finde es erfreulich / bedauerlich, dass …

Probleme erkennen – Einsichten gewinnen

Argumentieren: Meinungen begründen
Forumsbeiträge untersuchen – Argumente ermitteln

1 **Sollte Styling in der Schule erlaubt sein?**
Darüber haben Jugendliche im Diskussionsforum ihrer Schule
Meinungen und Argumente ausgetauscht.
Auch ein Lehrer hat einen Beitrag in dem Forum gepostet.
Lest euch vor, was er geschrieben hat.

Was sehen sie wieder gut aus

Andreas Braun, Lehrer

Da sitzen sie wieder vor mir, all die Nachwuchsmodels, frisch gestylt zurück
von der Schultoilette. Die Haare in Form, der Teint nachgefärbt! Und erst die
Fingernägel: kleine Kunstwerke! Selbst die Jungen lassen nach dem Sport-
unterricht eine Dose Haarwachs herumgehen, um die Frisur ihres Lieblings-
5 sportlers möglichst perfekt nachzumachen. Warum nur wollen viele so aussehen, wie die angeblichen Promis aus Casting-Shows, Telenovelas oder der
Sportwelt? Was das alles kosten muss? Wie viel Zeit damit verplempert wird? –
Wertvolle Unterrichtszeit wird verschwendet, wenn das Styling mal wieder
wichtiger ist als das Lernen. Aber mir ist auch klar: Jugendliche müssen sich
10 von den Erwachsenen unterscheiden dürfen. Denn nur so können sie ein
eigenes Lebensgefühl entwickeln. Und dazu gehört auch das Outfit. Obwohl
ich einiges bedenklich finde, sollte Styling in der Schule erlaubt sein. –
Vorausgesetzt, alles bleibt im Rahmen und der Unterricht wird nicht gestört.

2 Tauscht euch aus und lest euch die entsprechenden Textstellen vor.
- Was sieht der Lehrer am Styling kritisch? Lest seine Fragen vor.
  Könnt ihr etwas an dieser Kritik teilen?
- Welchen Standpunkt vertritt der Lehrer insgesamt zum Thema
  „Styling in der Schule" und wie begründet er ihn?
- Welche Bedingungen stellt er?

3 Lest euch nun die folgenden vier Beiträge von Schülerinnen und Schülern vor.

Miriam: Bei der Frage, ob Stylen in der Schule erlaubt sein soll, bin ich unentschieden.
Wirklich verbieten lässt es sich wohl nicht. Denn das würden die meisten bestimmt nicht
akzeptieren. Zum Beispiel würde meine Freundin Aylin nie und nimmer auf Wimpern-
tusche, Lidstrich und ihre heißgeliebten Accessoires verzichten. Ich dagegen bin
5 beispielsweise eher ein sportlicher Typ, der mit komplizierten Frisuren und Make-up
nicht viel am Hut habe. Denn ich gehe dreimal die Woche zum Schwimmtraining, da ist
mir ein aufwändiges Styling viel zu stressig. Also, ich persönlich finde Styling total
überflüssig. Leute, ihr solltet etwas Besseres mit eurer Zeit anfangen!

Max: Was heißt denn schon „Styling in der Schule erlauben"? Wenn Stylen bedeutet, dass man auf seine Klamotten achtet und die Haare mit Haarwachs in Form bringt – dann gehe ich jeden Morgen gestylt in die Schule. Ich finde, so viel Styling muss sein. Mir gefällt's und den anderen – glaube ich – auch. Ich stehe auf dem Standpunkt: Es ist in Ordnung, wenn ich gepflegt und gut gestylt zur Schule komme. Daran kann sich ja wohl niemand stören – oder?

Lisa: Für mich ist es selbstverständlich, dass ich mich schminke, bevor ich zur Schule gehe. Und auch die Frisur und das Outfit müssen stimmen. Mit dem richtigen Styling fühlt man sich wohl, weil man weiß, dass es gut aussieht. Jugendliche müssen ihren eigenen Style herausfinden, denn es wäre doch langweilig, wenn alle gleich rumlaufen würden. Ich fand es toll, als ein Junge aus der Nachbarklasse als einziger den Mut hatte, sich seine Haare lang wachsen zu lassen und einen Dutt zu tragen. Stylen sollte in der Schule erlaubt sein. Denn wo kann man besser testen, wie ein Look ankommt, als in der Schule?

Julius: In meiner Klasse ist „Stylen" zurzeit ein Dauerthema – Markenklamotten von Kopf bis Fuß, Haare gefärbt, Ohrringe, Kettchen … Manche Jungs übertreiben es echt damit, wenn sie sich zum Beispiel kiloweise Gel in die Haare pappen. Ich will nicht abstreiten, dass ein Styling auch gut aussehen kann. Der Frisör hat mir einmal gezeigt, wie ich meine Haare stylen kann. Sah ganz cool aus. Aber jeden Morgen diese Mühe – darauf hab' ich keinen Bock. Außerdem ist Styling ein Riesengeschäft für die Kosmetikindustrie. Wenn euch zum Beispiel ein Typ im Beauty-Blog den aktuellen Frisuren-Style erklärt, ist das in Wirklichkeit nur Werbung für teure Kosmetik. Leute, lasst die Finger von solchen Videos! Denn damit will man euch nur das Geld aus der Tasche ziehen. Meiner Meinung nach sollte es in der Schule ums Lernen und ums Miteinander gehen und nicht ums Aussehen. Im schlimmsten Fall führt der Hype ums Styling dazu, dass jemand ausgegrenzt wird, wenn er nicht mithalten kann. Deshalb sollte Styling in der Schule tabu sein.

4 **Sollte Styling in der Schule erlaubt sein** – ja, nein oder unentschieden?
- Ordnet diese Standpunkte den Mädchen und Jungen zu.
- Tauscht euch aus. Haben die vier ihre Meinung überzeugend dargestellt?
- Begründet eure Einschätzung.

5 Ordne den vier Beiträgen die folgenden Überschriften zu:

So viel Styling muss sein *Lässt sich wohl nicht verbieten*
Mehr Miteinander statt Styling *Jeder muss seinen Style finden*

6 Vergleiche die Beiträge von Miriam und Max.
Auf welchen Beitrag treffen die Sätze a)–f) jeweils zu?
a) Dieser Beitrag beginnt und endet mit einer Frage.
b) Der Standpunkt zur Streitfrage wird erst im vorletzten Satz geäußert.
c) Der Standpunkt wird im ersten Satz des Beitrags mitgeteilt.
d) Der Standpunkt wird mit dem eigenen Verhalten begründet.
e) In diesem Beitrag werden zwei anschauliche Beispiele angeführt.
f) Am Schluss des Beitrags wird etwas gefordert.

●●○○ Einsichten gewinnen – An Beispielen üben **125**

7 Untersuche die vier Schülerbeiträge.
- Ab und zu verwenden die Jungen und Mädchen umgangssprachliche Ausdrücke, um ihre Beiträge besonders lebendig zu machen. Schreibe einige aus den Texten heraus.
- Eine Meinungsäußerung kann man mit einer rhetorischen Frage verstärken. Das ist eine Frage, auf die keine Antwort erwartet wird. Max und Lisa stellen am Schluss ihres Beitrags rhetorische Fragen. Schreibe diese beiden Fragen auf.
- Miriam und Julius sprechen die Leser direkt an und fordern (appellieren), dass sie etwas tun oder lassen sollen. Notiert diese Appelle.

8 Besprecht eure Arbeitsergebnisse zu den Aufgaben 6 und 7 in der Tischgruppe.

9 Lest die folgenden Informationen. Gebt wieder, was man mit Argumenten erreichen will und woraus sie bestehen.

Argumente

Mit stichhaltigen **Argumenten** kann man andere von seiner Meinung überzeugen.
- **Argumente** bestehen aus **Behauptungen**, die **begründet** oder **erklärt** werden müssen.
  Zum Beispiel: Lisa vertritt die **Meinung**, dass Styling in der Schule erlaubt sein sollte.
  Sie behauptet: *Mit dem richtigen Styling fühlt man sich wohl, …*
  Sie begründet: *… weil man weiß, dass es gut aussieht.*
- Manchmal lassen sich auch mit **Beispielen** Argumente anschaulich erklären oder begründen.
  Lisa führt so ein **Beispiel** an: *Für mich ist es deshalb selbstverständlich, dass ich mich schminke, bevor ich zur Schule gehe. Und auch die Frisur …*

INFO

---

10 Ermittelt in den Schülerbeiträgen auf Seite 123–124 Argumente, die dafür oder dagegen sprechen, dass Styling in der Schule erlaubt sein sollte.
- Legt zwei große Tabellen mit Argumenten an. Orientiert euch an dem Muster unten.
- Ihr könnt eigene Argumente und Beispiele ergänzen. Bewahrt eure Tabellen auf, ihr braucht sie noch.

Argumente *für* Styling in der Schule

Behauptung	Begründung, Erklärung	Beispiel
Jugendliche müssen ihren eigenen Style finden.	*… weil es langweilig ist, wenn alle gleich rumlaufen.*	*Ich finde es toll, dass ein Junge aus der Nachbarklasse …*

Argumente *gegen* Styling in der Schule

Behauptung	Begründung, Erklärung	Beispiel
Styling ist ein Riesengeschäft für die Kosmetikindustrie.	*Denn die wollen euch nur Geld aus der Tasche ziehen.*	*Wenn euch zum Beispiel ein Typ im Beauty-Blog …*

11 Nutzt den Beitrag des Lehrers von Seite 123, um weitere Argumente zu ermitteln.

Argumentieren: Meinungen begründen

Zu einer Frage den eigenen Standpunkt ausformulieren

Sollte Styling in der Schule erlaubt sein?

1. Äußere deine Meinung zu dieser Frage schriftlich.
   Entscheide zunächst, welchen Standpunkt du dazu vertreten willst.

2. Nimm die beiden Tabellen (Seite 125) mit deinen gesammelten Argumenten zur Hand:
   - Markiere zwei oder drei überzeugende Argumente.
   - Überlege, wie du die Argumente mit eigenen Beispielen verdeutlichen kannst.

3. Formuliere nun deinen Standpunkt aus, indem du zwei begründete Argumente anführst.
   - Gehe beim Schreiben nach den folgenden **Arbeitsschritten** vor.
   - Nutze auch den **Wortschatz** zum Schreiben.

Arbeitsschritte	**Wortschatz: Textbausteine**
• Schreibe die Streitfrage als Überschrift auf.	*Sollte Styling in der Schule erlaubt sein?*
• Leite das Thema kurz ein.	*Topmodisch gestylt – so erscheinen viele Jugendliche jeden Tag zum Unterricht. Muss das sein? Sollte Styling in der Schule erlaubt sein?*
• Sag deine Meinung.	*Also, darüber habe ich mir bisher noch nie Gedanken gemacht. Aber wenn ich mir das so überlege, finde ich …* *Ich stehe auf dem Standpunkt …* *Zu dieser Frage habe ich eine klare Meinung …*
• Führe zwei Argumente an, die deinen Standpunkt unterstützen, und begründe sie. Finde auch passende Beispiele.	*Für / Gegen Styling in der Schule spricht vor allem …* *Das ist mir besonders wichtig, weil …* *Zum Beispiel … / Beispielsweise …* *Außerdem darf man nicht vergessen, dass …* *Denn …* *Ich kann mir sehr gut / überhaupt nicht vorstellen, dass …*
• Bekräftige am Ende noch einmal deinen Standpunkt.	*In meiner Klasse würden bestimmt viele / nur wenige Mädchen und Jungen ein Verbot akzeptieren. Daher steht meine Meinung eindeutig fest: In meiner Schule sollte Styling erlaubt sein / verboten werden. Das wäre für uns alle das Beste!*

4. Arbeitet zu zweit: Tauscht eure Standpunkte aus und lest sie gegenseitig.
   - Überprüft, ob die **Arbeitsschritte** aus Aufgabe 3 eingehalten werden.
   - Sind die Argumente begründet? Überzeugen die Beispiele?
   - Lobt, was gut gelungen ist. Gebt Tipps, falls man noch etwas besser machen kann.

○●○○ Erkenntnisse anwenden – An Beispielen üben

5 Formuliere deinen Standpunkt aus, indem du **mehrere** Argumente dafür anführst.
- Berücksichtige auch ein **Gegenargument** und entkräfte es.
- Beachte die folgenden **Arbeitsschritte** und nutze auch den **Wortschatz**.

Ein Gegenargument anführen

INFO

Mit einem **Gegenargument** führt man ein wichtiges Argument der Gegenseite an, um es anschließend gezielt zu **entkräften**, z. B.:

Standpunkt: *In der Schule sollte Styling tabu sein.*
Gegenargument: *Ich will nicht abstreiten, dass ein Styling auch gut aussehen kann. Der Frisör hat mir neulich …*
Entkräftung: *Aber täglich diese Mühe? Darauf kann ich verzichten!*

Arbeitsschritte

- Schreibe die Streitfrage als Überschrift auf.

- Leite das Thema kurz ein.

- Führe ein Argument an, das deinen Standpunkt stützt, und begründe es.

- Finde ein anschauliches Beispiel.

- Führe ein Gegenargument an und entkräfte es anschließend.

- Führe zwei weitere Argumente an, die deinen Standpunkt stützen.

- Teile deinen Standpunkt mit.

- Beende deinen Kommentar: entweder mit einer **Forderung** oder mit einem **Appell** (Aufruf) – oder mit einer **rhetorischen Frage** (Frage, auf die keine Antwort erwartet wird).

Wortschatz: Textbausteine

Sollte Styling in der Schule erlaubt sein?

Markenklamotten, stylische Frisuren, teure Accessoires gehören bei vielen Jugendlichen zum Schul-Outfit. Wäre da nicht ein Verbot angebracht, oder sollte Styling in der Schule erlaubt sein?

Also, ich kann mir ein Verbot gut / überhaupt nicht vorstellen. Es ist doch wichtig, dass …
Denn …

Ich bin selbst das beste Beispiel für … Auch meine Freunde …
Zum Beispiel gibt es in meiner Klasse manche / niemand / viele …

Aber natürlich lässt sich nicht bestreiten, …
Aber andererseits ist / sind jedoch …

Außerdem spricht dafür / dagegen, dass …

Also, ich bin der Meinung, … Deshalb bin ich für / gegen …
Darum stehe ich auf dem Standpunkt, …

Man sollte es mit dem Styling / Verbot nicht übertreiben, sonst …
Liebe Eltern / Lehrer / Leute, bitte setzt euch dafür ein …
Wozu soll ein Verbot überhaupt gut sein?
Warum sollte ein Verzicht aufs Styling bei uns nicht klappen?

6 Lies deinen Kommentar abschließend aufmerksam und prüfe:
- Hast du die **Arbeitsschritte** aus Aufgabe 5 eingehalten?
- Überzeugen die Argumente und Beispiele?

7 Stellt eure Ergebnisse im Plenum vor und gebt euch ein Feedback.

Argumentieren: Meinungen begründen

Sich aus Zeitungen informieren – Standpunkte gewinnen

1 Lest euch den folgenden Zeitungsartikel vor.

Mutter Beimer ist auf Plastik-Diät*

Marie-Luise Marjan – alias Mutter Beimer aus der Serie „Lindenstraße" – verzichtet auf Kunststoffe in ihrem Alltag: Auf einer Umweltschutz-Veranstaltung sagte die Schauspielerin:
5 „Plastik vermüllt unsere Meere und Flüsse und ist zu einem weltweiten Umweltproblem geworden. Statt zu lamentieren[1], kann jeder einzelne von uns im Alltag etwas dagegen tun." Sie selbst versuche, so wenig Plastikmüll wie möglich zu produzieren.
10 Sie verzichte auf Plastiktüten und gehe stattdessen mit einem Weidenkorb zum Einkauf. „Sieht doch auch schöner aus als eine Plastiktüte." Zudem meide sie Produkte mit viel Verpackung. „Nicht jede einzelne Wurstscheibe muss in eine Folie gepackt werden.
15 Im Zweifel mache ich die Verkäufer an der Wursttheke darauf aufmerksam. Das sind kleine Beiträge, die unsere Umwelt schützen und die, wenn jeder so etwas tut, viel bewirken." **dpa**

* Text leicht gekürzt

Diät

Das Wort Diät stammt aus dem Griechischen. Es bedeutet eigentlich „Lebensweise" oder „Lebensführung".
Im Deutschen verwenden wir den Begriff Diät in der Regel für eine bestimmte Ernährungsweise:
– **Schonkost** bei Krankheiten,
– **Schlankheitskur**, bei der auf bestimmte und zu viele Nahrungsmittel verzichtet wird.

[1] lamentieren: jammern, klagen

2 Klärt, was man unter einer Plastik-Diät versteht und was man damit erreichen möchte.
• Lest dazu auch die Informationen zum Stichwort *Diät*.
• Tauscht euch aus, was ihr bereits über Plastikmüll in Gewässern wisst.

3 Nennt noch einmal die Textstellen, an denen Frau Marjan …
• argumentiert und persönliche Verhaltensbeispiele anführt.
• die Leser zwar nicht direkt anspricht, aber dennoch appelliert und konkret zu etwas auffordert.

4 Auch die Österreicherin Sandra Krautwaschl hat gemeinsam mit ihrer Familie den Plastik-Konsum drastisch reduziert.
Zu Beginn der Plastik-Diät wurden alle Sachen aus Kunststoff vor dem Haus zusammengetragen.
• Wie sähe es wohl aus, wenn **ihr** all eure Plastiksachen zusammentragen würdet? Erstellt eine Liste.
• Was meint ihr: Kann man auf alle diese Dinge aus Kunststoff verzichten? Tauscht euch aus und begründet eure Ansichten.

5 Lest euch das folgende Interview mit verteilten Rollen vor.

Ein Leben ohne Plastik*

Interview: Peter Carstens, Geo.de

Peter Carstens: *Warum haben Sie sich entschlossen, gegen Plastik zu kämpfen?*

Sandra Krautwaschl: Ein wesentlicher Auslöser war ein Urlaub in Kroatien. Am Strand lagen viele Plastikflaschen und anderer Müll, jeder Strandurlauber kennt das. Das fiel unseren Kinder auf, sie stellten Fragen, woher das alles kommt, wer schuld ist, warum die Menschen das machen. Und dann beschlossen wir, einen Monat ohne Plastik einzukaufen.

Peter Carstens: *Plastikflaschen sollen ja auch Vorteile haben. So spart der Transport von Mineralwasser in leichten Plastikflaschen Treibstoff beim Transport …*

Sandra Krautwaschl: Das mag stimmen. Allerdings ist das eigentliche Problem nicht „Glas oder Plastik?", sondern dass wir zu viele Flaschengetränke verwenden. In Österreich oder Deutschland können wir bedenkenlos das Wasser aus der Leitung trinken. Das spart noch viel mehr schädliche Abgase – und Geld.

Peter Carstens: *Es gibt ein Foto, das Sie mit Ihrer Familie und den ausgemisteten Plastiksachen zeigt. In der ersten Reihe sind Fahrradhelme zu sehen. Heißt das, Ihre Kinder fahren jetzt ohne Helm?*

Sandra Krautwaschl (lacht): Das werde ich oft gefragt. Nein, sie fahren natürlich nicht ohne Helm. Wir unterscheiden zwischen sinnvollen und nicht sinnvollen Anwendungen von Kunststoff. Wir haben die ganzen Plastikdosen ausgemistet, überflüssige Einrichtungsgegenstände, Kinderspielzeug. Wir waren uns aber einig, dass wir andere Dinge, zum Beispiel Fahrradhelme, weiterverwenden wollen.

Peter Carstens: *Verstehen Sie, dass viele Menschen sich überfordert fühlen, wenn sie beim Einkaufen alles richtig machen müssen? Zum Beispiel Plastik vermeiden?*

Sandra Krautwaschl: Natürlich, ich kenne sogar hauptsächlich solche Menschen. Es ist unglaublich schwierig, beim Einkaufen alles richtig zu machen.

Peter Carstens: *Ihr Selbstversuch läuft nun seit drei Jahren. Was ist für Sie das wichtigste Zwischenergebnis?*

Sandra Krautwaschl: Ich habe ganz viele Menschen kennengelernt, die sich uns zum Vorbild nehmen. Das motiviert ungemein.

* Text leicht gekürzt

6 Führt zu den folgenden Punkten ein Gespräch in der Tischgruppe:
- Welchen Anlass gab es für Sandra Krautwaschl, auf Plastiksachen zu verzichten?
- Wie begründet sie die Plastik-Diät? Nennt ihre Argumente und Beispiele.
- Welches Argument des Journalisten spricht eher gegen einen Verzicht auf Kunststoffe?
- Sandra Krautwaschl unterscheidet zwischen „sinnvollen und nicht sinnvollen Anwendungen von Kunststoff". Bei welchen Dingen findet ihr Kunststoffe sinnvoll?
Wo findet ihr Kunststoffe nicht sinnvoll, überflüssig oder ärgerlich?
- Ist die Überschrift für das Interview so ganz korrekt? Wie müsste sie eigentlich lauten?

7 Sollte man eine Plastik-Diät machen? Führt eine Punkteabfrage durch und markiert euren Standpunkt: **ja – nein – unentschieden**.

Argumentieren: Meinungen begründen

Argumente entnehmen und für einen Kommentar nutzen

1 Bearbeitet diese Aufgabe zu zweit.
- Findet heraus, welche Argumente und Beispiele in dem Zeitungsartikel (Seite 128) und dem Interview (Seite 129) stecken, die **für** oder **gegen** eine Plastik-Diät sprechen.
- Legt zwei große Tabellen an und ordnet die Argumente und Beispiele ein. Ergänzt manchmal auch eigene Erklärungen und Beispiele.
- So könnten eure Tabellen aussehen:

128–129

Argumente *für* eine Plastik-Diät

Behauptung	Begründung, Erklärung	Beispiel
Plastik ist zu einem weltweiten Umweltproblem geworden.	Plastik vermüllt unsere Meere und Strände.	Urlaub in Kroatien. Am Strand liegen viele Plastikflaschen und anderer Müll. ...

Argumente *gegen* eine Plastik-Diät

Behauptung	Begründung, Erklärung	Beispiel
Plastik spart Treibstoff beim Transport.	Plastik ist ein sehr leichtes Material.	Plastikflaschen, Joghurtbecher, Fahrzeugteile, Sportgeräte ...

2 Informiert euch und findet weitere Argumente und Beispiele, die **für** oder **gegen** eine Plastik-Diät sprechen können:
- Ordnet sie in die beiden Tabellen ein.
- Ihr könnt einige der folgenden Anregungen nutzen:

Plastikverpackungen sind praktisch und hygienisch.
Immer mehr Geschäfte verzichten auf Plastiktüten.
Plastik verrottet erst nach langer Zeit.
Unsere Mülltrennung funktioniert.
Vieles kann recycelt werden.
Der Verpackungsmüll nimmt in Deutschland immer mehr zu.
Winzige Plastikteilchen gelangen in die Nahrungskette und machen krank.
Es ist wichtig, mit gutem Beispiel voranzugehen.

Kommentare schreiben

In einem Kommentar teilt man anderen seine Meinung zu einem bestimmten Thema mit und möchte sie mit Argumenten überzeugen. Kommentare können sachlich, persönlich oder witzig sein. Beleidigend dürfen sie nicht sein.

 3 Bereite nun einen Kommentar zu der folgenden Streitfrage vor:

Sollte man eine Plastik-Diät machen?
- Informiere dich zunächst im Infokasten.
- Entscheide dich dann für einen Standpunkt zu dieser Streitfrage: Bist du **dafür** oder bist du **dagegen**?

Gelerntes vertiefen und selbstständig anwenden

4 Markiere in deiner Tabelle (Aufgabe 1 und 2) zwei oder drei überzeugende Argumente und Beispiele.
- Schlage auf Seite 126 nach. Befolge dort die **Arbeitsschritte** aus der Aufgabe 3.
- Nutze fürs Schreiben auch den **Wortschatz** und die **Checkliste**.
  So kannst du beginnen:
  Überall liegt Plastikmüll: am Strand, im Wald, auf Autobahnrastplätzen. Sogar mitten im Ozean treiben riesige Plastikmüll-Teppiche. Plastikmüll ist zu einem weltweiten Umweltproblem geworden. Dagegen muss man doch etwas tun, aber was? Kann es helfen, wenn man eine Plastik-Diät macht und weniger Dinge aus Plastik verbraucht? Ich meine …

Wortschatz: Textbausteine

Meiner Ansicht nach …
Ich bin dafür / dagegen, …
Für besonders wichtig halte ich …
außerdem,
denn, weil, nämlich
beispielsweise / zum Beispiel
Auch das Beispiel … zeigt, …
einerseits – andererseits
Ausschlaggebend ist für mich …

Damit steht meine Meinung fest, …
Ich finde es richtig / falsch …
Wie soll das funktionieren?
Was soll ein Einzelner da ausrichten?
Politik und Wirtschaft müssen schnell Lösungen finden.
Jeder kann seinen Teil dazu beitragen.
Leute, fangt bei euch selbst an …
Probiert es doch einmal aus!
Geht mit gutem Beispiel voran!

Checkliste
- ✔ Mein Kommentar hat eine passende Überschrift.
- ✔ Ich leite das Thema kurz ein.
- ✔ Meinen Standpunkt stütze ich mit begründeten Argumenten und überzeugenden Beispielen.
- ✔ Zum Schluss bekräftige ich meine Meinung: zum Beispiel mit einer Forderung, einem Appell oder einer rhetorischen Frage.

5 Schreibe einen Kommentar zu der Streitfrage: **Sollte man eine Plastik-Diät machen?**
- Entscheide, welchen Standpunkt du einnimmst: Bist du **dafür** oder bist du **dagegen**?
- Markiere in deinen Tabellen aus Aufgabe 1 und 2 überzeugende Argumente und Beispiele – sowie ein oder zwei Gegenargumente.
- Schlage auf Seite 127 nach. Befolge dort die **Arbeitsschritte** aus der Aufgabe 5.
- Statt der Streitfrage kannst du deinem Kommentar auch eine andere Überschrift geben, um die Leser neugierig zu machen.
- Beachte auch den **Wortschatz** und die **Checkliste** oben.

6 Führt in der Tischgruppe eine Schreibkonferenz durch.
Überlegt euch, welche Textlupen euch dabei helfen können.

 Tipp:
Wenn eure Schule einen Auftritt bei einem sozialen Netzwerk hat, könnt ihr eure Kommentare vielleicht auch dort veröffentlichen.

 Begründungen    Beispiele

 Rechtschreibung    Zeichensetzung

Argumentieren: Meinungen begründen

Ein kontroverses Thema kommentieren

1 Stell dir vor, du sollst sieben Tage lang auf Smartphone, soziale Netzwerke, Messenger Apps, Videos, Spiele usw. verzichten. Schreibe auf, welche Gedanken dir zu einer Woche „Handyfasten" durch den Kopf gehen.

2 Führe unter deinen Mitschülern und Mitschülerinnen eine Punkteabfrage zum Thema „Handyfasten" durch.
• Frage sie auch nach Begründungen für ihren Standpunkt.
• Werte die Ergebnisse aus und mache dir Notizen.

3 Beim Thema „Smartphone" gehen die Meinungen von Jugendlichen und Erwachsenen oft auseinander. Wie aber schätzen Jugendliche selbst ihren Umgang mit dem Handy ein?
Erarbeite dazu den folgenden Auszug aus der JIM-Studie 2016.

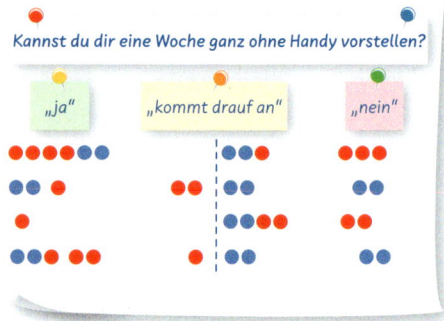

Smartphone: Digitaler Stress oder Selbstbestimmung?

Ohne Smartphone geht nicht mehr: Für viele Jugendliche ist es zu „der" Schaltzentrale für Kommunikation, Information und Unterhaltung geworden. Durch die Organisation von Schule und Freizeit kommt dem Handy zwar eine nützliche Rolle im Alltag zu, aber das Smartphone kann auch ein Störfaktor sein. Unzählige Nutzungsmöglichkeiten und sowie ständig eintreffende Botschaften und Nachrichten verlangen nach dauernder Aufmerksamkeit und Reaktion.

Die JIM-Studie 2016 hat untersucht, ob die unzähligen Möglichkeiten des Smartphones und die „ständige Präsenz" des Freundeskreises von Jugendlichen eher positiv wahrgenommen werden oder ob sie umgekehrt davon eher gestresst sind. Wie das den Alltag von 12- bis 19-Jährigen prägt, wurde mithilfe von sechs Statements abgefragt.

So bestätigen 70 Prozent der Jugendlichen die Aussage, dass sie selbst mit dem Angebot an Apps und Communities manchmal zu viel Zeit verschwenden. 68 Prozent sind allerdings auch der Ansicht, dass eine Organisation des Freundeskreises heute ohne Handy gar nicht mehr möglich wäre. 55 Prozent sind ab und an genervt von zu vielen Nachrichten auf dem Handy. 50 Prozent stufen das Handy als sehr wichtig ein, um den Schulalltag zu koordinieren. Hier geht es neben den Hausaufgaben auch um Stundenplanänderungen und Vertretungen. 20 Prozent sind der Ansicht, dass ohne Handy auch in der Familie Planung und Organisation nicht mehr möglich wäre. 19 Prozent befürchten etwas zu verpassen, wenn sie das Handy ausschalten.

Durch die Zustimmung zu den Aussagen wird klar, dass auch von Jugendlichen das Handy als belastend begriffen werden kann. Wenn 70 Prozent der Jugendlichen selbst das Gefühl haben, dass sie manchmal zu viel Zeit mit dem Handy verbringen, kann es ein interessantes Experiment sein, für einen bestimmten Zeitraum bewusst auf das Handy zu verzichten. Unter dem Begriff „Handyfasten" wird dies auch von einigen Schulen regelmäßig durchgeführt. Die Jugendlichen in der JIM-Studie wurden gefragt: „Kannst du dir eine Woche ohne Handy vorstellen?" Zumindest in der Theorie scheint es für viele Jugendliche möglich zu sein, eine Woche ohne Handy zu leben. 80 Prozent geben an, sie könnten sich eine Woche ohne Handy vorstellen.

4 In der JIM-Studie 2016 wurde auch danach gefragt, in welchen Situationen die Jugendlichen ihre Handys üblicherweise ausschalten.
Erschließe dir das folgende Balkendiagramm.

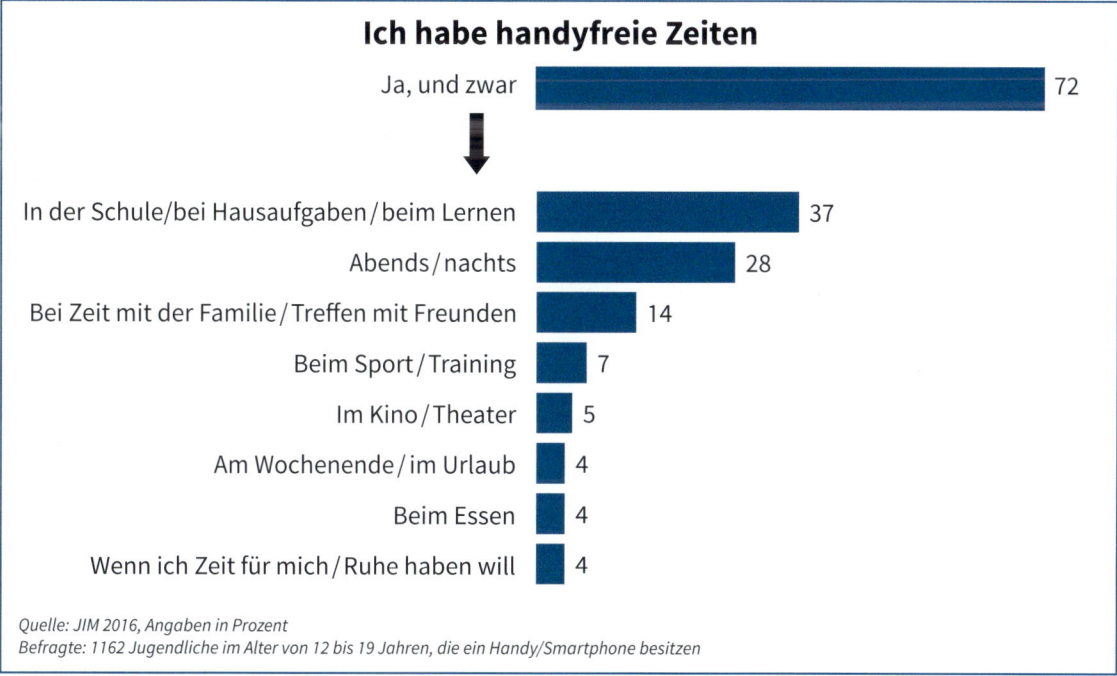

Ich habe handyfreie Zeiten

- Ja, und zwar: 72
- In der Schule/bei Hausaufgaben/beim Lernen: 37
- Abends/nachts: 28
- Bei Zeit mit der Familie/Treffen mit Freunden: 14
- Beim Sport/Training: 7
- Im Kino/Theater: 5
- Am Wochenende/im Urlaub: 4
- Beim Essen: 4
- Wenn ich Zeit für mich/Ruhe haben will: 4

Quelle: JIM 2016, Angaben in Prozent
Befragte: 1162 Jugendliche im Alter von 12 bis 19 Jahren, die ein Handy/Smartphone besitzen

5 Leite aus deiner Punkteabfrage, dem Sachtext und dem Balkendiagramm Argumente ab, die für oder gegen ein zeitweises Handyfasten sprechen.
  • Halte die Argumente in einer Tabelle fest.
    Begründe sie und finde anschauliche Beispiele.
  • Ergänze gegebenenfalls noch weitere Argumente.

6 Schreibe einen Kommentar zum Thema „Handyfasten", in dem du deinen persönlichen Standpunkt argumentativ vertrittst.
  • Ziehe dazu einige Ergebnisse aus der JIM-Studie heran und berücksichtige Ergebnisse aus deiner eigenen Umfrage.
  • An der folgenden **CHECKLISTE** kannst du dich orientieren.

CHECKLISTE
- ✓ Mit der Überschrift mache ich die Leser auf meinen Kommentar neugierig.
- ✓ Ich leite das Thema kurz ein.
- ✓ Einige der Umfrageergebnisse bewerte ich aus meiner Sicht.
- ✓ Meinen Standpunkt stütze ich mit ausgewählten Argumenten, überzeugenden Begründungen und anschaulichen Beispielen.
- ✓ Zum Schluss bekräftige ich meine persönliche Meinung:
  zum Beispiel mit einer Forderung, einem Appell oder einer rhetorischen Frage.

7 Stelle deinen Kommentar in der Tischgruppe oder im Plenum zur Diskussion.

Argumentieren: Meinungen begründen

Überprüfe dein Wissen und Können

1 In drei Sätze des folgenden Textes haben sich inhaltliche Fehler eingeschlichen. Notiere die Ziffern.

Einen Kommentar schreiben
1) Man schreibt, worum es geht, und äußert seinen Standpunkt.
2) Seine Meinung belegt man mit überzeugenden Argumenten.
3) Argumente enthalten niemals Begründungen.
4) Auch mit anschaulichen Beispielen kann man Leser überzeugen.
5) Man darf andere nicht beleidigen.
6) Keinesfalls sollte man umgangssprachliche Wörter verwenden.
7) Argumente der Gegenseite sollte man entkräften.
8) Fragen, Forderungen oder Appelle haben in einem Kommentar nichts zu suchen.

2 Im Haushalt gibt es viel zu tun. Sollten deshalb nicht auch Kinder und Jugendliche bei der Hausarbeit helfen?
- Lies die folgenden Meinungsäußerungen.
- Notiere, wer sich dafür oder dagegen ausspricht.

   dafür: Berit   dagegen: …

Anna: Im Haushalt helfen – ich glaube es nicht. Echt, mit mir nicht! Man braucht doch die Zeit, die nach der Schule bleibt, für Sport oder um einfach mal zu chillen. Die Hausarbeit ist Sache der Eltern. Der Job der Kinder ist die Schule.

Berit: Meine Eltern haben beide einen harten Job. Sie kommen meistens erst spät nach Hause. Die Hausarbeit wird häufig auf das Wochenende verschoben oder bleibt bei mir hängen. Aber ich sehe das ein, obwohl es mir manchmal total schwerfällt.

Cem: Meine Eltern verlangen gute Schulleistungen, auch im Sport soll ich eine Kanone sein. Und dann muss ich auch im Haushalt helfen, staubsaugen, Müll rausbringen und, und, und. Das ist totaler Stress. Freizeit kenne ich gar nicht mehr. Dabei würde ich mich so gerne mal wieder mit meinen Freunden treffen.

Toma: Wir sind eine große Familie. Da ist es ganz selbstverständlich, dass auch unsere Kinder mit anpacken. Wie sollte es denn sonst funktionieren? Außerdem tun die Kinder dabei auch etwas für sich. Wer kochen, putzen und waschen kann, hat viel für sein späteres Leben gelernt.

Sophie: Eigentlich helfe ich ganz gern im Haushalt. Ich mag es, wenn anschließend alles schön sauber und ordentlich ist. Aber manche Eltern verlangen auch einfach zu viel. Und ich finde, die Kinder sollen mitbestimmen dürfen, was sie tun. Zum Beispiel, ob sie lieber abwaschen oder Wäsche aufhängen. Dann würden sie vielleicht etwas lieber helfen.

○○○● Gelerntes überprüfen

3 Schreibe Antworten zu diesen Fragen auf:
- Welcher Beitrag stammt von einem Erwachsenen?
- Wer fordert von den Eltern mehr Mitbestimmung bei der Hausarbeit?
- 𝓊 𝓊𝓊 Welche umgangssprachlichen Ausdrücke verwenden Anna und Berit? Notiere drei.
- 𝓊𝓊 Wer stellt eine rhetorische Frage?

4 Wer hat die folgenden Behauptungen aufgestellt?
Notiere: 1) Berit, 2) …
1) Haushalt ist Familiensache.
2) Die Zeit nach der Schule braucht man für Sport und um sich zu erholen.
3) Zusammen sind Schule und Hausarbeit totaler Stress.
4) Der Job der Kinder ist die Schule.
5) Wer im Haushalt hilft, lernt viel für später.
6) Manche Eltern verlangen zu viel von den Kindern.

5 In drei Meinungsäußerungen auf Seite 134 werden Beispiele aus persönlicher Erfahrung angeführt, die die Kinder bei der Hausarbeit gemacht haben.
Notiere die Namen und nenne jeweils ein Beispiel:
Berit: Die Hausarbeit wird häufig auf das Wochenende verschoben oder …

𝓁 **6** Wähle aus Aufgabe 4 drei Behauptungen aus.
Damit daraus überzeugenden Argumente werden, musst du die Behauptungen jeweils begründen und mit anschaulichen Beispielen ergänzen.
- Schreibe zum Beispiel so:
  Haushalt ist Familiensache. Denn, wenn alle gemeinsam unter einem Dach in einem Haushalt leben, muss jeder seinen Teil beitragen. So mache ich beispielsweise jeden Morgen für alle das Frühstück.

𝓊 **7** Schreibe einen kurzen Kommentar:
Sollten Kinder und Jugendliche bei der Hausarbeit helfen – ja oder nein?
- Entscheide dich, welchen Standpunkt du in deinem Kommentar vertreten willst.
- Belege deine Meinung mit zwei bis drei begründeten Argumenten und finde überzeugende Beispiele.
- So kannst du anfangen:
  *Den Tisch decken, Staub wischen, die Wäsche aufhängen, im Haushalt gibt es immer viel zu tun. Da stellt sich in Familien die Frage, ob auch die Kinder Aufgaben im Haushalt übernehmen sollten.
  Also, ich bin der Meinung, dass …*

𝓊𝓊 **8** Im *Bürgerlichen Gesetzbuch* steht im § 1619, dass Kinder zu einer angemessenen Mitarbeit im Haushalt ihrer Eltern verpflichtet sind.
- Findest du es richtig, dass man Kinder und Jugendliche gesetzlich zur Hausarbeit verpflichtet? Oder sollte man den § 1619 abschaffen?
- Verfasse einen Kommentar, in dem du deinen Standpunkt begründest.

Einsichten gewinnen – An Beispielen üben

Reise in die Geschichte der Literatur
Zauberspruch (um 900)

In dieser Einheit wollen wir euch mitnehmen auf eine Reise in die Geschichte der deutschen Literatur: ganz weit zurück zu ihren Anfängen. Ihr könnt an uralten Texten lernen, wie sich die Sprache im Laufe der Jahrhunderte verändert hat. Alte Wörter sind ausgestorben, neue sind hinzugekommen. Doch die Themen der Literatur sind damals schon so ähnlich gewesen wie heute. Immer geht es in der Dichtung um Leben und Tod, um Liebe und Eifersucht, um Zauber und Wirklichkeit, um Trauer und Spaß, um Wahrheit und Lüge, um Klugheit und Dummheit.

Der folgende Text ist eines der ersten Gedichte, die uns überliefert sind. Gefunden wurde er in einer Handschrift der Bibliothek des Domes in Merseburg. Seine Sprache ist das Althochdeutsche. In dem Gedicht kommen Personen der germanischen Götterfamilie vor: *Wotan* und *Freia*, der Göttervater der alten Germanen und seine Frau, sowie ihr Sohn *Balder* (der auch *Phol* genannt wird), der Gott des Lichtes.

In diesem Text werden einem Pferd durch einen Zauberspruch die gebrochenen Knochen wieder zusammengefügt.

1 Lest euch immer eine Zeile des althochdeutschen Textes – und dann eine Zeile der neuhochdeutschen Übersetzung vor – so gut ihr es könnt.

Merseburger Zauberspruch

Phol ende Wodan vorun zi holza.
du wart demo Balders volon sin vuoz birenkit.
thu biguol en Sinthgunt, Sunna era svister,
thu biguol en Fria, Volla era svister,
5 thu biguol en Wodan, so he wola konda:
sose benrenki, sose bluotrenki, sose lidirenki,
ben zi bena, bluot zi bluoda,
lid zi geliden, sose gelimida sin!

Phol und Wotan fuhren ins Holz.
Da hatte sich Balders Fohlen seinen Fuß gebrochen.
Da besprach ihn Sindgunt (und) Sunna, ihre Schwester,
da besprach ihn Freia (und) Volla, ihre Schwester,
da besprach ihn Wotan, so gut er konnte:
Erst das Bein, dann das Blut, dann die Gliedmaßen,
Bein zu Bein, Blut zu Blut,
Glied zu Gliedern. Nun sind sie zusammengeleimt!

2 Spielt die Zauberei einmal nach: Einer liest die fünf einleitenden Verse in unserer heutigen Sprache bis *konnte*. Dann sprechen fünf Personen (Sindgunt, Sunna, Freia, Volla und Wotan) gleichzeitig den Zauberspruch. Sprecht dabei so geheimnisvoll und beschwörend, als wolltet ihr selbst wie Zauberer dem Fohlen das Bein heilen.

3 Versucht dasselbe auch einmal mit den althochdeutschen Versen.

4 Schaut euch die Wörter des althochdeutschen Textes genau an:
- An welchen Wörtern kann man noch gut erkennen, dass es deutsche Wörter sind?
- Welche Wörter sind so fremd, dass man die deutsche Sprache nicht mehr erkennen kann?
- Welche Wörter wurden früher großgeschrieben?
- Was alles wurde früher noch kleingeschrieben?

Reise in die Geschichte der Literatur

Liebesgedicht (um 1200)

Das folgende Gedicht ist schon viel besser zu verstehen. Es ist rund 200 Jahre später entstanden und in der Sprache des Mittelhochdeutschen verfasst.

Dû bist mîn, ich bin dîn:
des solt dû gewis sîn.
dû bist beslozzen
in mînem herzen,
5 verlorn ist daz slüzzelîn:
dû muost ouch immer darinne sîn.

1 Lest euch das Gedicht gegenseitig vor, so gut ihr das könnt. Die kleinen „Dächer" über dem **i** und **u** bedeuten, dass diese Vokale lang gesprochen werden.

2 Versucht einmal, das Gedicht, so gut es geht, mündlich in unser heutiges Deutsch zu übersetzen. Dazu müsst ihr wissen, dass *beslozzen* heute *verschlossen* oder *eingeschlossen* heißt:
Du bist mein, ich bin dein …

3 Schaut euch den Text genauer an:
- Aus wie vielen Versen besteht er?
- Welche Verse reimen sich?

4 Das Gedicht hat auch schon einen festen Rhythmus aus betonten und unbetonten Silben:
- In den ersten beiden Versen sind ? Silben betont,
- im dritten und vierten Vers sind es ? Silben,
- und im fünften und sechsten Vers sind es wieder ? Silben.
Findet es heraus.
Wenn ihr das Gedicht noch einmal sprecht, könnt ihr den Rhythmus deutlich spüren.

5 Wie findet ihr das: Jemand schließt seine Liebste oder seinen Liebsten wie in ein Haus ein und verliert dann den Schlüssel?
Oder könnte das auch anders gemeint sein? Tauscht euch darüber aus.

6 Wie sah es eigentlich mit der Rechtschreibung damals aus?
- Was ist aus dem langen **i** heute geworden?
- Wie schreiben wir heute das doppelte **zz**?
- Wie sah damals unser heutiges **sch** aus?
- Was schrieb man früher für unser heutiges **au**?
- Was war an der Groß- und Kleinschreibung früher anders als heute?

7 Schreibt das Gedicht in unserer Sprache auf:
Du bist mein, ich bin dein,
dessen sollst du sicher sein.

Reise in die Geschichte der Literatur

Die Siegfried-Sage (um 1200)

Die Siegfried-Sage

Der berühmteste Text der mittelhochdeutschen Literatur ist das Nibelungenlied. Es wurde um 1200 gedichtet und ist ein sogenanntes „Epos", eine Erzählung in Form eines langen Gedichtes mit über 2000 Strophen. Die Nibelungen sind, der Sage nach, ein altes germanisches Volk. Die Handlung spielt zur Zeit der Völkerwanderung im 4. bis 6. Jahrhundert. Die Hauptpersonen sind die großen Helden der Nibelungen. Ihr wichtigster Held ist Siegfried.

Lesen konnten die meisten Menschen im 13. Jahrhundert noch nicht. Nur die Mönche und Nonnen konnten es und die Schreibmeister, die bei den Königen, Fürsten und Städten angestellt waren. Und es gab berufsmäßige Barden (Sänger), die es konnten. Diese kannten auch den gesamten Text in der Regel auswendig und konnten ihn einem Publikum vortragen – halb gesprochen, halb gesungen. Und da er gereimt war, konnten sie sich ihn gut merken, denn Reime helfen beim Auswendiglernen.

1 Am Anfang wird der Leser eingeführt in das große Epos.
Das geschieht mit folgenden Worten. Versucht, sie euch vorzulesen.

Uns ist in alten maeren / wunders vil geseit
von helden lobebaeren, / von grozer arebeit,
von freude un hochgeziten, / von weinen un von klagen,
von küener recken striten / muget ir nu wunder hoeren sagen.

Übersetzung:
Uns wird in alten Geschichten / von vielen Wundern erzählt
von hochgelobten Helden, / von großer Mühsal,
von Freuden und hohen Festen, / von Weinen und von Klagen,
von Kämpfen kühner Ritter / mögt ihr nun Wunderbares sagen hören.

2 Schaut euch diesen Anfang an. Viele Wörter werdet ihr in der mittelhochdeutschen Sprache verstehen. Manche Wörter haben aber heute eine andere Bedeutung. Findet am Beispiel der Übersetzung heraus, was die folgenden Wörter bedeuten:
maeren: erinnert an **Märchen**, *bedeutet aber ...*
arebeit: erinnert an **Arbeit**, *bedeutet aber ...*
hochgeziten: erinnert an **Hochzeit**, *bedeutet aber ...*
strite: erinnert an **Streit**, *bedeutet aber ...*

3 Lest euch die beiden Texte folgendermaßen vor:
Einer liest jeweils einen Vers in mittelhochdeutscher Sprache, dann liest der andere den entsprechenden Vers in unserer neuhochdeutschen Sprache – usw.

4 Zu den *alten maeren* im Nibelungenlied gehört auch der Kampf Siegfrieds mit dem „Lindwurm", einem mächtigen Drachen.
Daraus ist eine Sage entstanden, die den Kampf spannend und anschaulich darstellt. Lest euch den Text durch.

Siegfrieds Kampf mit dem Drachen

nacherzählt von Wolfgang Menzel

Als Siegfried einmal bei einem Schmied arbeitete und dort bei ihm Holzkohle brannte, wollte Meister Mime ihn loswerden, weil Siegfried sich mit den anderen Gesellen angelegt hatte. Er schickte ihn daher in einen Wald zu einer
5 Stelle, wo ein Lindwurm hauste, der würde Siegfried ganz gewiss umbringen. Siegfried tat, was der Meister sagte, und fällte Bäume. Er schichtete, wie er es gelernt hatte, Stämme auf, stapelte sie übereinander und zündete ein Feuer an. Als er sich gerade auf einen Baumstumpf zum Ausruhen hin-
10 gesetzt hatte, wälzte sich auch schon der Lindwurm heran, ein furchtbarer Drache, der einen jeden Menschen hätte verschlingen können. Siegfried sah das Ungeheuer auf sich zukommen. Da riss er einen Baum aus dem Kohlefeuer heraus und schlug mit aller Kraft auf das Untier ein, bis Blut
15 aus seinen Wunden herausschoss. Es wehrte sich noch eine Zeit lang, doch bald darauf fiel es tot um. Siegfried steckte einen Finger in das dampfende Drachenblut und bemerkte dabei, dass der Finger sogleich von einer festen Hornhaut überzogen war. Da riss er sich die Kleider vom Leibe und
20 bestrich seinen Leib von oben bis unten mit Drachenblut. Von da an war seine Haut unverletzlich, und kein Schwert hätte sie mehr durchdringen können. Nur eine winzige Stelle an seinem Rücken war nackt geblieben; denn ein Lindenblatt war zwischen seine Schultern gefallen, sodass
25 er an dieser Stelle die Haut nicht schützen konnte. Doch Siegfried hatte das nicht bemerkt. Er zog seine Kleider wieder an und machte sich auf den Heimweg.

5 Gebt die Sage in eigenen Worten wieder.

6 Sehr viel später ist *Siegfried* von seinem Widersacher *Hagen* mit einem Speer getötet worden. Er war also doch nicht unverletzlich. Wie konnte das wohl geschehen? Schaut euch die Sage noch einmal genau an.

7 Forscht im Internet oder lest in einem Sagenbuch nach. Dort findet ihr die Antwort auf die Frage: *Wieso konnte Hagen Siegfried töten?*

Reise in die Geschichte der Literatur

Fabel (1530)

Fabeln gibt es schon seit rund 2500 Jahren. Der Dichter Äsop schrieb die ersten um 600 vor Christi Geburt. Martin Luther hat einige davon in die deutsche Sprache übersetzt und andere selbst erfunden. Das tat er, weil er der Überzeugung war, die Fabeln würden das Urteilsvermögen von Kindern stärken und man könne etwas aus ihnen lernen. Und Luther übersetzte die Fabeln so, dass alle Menschen sie damals verstehen konnten. Er hat immer den Menschen „aufs Maul geschaut" und so geschrieben, „wie einem der Schnabel gewachsen ist".

1 Die Sprache, in der Luther seine Fabeln schrieb, ist schon recht gut zu verstehen. Sicherlich sind euch einige Wörter recht fremd, aber man kann aus dem Zusammenhang meistens verstehen, was sie bedeuten. Man muss nur wissen, dass Luther in vielen Wörtern noch ein **v** statt eines **u** oder **ü** schrieb:
vber = über, vnd = und.
Lest euch die Fabel durch.

Vom Frosch vnd der Maus

Martin Luther

Eine Maus were gern vber ein Wasser gewest / vnd kundte nicht / Vnd bat einen Frosch vmb Rath vnd Hülffe. Der Frosch war ein Schalck[1] / vnd sprach zur Maus / Binde deinen Fuss an meinen Fuss / So will ich schwimmen / und dich hinüber zihen. Da sie
5 aber auffs Wasser kamen / tauchet der Frosch hinuntern / vnd wolt die Maus ertrenken. In dem aber die Maus sich wehret / vnd erbeitet / fleugte eine Weihe[2] daher / und erhaschet die Maus / zeucht den Frosch auch mit heraus / vnd frisset sie beide.

[1] Ein Bösewicht wurde damals als „Schalk" bezeichnet.
[2] Eine „Weihe" ist ein Greifvogel, der nach Fischen, Fröschen und anderen Kleintieren jagt.

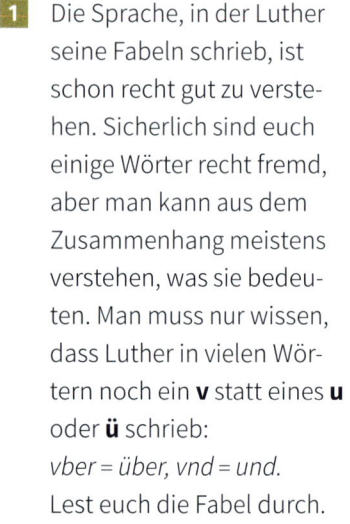

2 Gebt in eigenen Worten wieder, worum es in dieser Fabel geht.

3 Besprecht miteinander, was die folgenden Wörter bedeuten könnten:
gewest: *gewesen, gekommen*
erbeitet: ... **fleugte:** ... **erhaschet:** ... **zeucht:** ...

4 Der Frosch in der Fabel wird als „Schalk" bezeichnet. Wie mag das wohl gemeint sein? Aus dem Zusammenhang wird es deutlich. Sucht nach anderen Wörtern dafür.

5 Übersetzt die Fabel in eure eigene Sprache – so, „wie euch der Schnabel gewachsen ist". Ihr müsst aber die heutige Rechtschreibung und Zeichensetzung beachten! So könnt ihr beginnen:
Eine Maus wäre gern einmal auf der anderen Seite des Flusses gewesen, aber ...
oder: *Eine Maus wollte rüber auf das andere Ufer des Sees, sie konnte aber nicht schwimmen ...*
oder: *Eine Maus hätte gern einmal die andere Seite des Wassers kennengelernt ...*

6 Schreibt auf, was man aus der Fabel lernen kann; denn die meisten Fabeln haben ja eine „Lehre".
Aus der Fabel kann man lernen: ...

Reise in die Geschichte der Literatur

Schwankgeschichte (1555)

Schwankgeschichten oder Schwänke sind Geschichten, in denen eine oder mehrere Personen etwas Lustiges oder Listiges oder etwas ganz Dummes tun, worüber man lachen kann. Die Geschichten von den Schildbürgern und von Eulenspiegel gehören dazu.

Diese Geschichte hier stammt von dem Dichter Jörg Wickram. Der hat eine Sammlung von Schwänken geschrieben: das *Rollwagenbüchlein*. Die Texte darin sind zur Unterhaltung der Leser gedacht. Man kann darüber lachen, aber die Leser sollen auch immer etwas daraus lernen: Wie man sein sollte – und wie man besser nicht sein soll.

Von einem schneider, dem seine fraw fladen für faden kaufft

Jörg Wickram

Ein alter karger schneider hat ein schöne junge fraw, deren er zu keiner zeit ein schleck vergundt. Und auf ein zeit gab er ir gelt, si solt faden kauffen. Es war eben nach ostern, dass man die guten warmen eyerfladen feil hat. Und als das gut jung weib für die guten neüwgebachner
5 fladen hingieng und sie iren also wol in die nasen ruchen, kam sy ein solcher grosser glust an, also daß sy ir nit kundt abbrechen, unnd kaufft umb das gelt fladen und trug sy zu hauß. Der mann ward zornig und sagt: >Ich hab dich geheissen faden kauffen.< Und flucht ir übel. Die gut fraw sprach: >Ach mein lieber haußwirt, nit zürne so seer! Es laut fast
10 gleich faden und fladen; ich habs fürwar überhört.< Der mann schweig still und ließ es also hingon und kaufft im selbs faden.

karg: geizig
fraw: Frau
schleck: Schleckerei
vergundt: gönnte
eyerfladen: Eierkuchen
feil haben: verkaufen
neüwgebachnen: frisch gebackenen
iren: ihr
wol: wohl, gut
glust: Gelüst, Lust
abbrechen: widerstehen
umb: für
zürne: schimpfe
laut: lautet, hört sich an
fürwar: echt, wirklich
im selbs: sich selber

1 Lest euch die Geschichte durch und versucht, sie mithilfe der Erklärungen zu verstehen:
   - Was sollte die Frau des Schneiders kaufen? Was hat sie stattdessen gekauft?
   - Wie ist es zu der Verwechslung gekommen?

2 Gebt wieder, wie ihr die Geschichte verstanden habt.

3 Beurteilt das Verhalten der Schneidersfrau:
   - Hat sie sich verhört und die beiden Wörter *Faden – Fladen* wirklich verwechselt?
   - Wollte sie ihrem Mann eins auswischen, weil er ihr nie etwas gönnte?
   - War sie eher dumm oder schlau?

4 Schreibe die Geschichte in heutigem Deutsch auf – aber nicht Wort für Wort, sondern in einer freien Nacherzählung:
   Ein alter, geiziger Schneider hatte eine schöne, junge Frau. Er gönnte ihr nicht die kleinste Schleckerei. Eines Tages gab er ihr Geld und sagte: „Ich brauche neuen Faden. Geh und kaufe mir welchen!" Es war gerade in der Osterzeit …

  5 Stellt eure Texte anschließend im Plenum vor.

Reise in die Geschichte der Literatur
Lügengeschichte (1670)

Ihr kennt bereits die Lügengeschichten von Münchhausen aus dem 19. Jahrhundert. Aber schon viel früher hat es ähnliche Lügengeschichten gegeben, und zwar von dem Dichter Hans Jacob Christoffel von Grimmelshausen.

Die folgende Geschichte beginnt damit, dass der junge Simplizissimus in eine Gesellschaft gerät, in der die Jäger maßlos übertriebenes „Jägerlatein" erzählten – ohne es allerdings zuzugeben.

1 Am besten ist, ihr lest zuerst einmal die Übersetzung dieser Lügengeschichte, damit ihr wisst, worum es überhaupt geht.

Uffschneyderey

Hans Jacob Christoffel von Grimmelshausen

Simplizissimus befand sich einsmahls bey einer Gesellschaft / welche dergestallt zusammen schnitte / dass man ihre Lügen auch hette greiffen mögen; da nun die Reyhe auch ihn kam / dass
5 er etwas von seinen wunderlichen Begegnussen erzehlen sollte / sagte er ich gieng einsmahls mit meinem Rohr hinauß / zusehen ob mir etwas von Wiltpret zu schiessen anstehen möchte / mein Rohr war mit einer Kugel wohl geladen; und woll-
10 te mir dass Glück / dass ich eine Endte uff einen Weyer antraff / uff dieselbe schlug ich an und traff sie durch den Kopf / und im Schuß sprang ein achtpfündiger Hecht uff / der gleichfalls von der Kugel getroffen wurde / ich gieng hinüber uff
15 die ander Seith deß Weyers / da ... / da fande ich einen Hirsch / den bemelte Kugel auch troffen hatte / in letzten Zügen liegen; ey sagte einer von den zuhörenden / dass ist schier unglaublich; Ach, antwortete Simplizissimus, hettet ihr mich
20 nicht irr gemacht / biß ich etwan auch einen Wolff und ein Paar Füchß dazu gebracht hette: Soso / sagt jener / so hören wir wohl dass der Herr selbst gestehet / dass dieses ein Schnit sey / freylich gestehe ichs / antwortet Simpl. es hat mich
25 aber die Anhörung euerer Erzehlung verwehnet / dass ich glaubte / es müsse jedwederer so etwas daher schneyden.

Aufschneiderei

Übersetzung

Simplizissimus befand sich einst in einer Gesellschaft, welche so aufschneiderisch erzählte, dass man ihre Lügen hätte anfassen können. Als nun auch die Reihe an ihn
5 kam, dass er etwas von seinen wunderlichen Erlebnissen erzählen sollte, sagte er: „Ich ging einmal mit meinem Jagdgewehr hinaus, um zu sehen, ob ich mir einen Wildbraten schießen könnte. Mein
10 Gewehr war mit einer Kugel gut geladen. Da wollte mir das Glück, dass ich eine Ente auf einem Teich sah. Ich zielte auf sie – und traf sie durch den Kopf. Und bei demselben Schuss sprang ein achtpfün-
15 diger Hecht auf, der ebenfalls von der Kugel getroffen wurde.
Ich ging auf die andere Seite des Teiches, da ... Dann fand ich einen Hirsch, den die besagte Kugel auch getroffen hatte, in den
20 letzten Zügen liegen." „Ei", sagte einer der Zuhörer, „das ist ja schier unglaublich!" „Ach", antwortete Simplizissimus, „hättet Ihr mich nicht unterbrochen, dann hätte ich zum Beispiel auch noch einen Wolf
25 und ein paar Füchse dazu gebracht." ...

2 Vergleicht nun die Übersetzung mit dem Originaltext von Grimmelshausen:
Erkundet dabei, was diese Wörter bedeuten:
zusammen schnitte, Begegnusse, Rohr, Wiltpret, Weyer, bemelte, irr gemacht.

3 Schaut euch im Originaltext einmal die Zeichensetzung an.
- Welche Satzzeichen hat Grimmelshausen schon verwendet?
- Welche kannte er noch nicht?
- Was steht für die heutigen Punkte und Kommas?
- Woran kann man erkennen, dass hier einer redet?

4 Wäre es für euch nicht wunderbar, wenn es auch heute noch eine so unkomplizierte Zeichensetzung gäbe? Wägt die Vorteile und Nachteile ab.

5 Eine verbindliche Rechtschreibung kannte man damals noch nicht. Die Dichter schrieben, wie sie es für richtig hielten, und die Drucker hatten ihre ganz eigenen Regeln.
Sucht einige Wörter heraus, die heute anders geschrieben werden als früher:
- Wörter mit **ei,**
- Wörter mit **s, ss, ß,**
- Wörter mit **ff, f,**
- Wörter mit **e, ä,**
- Wörter mit **t, th.**

6 Sprecht einmal darüber, ob es nicht besser wäre, wenn auch heute noch jeder so schreiben dürfte, wie er es für richtig hält. Was wären die Vorteile, was die Nachteile?

7 Die Großschreibung von Nomen kannte man damals schon.
Was aber kannte man noch nicht?
Wir würden nämlich einiges großschreiben, was hier noch kleingeschrieben ist.

8 Versucht einmal in Partner- oder Gruppenarbeit, die letzten Sätze des Textes selbst ins heutige Deutsch zu übersetzen.
- Übersetzt aber nicht Wort für Wort, sondern bildet die Sätze so frei, dass man sie heute gut verstehen kann.
- Verwendet dabei auch die Zeichen der wörtlichen Rede!
   „Soso", sagte der Mann. „Dann müssen wir also hören, dass …

9 Lest euch eure Übersetzungen gegenseitig vor.

10 Die Geschichte ist im Original etwas länger. Grimmelshausen hat dort, wo Pünktchen stehen, noch andere haarsträubende Lügen eingebaut.
Erfinde noch einige weitere Unwahrscheinlichkeiten und füge sie in die Geschichte ein:
*Und bei demselben Schuss sprang ein achtpfündiger Hecht auf, der ebenfalls von der Kugel getroffen wurde.
Ich ging auf die andere Seite des Teiches, da …*

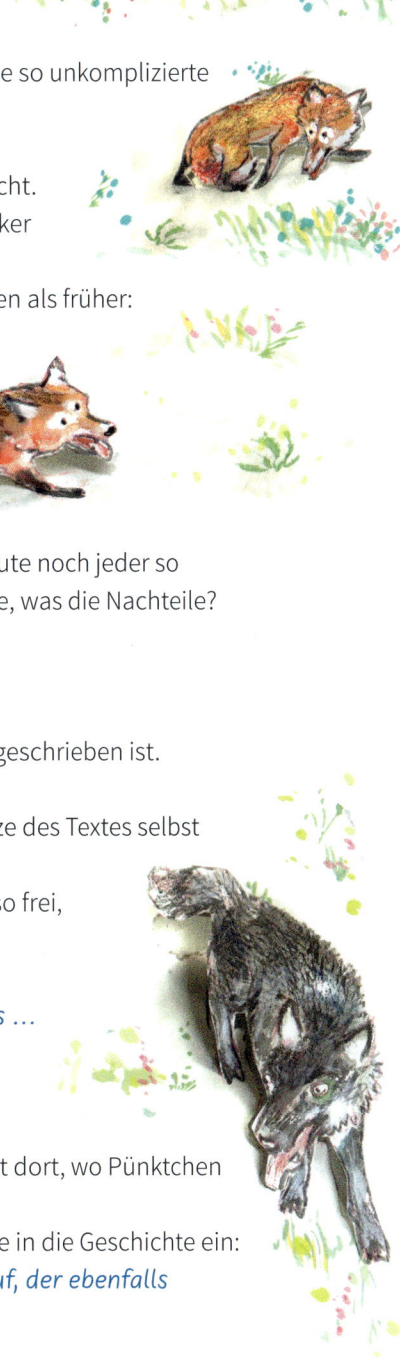

Reise in die Geschichte der Literatur

Abenteuerroman (1668)

Die Hauptperson in dem Roman „Der abenteuerliche Simplicissimus" von Grimmelshausen ist am Anfang ein Junge, der seine Lebensgeschichte erzählt: wie er aufgewachsen ist, wie er schon als Fünfzehnjähriger von den Soldaten im „Dreißigjährigen Krieg" mitgeschleppt wurde und was er alles an Grässlichkeiten erlebt hat.

Simplicissimus (oder *Simplicius* oder kurz *Simplex*) war ein kluger Junge, der damals schon lesen und schreiben konnte, was etwas ganz Besonderes war. Und so gelang es ihm, unter den Soldaten immer wieder den einen oder anderen Vorgesetzten zu finden, der ihn als Helfer einstellte. So bekam er von einem kroatischen Feldherrn als Kleidung ein Narrengewand aus Kalbsfell, ihm wurde eine Kappe mit Eselsohren auf den Kopf gesetzt – und so diente er dem Obristen als eine Art Narr oder Kasper, begleitete ihn als Diener und hielt ihn in den Kriegsschlachten bei guter Laune. Er musste als Stalljunge arbeiten, das Pferd striegeln, musste durch Plündereien Nahrung besorgen, musste Waffen putzen und sogar für seinen Herrn kochen. Doch er wollte von ihm loskommen und seine Freiheit erlangen.

1 Die Schrift, in welcher der Roman damals geschrieben worden ist, kann man heute kaum noch lesen. Wir haben die Titelseite in alter und neuer Schrift hier abgebildet. Vergleicht sie und achtet auf:
- die Zeichensetzung,
- die Groß- und Kleinschreibung von Wörtern,
- die Rechtschreibung: **ss – ß, ei – ey, t – th**.

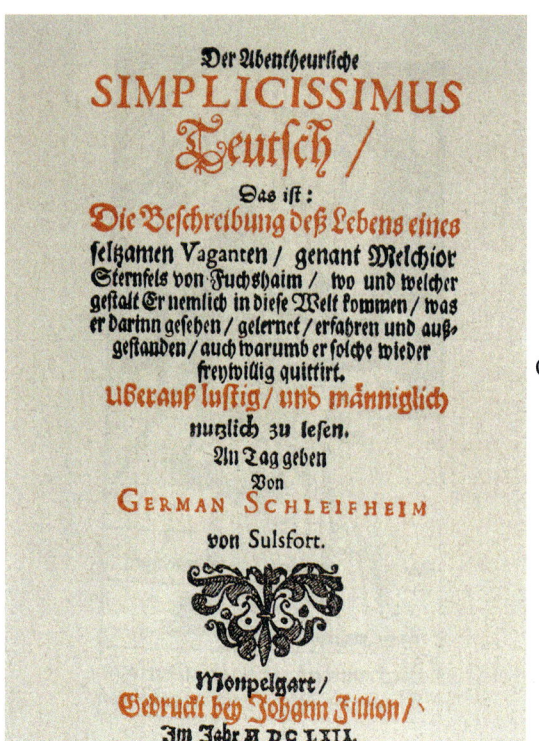

Der abenteuerliche

Simplicissimus

Deutsch.
Das ist:
Die Beschreibung des Lebens eines
seltsamen Herumtreibers, genannt Melchior Sternfels von Fuchsheim, wo und in welcher Gestalt er nämlich in diese Welt gekommen ist, was er darin gesehen, gelernt, erfahren und ausgestanden hat, und warum er alles wieder freiwillig aufgibt.
Überaus lustig und von allen
nützlich zu lesen.

Gipfelstürmer

2 Der Roman von Grimmelshausen ist in derselben Sprache geschrieben, die ihr in seiner Lügengeschichte schon kennen gelernt habt.
In der heutigen Übersetzung von Reinhard Kaiser ist der Roman sehr gut zu verstehen.
Lest euch den folgenden Ausschnitt aus seinem Buch einmal vor.

Im 16. Kapitel wird der etwa sechzehnjährige Junge von seinem kroatischen Kriegsherrn, bei dem er diente, zur Arbeit geschickt. Er trägt ein Narrengewand aus Kalbsfell und eine Narrenkappe mit Eselsohren. Der Junge hat es aber satt, seinem Herrn ständig als eine Art Kasper zu dienen, und will ausreißen.

16. Kapitel: Simplicius schnappt sich eine gute Beute

Hans Jacob Christoffel von Grimmelshausen – übersetzt von Reinhard Kaiser

Als es dunkel wurde, blieb ich einfach weg und entwischte in den nächsten Wald. (…) Doch allem Anschein nach sollte es mir mit der Zeit immer nur noch schlechter ergehen – so schlecht, dass ich mir einbildete, ich sei zu nichts als zum Unglück geboren. Denn
5 wenige Stunden nachdem ich den Kroaten entlaufen war, fiel ich ein paar Strauchdieben in die Hände. Die glaubten, die hätten mit mir einen guten Fang gemacht, weil sie in der tiefen Nacht mein Narrenkleid nicht sahen. Zwei von ihnen führten mich an eine Stelle im Wald, wo es stockfinster war. Der eine wollte gleich mein
10 Geld haben. Er zog die Handschuhe aus, legte sein Feuerrohr nieder, um mich zu durchsuchen, und fragte: „Wer bist du? Hast du Geld?" Sobald er aber mein haariges Kleid und die langen Eselsohren an meiner Kappe berührte – er hielt sie für Hörner – und dabei die grellen Funken gewahr wurde, die man oft sieht, wenn
15 man im Dunkeln über Tierfelle streicht, erschrak er und zuckte zusammen.

Bevor er sich erholen und besinnen konnte, fing ich an, mit beiden Händen mein Kleid derart zu striegeln, dass es schimmerte, als
20 wäre es mit brennendem Schwefel gefüllt, und antwortete ihm mit furchterregender Stimme: „Der Teufel bin ich und werde dir und deinem Kumpan den Hals umdrehen!" Da packte die beiden ein solcher Schrecken, dass
25 sie Hals über Kopf davonrannten, als wäre das Höllenfeuer selbst hinter ihnen her. (…) Obwohl sie noch öfter zu Boden stürzten, rafften sie sich immer wieder auf und rannten weiter, bis ich keinen von ihnen mehr hören konnte.
30 Dabei gab ich ein so grausiges Gelächter von

mir, dass es im ganzen Wald widerhallte, was in einer solchen finsteren Einöde ganz furchtbar geklungen haben muss.

Als ich nun weitergehen wollte, stolperte ich über das Feuerrohr und nahm es mit, denn den Umgang mit Schusswaffen hatte ich bei den Kroaten gelernt. Im nächsten Augenblick stieß ich auch an einen Tornister, der, wie mein Gewand, aus Kalbsfell gemacht war. Ich nahm ihn und stellte fest, dass unten eine Patronentasche daranhing, die mit Pulver, Blei und allem Zubehör wohlgefüllt war. Ich hängte mir alles um, nahm die Flinte wie ein Soldat auf die Schulter und versteckte mich nicht weit entfernt in einem dichten Gebüsch, um ein Weilchen zu schlafen. Doch kaum war der Tag angebrochen, da erschien der ganze Trupp wieder im Wald und suchte nach dem verlorenen Feuerrohr und dem Tornister. Ich spitzte die Ohren wie ein Fuchs und hielt mich stiller als eine Maus. Als sie aber nichts fanden, lachten sie die beiden aus, die vor mir geflohen waren.

„Pfui, was seid ihr für Feiglinge!", sagten sie. „Schämt euch! Sich von einem einzigen Kerl erschrecken, verjagen und auch noch die Waffen abnehmen zu lassen!"

Aber der eine von beiden beteuerte, der Teufel solle ihn holen, wenn es nicht der Teufel selbst gewesen sei. Er habe die Hörner und die raue Haut ja selbst berührt. Der andere jedoch war furchtbar wütend und sagte: „Ob's der Teufel war oder seine Mutter – wenn ich bloß meinen Ranzen wieder hätte!" (…) Ich glaube, wenn ich mich in diesem Augenblick noch einmal gezeigt hätte, wäre die ganze Bande davongelaufen.

Nachdem sie lange genug gesucht und doch nichts gefunden hatten, zogen sie schließlich weiter. Ich aber öffnete den Ranzen, weil ich frühstücken wollte, und zog mit dem ersten Griff ein Säckchen hervor, in dem an die dreihundertsechzig Dukaten waren. Keine Frage – ich freute mich darüber. Aber ich kann dem Leser versichern, noch mehr als diese schöne Summe Geldes erfreute mich, dass der Tornister mit Proviant so wohlgefüllt war. (…)

Ich frühstückte fröhlich und fand auch bald eine muntere sprudelnde Quelle, bei der ich mich erquickte und meine schönen Dukaten zählte.

3 Gebt euch über folgende Fragen gegenseitig Auskunft:
- Wie war der Junge gekleidet?
- Warum sprühte er plötzlich Funken?
- Warum sind die beiden Strauchdiebe vor ihm weggelaufen?
- Würden wohl heutige Männer auch einfach weglaufen? Und warum nicht?
- Was alles war in dem Tornister?

4 Erzählt dieses Abenteuer in eigenen Worten nach und stellt es allen vor.

Reise in die Geschichte der Literatur
Anekdote (um 1700)

Die folgende Geschichte ist eine „Anekdote", also eine kurze, witzige Geschichte mit einem überraschenden Schluss. Sie stammt von dem Erzähler Abraham a Santa Clara, der mit eigentlichem Namen Johann Ulrich Megerle hieß.

1 Lies dir die Anekdote durch. Fußnoten mit Worterklärungen findest du unter dem Text.

Ein schlagfertig Antwort

Abraham a Santa Clara

Ein Bot[1] ging einmal mit seinem Spieß durch ein Dorf, allwo ihn ein bissiger Hund angefallen. Der Bot aber wehrete sich tapfer mit dem Spieß, also zwar[2], dass der Hund auf dem Platz tot liegengeblieben. Der Herr dieses Hundes wollte ihn allweg[3] bezahlt haben, schlug ihm auch einen hohen Preis an wegen seiner
5 bekannten Treu und Wachsamkeit. Der Bot entschuldiget sich, es wäre aus keinem Vorsatz[4] geschehen, sondern er habe seinen Leib müssen schützen. Darüber kamen sie vor den Richter, welcher zu dem Boten als Beklagten gesaget:
„Du hättest fein den Spieß müssen umwenden und nicht die Spitz vorhalten[5]!"
„Ja", sprach der Bot, „wann mir der Hund den Schweif[6] und nicht die Zähne
10 gewiesen[7] hätte!"
Der Richter musst hierüber lachen, und der Bot wurde ohne Entgeld[8] lediggesprochen[9].

[1] ein Bot(e): jemand, der anderen Leuten Nachrichten überbringt
[2] also zwar: und zwar so
[3] allweg: auf jeden Fall
[4] aus keinem Vorsatz: nicht absichtlich, nicht vorsätzlich
[5] vorhalten: nach vorn halten
[6] Schweif: Schwanz
[7] die Zähne gewiesen: die Zähne gezeigt
[8] Entgelt: Strafgeld, Bußgeld
[9] lediggesprochen: freigesprochen

2 Erzähle diese Anekdote in der heutigen Sprache nach. Dabei solltest du auf Folgendes achten:
- Übersetze die „alten" Ausdrücke in die Sprache unserer Zeit:
  Eine schlagfertige Antwort
- Schreibe die wörtlichen Reden so auf, wie sie heute gesprochen sein könnten:
  „Du hättest den Spieß besser andersherum halten müssen …"
- Verwende die Zeitformen so, wie sie heute üblich sind:
  … wo ihn ein bissiger Hund angefallen hatte.
- Manches kannst du auch etwas ausführlicher schreiben:
  „Ja", sagte der Bote, „das hätte ich ja auch gern getan, wenn / aber …

3 Lest euch eure „Übersetzungen" gegenseitig vor. Achtet darauf, wie es andere gemacht haben.

LESEN Umgang mit Texten und Medien

Probleme erkennen – Einsichten gewinnen

Gedichtewerkstatt
Erfahrungen – Gefühle – Bilder – Rätsel

Schon seit vielen Jahren begleiten euch Gedichte. Meist erkennt ihr sie an der äußeren Form (Verse und Strophen) oder an ihrem besonderen Klang (Reime). Oder ihr erkennt sie daran, dass sie auf engstem Raum Geschichten erzählen über Gedanken, Gefühle, Erlebnisse, Beobachtungen … oder euch vor Rätsel stellen. Auch die folgenden vier Gedichte tun das.

Eigene Erfahrungen und Erinnerungen wachrufen

1 Notiere dir in Stichwörtern, was du denkst, wenn du die Überschrift „Schöner Tag" liest.

2 Sprecht gemeinsam über eure Notizen. Wie unterscheiden sich die Erfahrungen und Erinnerungen, die diese Überschrift bei euch ausgelöst hat?

3 Lest jetzt das Gedicht von Kurt Marti.

schöner tag

Kurt Marti

wie schön es regnet
heute regnet

ohne heftigkeiten
4 ohne hinterlist
sehr höflich
fast vornehm
ein echter
8 gentleman-regen

schöner als heute kanns
auch morgen nicht regnen

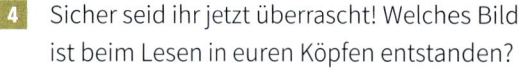

4 Sicher seid ihr jetzt überrascht! Welches Bild ist beim Lesen in euren Köpfen entstanden?

5 Könnt ihr eure eigenen Erfahrungen und Erinnerungen (Aufgabe 2) hier wiedererkennen?
- Hält dieses Gedicht vielleicht auch eine neue Erfahrung für euch bereit?
- Wie lässt sich diese Erfahrung beschreiben?

6 Schreibe einen persönlichen Text zu diesem Gedicht. Gib in deinem Text darüber Auskunft,
- welche Erinnerung die Überschrift in dir ausgelöst hat.
- ob du durch das Gedicht eine neue Vorstellung von einem *schönen Tag* erhalten hast.
- warum dir das Gedicht gefällt / nicht gefällt.

Gefühle und Vorstellungen wiederentdecken

7 Das folgende Gedicht trägt die Überschrift „Sehnsucht nach dem Anderswo". Welche Gedanken und Vorstellungen gehen euch zu diesem Titel spontan durch den Kopf? Tauscht euch darüber aus.

8 Lest jetzt das Gedicht von Mascha Kaléko.

SEHNSUCHT NACH DEM ANDERSWO

Mascha Kaléko

Drinnen duften die Äpfel im Spind[1],
Prasselt der Kessel im Feuer.
Doch draußen pfeift Vagabundenwind[2]
4 Und singt das Abenteuer!

Der Sehnsucht nach dem Anderswo
Kannst du wohl nie entrinnen:
Nach drinnen, wenn du draußen bist,
8 Nach draußen, bist du drinnen.

[1] Spind: *hier:* Vorratskammer, Speisekammer
[2] Vagabund: von Ort zu Ort umherziehender Mensch, meist ohne festen Wohnsitz

9 Beschreibt mit eigenen Worten, worin die „Sehnsucht nach dem Anderswo" in diesem Gedicht besteht:
- Zwischen welchen beiden Welten ist man hier hin- und hergerissen?
- Welches sind die Vorzüge jeder dieser beiden Welten?

10 Vielleicht kennt ihr dieses Gefühl und habt manchmal auch *Sehnsucht nach dem Anderswo*.
Wer mag, kann seine Gedanken dazu aufschreiben oder sich mit anderen im Gespräch darüber austauschen.

Bilder im Kopf entstehen lassen

11 Lies dir das folgende Gedicht zunächst einmal leise durch und geh darin „spazieren".

Abenddämmerung

Christian Morgenstern

Eine runzlige Alte
schleicht die Abenddämmerung
gebückten Ganges
4 durchs Gefild[1]
und sammelt und sammelt
das letzte Licht
in ihre Schürze.

8 Vom Wiesenrain,
von den Hüttendächern,
von den Stämmen des Waldes
nimmt sie es fort.
12 Und dann
humpelt sie mühsam
den Berg hinauf
und sammelt und sammelt
16 die letzte Sonne
in ihre Schürze.

Droben umschlingt
mit Halsen und Küssen
20 ihr Töchterchen Nacht
den Nacken
und greift begierig
ins ängstlich verschlossene
24 Schürztuch.

Als es sein Händchen
wieder herauszieht,
ist es schneeweiß,
28 als wär es mit Mehl
rings überpudert.

Und die Kleine,
längst gewitzt,
32 tupft mit dem
niedlichen Zeigefinger
den ganzen Himmel voll
und jauchzt laut auf
36 in kindlicher Freude.
Ganz unten aber
macht sie einen großen
runden Tupfen –
40 das ist der Mond.
Mütterchen Dämmerung
Sieht ihr mit mildem
Lächeln zu.
44 Und dann geht es
langsam zu Bette.

[1] Gefild: eine weite, offene, sonnige, liebliche Landschaft

12 Wer ist das eigentlich, der hier so eifrig bei seiner Arbeit beschrieben wird?

13 Schaut euch diese „Alte" einmal genau bei ihrer Arbeit an.
Geht auf Spurensuche im Gedicht.
- Wie sieht sie aus? Wie geht sie? Was tut sie?
  Nennt Merkmale und Tätigkeiten, die ihr entdecken könnt.
- Wie hält sie wohl die Schürze mit dem gesammelten Licht?

14 Wohin geht das „Mütterchen", als es mit seiner Arbeit fertig ist?
- Wer wartet dort schon sehnsüchtig?
- Mit welchen Gesten wird das „Mütterchen" nach getaner Arbeit empfangen?
- Und was geschieht dann?

15 Die Abenddämmerung ist in diesem Gedicht zum Leben erweckt.
Welche Wirkung entsteht dadurch für euch beim Lesen?

Rätselhaften Bildern begegnen

16 Lasst euch das folgende Gedicht vorlesen.
Schließt dabei die Augen.

Genau von der Mitte der Decke

Hans Arp

In einem leeren leeren Zimmer
ohne Tisch und Stuhl und Bett
in einem leeren leeren Zimmer
mit verschlossenen Fenstern
und verschlossener Türe
pendelt von der Mitte der Decke
genau von der Mitte der Decke
an einer langen langen Schnur
der Schlüssel des Zimmers
langsam hin und her.

17 Welche Bilder haben sich beim Zuhören in euren Köpfen eingestellt?
Tauscht eure Eindrücke aus.

18 Tragt das Gedicht nun selbst einmal laut vor.
- Auf welche Rätsel stoßt ihr beim Hören und Lesen dieses Gedichtes?
- Schreibe einen Satz auf, der dir dazu spontan durch den Kopf geht.

19 Lest euch eure Sätze gegenseitig vor und sprecht darüber.
Welche Erklärungen fallen euch zu diesen Rätselhaftigkeiten ein?

Gedichtewerkstatt

Naturerscheinungen werden lebendig: Personifikation

Der Wind zieht seine Hosen an

Heinrich Heine

Der Wind zieht seine Hosen an,
die weißen Wasserhosen!
Er peitscht die Wellen, so stark er kann,
4   die heulen und brausen und tosen.

Aus dunkler Höh, mit wilder Macht,
die Regengüsse träufen[1];
es ist, als wollt die alte Nacht
8   das alte Meer ersäufen.

An den Mastbaum klammert die Möwe sich
mit heiserem Schrillen und Schreien;
sie flattert und will gar ängstiglich
12   ein Unglück prophezeien[2].

1 Lest euch das Gedicht mehrere Male gegenseitig vor.

2 In diesem Gedicht kommen keine Menschen vor.
Aber es ist einiges dargestellt, das eigentlich nur Menschen können.
- Was tut hier der *Wind*? Was tut die *Nacht*? Und was tut die *Möwe*?
- Wer ist in diesem Gedicht stark und mächtig? Und wer leidet darunter?

[1] träufen: gießen
[2] prophezeien: vorhersagen

3 Etwas ist merkwürdig in der zweiten Strophe: Wie kann denn *die Nacht das Meer ersäufen*?
Sprecht darüber, wie das gemeint sein könnte.

4 Schreibe das Gedicht auf ein großes Blatt (Zeichenblock) und male ein Bild darum herum.
- Welche Farben könntest du wählen?
- Wie könntest du den *Wind*, den *Regen* und das *Meer* in deinem Bild darstellen?

5 Überlegt, wie ihr eure Ergebnisse präsentieren möchtet.

Personifikation

Wenn in Gedichten leblose Dinge, Pflanzen, Naturerscheinungen oder Tiere etwas tun,
was eigentlich nur Menschen tun können, dann werden sie **personifiziert**, das heißt:
sie treten wie **Personen** auf und erhalten menschliche Züge:
Der **Wind zieht seine Hosen an** (Heine) – Der **Regenriese lacht** mit fröhlich weißen Zähnen (Britting).

Gedichtewerkstatt

Das Lyrische Ich, das in Gedichten spricht

August (Inserat)[1]

Theodor Storm

Die verehrlichen[2] Jungen, welche heuer[3]
meine Äpfel und Birnen zu stehlen gedenken,
ersuche ich höflichst[4], bei diesem Vergnügen
wo möglich insoweit[5] sich zu beschränken,
dass sie daneben auf den Beeten
mir die Wurzeln[6] und Erbsen nicht zertreten.

[1] Inserat: Bekanntmachung
[2] die verehrlichen Jungen: die verehrten Jungen
[3] heuer: heute
[4] ersuche ich höflichst: bitte ich sehr höflich
[5] insoweit: so weit
[6] Wurzeln: *hier:* Möhren, Karotten

1 Lest euch dieses Gedicht ein oder zweimal laut vor.

2 Gebt spontan wieder, um was für eine Bekanntmachung es sich hier handelt.

3 Jedes Gedicht enthält „Leerstellen". Solche Leerstellen sind Fragen an die Leser, die jeder mit seiner Fantasie ausgestalten kann. Hier findest du fünf Fragen zum Gedicht von Theodor Storm.
- Lies dir diese Fragen durch und versuche, sie zu beantworten.
- Halte deine Antworten schriftlich fest.
   a) In welchem sprachlichen „Ton" ist dieses Inserat verfasst: sachlich, vorwurfsvoll, sehr höflich? Schreibe dazu zwei Beispiele auf.
   b) Welche Bitte wird in diesem Inserat ganz konkret vorgetragen? Formuliere sie in unsere heutige Sprache um. Schreibe dazu einen Satz auf.
   c) Welche Erfahrung hat der Auftraggeber dieses Inserates wohl schon in der Vergangenheit gemacht?
   d) Wie stellst du dir das lyrische Ich vor, das in diesem Gedicht spricht: eher jünger oder eher älter, als einen Mann oder als eine Frau?
   e) Was meinst du: Warum hat das lyrische Ich wohl nicht grundsätzlich etwas einzuwenden gegen diesen Diebstahl?

4 Tauscht eure Ergebnisse in kleinen Gruppen oder im Plenum miteinander aus.

Das Lyrische Ich: Das Ich, das in Gedichten spricht

Wenn es ein „Ich" gibt, das in Gedichten etwas erzählt oder beobachtet, so nennt man es das **lyrische Ich**. Das **lyrische Ich** kann jemand ganz anderes sein als der Dichter: ein Kind, ein Junge, ein Mädchen, ein Mann oder eine Frau, aber auch ein Baum, ein Tier, eine Blume, eine Jahreszeit, ein Gegenstand …

INFO

Gedichtewerkstatt

Von Versen, Strophen und Reimen

1 Die beiden folgenden Texte sind wie Geschichten aufgeschrieben – aber es sind Gedichte.
Lest beide Texte einmal so vor, dass man heraushört, dass es sich dabei um Gedichte handelt.

Die Sonnenblume

Georg Britting

Über den Gartenzaun schob sie ihr gelbes
Löwenhaupt, zwischen den Bohnen erhob
sie sich, gold und gelb überstaubt. Die Sonne
4 kreist im Blauen nicht größer, als ihr gelbes
Rad zwischen den grünen Stauden, den
Bohnen und jungem Salat.

Schwalbenflug

Alfons Schweiggert

Schießt pfeilschnell daher, zurück, kreuz, quer,
dann legt sie die Flügel an, Sturzflug, schau!
Genau über dem Boden, ganz knapp, fängt sie
4 sich ab. Streift sie ihn? Nein. Schießt daher, steigt
hinauf, schlägt einen Haken, legt sich quer, ist
nach Sekunden hinterm Haus verschwunden.

2 Schreibe den Text „Die Sonnenblume" als Gedicht auf. Du erhältst folgende Hinweise:
- Das Gedicht besteht aus zwei Strophen.
- Jede Strophe hat vier Verse, die im **Kreuzreim** miteinander reimen.

3 Schreibe den Text „Schwalbenflug" als Gedicht auf.
Du bekommst folgende Hinweise:
- Viele Verse haben Reime, z. B.: die Verse 1 und 2, 3 und 4,
  5 und 6, 8 und 9, 12 und 15 sowie Vers 16 und 18.
- Manche Verse bestehen nur aus **einem** Wort!
- Die Verse 7, 10, 11, 13, 14 und 17 haben **keine** Reimpartner.
  Hier kannst du dich von den Satzzeichen leiten lassen.

Schwalbenflug

Alfons Schweiggert

*Schießt pfeilschnell daher,
zurück, kreuz, quer,
dann
…*

Reime und Reimformen in Gedichten

Die Schönheit von Gedichten erschließt sich oft erst dann, wenn man sie vorliest
und hört – wenn man sie also zum **Klingen** bringt. Hörbar machen kann man
auch die **Reime**, in denen *ein* Wort so ähnlich klingt wie ein zweites Wort.
Dabei sind in Reimen die betonten Vokale und das Wortende gleich oder
sehr ähnlich, die Konsonanten oder die Wortteile davor aber ungleich:
B<u>aum</u> – Tr<u>aum</u>, kr<u>achen</u> – l<u>achen</u>, Autom<u>at</u> – Akrob<u>at</u>, Meeresw<u>ogen</u> – Regenb<u>ogen</u>

Es gibt verschiedene Reimformen, die in Gedichten vorkommen können:

Paarreime:	**Kreuzreime:**	**Umarmende Reime:**
Bäume a	Bäume a	Bäume a
Träume a	Welt b	Welt b
Welt b	Träume a	fällt b
fällt b	fällt b	Träume a

○●●○ An Beispielen üben – Gelerntes selbstständig anwenden

Gedichtewerkstatt

Verse und sprachliche Bilder

Der Rauch

Bertolt Brecht

Das kleine Haus unter Bäumen am See.
Vom Dach steigt Rauch.
Fehlte er
4 Wie trostlos dann wären
Haus, Bäume und See.

1 Ein „kleines" Gedicht von Bertolt Brecht über einen ganz besonderen Augenblick.
Welches Bild entsteht vor eurem inneren Auge, wenn ihr dieses Gedicht lest und hört?

2 Wie stellt ihr euch die Landschaft um dieses Haus herum vor?
Begründet eure Vorschläge.

3 Überlegt nun miteinander:
Welche besondere Bedeutung hat das Wort *Rauch* in diesem Gedicht?
Wieso ist der Rauch für den Sprecher wohl so wichtig?

Tipp:
Das Wort steht sicherlich **nicht nur** für den sichtbaren Rauch eines Feuers.

4 Nutzt die Informationen im folgenden Kasten und beschreibt,
wieso es sich hier um ein Gedicht handelt:
- An welcher Stelle sollte man beim Vorlesen einen Augenblick lang „innehalten"?
- Welche Verse haben eine „besondere Sprache"?

Gedichte: Anordnung in Versen – Besondere Sprache

Verse sind die Zeilen eines Gedichtes. Manchmal bildet ein abgeschlossener Satz einen Vers. Doch manchmal wird ein Satz am Ende eines Verses **unterbrochen** und geht in den nächsten Vers über. Damit will der Dichter signalisieren, dass der Leser am Ende eines Verses einen Augenblick innehalten soll.
Diese **Pause** dient der **Spannung**. Sie richtet die Aufmerksamkeit auf das Folgende.

Ein weiteres Merkmal von Gedichten ist die **besondere Sprache**.
Dazu gehört zum Beispiel die **verkürzte Form von Sätzen**.
Manchmal fehlen in den Sätzen die Verben. Und manchmal sind die Sätze sogar stark verkürzt auf einzelne Wörter, z. B. auf Partizipien, Adjektive oder Nomen.

Gedichtewerkstatt

Gedichte gestalten – Gedichte erobern

Schaut euch die folgenden Seiten 156–160 mit den Gedichten und den dazugehörigen Aufgaben an.
- Entscheidet dann, welche Gedichte ihr euch erobern möchtet.
- Ihr könnt die Materialien auch zu zweit oder in Gruppen bearbeiten.

1 Der folgende Text ist wie eine Geschichte aufgeschrieben.
In Wirklichkeit aber ist er ein Gedicht.
Lies dir den Text zunächst einmal ganz in Ruhe durch.

Die Quelle

Georg Heym

Aus der Quelle rinnet helle eines Bächleins klare Flut. Es ergießt sich, überschießt sich in der heißen Sonnenglut. Niemals weilend, lustig
4 eilend übers schroffe Felsgestein, zischend, sausend, donnernd, brausend, stürzt sich's in die Kluft hinein.

2 Schreibe den Text nun als Gedicht auf.
Die folgenden **Tipps** und die Informationen im Kasten auf Seite 154 unterstützen dich dabei.

💡 **Tipps:**
- Das Gedicht besteht aus vier Strophen mit je drei Versen.
- So sieht das Reimschema in diesem Gedicht aus:
  a – a – b – c – c – b – d – d – e – f – f – e

3 Das Bächlein, von dem hier die Rede ist, wird in Vers 8 sehr lebendig und anschaulich dargestellt.
- Welche Eigenschaft wird dem Bächlein dort zugeschrieben?
- Welche besondere Stimmung erhält das Gedicht durch diese Personifikation?

4 Trage das Gedicht einem Partner oder deiner Tischgruppe vor.

○○●○ Gelerntes vertiefen und selbstständig anwenden 157

5 Lies dir das folgende Gedicht zunächst einmal so durch, wie es da steht.

Überschrift

Arthur Steiner

Wenn ich ein Haus hätte,
müsste es - so - sein.
- Solche - Häuser
4 sind - so - in der Dürre.
- Solche - Häuser
sind - so - im Schnee.
In - solchen - Häusern
8 wohnen - solche - Leute.
Wenn ich ein Haus hätte,
müsste es - so - sein.

6 Stell du dir jetzt einmal vor, wie **dein** Wunschhaus aussieht …
Welches **Adjektiv** würdest du dafür wählen?

7 Ergänze beim Abschreiben dieses unvollständige Gedicht,
indem du in jede Lücke ein **Adjektiv** einsetzt.
Gib dann deinem Gedicht eine passende **Überschrift**.

8 Lest euch eure Gedichte gegenseitig vor. Achtet dabei auf folgende Fragen:
- Habt ihr in jeden Vers ein anderes Adjektiv eingesetzt?
- Habt ihr ein bestimmtes Adjektiv wiederholt?
- Habt ihr vielleicht in jedem Vers immer dasselbe Adjektiv eingesetzt?
- Wie sehen eure Häuser aus: eher groß oder klein, modern oder alt,
  bunt oder weiß, eher einsam oder gesellig …?

9 Welches ist das Adjektiv, das die meisten von euch verwendet haben?

10 Lest nun das Originalgedicht auf Seite 327.
Das Haus von Arthur Steiner sieht sicher ganz anders aus als eure Häuser.
- Was sagt ihr dazu?
- Wie wirkt die Wiederholung ein und desselben
  Farbwortes im Gedicht von Arthur Steiner auf euch?

11 Schreibe ein eigenes Gedicht mit dem Anfang
Wenn ich … hätte,
…
Auch dieses Gedicht sollte von Wortwiederholungen
und dem immer gleichen Satzbau bestimmt sein.

Wiederholungen in Gedichten

Es gibt Gedichte, die **keine Reime** haben,
dafür aber von Wiederholungen der Wörter
und Sätze leben. Solche Wiederholungen
prägen sich intensiv ein und hinterlassen
einen besonderen Eindruck beim Lesen.

INFO

12 Lies dir das Gedicht von Bertolt Brecht in Ruhe durch.

Der Kirschdieb

Bertolt Brecht

An einem frühen Morgen, lange vor Hahnenschrei
Wurde ich geweckt durch ein Pfeifen und ging zum Fenster.
Auf meinem Kirschbaum – Dämmerung füllte den Garten –
4 Saß ein junger Mann mit geflickter Hose
Und pflückte lustig meine Kirschen. Mich sehend
Nickte er mir zu, mit beiden Händen
Holte er die Kirschen von den Zweigen in seine Taschen.
8 Noch eine ganze Zeitlang, als ich wieder in meiner Bettstatt lag
Hörte ich ihn sein lustiges kleines Lied pfeifen.

13 Welche Stimmung geht von diesem Gedicht aus?
Gibt es vielleicht etwas, das dich beim ersten Lesen überrascht hat?
Sprich mit einem Partner oder in der Tischgruppe darüber.

14 Welche Beobachtung macht das lyrische Ich in diesem Gedicht?
Und wie reagiert es darauf?
Welche zweite Person ist an dieser Situation beteiligt?
In welcher Stimmung ist diese Person?

15 Setze dich noch einmal mit der Reaktion des lyrischen Ichs auseinander:
- Wie verhält es sich in der gesamten Situation?
- Und wie kannst du dieses Verhalten deuten?

Gelerntes vertiefen und selbstständig anwenden

16 Gibt es etwas, das du dem lyrischen Ich gern sagen würdest?
- Notiere es und tausche dich mit einem Partner darüber aus.
- Welche Gemeinsamkeiten oder Unterschiede stellt ihr bei euren Ideen fest?

17 Das Gedicht von Bertolt Brecht enthält „Leerstellen".
Es stellt Fragen an seine Leser, die du mit deiner Fantasie ausgestalten kannst.
Hier findest du einige Fragen zu diesem Gedicht.
Setze dich mit ihnen auseinander und versuche, sie zu beantworten:

Vers 2:   Wurde ich geweckt durch ein Pfeifen

- Wie erklärst du dir das Pfeifen des Kirschdiebes?
- Sollte er als Dieb nicht besser leise sein?

Vers 5:   Und pflückte lustig meine Kirschen

- Wie könnte diese Formulierung hier gemeint sein?

Vers 5 und 6:   Mich sehend / Nickte er mir zu

- Wie verstehst du diesen Gruß?

Vers 8 und 9:   Noch eine ganze Zeitlang, als ich wieder in meiner Bettstatt lag

Hörte ich ihn sein lustiges kleines Lied pfeifen.

- Welche Erklärung hast du für das Verhalten des Kirschdiebes?
  Beachte in diesem Zusammenhang auch, was du noch alles
  über ihn erfährst, zum Beispiel in Vers 4.
- Und welche Erklärung hast du dafür, dass der Besitzer des Kirschbaumes
  sich wieder ins Bett legt?
  Was mag ihm wohl durch den Kopf gehen?
  Und wie mag er sich fühlen?

18 In diesem Gedicht von Bertolt Brecht gehen alle Sätze am Ende eines Verses
über in den nächsten Vers. Damit will der Dichter signalisieren, dass der Leser
am Ende eines solchen Verses **einen Augenblick innehalten** soll.
Diese **kleine Pause** dient der Spannung, sodass man beim Lesen besonders
aufmerksam gemacht wird auf das Folgende.
- Schau dir das Gedicht zusammen mit einem Partner / einer Partnerin daraufhin noch einmal an.
- Verständigt euch darüber, worauf hier die Aufmerksamkeit durch diese kleinen Pausen
  gerichtet wird. Auf welche „Überraschungen" stößt man dabei?

19 Trage das Gedicht nun in der Tischgruppe oder im Plenum vor. Denke dabei an die
kleinen Pausen, durch die du bei deinen Zuhörern Aufmerksamkeit erzielen kannst.

naturbeschreibung

Gerhard Rühm

die wolken ziehen sich in falten
die blumen erbleichen
die wiesen wenden sich ab
4 die wege verkriechen sich
die steine starren vor sich hin
die berge versinken in schweigen
die täler erschauern
8 ein windstrom entringt sich den lüften
die flüsse treten aus den ufern
die büsche *****
die bäume schlagen die äste
12 über den wipfeln zusammen

die erde taumelt in die nacht

20 Das Gedicht heißt „naturbeschreibung".
Aber wird hier die Natur wirklich beschrieben?

21 Am Anfang jedes Verses ist von Naturerscheinungen die Rede, von *Wolken, Blumen, Wiesen* …
Was danach folgt, ist aber von ganz anderer Art. Sprecht darüber.

22 Ihr kennt sicher Redewendungen wie *die Stirn in Falten ziehen, die Hände über dem Kopf zusammenschlagen.* Welche Gefühle sind jeweils damit verbunden?

23 Ein Vers ist hier noch unvollständig. Ergänze ihn.
- Vergleicht eure Ergänzungen anschließend.
- Vergleicht sie dann auch mit dem Original auf Seite 327.

24 Erläutert, warum das Gedicht ein Musterbeispiel für eine **Personifikation** ist.

25 Schreibe das Gedicht ab. Füge dabei vor dem letzten Vers einen weiteren eigenen Vers ein, der nach der gleichen Art gestaltet ist.

die vögel …
die seen …
die …

26 Beschreibe, welche Besonderheiten in der Rechtschreibung du in diesem Gedicht erkennen kannst. Nutze dazu die folgenden Informationen.

Eigenwillige Rechtschreibung in Gedichten

Manche Dichter arbeiten in ihren Gedichten mit einer **eigenwilligen Rechtschreibung**.
So werden oft die Anfänge eines Verses großgeschrieben. Manchmal werden am Ende eines Verses keine Satzzeichen gesetzt. Und manche Dichter schreiben in ihren Gedichten alles klein.
Dann wollen sie darauf hinweisen, dass für sie jedes Wort gleichermaßen wichtig ist.

○○●○ Gipfelstürmer

Gedichtewerkstatt
Sprachliche Bilder in Gedichten enträtseln

Novembertag

Christian Morgenstern

Nebel hängt wie Rauch ums Haus,
Drängt die Welt nach innen;
Ohne Not geht niemand aus,
4 alles fällt in Sinnen.

Leiser wird die Hand, der Mund,
Stiller die Gebärde.
Heimlich, wie auf Meeresgrund,
8 Träumen Mensch und Erde.

1 Welche Wirkung geht von diesem „Novembertag" aus?
Wodurch kommt diese Wirkung zustande?

2 Was ist das eigentlich, *eine Welt, die nach innen gedrängt wird*?
- Wie stellt ihr euch das genau vor?
- Und wo ist dann *außen*?

3 Geht von Vers zu Vers einmal auf Spurensuche und versucht,
die Atmosphäre dieses Gedichtes näher zu ergründen.
Beschreibt einmal mit euren eigenen Worten, wie ihr die Verse versteht
und wie man sich diese Situation vorstellen kann.

4 Habt ihr solche Tage auch schon erlebt? Was tut ihr dann?
Und was tun die Menschen um euch herum?

5 Welches Metrum hat Christian Morgenstern für dieses Gedicht gewählt?

6 Bereitet das Gedicht für einen gestaltenden Vortrag in der Klasse vor.
Versucht in eurem Vortrag, die leiser und stiller werdende Atmosphäre
für eure Zuhörer spürbar werden zu lassen.

Gedichtewerkstatt

Zwei Gedichte entflechten

1 Hier sind die Strophen von zwei Gedichten miteinander verflochten. Lest euch den Text zunächst einmal in Ruhe durch.

Im Herbst ist Sonnenschein	Hoher Herbst
Peter Hacks	*Karl Krolow*

    Im Herbst ist Sonnenschein,   Die graue Zeit
    Wenn es nicht eben regnet,   sinkt mit den Nebeln nieder.
    Kastanie fällt.   Der Vögel letztes Lied
4 Die Walnuss wird geschlagen. 20 Vernimmt man allenthalben,

    Dann lädt uns freundlich ein   Die Kühle greift
    Die sehr vergnügte Gegend.   den Vögeln ins Gefieder.
    Das nasse Obst: Nur Rabenschrei
8 in Körben heimgetragen! 24 verhallt in leeren Wäldern

    Der Wind aus West,   Am blauen Himmel zieht
    der Regen treibt die Blätter.   Ein Schwarm verreister Schwalben.
    Das Feld ist schlecht rasiert   Im Stalle steht die Kuh,
12 Und hat noch gelbe Stoppeln. 28 Geputzt und frisch gemolken,

    Das Astwerk bricht   beim scharfen Rauch
    herab im schweren Wetter.   aus den Kartoffelfeldern.
    Ein Igel froh spaziert.   Und schaut behaglich zu
16 Die kleinen Häslein hoppeln. 32 Den fernen Vogelwolken.

2 Ihr sollt die Verse nun so aufschreiben, dass zwei eigenständige Gedichte daraus entstehen. Dazu bekommt ihr folgende Hinweise:
- Jedes Gedicht besteht aus vier Strophen mit jeweils vier Versen.
- Im Gedicht „Im Herbst ist Sonnenschein" reimen sich die Verse im Kreuzreim.
- Im Gedicht „Hoher Herbst" reimt sich in jeder Strophe der 2. mit dem 4. Vers.

So könnt ihr vorgehen:
- Murmelt die einzelnen Verse leise vor euch hin.
- Notiert Ziffern von 1 bis 4, wenn ihr Verse gefunden habt, die zueinander passen.
- Verwendet für jedes Gedicht eine andere Farbe.
- Schreibt eure Fassungen auf und überprüft sie durch lautes Lesen.

3 Tragt euch beide Gedichte anschließend vor.

Gedichtewerkstatt

Überprüfe dein Wissen und Können

1. Welche Aussagen über Gedichte treffen zu?
   Schreibe die fünf richtigen Antworten auf.
   a) Die Zeilen in einem Gedicht heißen Verse.
   b) Die Verse in Gedichten sind immer gereimt.
   c) Gedichte sind Sachtexte in einer besonderen Form.
   d) Die Verse in Gedichten reimen sich häufig miteinander.
      Aber nicht jedes Gedicht muss Reime haben.
   e) Gedichte enthalten Leerstellen, die dem Leser seine eigene Deutung ermöglichen.
   f) Gedichte bestehen grundsätzlich immer aus mehreren Strophen.
   g) Ein sprachliches Gestaltungsmittel in Gedichten sind lyrische Bilder.
   h) In Gedichten können Dinge, Naturerscheinungen oder Tiere lebendig werden.
      Sie erhalten dabei menschliche Züge und treten wie Personen auf.

2. Lies dir das folgende Gedicht von Wolfgang Bächler in Ruhe durch.

Der Abend im Frack

Wolfgang Bächler

Der Abend geht im Frack durch unsre Straße
und steckt die Sonne in die Hintertasche.
Er fängt die Vögel unter den Zylinder
4 und heftet sich voll Sterne das Revers[1]
und einen goldnen Halbmond auf die Brust.

Im schwarzen Lackschuh tänzelt er vorbei
und trinkt die Lichter aus den Fenstern,
8 säuft die Laternen aus, frisst die Geräusche
und nimmt die keusche[2] Nacht in seine Arme.

Am Morgen gleitet er betrunken aus
und fällt kopfüber in die Straßenrinne.
12 Da platzt die Hintertasche auf:
Die Sonne rutscht ihm wieder raus
und steigt ganz unbeschädigt
langsam über Haus und Dach
16 und lacht den Abend einen Tag lang aus.

[1] das Revers: der nach außen umgeschlagene Kragen eines Sakkos oder Mantels
[2] keusch: unschuldig

3. Setze dich anhand der folgenden Fragen mit diesem Gedicht auseinander.
   Halte deine Antworten schriftlich fest.
   a) Welche Stimmung geht von diesem Gedicht aus?
   b) Wer ist die Hauptfigur in diesem Gedicht?
   c) Was kannst du über die äußere Form des Gedichtes sagen?
   d) Was fällt dir an der Sprache in diesem Gedicht auf?
   e) Welche beiden Naturerscheinungen werden in diesem Gedicht personifiziert?
      Notiere dafür jeweils ein Beispiel.
   f) Wie wirkt das Gedicht auf dich?
      Begründe es.

LESEN Umgang mit Texten und Medien

Probleme erkennen – Einsichten gewinnen

Balladenwerkstatt
Eine Ballade erschließen und vortragen

Ehe es zoologische Gärten gab, hielten sich früher manche Könige und Fürsten wilde Tiere in Käfiganlagen. Dort wurden sie aber nicht gehegt und gepflegt, sondern für allerlei Kämpfe genutzt. In großen Arenen kämpften dann Löwen und Leoparden gegeneinander oder sogar gegen Sklaven – zur Belustigung der Zuschauer. Überbleibsel solcher Spiele finden sich in manchen Ländern noch heute in Form von Stierkämpfen.

Friedrich von Schiller erzählt von einem solchen Ereignis in seiner Ballade „Der Handschuh". Hier treten vor den Zuschauern wilde Tiere auf, die gegeneinander kämpfen sollen. Doch das eigentliche Ereignis ist, dass ein Burgfräulein einen Handschuh von oben in die Arena zwischen die Tiere fallen lässt, den ein mutiger Ritter von dort heraufholt und dem Fräulein zurückbringt.

1 Lest euch die Ballade leise durch oder lest sie vor.
Ihr braucht dabei die Betonungszeichen und Kommentare noch nicht zu beachten.

Der Handschuh

Friedrich von Schiller

Vor seinem Löwengarten, ↗
Das Kampfspiel zu erwarten, ↗
Saß König Franz, |
4 Und um ihn | die Großen der Krone[1], |
Und rings auf hohem Balkone, ↗
Die Damen | in schönem Kranz.[2] ||

Und wie er winkt mit dem Finger, ↗
8 Auf tut sich der weite Zwinger, |
Und hinein mit bedächtigem Schritt ↗
Ein Löwe tritt, |
Und sieht sich stumm ↗
12 Rings um, |
Mit langem Gähnen, |
Und schüttelt die Mähnen, |
Und streckt die Glieder, ↗
16 Und legt sich nieder. ||

ruhig und langsam mit der Hand auf die Runde weisen

mit etwas erhobener Stimme das Winken nachahmen

Und der König winkt wieder, |
Da öffnet sich behend³ ↗
Ein zweites Tor, |
20 Daraus rennt ↗
Mit wildem Sprunge ↗
Ein Tiger hervor. |
Wie der den Löwen erschaut, ↗
24 Brüllt er laut, |
Schlägt mit dem Schweif ↗
Einen furchtbaren Reif,⁴ ↗
Und recket die Zunge, |
28 Und im Kreise scheu ↗
Umgeht er den Leu⁵ ↗
Grimmig schnurrend; |
Drauf streckt er sich murrend ↗
32 Zur Seite nieder. ||

Und der König winkt wieder, |
Da speit⁶ das doppelt geöffnete Haus ↗
Zwei Leoparden auf einmal aus, |
36 Die stürzen mit mutiger Kampfbegier ↗
Auf das Tigertier, |
Das packt sie | mit seinen grimmigen Tatzen, |
Und der Leu mit Gebrüll ↗
40 Richtet sich auf, | da wird's still, ||
Und herum im Kreis, ↗
Von Mordsucht heiß, ↗
Lagern | die gräulichen Katzen. ||

44 Da fällt | von des Altans Rand⁷ ↗
Ein Handschuh | von schöner Hand |
Zwischen den Tiger | und den Leun ↗
Mitten hinein. ||

48 Und zu Ritter Delorges⁸ spottenderweis⁹ ↗
Wendet sich Fräulein Kunigund: |
„Herr Ritter, | ist Eure Lieb so heiß, ↗
Wie Ihr mir's schwört zu jeder Stund, ↗
52 Ei, | so hebt mir den Handschuh auf." ||

Und der Ritter | in schnellem Lauf ↗
Steigt hinab in den furchtbaren Zwinger ↗
Mit festem Schritte, ↗
56 Und aus der Ungeheuer Mitte ↗
Nimmt er den Handschuh | mit keckem¹⁰ Finger. ||

erst bedeutungsvoll winken
jetzt mit etwas lauterer Stimme rascher,
aufgeregter, dramatischer

wieder langsamer, zur Ruhe kommen

erst ruhig,
dann wirklich dramatisch

immer langsamer werden

hier ein deutlicher Abschluss

sehr langsam
mit der Hand von oben nach unten weisend
dann erst auf den Tiger, dann auf
den Löwen weisen, dann mitten hinein

hier mit veränderter Stimme sprechen,
spöttisch das Fräulein nachahmen

rasch und mit kräftiger Stimme

Und mit Erstaunen und mit Grauen ↗	mit Begeisterung, laut
Sehen's die Ritter und Edelfrauen, ||	
60 Und gelassen[11] | bringt er den Handschuh zurück. ||	ruhig
Da schallt ihm sein Lob aus jedem Munde, |	jetzt wieder lauter
Aber mit zärtlichem Liebesblick – ↗	ironisch, leiser
Er verheißt ihm sein nahes Glück – ↗	wie nebenbei (zur Seite, zum Publikum gesprochen)
64 Empfängt ihn Fräulein Kunigunde. ||	den Satz fortsetzen – deutliche Pause danach
Und er ↗ wirft ihr den Handschuh ins Gesicht: |	Pause nach **er**!
„Den Dank, ↗ Dame, | begehr ich nicht", |	Zurückweisend, mit Verachtung sprechen – mit
Und verlässt sie zur selben Stunde. ||	einer ironischen Verbeugung

[1] die Großen der Krone: die Ritter und Herzöge
[2] in schönem Kranz: in schöner Runde
[3] behend: sogleich, schnell
[4] schlägt mit dem Schweif einen furchtbarer Reif: schwingt mit dem Schwanz einen großen Kreis
[5] Leu: Löwe
[6] speit: spuckt
[7] von des Altans Rand: vom Rand des Balkons
[8] Delorges: *sprich:* Delórsch
[9] spottenderweis: voller Spott
[10] keck: mutig
[11] gelassen: ruhig, ohne Aufregung

2 Erzählt den Inhalt der Ballade nach:
- **Was** ist hier geschehen?
- **Wer** sind die Hauptfiguren?
- **Wie** verhalten sich die Tiere: zu Beginn – und dann immer danach?
- **Wie** geht die Geschichte aus?

3 Welche Meinung habt ihr zu den beiden Hauptfiguren?
- Was haltet ihr von dem Fräulein Kunigunde: Ist sie wohl wirklich verliebt in den Ritter? Ist ihr der Handschuh zufällig heruntergefallen? Oder eher mit Absicht?
- Und wie würdet ihr den Ritter Delorges charakterisieren: Ob er das Fräulein Kunigunde wirklich liebt? Ist er besonders mutig? Oder ist er vielleicht leichtsinnig? Und wie findet ihr seine Reaktion zum Schluss?

4 Welche der folgenden Balladen-Elemente könnt ihr im „Handschuh" wiederentdecken?

Ballade

Balladen gab es schon vor tausend Jahren. Und es gibt sie fast in allen Sprachen.
Sie bestehen in der Regel aus **vier Elementen**:
1. Balladen bestehen aus **Versen** und **Strophen**, und sie sind meistens auch gereimt. So gesehen gehören sie zu den **Gedichten**.
2. Viele Balladen haben sogar einen **Refrain**. Das sind Verse, die am Ende von Strophen wiederholt werden. So gesehen haben viele Balladen auch etwas von **Liedern**.
3. Balladen erzählen von spannenden **Ereignissen** und glücklichen oder unglücklichen **Vorfällen** – meistens im Präteritum. So gesehen sind Balladen auch **Geschichten**.
4. Außerdem enthalten viele Balladen **Dialoge** und sind sehr **dramatisch** aufgebaut. So gesehen haben viele Balladen etwas von kleinen **Szenen** wie in einem Theater.

Probleme erkennen – Einsichten gewinnen   **167**

5 Hier sind einige Aussagen von Schülern zu dieser Ballade.
Welchen Antworten würdet ihr zustimmen? Führt dazu ein kleines Streitgespräch.

> *Die Kunigunde will den Ritter auf die Probe stellen, ob er ihre Liebe auch verdient.
> Die will eben einen richtig tapferen Helden zum Mann haben.*

> *Der Ritter Delorges ist vielleicht in Kunigunde verliebt. Als er aber merkt, was sie von ihm verlangt, ist seine Liebe hin.*

> *Das ist gar keine richtige Liebe. Die Kunigunde will nur angeben mit ihrem Ritter. Da steht doch, dass sie über ihn spottet.*

> *Ich glaube, der liebt sie wirklich. Sonst hätte er nicht den Handschuh geholt. Aber warum wirft er ihr den Handschuh dann ins Gesicht? Ich finde das ziemlich frech.*

> *Sie sagt, dass er ihr seine Liebe „schwört zu jeder Stund". Aber ob es wirklich so ist?*

> *Der Ritter setzt sein Leben aufs Spiel. Und alle klatschen Beifall. Ein mutiger Typ!*

> *Ich finde, es war gar nicht so gefährlich, den Handschuh zu holen. Die Raubtiere lagen doch nur so rum und sind fast eingeschlafen.*

> *Der Ritter wollte der Kunigunde zeigen, dass er ihrer Liebe nicht glaubt.*

> *Er wollte sie vor dem ganzen Publikum bloßstellen.*

> *Ich finde die Ballade ziemlich witzig.*

> *Witzig? Das ist doch bitterer Ernst!*

6 Bereitet diese Ballade zum Vortragen vor.
- Macht eine kleine Pause, wenn ein Strich (|) steht, und eine größere Pause bei zwei Strichen (||).
- Die Pfeile (↗) bedeuten: Hier soll eine kleine Pause gemacht werden, wobei aber die Stimme **nicht** absinken darf.
- Die unterstrichenen Wörter sollen beim Sprechen besonders hervorgehoben werden.
- Beachtet auch die **Kommentare** neben der Ballade. Sie deuten an, mit welcher Stimme ihr sprechen solltet. Wenn ihr dann auch noch einige Gebärden mit den Händen dazu macht, dann wird euer Vortrag den Zuhörern Vergnügen bereiten.

7 Die Ballade eignet sich auch gut zum Auswendiglernen. Beachtet dazu die folgenden **Tipps**:

Tipps zum Auswendiglernen:
- Lies dir die Ballade öfter halblaut selbst vor und achte auf Pausen und Betonungen.
- Lerne immer nur zwei oder drei Strophen an einem Tag.
- Übe die Stellen, an denen du immer wieder etwas vergisst, extra ein.
- Suche dir einen Partner oder eine Partnerin. Übt gemeinsam die Ballade ein.
Einer von euch ist dabei der Souffleur oder die Souffleuse (Vorsager), der dem Sprecher vorsagt, wenn er nicht mehr weiter weiß. Ihr könnt auch die Rollen tauschen.
- Beim Vortrag ist das Vorsagen und das Schauen auf den Text erlaubt.
Das Publikum anschauen ist aber Pflicht!
- Das Wichtigste ist: Euer Vortrag soll den Zuhörern Spaß bereiten!

Balladenwerkstatt

Die dramatische Handlung einer Ballade untersuchen

1 Lasst euch die folgende Ballade vorlesen. Wenn ihr beim Zuhören das Buch aufgeschlagen habt und mit den Augen mitlest, dann lernt ihr die Handlung noch besser kennen.

Die Goldgräber

Emanuel Geibel

1 Sie waren gezogen über das Meer,
Nach Glück und Gold stand ihr Begehr[1],
Drei wilde Gesellen[2], vom Wetter gebräunt,
4 Und kannten sich wohl und waren sich freund[3].

2 Sie hatten gegraben Tag und Nacht,
Am Flusse die Grube, im Berge den Schacht,
In Sonnengluten[4] und Regengebraus,
8 Bei Durst und Hunger hielten sie aus.

3 Und endlich, endlich, nach Monden voll Schweiß[5],
Da sah'n aus der Tiefe sie winken den Preis,
Da glüht' es sie an durch das Dunkel so hold[6],
12 Mit Blicken der Schlange[7], das feurige Gold.

4 Sie brachen es los aus dem finsteren Raum,
Und als sie's fassten, sie hoben es kaum[8],
Und als sie's wogen, sie jauchzten zugleich:
16 „Nun sind wir geborgen, nun sind wir reich!"

5 Sie lachten und kreischten mit jubelndem Schall,
Sie tanzten im Kreis um das blanke Metall,
Und hätte der Stolz nicht bezähmt ihr Gelüst[9],
20 Sie hätten's mit brünstiger Lippe geküsst[10].

6 Sprach Tom, der Jäger: Nun lasst uns ruhn!
Zeit ist's, auf das Mühsal[11] uns gütlich zu tun[12].
Geh, Sam, und hol uns Speisen und Wein,
24 Ein lustiges Fest muss gefeiert sein."

7 Wie trunken schlenderte Sam dahin
Zum Flecken[13] hinab mit verzaubertem Sinn;
Sein Haupt umnebelnd beschlichen ihn sacht
28 Gedanken, wie er sie nimmer[14] gedacht.

[1] Begehr: etwas unbedingt haben wollen
[2] Gesellen: Kerle, Burschen
[3] waren sich freund: waren Freunde
[4] Sonnengluten: große Hitze
[5] nach Monden voll Schweiß: *hier:* nach monatelanger Arbeit
[6] hold: anmutig, von zarter Schönheit
[7] mit Blicken der Schlange: verführerisch
[8] sie hoben es kaum: sie konnten es kaum heben, tragen
[9] Und hätte der Stolz nicht bezähmt ihr Gelüst: Und hätte der Stolz ihr großes Verlangen nicht gezügelt, beherrscht
[10] mit brünstiger Lippe: lustvoll, stark, inniglich
[11] Mühsal: große Mühe, große Anstrengung
[12] sich gütlich zu tun: sich belohnen, es sich gut gehen lassen
[13] Flecken: *hier:* bestimmter Ort
[14] nimmer: niemals

8 Die andern saßen am Bergeshang,
Sie prüften das Erz, und es blitzt' und es klang.
Sprach Will, der Rote[15]: „Das Gold ist fein;
32 Nur schade, dass wir es teilen zu drei'n!"

9 „Du meinst?" – „Je nun, ich meine nur so.
Zwei würden des Schatzes besser froh[16] –"
„Doch wenn –" – „Wenn was?" – „Nun, nehmen wir an,
36 Sam wäre nicht da" – „Ja, freilich, dann, – –"

10 Sie schwiegen lang; die Sonne glomm[17]
Und gleißt'[18] um das Gold; da murmelte Tom:
„Siehst du die Schlucht dort unten?" – „Warum?" –
40 „Ihr Schatten ist tief und die Felsen sind stumm." –

11 „Versteh ich dich recht?" – „Was fragst du noch viel!
Wir dachten es beide und führen's ans Ziel[19].
Ein tüchtiger Stoß und ein Grab im Gestein,
44 So ist es getan, und wir teilen allein."

12 Sie schwiegen aufs Neu'. Es verglühte[20] der Tag,
Wie Blut auf dem Golde das Spätrot lag;
Da kam er zurück, ihr junger Genoss[21],
48 Von bleicher Stirne der Schweiß ihm floss.

13 „Nun her mit dem Korb und dem bauchigen Krug!"
Und sie aßen und tranken mit tiefem Zug.
„Hei lustig, Bruder! Dein Wein ist stark;
52 Er rollt wie Feuer durch Bein und Mark.

14 Komm, tu uns Bescheid!"[22] – „Ich trank schon vorher;
Nun sind vom Schlafe die Augen mir schwer.
Ich streck' ins Geklüft[23] mich." – „Nun, gute Ruh'!
56 Und nimm den Stoß und den dazu!"

15 Sie trafen ihn mit den Messern gut;
Er schwankt' und glitt im rauchenden Blut.
Noch einmal hub[24] er sein blass Gesicht:
60 „Herrgott im Himmel, du hältst Gericht!

16 Wohl um das Gold erschluget ihr mich[25];
Weh' euch! Ihr seid verloren, wie ich.
Auch ich, ich wollte den Schatz allein
64 Und mischt' euch tödliches Gift an den Wein."

[15] der Rote: *hier:* der Rothaarige
[16] Zwei würden des Schatzes besser froh: Besser wäre es, wenn wir den Schatz nur durch zwei teilen müssten.
[17] glomm: von *glimmen:* schwach glühen, brennen
[18] gleißen: funkeln, glänzen
[19] und führen's ans Ziel: und machen es so
[20] verglühen: *hier:* vergehen
[21] Genoss: von *Genosse:* Gefährte, Kamerad
[22] tu uns Bescheid: stoß mit uns an
[23] Geklüft: zerklüftete Gegend mit Felsen, Klippen und Abgründen
[24] hub: hob
[25] um das Gold erschluget ihr mich: wegen des Goldes tötetet ihr mich

2 Was meint ihr zum Ausgang dieser Ballade?
Tauscht spontan eure Gedanken oder Fragen dazu aus.

3 Bestimmt gibt es Wörter oder Formulierungen, die ihr nach dem ersten Hören und Mitlesen noch nicht ganz verstanden habt? Sprecht darüber und nutzt zur Klärung auch die Fußnoten.

4 Gebt das Geschehen dieser Ballade jetzt mit euren eigenen Worten wieder.

5 Arbeitet in Tischgruppen und untersucht den Handlungsverlauf der Ballade nun genauer.
- Setzt euch dazu mit den folgenden Fragen auseinander.
- Notiert zu jeder Frage jeweils Beispiele oder Hinweise aus den einzelnen Strophen.

a) Was verbindet die drei Freunde im ersten Teil der Ballade?
b) Welche schwere Arbeit leisten sie gemeinsam?
c) Wann können sie endlich die Früchte ihrer schweren Arbeit ernten?
d) Und wie reagieren die drei darauf?
e) Bis zu welcher Strophe ist ihre Welt noch in Ordnung?
f) Wo bahnen sich erste Risse in ihrer Freundschaft an?
g) An welcher Person könnt ihr das festmachen? Lest die entsprechende Strophe vor.
h) Welche Gedanken nehmen bei den beiden anderen langsam immer mehr Gestalt an?
i) Von welcher Person gehen hier die Impulse aus?
j) In welcher Strophe sind die tragischen Entschlüsse dann unumstößlich gefasst?

6 Stellt euch nun eure Ergebnisse vor und vergleicht sie.

7 In der zwölften Strophe gibt es zwei sprachliche Hinweise auf den bevorstehenden dramatischen Ausgang der Handlung. Geht auf Spurensuche und begründet eure Überlegungen.

8 Als Sam zurückkommt, setzen Will und Tom ihren Plan recht schnell um in die Tat. Aber auch die beiden können sich dann nicht mehr an ihrem Gold erfreuen … Schildert den verhängnisvollen Ablauf mit euren Worten.

9 Was meint ihr: Was ist das zentrale **Thema** dieser Ballade?

10 Wie könnte man das Thema der Ballade in die heutige Zeit übertragen? Entwickelt dazu gemeinsam Ideen und diskutiert darüber.

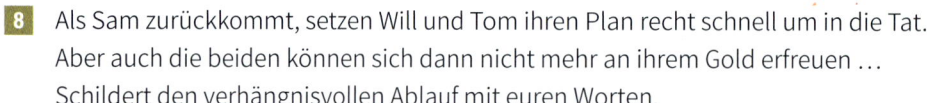

Balladenwerkstatt

Eine Ballade in Szene setzen

1 Die Sage „Der Rattenfänger von Hameln" habt ihr vielleicht schon im 6. Schuljahr kennengelernt. Hier findet ihr sie in gereimter Form als Ballade erzählt. Lest die Ballade vor.

Der Rattenfänger von Hameln

Nach einer Volksballade

In Hameln kämpften Mäus und Ratzen
Bei hellem Tage mit den Katzen.
Das ließ den Stadtrat nimmer ruhn.
4 „Was können wir dagegen tun?"

Da kam zum Rat ein Wundermann,
Mit bunten Kleidern angetan.
Sagt: „Ich befrei Euch jedes Haus
8 Gegen Lohn von Ratt' und Maus."

Der Rat stimmt zu. Der Mann mit Eifer[1]
Beweist sich als ein Rattenpfeifer.
Pfiff Ratz und Mäus zusamm' ohn Zahl[2],
12 Ersäuft sie in der Weser all.

Doch als der Mann dafür den Lohn
Sich holen will, erfährt er Hohn[3]:
„Nur pfeifen? Das ging gar zu leicht!"
16 „Das war doch nur ein Teufelsstreich!"

Er sprach den Ratsherrn ins Gewissen.
Doch wurd' er aus dem Saal geschmissen.
Er konnt zuletzt vor der Gemein'[4]
20 Nur auf dem Dorfe sicher sein.

Die Stadt, von solcher Not befreit,
In großem Dankfest sich erfreut.
In Kirchen saßen alle Leut,
24 Es läuteten die Glocken weit.

Die Kinder spielten auf den Gassen.
Der Wundermann durchzog die Straßen.
Er pfiff zusammen sie geschwind –
28 Wohl ein'ge hundert kleine Kind'.

Ein Hirt sah sie zur Weser gehen,
Und keiner hat sie wiedergesehen.
Verloren sind sie seit dem Tag
32 Zu ihrer Eltern Weh und Klag.

[1] mit Eifer: schnell und mit großer Sorgfalt
[2] Mäus ohn Zahl: zahllose (unendlich viele) Mäuse
[3] Hohn erfahren: verspottet werden
[4] Gemein': Gemeinde, Menschen der Stadt

2 Verständigt euch über Wörter oder Formulierungen, die euch noch unklar sind. Nutzt dazu auch die Erklärungen in den Fußnoten.

3 Beschreibt, auf welche Weise der Rattenfänger die Stadt von der Rattenplage befreit.

4 Wie verhalten sich die Hamelner Bürger anschließend dem Rattenfänger gegenüber?
- Lest dazu noch einmal in den Strophen 4 und 5 nach.
- Erklärt, wie die Hamelner ihr Verhalten begründen.

5 Wie beurteilt ihr dieses Verhalten der Hamelner Bürger?
Und wie beurteilt ihr das anschließende Verhalten des Rattenfängers? Diskutiert darüber.

6 Die zweite und dritte Strophe sowie die vierte und fünfte Strophe könnt ihr in zwei szenischen Texten lebendig werden lassen:
In diesen beiden Szenen sollte deutlich werden, wie der Stadtrat mit einem Menschen umgeht, dem man erst einen Lohn für seine Arbeit anbietet, ihm dann aber nach getaner Arbeit den Lohn verweigert.
Den Rattenfänger könntet ihr in seinen Redebeiträgen als eine Figur charakterisieren, die es durchaus verdient, dass man mit ihr ehrlich und anständig umgeht.
Von den folgenden Ausschnitten aus beiden Sitzungen könnt ihr euch anregen lassen.

1. Szene:
Beratung der Ratsherren über die Rattenplage – Angebot des Rattenfängers – Zustimmung des Stadtrates

Bürgermeister: Ratsherren der Stadt Hameln! Heute steht auf der Tagesordnung die Plage, gegen welche die Bürger der Stadt seit Monaten ankämpfen: die Rattenplage. Ich eröffne die Aussprache darüber.
1. Ratsherr: Ja, das ist eine unsägliche Plage! Mäuse und Ratten sind in fast alle Häuser der Stadt eingedrungen. Wir müssen befürchten, dass sich durch sie die Pest wieder verbreitet. Wir müssen unbedingt etwas dagegen tun!
2. Ratsherr: Leichter gesagt als getan. Jeder Haushalt hat bereits mehrere Katzen. Doch sie schaffen es nicht mehr!
3. Ratsherr: …
Gemeindediener: Verzeihung, meine Herren! Draußen hat sich ein Mann angemeldet, der Eintritt begehrt. Er behauptet, er könne den Herren des Rates bei der Beseitigung der Rattenplage helfen.
Bürgermeister: Er möge eintreten! Führen Sie ihn herein!
Rattenfänger: Seid mir gegrüßt, edle Herren des Rates der Stadt Hameln! …
Bürgermeister: *(begrüßt ihn)* …
1. Ratsherr: …

2. Szene:
2. Verweigerung des versprochenen Lohnes – Rauswurf des Rattenfängers aus dem Stadtrat

Bürgermeister: Ratsherren der Stadt Hameln! Ich, und ich darf wohl sagen: wir alle sind erleichtert darüber, dass die Rattenplage ein Ende gefunden hat. Die Ratten sind verschwunden, wie sie gekommen sind. Gott hat uns von der Plage befreit.
1. Ratsherr: …
Gemeindediener: Verzeihung, meine Herren! Draußen vor der Tür steht wieder der Mann, der schon bei der vorigen Sitzung Einlass begehrt hat.
Bürgermeister: Gott bewahr uns! Doch gut, er möge eintreten. Führt ihn herein!
Rattenfänger: Meine Herren Stadträte! Ich bin gekommen, um mir den versprochenen Lohn für meine Arbeit abzuholen. …
Bürgermeister: *(begrüßt ihn)* …
Rattenfänger: …
1. Ratsherr: …

Balladenwerkstatt

Balladen erschließen und deuten

Schaut euch die folgenden Seiten 173–178 mit den Balladen und den Aufgaben an. Entscheidet dann, welche Materialien ihr gern bearbeiten möchtet.
- Ihr könnt die Materialien auch in Partner- oder Gruppenarbeit bearbeiten.
- Zum Schluss stellen alle Teams den anderen ihre Ergebnisse vor.

Herr von Ribbeck auf Ribbeck im Havelland

Theodor Fontane

Herr von Ribbeck auf Ribbeck im Havelland,
Ein Birnbaum in seinem Garten stand,
Und kam die goldene Herbsteszeit
4 Und die Birnen leuchteten weit und breit,
Da stopfte, wenn's Mittag vom Turme scholl[1],
Der von Ribbeck sich beide Taschen voll,
Und kam in Pantinen[2] ein Junge daher,
8 So rief er: „Junge, wiste 'ne Beer[3]?"
Und kam ein Mädel, so rief er: „Lütt Dirn,
Kumm man röwer, ick hebb 'ne Birn."

So ging es viel Jahre, bis lobesam[4]
12 Der von Ribbeck auf Ribbeck zu sterben kam.
Er fühlte sein Ende. 's war Herbsteszeit,
Wieder lachten die Birnen weit und breit;
Da sagte von Ribbeck: „Ich scheide nun ab.
16 Legt mir eine Birne mit ins Grab."
Und drei Tage drauf, aus dem Doppeldachhaus,
Trugen von Ribbeck sie hinaus,
Alle Bauern und Büdner[5] mit Feiergesicht
20 Sangen „Jesus meine Zuversicht",
Und die Kinder klagten, das Herze schwer:
„He is dod nu. Wer giwt uns nu 'ne Beer?"

So klagten die Kinder. Das war nicht recht –
24 Ach, sie kannten den alten Ribbeck schlecht;
Der neue freilich, der knausert und spart,
Hält Park und Birnbaum strenge verwahrt.
Aber der alte, vorahnend schon
28 Und voll Misstraun gegen den eigenen Sohn,
Der wusste genau, was damals er tat,
Als um eine Birn' ins Grab er bat,
Und im dritten Jahr aus dem stillen Haus
32 Ein Birnbaumsprössling sprosst heraus.

Und die Jahre gingen wohl auf und ab,
Längst wölbt sich ein Birnbaum über dem Grab,
Und in der goldenen Herbsteszeit
36 Leuchtet's wieder weit und breit.
Und kommt ein Jung' übern Kirchhof her,
So flüstert's im Baume: „Wiste 'ne Beer?"
Und kommt ein Mädel, so flüstert's: „Lütt Dirn,
40 Kumm man röwer, ick gew' di 'ne Birn."

So spendet Segen noch immer die Hand
Des von Ribbeck auf Ribbeck im Havelland.

[1] wenn's Mittag vom Turme scholl: die Mittagsglocke der Kirche läutet zwölfmal
[2] Pantinen: Holzschuhe oder Holzpantoffeln
[3] Beer: Birne
[4] lobesam: *veraltet für:* lobenswert
[5] Büdner: Kleinbauern

1 Einen Menschen wie Herrn von Ribbeck auf Ribbeck trifft man nicht alle Tage …
- Tauscht euch über seine besonderen Charaktereigenschaften aus.
- Erläutert, warum gerade die Kinder traurig sind, als Herr von Ribbeck stirbt.

2 Welche Vorahnung hat Herr von Ribbeck, bevor er stirbt?
- Welche „Vorsorgemaßnahme" trifft er daraufhin?
- Und was genau passiert drei Jahre nach seinem Tod?

3 In Vers 31 ist von einem *stillen Haus* die Rede.
Übersetzt dieses sprachliche Bild mit euren Worten.

4 Versetzt euch in die Situation der Kinder hinein und schreibt aus ihrer Sicht eine Todesanzeige für Herrn von Ribbeck.
Darin soll deutlich werden, warum er den Kindern so viel bedeutet hat.

5 Ihr könnt auch ein Gespräch mit dem jungen Herrn von Ribbeck spielen.
- Vielleicht möchtet ihr ihn fragen, warum er so knausrig ist …
- Ihr könntet ihm seinen Vater als „gutes Beispiel" in Erinnerung rufen …

6 Lest die folgende Ballade still oder lest sie euch vor.

Die Weiber von Weinsberg

nach Gottfried August Bürger

1
Wer sagt mir nur, wo Weinsberg[1] liegt?
Soll sein ein tolles Städtchen.
Soll haben, fromm und klug, gewiegt[2],
Viel Weiberchen und Mädchen.
Fällt mir zu heiraten mal ein,
6 So werd ich eins aus Weinsberg frein[3].

2
Einstmals der Kaiser Konrad war
Dem guten Städtchen böse.
Er rückt' heran mit Kriegesschar
Und Reitersleutgetöse,
Umlagert es mit Ross und Mann
12 Und schoss und rannte drauf und dran.

3
Und als das Städtlein widerstand
Trotz allen seinen Nöten,
Da ließ er, hoch von Grimm[4] entbrannt,
Den Herold[5] reintrompeten:
„Ihr Schurken, komm ich rein, so wisst:
18 Ich hänge auf, was männlich ist!"

4
Als er nun diese Botschaft so
Trompeten hat gelassen,
Gab's lautes Zetermordio
Zu Haus und auf den Gassen.
Das Brot war teuer in der Stadt;
24 Doch teurer noch war guter Rat.

5
„O weh, ich armer, armer Mann!
O weh mir!" Die Pastoren
schrien laut, es schrie auch der Kaplan:
„O weh, wir sind verloren!"
„O weh, ich armer, armer Sohn!
30 Es juckt mir an der Kehle schon!"

6
Doch wenn man fast am Ende ist
Trotz Raten, Tun und Beten,
So rettet oft noch Weiberlist
Aus Ängsten und aus Nöten.
Scheinheiligkeit und Weiberlist
36 Gehn über alles, wie ihr wisst.

7
Ein junges Weibchen, voll Humor,
Seit gestern erst getrauet,
Stellt einen klugen Einfall vor,
Der alles Volk erbauet[6];
Den ihr, wenn ihr nicht anders wollt,
42 Belachen und beklatschen sollt.

8
Zur Zeit der stillen Mitternacht,
Weibsvolk, auf dunklem Pfade,
Zu Konrad sich ins Lager macht
Und bettelt dort um Gnade.
Es bettelt sanft, es bettelt süß,
48 Erhält doch aber nichts als dies:

9 „Ein jedes Weib verlassen kann
die Burg mit allen Schätzen.
Was übrig bleibt, das soll man dann
Zerhauen und zerfetzen!"
War das ein wirklich schlechter Lohn?
54 Die Frauen schlichen sich davon.

10 Als nun der Morgen bricht hervor,
Gebt Acht, was jetzt geschiehet!
Es öffnet sich das große Tor,
Und jedes Weibchen ziehet
Mit Mann und Kind, versteckt im Sack,
60 So wahr ich lebe, huckepack!

11 Minister suchten zwar sofort
Den Trick noch zu vereiteln;
Doch Konrad sprach: „Ein Kaiserwort
Soll man nicht drehn und deuten[7].
„Ha bravo!", rief er, „bravo so!
66 Wär' meine Frau doch auch nur so!"

12 Er hielt an dem Versprechen fest.
Den Schönen zu gefallen,
Gab er ein riesengroßes Fest
Und hat getanzt mit allen,
Wie mit der Bürgermeisterin
72 So mit der Besenbinderin.

13 Ei, sagt mir doch, wo Weinsberg liegt!
Soll sein ein tolles Städtchen.
Soll haben, fromm und klug, gewiegt,
Viel Weiberchen und Mädchen.
Fällt mir zu heiraten mal ein,
78 Dann muss es eins aus Weinsberg sein.

[1] Weinsberg: eine Stadt zwischen Stuttgart und Würzburg
[2] gewiegt: geschickt, mit allen Wassern gewaschen
[3] frein: heiraten
[4] von Grimm entbrannt: vor Zorn, Wut
[5] Herold: Ausrufer
[6] erbauen: der allen gefällt
[7] drehn und deuten: verdrehen, falsch verstehen

7 Klärt gemeinsam, worum es in dieser Ballade geht:
- Wo spielt sich die Handlung ab? Und welche Personen kommen darin vor?
- Was haben die Frauen mit dem König ausgehandelt?
- Worin besteht dann der „Trick" der Frauen?
- Wie reagieren die Minister und der König darauf?

8 Beantwortet die Fragen zu zwei zentralen Textstellen mit Textbelegen:
- Welche Antwort gibt Konrad den Frauen von Weinsberg, als sie um Gnade betteln?
- Warum lässt Konrad sich den Trick der Frauen gefallen?

9 Ordne den einzelnen Strophen die folgenden Überschriften zu.
Schreibe so auf: *a) Strophe 1, b) Strophe ..., c) Strophe ...*

a) Einleitung des Erzählers
b) Kaiser Konrad belagert Weinsberg
c) Die Stadt gerät in Not
d) Der Kaiser droht der Stadt
e) Die Klagen der Kirchenmänner
f) Eine junge Frau hat eine Idee
g) Der Erzähler gibt einen Zwischenkommentar ab

h) Die Frauen bitten den Kaiser um Gnade
i) Der Kaiser will die Frauen freilassen
j) Der Kaiser hält sich an sein Versprechen
k) Schlusssätze des Erzählers
l) Großes Fest
m) Die Weiber von Weinsberg wenden einen Trick an

10 Diese Ballade über die Weiber von Weinsberg ist sehr spannend erzählt.
Geht auf Spurensuche im Text und ermittelt die folgenden **Spannungselemente**:
- An wen wendet sich der Erzähler dieser Geschichte eigentlich in der ersten und in der letzten Strophe? Woran könnt ihr das erkennen?
- In welchen Strophen sagen Personen etwas in wörtlicher Rede?
- An welchen Stellen wird etwas wörtlich wiederholt?
- In welchen Strophen **kommentiert** der Erzähler das Geschehen?

11 In den beiden **Strophen 8** und **10** wird das Geschehen im **Präsens** erzählt.
- Beschreibt, welche Wirkung hier durch die Zeitform Präsens erzielt wird.
- Lest beide Strophen dazu auch noch einmal laut.

12 Informiert euch im folgenden Text über das besondere Leben von Kaspar Hauser.

Kaspar Hauser – Betrogener Erbprinz oder Hochstapler?

Am Pfingstmontag 1828 traf der Schuhmachermeister Weickmann aus Nürnberg während eines Spaziergangs durch die Stadt auf einen etwa 16-jährigen Jungen. Der Junge bewegte sich sehr eigenartig und lallte unverständliche Worte vor sich hin. Seine Kleidung war abgetragen und wirkte ärmlich. Da man den Jungen für einen betrunkenen Landstreicher hielt, wurde er auf die Polizeiwache gebracht. Dort griff er zur Überraschung der Anwesenden nach einer Feder und schrieb seinen Namen „Kaspar Hauser" auf ein Blatt Papier.

Beim Verhör beantwortete er nur wenige Fragen, sein Wortschatz wirkte sehr eingeschränkt. Er berichtete, dass er Zeit seines Lebens allein in einem dunklen Zimmer festgehalten worden war. Er habe die ganze Zeit sitzen müssen und nur Wasser und Brot bekommen. Erst gegen Ende seiner Gefangenschaft sei ihm Sprechen, Schreiben, Lesen und Gehen beigebracht worden. Ein versiegelter Brief, den der Junge bei sich trug, bestätigte viele seiner Angaben.

Der sonderbare Junge erregte bald großes Aufsehen über die Grenzen Nürnbergs hinaus. Er wurde zu einer öffentlichen Attraktion. Viele Adelige und Bürger interessierten sich für ihn. Zahlreiche bedeutende Wissenschaftler führten Untersuchungen an ihm durch und gaben ihm Unterricht.

Im Dezember 1833 erlitt Kaspar eine lebensgefährliche Stichverletzung. Er behauptete, dass ein Unbekannter ihn im Ansbacher Hofgarten angesprochen und dann zugestochen habe. Drei Tage später starb Hauser an den Folgen seiner Verletzung. Die Suche nach dem Täter blieb erfolglos.

Um das Leben und Sterben Kaspar Hausers (1812–1833) ranken sich bis heute viele Geheimnisse und Verschwörungstheorien. Lange wurde vermutet, dass Hauser ein badischer Erbprinz war und bei seiner Geburt gegen ein sterbendes Kind vertauscht wurde. So sollte eine andere Erbfolge in Baden ermöglicht werden. Diese Theorie gilt heute als widerlegt. Andere nahmen an, dass Hauser ein Hochstapler war. Er habe alles nur vorgespiegelt. Als das Interesse an seiner Person nachließ, habe er sich selbst verletzt, um erneut Aufmerksamkeit zu erregen.

Kaspar Hausers außergewöhnliche Geschichte inspirierte Kunst und Kultur. So wurden Bücher und Musikstücke über ihn geschrieben und Filme über sein Leben gedreht.

13 Tauscht euch über die besonderen Lebensbedingungen von Kaspar Hauser aus.

Nicht nur in der Literatur gibt es Balladen, sondern auch im Film und in der Musik. Der Liedermacher Reinhard Mey greift in einem seiner zahlreichen Lieder die außergewöhnliche Geschichte von Kaspar Hauser auf.

14 Lest die Ballade von Reinhard Mey.

Kaspar

Reinhard Mey

Sie sagten, er käme von Nürnberg her und er spräche kein Wort.
Auf dem Marktplatz standen sie um ihn her und begafften ihn dort.
Die einen raunten: „Er ist ein Tier", die andern fragten: „Was will der hier?"
Und dass er sich doch zum Teufel scher'.
„So jagt ihn doch fort, so jagt ihn doch fort!"

Sein Haar in Strähnen und wirre, sein Gang war gebeugt.
„Kein Zweifel, dieser Irre ward vom Teufel gezeugt."
Der Pfarrer reichte ihm einen Krug
voll Milch, er sog in einem Zug.
„Er trinkt nicht vom Geschirre, den hat die Wölfin gesäugt!"

Mein Vater, der in unserem Ort der Schulmeister war,
trat vor ihn hin, trotz böser Worte rings aus der Schar;
er sprach zu ihm ganz ruhig und
der Stumme öffnete den Mund
und stammelte die Worte: „Heiße Kaspar."

Mein Vater brachte ihn ins Haus, „Heiße Kaspar!"
Meine Mutter wusch seine Kleider aus und schnitt ihm das Haar.
Sprechen lehrte mein Vater ihn,
lesen und schreiben, und es schien,
was man ihn lehrte, sog er in sich auf – wie gierig er war!

Zur Schule gehörte derzeit noch das Üttinger Feld,
Kaspar und ich pflügten zu zweit, bald war alles bestellt[1];
Wir hegten, pflegten jeden Keim,
brachten im Herbst die Ernte ein,
von den Leuten vermaledeit[2], von deren Hunden verbellt.

Ein Wintertag, der Schnee war frisch, es war Januar.
Meine Mutter rief uns: „Kommt zu Tisch, das Essen ist gar!"
Mein Vater sagte: „… Appetit",
ich wartete auf Kaspars Schritt,
mein Vater fragte mürrisch: „Wo bleibt Kaspar?"

[1] bestellt: *hier:* die Felder bearbeiten, damit sie Ertrag (Ernte) bringen: eggen (den Boden auflockern), pflügen (die Erde mit einem Pflug lockern und wenden), säen
[2] vermaledeit: verflucht, verwünscht

Wir suchten und wir fanden ihn auf dem Pfad bei dem Feld.
Der Neuschnee wehte über ihn, sein Gesicht war entstellt,
die Augen angstvoll aufgerissen,
sein Hemd war blutig und zerrissen.
Erstochen hatten sie ihn, dort am Üttinger Feld!

Der Polizeirat aus der Stadt füllte ein Formular.
„Gott nehm' ihn hin in seiner Gnad'", sagte der Herr Vikar³.
Das Üttinger Feld liegt lang schon brach,
nur manchmal bell'n mir noch die Hunde nach,
dann streu ich ein paar Blumen auf den Pfad, für Kaspar.

³ Vikar: Stellvertreter eines katholischen Pfarrers

15 Welche Fakten aus dem Leben von Kaspar Hauser hat Reinhard Mey in seine Ballade übernommen, welche hat er verändert? Vergleicht mit dem Informationstext.

16 Versetzt euch in die unglückliche Lage von Kaspar Hauser: Alle stehen um ihn herum, begaffen oder beschimpfen ihn, fassen ihn an.
- Welche Fragen und Gedanken könnten ihm durch den Kopf gehen?
- Notiert eure Ideen und tauscht euch aus.

17 Obwohl Kaspar niemandem etwas getan hatte, hatte er wenige Freunde und viele Feinde.
Weshalb brachte man ihm wohl so viel Hass und Unverständnis entgegen? Nennt mögliche Gründe.

18 Ermittelt aus der Ballade, warum Kaspar Zutrauen zum Dorfschullehrer und seiner Frau fand. Lest die entsprechenden Zeilen vor. Schreibt auch hier die Gedanken von Kaspar auf und sprecht darüber.

19 Verteidigt Kaspar gegenüber den Menschen aus dem Dorf.
- Welche Argumente könnt ihr zu zweit oder in der Gruppe zusammenstellen?
- Tauscht eure Ergebnisse anschließend mit anderen aus.

20 Wer erzählt die Geschichte von Kaspar Hauser eigentlich bei Reinhard Mey?

21 Die Liedballade von Reinhard Mey eignet sich gut für einen gestaltenden Vortrag.
- Stellt fest, welche Passagen der **Erzähler** spricht. Notiert die Zeilenangaben.
- Welche Personen treten in der Ballade auf? Erstellt eine Liste und notiert auch hier entsprechende Zeilenangaben.

22 Verteilt nun die Sprecher-Rollen in der Klasse.
- Experimentiert mit verschiedenen Sprechweisen:
Wo wollt ihr z. B. *raunen, stammeln, fragen …?*
Seht euch dazu die erste Strophe an.
- Versucht auch einmal, das Raunen und Fragen der Leute **im Chor** zu sprechen:
Er ist ein Tier, ist ein Tier, … ist ein Tier
und etwas lauter:
Was will der hier, … will der hier, will der hier?

23 Ihr könnt auch Kaspars innere Stimme sprechen lassen, indem sich jemand hinter ihn stellt und seine Gedanken (Aufgabe 16 und 18) halblaut spricht.

24 Ihr könnt den Text auch zu dritt oder zu viert als **Rap** im Sprechgesang einstudieren.

○○●○ Gipfelstürmer

Balladenwerkstatt
Eine Ballade mit einer wahren Begebenheit vergleichen

„John Maynard" ist eine der bekanntesten Balladen von Theodor Fontane.
Sie wurde erstmals 1886 veröffentlicht.
Die Ballade preist John Maynard, den Steuermann eines Passagierschiffes auf dem Eriesee.
Auf diesem Schiff bricht am Ende einer Fahrt von Detroit nach Buffalo Feuer aus.
John Maynard bleibt als Steuermann „in Qualm und Brand" auf seinem Posten,
bis das Schiff das Ufer erreicht. So rettet er alle Passagiere – aber um den Preis
seines eigenen Lebens.

1 Verteilt die Strophen auf verschiedene Sprecher und lest die Ballade dann vor.

John Maynard

Theodor Fontane

    John Maynard[1]!

    „Wer ist John Maynard?"

    „John Maynard war unser Steuermann,
4   Aus hielt er, bis er das Ufer gewann,
    Er hat uns gerettet, er trägt die Kron[2],
    Er starb für uns, unsre Liebe sein Lohn.
        John Maynard."

8 Die „Schwalbe" fliegt über den Eriesee,
    Gischt schäumt um den Bug[3] wie Flocken von Schnee;
    Von Detroit[4] fliegt sie nach Buffalo[5] –
    Die Herzen aber sind frei und froh,
12 Und die Passagiere mit Kindern und Fraun
    Im Dämmerlicht schon das Ufer schaun,
    Und plaudernd an John Maynard heran
    Tritt alles: „Wie weit noch, Steuermann?"
16 Der schaut nach vorn und schaut in die Rund:
    „Noch dreißig Minuten … Halbe Stund."

    Alle Herzen sind froh, alle Herzen sind frei –
    Da klingt's aus dem Schiffsraum her wie Schrei,
20 „Feuer!" war es, was da klang,
    Ein Qualm aus Kajüt[6] und Luke drang,
    Ein Qualm, dann Flammen lichterloh,
    Und noch zwanzig Minuten bis Buffalo.

---

[1] Maynard: *sprich:* Menart
[2] er trägt die Kron: er ist der Größte
[3] Bug: Vorderseite des Schiffes
[4] Detroit: *sprich:* Ditreut
[5] Buffalo: *sprich:* Bafalo
[6] Kajüt: Wohn-, Schlaf- und Aufenthaltsraum auf Schiffen

Und die Passagier, bunt gemengt,
Am Bugspriet⁷ stehn sie zusammengedrängt,
Am Bugspriet vorn ist noch Luft und Licht,
Am Steuer aber lagert's sich dicht,
28 Und ein Jammern wird laut: „Wo sind wir? Wo?"
Und noch fünfzehn Minuten bis Buffalo. –

Der Zugwind wächst, doch die Qualmwolke steht,
Der Kapitän nach dem Steuer späht,
32 Er sieht nicht mehr seinen Steuermann,
Aber durchs Sprachrohr fragt er an:
„Noch da, John Maynard?"
     „Ja, Herr. Ich bin."
36 „Auf den Strand! In die Brandung!"
     „Ich halte drauf hin."
Und das Schiffsvolk jubelt: „Halt aus! Hallo!"
Und noch zehn Minuten bis Buffalo. –

40 „Noch da, John Maynard?" Und Antwort schallt's
Mit ersterbender Stimme: „Ja, Herr, ich halt's!"
Und in die Brandung, was Klippe, was Stein,
Jagt er die „Schwalbe" mitten hinein.
44 Soll Rettung kommen, so kommt sie nur so.
Rettung: der Strand von Buffalo!

Das Schiff geborsten. Das Feuer verschwelt.
Gerettet alle. Nur *einer* fehlt!

48 Alle Glocken gehen; ihre Töne schwell'n
Himmelan aus Kirchen und Kapell'n,
Ein Klingen und Läuten, sonst schweigt die Stadt,
Ein Dienst nur, den sie heute hat:
52 Zehntausend folgen oder mehr,
Und kein Auge im Zuge, das tränenleer.

Sie lassen den Sarg in Blumen hinab,
Mit Blumen schließen sie das Grab,
56 Und mit goldner Schrift in den Marmorstein
Schreibt die Stadt ihren Dankspruch ein:
   „Hier ruht John Maynard! In Qualm und Brand
   Hielt er das Steuer fest in der Hand,
60   Er hat uns gerettet, er trägt die Kron,
   Er starb für uns, unsre Liebe sein Lohn.
     John Maynard."

⁷ Bugspriet: ganz vorn auf dem Vorderdeck

2 Welchen Eindruck habt ihr von dem Steuermann John Maynard gewonnen? Erläutert, woran ihr diesen Eindruck festmacht.

3 Wie ist die Ballade aufgebaut? Wie viele Strophen hat sie? Welche Wiederholungen könnt ihr ausfindig machen?

4 Gebt den Inhalt der Strophen im Einzelnen wieder:
1. Strophe: *Vorstellung John Maynards, Erinnerung an sein Heldentum*
2. Strophe: *Die Passagiere fahren fröhlich auf dem Schiff*
3. Strophe: …

5 Übt die Ballade für einen Vortrag im Plenum ein.

Einige Jahre vor Theodor Fontane hat der Schriftsteller John B. Gough eine kurze Erzählung über das Unglück auf dem Eriesee geschrieben, die Theodor Fontane kannte. Dies ist seine spannende Geschichte.

Der Steuermann
Ein spannender Vorfall
John Bartholomew Gough

John Maynard war in der Gegend der Großen Seen als gottesfürchtiger, ehrbarer und intelligenter Steuermann wohlbekannt. Er war Steuermann auf einem Dampfschiff von Detroit nach Buffalo. An einem Sommernachmittag (die Dampfer führten damals nur selten Rettungsboote mit) sah man Rauch aus dem Schiffsraum aufsteigen und der Kapitän rief:

„Simpson, steigt hinunter und seht, was da los ist."

Simpson kam mit aschfahlem Gesicht wieder herauf und sprach:

„Herr Kapitän, das Schiff brennt."

„Feuer! Feuer! Feuer!", hallte es alsbald an Bord.

Alle Mann wurden herbeikommandiert. Man schleuderte Eimer voll Wasser auf das Feuer, doch umsonst. Es waren große Mengen Harz und Teer an Bord und der Versuch, das Schiff zu retten, stellte sich als zwecklos heraus. Die Passagiere eilten nach vorn und fragten den Steuermann:

„Wie weit sind wir noch von Buffalo?"

„Sieben Meilen."

„Wie lange noch, bis wir dort sein können?"

„So wie der Dampfdruck jetzt steht, in drei viertel Stunden."

„Sind wir in Gefahr?"

„In Gefahr! Hier – seht doch den Rauch hervorquellen! Geht nach vorn, wenn Ihr Euer Leben retten wollt."

Passagiere und Mannschaft – Männer, Frauen und Kinder – drängten sich auf dem Vorderschiff zusammen. John Maynard stand am Steuer. In einer Feuerwand brachen die Flammen durch; Rauchwolken stiegen empor. Der Kapitän rief durch sein Sprachrohr:

„John Maynard!"

„Jawohl, Herr Kapitän!"

„Seid Ihr noch am Steuer?"

„Jawohl, Herr Kapitän!"

„Wie steht der Kurs?"

„Südost zu Ost, Herr Kapitän."

„Steuert Südost und lasst das Schiff aufs Ufer auflaufen", sprach der Kapitän. Näher und immer näher kam das Schiff dem Ufer. Wiederum rief der Kapitän:

„John Maynard!"

Die Antwort kam diesmal nur noch matt:

„Jawohl, Herr Kapitän!"

„Könnt Ihr noch fünf Minuten durchhalten, John?", sagte dieser.

„Mit Gottes Hilfe ja."

Dem Alten waren die Haare vom Kopfe gesengt, die eine Hand war ihm unbrauchbar geworden. Mit dem Knie gegen eine aufrechte Stütze und mit zusammengebissenen Zähnen, die andere Hand auf dem Steuerrad, stand er wie ein Fels. Er ließ das Schiff auflaufen: Männer, Frauen und Kinder wurden sämtlich gerettet, John Maynard indes sank um und sein Geist stieg zu seinem Gott empor.

6 Was ist in dieser Geschichte von John B. Gough und in der Ballade von Theodor Fontane **sehr ähnlich** dargestellt?
Worin aber **unterscheiden** sich die beiden Texte voneinander?

7 Hat es John Maynard wirklich gegeben? Informiert euch dazu im folgenden Text.

Was die beiden Dichter, John B. Gough und Theodor Fontane, in ihren Texten erzählen, hat sich so in der Realität nicht abgespielt. Die Wirklichkeit sah anders aus:

Am 9. August 1841 fuhr der Raddampfer „Erie" von Buffalo nach Detroit – und nicht umgekehrt. Unterwegs entzündete sich Terpentin, das Maler leichtsinnig abgestellt hatten, und entfachte einen furchtbaren Brand, der rasch um sich griff. Von den über zweihundert Passagieren fanden die meisten den Tod. Der Kapitän konnte sich retten.

Er berichtete später vor Gericht, dass sein Steuermann, er hieß Luther Fuller, das Steuerrad nicht verlassen habe, bis es ihm der Tod aus der Hand nahm. „Wenn er Befehle auszuführen hatte, ist er stets ein entschlossener Mann gewesen", so der Kapitän. –

Den vorbildlichen und pflichtbewussten Steuermann hat es also tatsächlich gegeben, auch wenn er einen anderen Namen hatte. Die wundersame Rettung der Passagiere gibt es leider nur in der Geschichte von Gough und in der Ballade von Fontane.

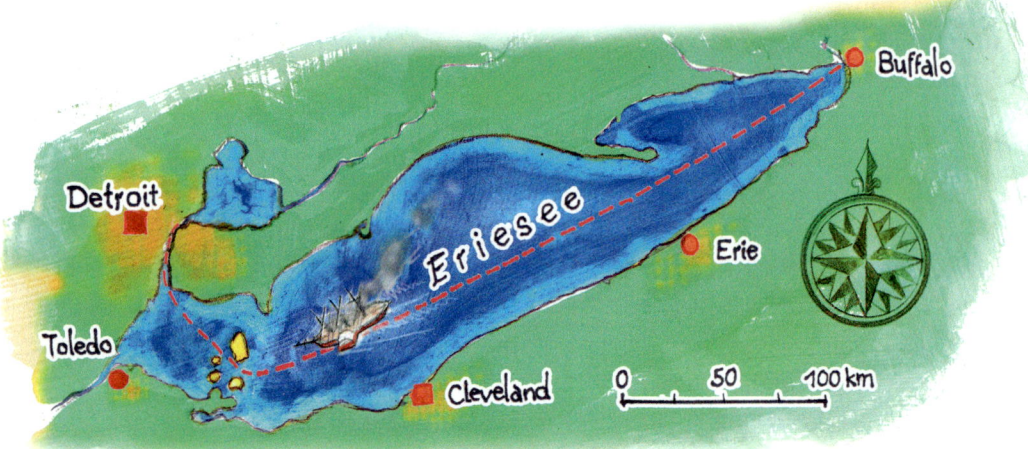

8 Stellt die Angaben aus den Texten von Theodor Fontane und John B. Gough und aus dem Informationstext oben einander gegenüber. Welche Unterschiede stellt ihr fest?

	Fontane	**John B. Gough**	**Informationstext**
Name des Steuermanns:			
Name des Schiffes:			
Name des Kapitäns:			
Weg des Schiffes:			
Schicksal des Steuermanns:			
Ursache des Brandes:			
Schicksal der Passagiere:			

9 Suche dir von den beiden folgenden Angeboten eines zur Bearbeitung aus:
  A Stell dir vor, das Ereignis, das Fontane in der Ballade schildert (**nicht** die „wahre Begebenheit"!), hätte so in der Zeitung gestanden. Schreibe diesen Zeitungsartikel.
  B Stell dir vor, du wärst auf dem Schiff „Schwalbe" selbst mitgefahren – und gerettet worden. Schreibe einen Brief an einen Freund oder eine Freundin, in dem du von dieser Fahrt erzählst.

Gelerntes überprüfen

Balladenwerkstatt

Überprüfe dein Wissen und Können

1 Welche drei Aussagen treffen auf Balladen zu? Schreibe die Buchstaben auf:
   a) Balladen sind Gedichte.
   b) Balladen erzählen eine Geschichte.
   c) Balladen sind Beschreibungen.
   d) Balladen sind Texte voller Dramatik.
   e) Balladen berichten nur wahre Begebenheiten.

2 Welche drei Aussagen treffen auf Balladen zu? Schreibe die Buchstaben auf:
   a) Balladen gehen oft auf Ereignisse zurück, die wirklich stattgefunden haben.
   b) Balladen bestehen meistens nur aus wörtlichen Reden.
   c) Viele Balladen sind Sagen, die aus Strophen und Versen bestehen.
   d) Balladen sind niemals gereimt.
   e) In vielen Balladen kommen Helden vor.

3 Welche drei Balladendichter hast du in diesem Kapitel kennen gelernt?
   Notiere ihre Namen.
   Johann Wolfgang von Goethe – Friedrich von Schiller – Annette von Droste-Hülshoff – Heinrich Heine – Emanuel Geibel – Bertolt Brecht – Theodor Fontane

4 Welcher Textanfang könnte von einer Ballade sein?
   Schreibe den richtigen Buchstaben auf:
   a) Am letzten Wochenende hat eine riesige Flutwelle die Deiche am Rhein überflutet. …
   b) Der Damm zerreißt, das Feld erbraust, die Fluten spülen, die Fläche saust. …
   c) Es war mitten in der Nacht, als ich plötzlich vom Gluckern des Wassers aufwachte. …

5 Begründe deine Entscheidung. Schreibe die Begründung auf.

6 Was ist ein Refrain? Notiere die zwei richtigen Buchstaben.
   a) Der Höhepunkt einer spannenden Geschichte.
   b) Der sich wiederholende Teil eines Liedes.
   c) Verse, die sich am Ende einer jeden Balladenstrophe wiederholen.
   d) Ein Bestandteil eines Dramas.

7 Der folgende Satz ist ein Ausschnitt aus einer berühmten Ballade.
   Der Satz ist hier aber in einer ganz normalen Form abgedruckt.
   • Was müsstest du tun, damit die **vier Verse** der Ballade daraus entstehen?
   • Schreibe die Verse auf.
   Du musst dir dazu aber erst die versteckten Reimwörter heraussuchen,
   damit sich die Verse auch wirklich reimen.
   *… Und wie er mit dem Finger winkt, tut sich der weite Zwinger auf,
   und mit bedächtigem Schritt tritt ein Löwe hinein …*

Textwerkstatt
Eine Geschichte mithilfe von Leitfragen erschließen

1 Lest den folgenden Text vor. Ihr könnt den Text dazu auf **vier Leser** aufteilen. Wenn ihr beim Zuhören das Buch aufgeschlagen habt und mit den Augen mitlest, dann lernt ihr die Geschichte noch besser kennen.

Rieke, Timur und der ganze Zoo

Klaus Kordon

Als Kind – ich war etwa zehn Jahre alt – hatte ich eine Zeit lang einen großen Traum: Ich wollte meinen eigenen Zoo besitzen.

Meine Eltern betrieben eine Gaststätte und zu der gehörte eine große Küche mit einem sehr breiten und tiefen Fensterbrett. Darauf stellte ich
5 mehrere Terrarien[1] und ein Aquarium[2]. Denn mit jedem neuen Zoobewohner wurde eine neue Heimstätte notwendig.

Wo ich meine Zootiere herbekam? Einige vom Faulen See, andere aus der Tierhandlung. Der Faule See hieß so, weil der ‚faul' war. Er versumpfte immer mehr. Ein Paradies für Frösche und Kröten. Eidechsen und Blindschleichen
10 gab es im nahen Wald.

Die Straßenbahn fuhr dorthin, und meine Freunde und ich fingen ein, was nicht schnell genug vor uns flüchtete. Aber das nur ganz vorsichtig und voller Respekt; wir liebten und bewunderten unsere Gefangenen.

Gefüttert wurden die Zoobewohner mit Mehlwürmern oder Fliegen, in
15 jedes Terrarium kam ein Napf Wasser. Und natürlich züchtete ich die Mehlwürmer selbst. Nur die ersten kaufte ich in der Tierhandlung. Altes Brot und Mehl in ein Glas getan, und mein Zoofutter vermehrte sich wie wild.

Na ja, und Fliegen fangen, das war von April bis Oktober keine große Sache. Nur im Winter wäre es schwierig geworden. Doch so weit war es noch
20 lange nicht, und der weißbärtige, kleine Herr Braun aus der Tierhandlung hätte schon Rat gewusst.

Einmal fing ich am Faulen See eine besonders große Kröte. Ich war sehr stolz auf sie und nannte sie Timur. Timur fraß Unmengen Fliegen, meine Freunde und ich hatten alle Hände voll zu tun, ihn satt zu bekommen. Ob
25 Timur allerdings ein Er oder eine Sie war? Das haben wir nie herausgefunden, und so war und blieb Timur für mich einfach ein Er.

Eine Kröte, Frösche, Eidechsen und Blindschleichen aber ergaben noch lange keinen Zoo. Also sparte ich mein Taschengeld und kaufte mir in der Tierhandlung auch noch zwei weiße Mäuse – Paulchen und Paula nannte

[1] Terrarien: Behälter, in denen verschiedene Pflanzen und Tiere, z. B. Reptilien, Kleinsäuger, Insekten, Spinnen … gehalten werden können.
[2] Aquarien: Gefäße aus Glas oder Kunststoff, die mit Wasser gefüllt sind. Meist werden in einem Aquarium Fische, Weichtiere oder auch Krebse gehalten.

30 ich sie. Herr Braun sagte, die beiden wären ein Pärchen und würden sich bald vermehren. Darauf freute ich mich schon.

Paulchen und Paula waren ganz leicht zu ernähren. Sie fraßen fast alles und am liebsten Käse.

Nicht viel später sah ich in Herrn Brauns Tierhandlung zwei Feuersalaman-
35 der. In die verliebte ich mich auf den ersten Blick. Wie schön schwarz sie glänzten, wie hell ihre gelben Flecken leuchteten! Wieder wurde gespart, und dann zogen auch Ida und Igor in meinen Zoo ein, und ich hoffte, dass auch dieses Pärchen sich vermehren würde.

Auf Ida und Igor folgten zwei Sorten Zierfische – Guppys und Schwert-
40 träger. Unternehmungslustig schwammen sie zwischen den Wasserpflanzen hin und her. Was sie fraßen? Wasserflöhe. Mal frische – also lebendige –, mal getrocknete. Aber die lebendigen waren ihnen lieber.

Unser Küchenfensterbrett wurde voll und voller, und eigentlich war für eine weitere Zoobewohnerin gar kein Platz mehr. Dennoch erfüllte ich mir
45 eines Tages auch noch meinen allergrößten Wunsch: Eine Schlange, eine Ringelnatter. Sie war etwa einen drei viertel Meter lang, wunderschön grün und ganz schön teuer. Ich nannte sie Rieke.

Wie gern streichelte ich Rieke! Ihre Haut war so schön schuppig. Oft legte ich sie mir um den Hals, um mit ihr auf die Straße zu gehen und mich von
50 meinen Freunden bewundern und beneiden zu lassen. Sie ließ sich das auch gefallen. Ich glaube sogar, sie ging gern mit mir spazieren.

Riekes Ernährung war einfach: Sie fraß Frösche. Doch gab ich ihr niemals meine Frösche zu fressen. Lieber fuhr ich öfter mal mit der Straßenbahn an den Faulen See, um dort einige von den kleinen braunen Fröschen zu fangen,
55 von denen ich hoffte, dass sie mit meinen nicht verwandt waren. Zum Glück müssen Schlangen ja nicht jeden Tag fressen. Für Schlangen, so Herr Braun, sei ein bisschen Hunger sogar gesund.

Alles war gut, alles war schön, bis es Ende des Sommers zu einer großen Katastrophe kam. Als ich da eines Abends meine Tiere mit Futter und Wasser
60 versorgen wollte, glaubte ich zu träumen. Zwar standen auf dem Fensterbrett noch alle meine Terrarien und auch das Aquarium – aber sie waren leer! Nur ein paar Schmutzkrümel waren von den von mir so sorgfältig gestalteten Kunstlandschaften aus Sand und Moos, Steinen und Ästen und Wasserpflanzen zurückgeblieben. Von Rieke und Timur, Paulchen und Paula, Ida und Igor
65 und all den anderen Zoobewohnern – keine Spur!

Was war denn da passiert?

Jetzt muss ich leider von Onkel Willi erzählen. Onkel Willi war mein Stiefvater. Nun sind nicht alle Stiefväter wirkliche Stiefväter, wie man sie aus den Märchen kennt. Onkel Willi aber war so einer. Da muss ich gar nicht erst lange
70 aufzählen, was er alles angestellt hat, um sich das Wörtchen *Stief* zu verdienen, was er sich an diesem Tag geleistet hatte, genügt.

Was passiert war? Schlangen können sehr kräftig sein und sich, wenn sie wollen, hoch aufrichten. Weil Herr Braun mir das gesagt hatte, hatte ich auf Riekes Terrarium ein dünnes, mit Luftlöchern versehenes Holzbrett gelegt

und das Brett mit zwei schweren Steinen beschwert. Das, so hoffte ich, würde reichen, um ihr jeden Spaziergang außerhalb ihres Terrariums unmöglich zu machen.

Ein schwerer Irrtum. Rieke hatte das Brett mit den beiden Steinen einfach beiseitegedrückt, war aus dem Glas gekrochen und durch die Küche und den Flur in die Gastwirtschaft gelangt. Dort saßen wie immer Gäste. Und woher sollten die denn wissen, dass Rieke nur eine harmlose Ringelnatter war und keinen Giftzahn besaß?

Die meisten Frauen sprangen voller Panik auf die Stühle. Zwei, drei Männer, die das am liebsten auch getan hätten, sich das aber nicht trauten, weil Männer ja mutig sein mussten, beschwerten sich laut: Was das in dieser Gaststätte denn für Zustände wären? Sie würden sofort die Hygiene-Polizei verständigen.

Eine gute Gelegenheit für Onkel Willi, den Helden zu spielen. Er packte Rieke hinter dem Kopf, als wäre sie tatsächlich eine Giftschlange, und dann trug er sie in den Hof und warf sie in den Müllkasten. Und danach? Danach leerte er ein Terrarium nach dem anderen über dem Müllkasten aus. Nicht einmal das Aquarium mit den Guppys und Schwertträgern verschonte er. Die kippte er in den Gully. Er hatte schon immer über ‚den Zirkus' in der Küche geschimpft. Endlich hatte er einen Grund gefunden, ihn loszuwerden.

Ob meine Mutter dem allen nur zugesehen hatte? Nein! Sie war einkaufen gewesen, erfuhr von alldem erst, als es zu spät war, noch irgendetwas zu verhindern. Zwar schimpfte sie dann mit Onkel Willi, einen richtigen Streit gab es, doch brachte mir das meine Tiere nicht zurück. Denn als meine Mutter und ich die Müllkästen absuchten, waren alle längst geflohen. Die Müllkästen damals, das waren ja keine Müllcontainer, wie wir sie heute kennen. Es waren viereckige Blechkästen, die oft voller Rostlöcher waren. Durch diese Rostlöcher mussten Rieke und Timur, Paulchen und Paula, Ida und Igor und all die anderen Zoobewohner das Weite gesucht haben.

Meine Mutter hatte die Suche längst aufgegeben, da spähte ich – inzwischen schon mit der Taschenlampe – noch immer in alle Hofecken. Doch fand ich nur noch Timur. Die dicke Kröte saß auf dem Gullyrost, schloss – geblendet vom Schein meiner Taschenlampe – die Augen und rührte sich nicht. Da hatte ich den furchtbaren Verdacht, dass alle anderen Tiere ebenfalls dorthin geflohen und durch den Gullyrost gefallen waren. Nur Timur nicht, weil er dafür viel zu dick war.

Ich war so wütend und traurig, am liebsten hätte ich Onkel Willi ebenfalls in den Gully geschubst. Aber außer Heulen konnte ich nicht viel tun. Ich konnte nur Timur aufheben und in eines der nun so kahlen, leeren Gläser setzen und das Glas neben mein Bett stellen. Damit Onkel Willi sich in der Nacht nicht wieder an ihm vergriff.

Und weil ich auf Timur aufpassen musste, konnte ich lange nicht einschlafen. Ich sah Rieke und Ida und Igor und Paulchen und Paula und all die anderen Tiere durch den dunklen Abwasserkanal irren und schämte mich für Onkel Willi. Er hatte alle meine Tiere dem Tod ausgesetzt. Er mochte

sie nicht, also mussten sie weg. Und dass er mir damit sehr wehgetan hatte, kümmerte ihn auch nicht.

Am Morgen darauf nahm ich Timur im Einweckglas mit in die Schule. Bei Onkel Willi durfte ich ihn nicht lassen. Und am Nachmittag fuhr ich mit Timur zum Faulen See und setzte ihn an dem Tümpel aus, an dem ich ihn einst gefangen hatte.

Ich dachte, nun würde er schleunigst im tiefen Gras verschwinden. Aber das tat er nicht. Er blieb im Moos hocken und sah mich mit seinen großen, weit hervorstehenden Augen an.

Wollte er, dass ich ihn wieder mitnahm? War ich inzwischen so etwas wie sein bester Freund geworden, der ihm Futter und Wasser brachte und ab und zu mit ihm sprach?

„Das geht nicht", sagte ich traurig. „Er will dich nicht. Er wollte euch ja alle nicht."

Und komisch, ich glaube noch immer, Timur wusste, wen ich mit „er" gemeint hatte. Kaum hatte ich das gesagt, senkte er die Lider über seine Augen, als schämte auch er sich für Onkel Willi.

Ein Weilchen stand ich noch da und sah ihn an, dann drehte ich mich um und lief, so rasch es ging, zur Straßenbahnhaltestelle zurück.

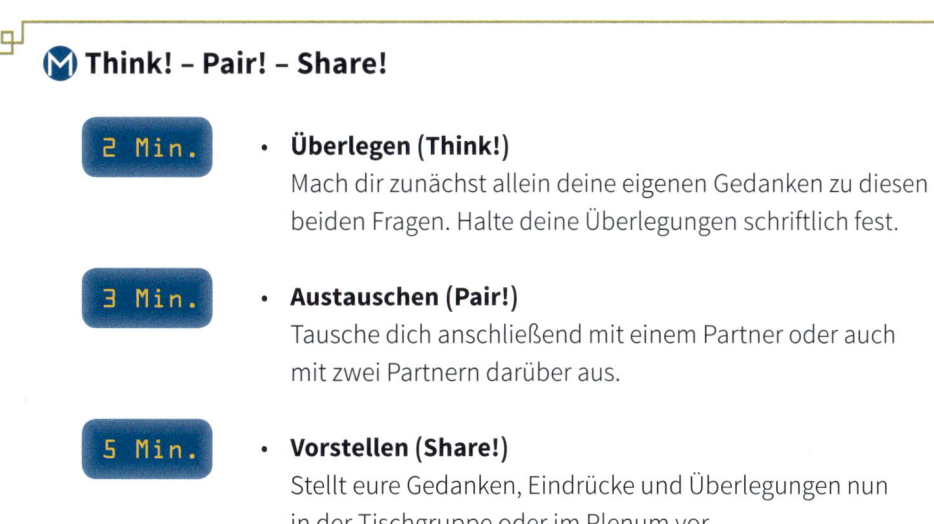

2 Was könnte dem Jungen am Ende der Geschichte durch den Kopf gehen? Und wie mag er sich wohl fühlen?
- Setze dich mit diesen beiden Fragen auseinander.
- Arbeite dazu nach der folgenden **Methode**:

Ⓜ Think! – Pair! – Share!

2 Min.
- **Überlegen (Think!)**
  Mach dir zunächst allein deine eigenen Gedanken zu diesen beiden Fragen. Halte deine Überlegungen schriftlich fest.

3 Min.
- **Austauschen (Pair!)**
  Tausche dich anschließend mit einem Partner oder auch mit zwei Partnern darüber aus.

5 Min.
- **Vorstellen (Share!)**
  Stellt eure Gedanken, Eindrücke und Überlegungen nun in der Tischgruppe oder im Plenum vor.

---

3 Tauscht euch nun gemeinsam über die beiden folgenden Fragen aus:
Was war der besondere Traum des Ich-Erzählers, als er noch ein Kind war?
Auf welche Weise hat er diesen Traum Schritt für Schritt in die Tat umgesetzt?

4 Erarbeitet euch diese Geschichte mithilfe der folgenden **Leitfragen** gemeinsam in der Tischgruppe.
Stellt in einer Übersicht zusammen, was ihr dazu aus dem Text erfahrt.

Klaus Kordon: Rieke, Timur und der ganze Zoo

Leitfragen zur Erschließung:

- Wie wohnen die Tiere des Jungen?
  Und an welchem Ort sind sie untergebracht?
- An welchen verschiedenen Stellen bekommt der Junge seine Tiere? Wer hilft ihm jeweils dabei?
- Wie gehen der Junge und seine Freunde mit den Tieren um? Dazu gibt es verschiedene Hinweise im Text.
- Auf welche Weise kommt der Junge an das Futter für die Tiere heran? Hier gibt es mehrere Möglichkeiten!
- Welche Tiere zählen zu seinen Zoobewohnern?
  Listet auf und ordnet den Tieren ihren Namen zu.
- Wie finanziert der Junge seinen Zoo?
- Obwohl kaum noch Platz ist, erfüllt sich der Junge eines Tages seinen allergrößten Wunsch. Welches Tier kauft er sich?
  Wem kann er dieses Tier voller Stolz präsentieren?

Ort: ...
???
Umgang mit den Tieren: ...
???
Pflege der Tiere: ...
???

5 Tauscht eure Ergebnisse anschließend untereinander aus.

6 Lest noch einmal die Zeilen 58–94.
Beschreibt dann mit euren Worten, wie es eines Tages zur Katastrophe für den Jungen und seine Tiere kommt.
- Wodurch genau wird diese Katastrophe ausgelöst?
- Welche Rolle spielt dabei der **Ort**, an dem die Tiere untergebracht sind?
- Wer ist für die Katastrophe und für den Tod und Verlust der Tiere verantwortlich?
- Welche Einstellung hatte diese Person schon immer den Tieren gegenüber?

7 Der Junge kann nur noch ein einziges Tier vor dem sicheren Tod retten.
Erzählt mit euren Worten:
- Wie schützt der Junge das Tier vor einem erneuten Angriff durch seinen Stiefvater?
- Wo und wie nehmen die beiden dann am nächsten Tag voneinander Abschied?

8 Nimm nun zum Verhalten des Stiefvaters persönlich Stellung.
- Schreibe deine Meinung in einigen Sätzen auf.
  Denke dabei auch an die Folgen für die Tiere und für den Jungen.
- Begründe deinen Standpunkt.

9 Stellt eure Ergebnisse anschließend vor und sprecht über Gemeinsamkeiten und Unterschiede.

Textwerkstatt

Ein literarisches Gespräch führen

Zur nächsten Geschichte bekommt ihr vorab die folgenden Informationen:

Die Ich-Erzählerin der Geschichte ist ein Mädchen. Das Mädchen ist mit Herbert eng befreundet. Normalerweise will der Junge aber mit Mädchen nichts zu tun haben.
Die beiden wohnen im selben Haus. Herbert ist 12 Jahre alt und viel größer und stärker als das Mädchen. Herbert nennt die Erzählerin immer „Meechen".
Eigentlich ist das kein Name, sondern eine umgangssprachliche Form von *Mädchen*.

1 Lest euch den Text vor. Ihr könnt den Text dazu auf **vier Leser** aufteilen.
Wenn ihr beim Zuhören das Buch aufgeschlagen habt und mit den Augen mitlest, dann lernt ihr die Geschichte noch besser kennen.

Der Rattenkönig

Jutta Richter

1 „Ratten sind irre", sagte Hansi Pfeiffer. Wir saßen auf der Bordsteinkante am Jägerzaunabschnitt. Es war ein Sommersamstag und Hansis Vater zerknatterte mit seinem Motormäher den Nachmittag.
„Wie meinst'n das?" fragte Herbert.
5 Hansi Pfeiffer guckte ihn an. Hinter den dicken Brillengläsern waren seine Augen riesengroß. Er sah immer etwas erschrocken aus.
„Ratten", sagte Hansi, „sind die klügsten Tiere der Welt."
„Woher willst'n das wissen?", fragte ich.
„Das hab ich gelesen", antwortete Hansi. „Steht in dem Buch, das ich mir
10 zum Geburtstag gewünscht hab."
„Pfui!" Herbert spuckte aus. „Wünscht der sich 'n Buch über Ratten zum Geburtstag! Du tickst doch nicht richtig!"
Hansi Pfeiffer sah aus, als ob er gleich anfangen würde zu heulen, dann schluckte er das Heulen runter und sagte:
15 „Du hast ja keine Ahnung! Ratten sind sogar klüger als Menschen. Wenn eine Gift gefressen hat und krepiert, dann warnt sie die andern noch vorher, und die fressen das Gift dann nicht!"
„Ach, dann können Ratten also sprechen!", grinste Herbert. „Is' ja interessant."
20 „In gewisser Weise können sie das", antwortete Hansi. „Die haben eine Pfeifsprache."
Ich bekam Gänsehaut. „Könnt ihr nicht über was anderes reden?"
„Kannst ja abhauen", sagte Hansi Pfeiffer. „Und außerdem gibt es einen Rattenkönig."

25 Herbert tippte sich mit dem Finger an die Stirn. „Ist das die Märchenstunde, oder was?"

„Der Rattenkönig besteht aus Ratten, die mit den Schwänzen verknotet sind", sagte Hansi. „Das passiert manchmal, wenn die Jungtiere spielen. Normalerweise müssten diese Ratten sterben, weil sie ja kein Futter suchen kön-
30 nen. Aber die anderen Ratten bringen ihnen zu fressen, und deshalb können sie überleben."

„Wahnsinn", sagte Herbert. „Wenn das stimmt …"

Der Motormäher hatte ausgesetzt und Hansi Pfeiffers Vater rief.

„Mist", sagte Hansi. „Ich muss jetzt Gras zusammenharken." Er stand auf
35 und ging langsam rüber zum Haus.

2

„Glaubst du dem?", fragte ich Herbert. Er zuckte die Schultern.

„Weiß nicht", antwortete er. „Aber ich weiß, wo's Ratten gibt."

Mir lief ein Schauer den Rücken runter. Herbert hatte plötzlich so ein gefährliches Glitzern in den Augen. Ich hätte wetten können, dass ich wusste,
40 was er vorhatte. Bevor er weitersprechen konnte, war ich aufgesprungen.

„Nein!", rief ich. „Nie! Da gehe ich nie im Leben mit!"

„Feigling!", zischte Herbert. „Du bist eben auch nicht besser als die doofen Weiber. Hätte ich mir ja denken können! Mädchen bleibt Mädchen!"

Ich trat von einem Bein aufs andere, ich biss mir auf die Unterlippe. Am
45 liebsten hätte ich mich in Luft aufgelöst.

„Hab ich die Kellerkatze verjagt?", fragte Herbert. „Hab ich die Monsterspinne erledigt? Vergiss nicht, wen du vor dir hast: den Spezialisten für Lebendfallen! Den schärfsten Scharfschützen der Schottersteinstraße! Und du willst kneifen! Na, dann hau doch ab! Aber glaub nicht, dass ich noch ein Wort
50 mit dir reden werde! Und in meiner Mannschaft bist du auch nicht mehr! Kannst ja bei den doofen Weibern mitmachen!"

Ich zögerte. Wenn Ratten klüger waren als Menschen, waren sie auch klüger als Herbert. Aber wenn ich nicht mitging, würde ich meinen besten Freund verlieren. Vielleicht für immer. Und das war sicher schlimmer, als einem Rat-
55 tenkönig zu begegnen.

„Na gut", sagte ich leise. „Dann komm ich eben mit."

3

In der Oberstadt fingen die Glocken für die Samstagvorabendmesse an zu läuten. Ein paar Mauersegler sirrten um Niermanns Garage. Aus Frau Fantinis Fenster fiel die Kleine Nachtmusik[1]. Herbert ging um die Ecke, da wo ne-
60 ben dem Bahndamm das Gruselhaus stand. So lange ich denken konnte, hatte nie jemand dort gewohnt. Die Fensterscheiben waren alle eingeworfen und an der Haustür hing ein gelbes Schild mit schwarzem Rand: Betreten verboten! Eltern haften für ihre Kinder. Die Eigentümer.

Es war uns Kindern strengstens verboten, das Gruselhaus zu betreten. Papa
65 hatte gesagt: „Wenn ich dich einmal dort erwische, bekommst du Prügel." Und

---

[1] die Kleine Nachtmusik: eine der bekanntesten Kompositionen von Wolfgang Amadeus Mozart

das war die schlimmste aller Strafen, die er sich ausdenken konnte. Zehnmal schlimmer als Hausarrest.

Aber freiwillig hätte ich das Gruselhaus sowieso nicht betreten, weil Opa Niermann die Geschichte vom erstickten Kind erzählt hatte. Vor langer Zeit … in diesem Haus …

„Bleib hier stehen", sagte Herbert und sah sich nach allen Seiten um. Die Straße war menschenleer. Einen Augenblick hoffte ich, er würde ohne mich ins Gruselhaus gehen, aber dann nickte er mir zu und rief: „Komm schnell!"

Er zog mich hinter das Haus und zeigte ein offenes Fenster. „Da rein! Los!"

Wir kletterten über die Fensterbank und standen in einem düsteren Zimmer. Überall waren Löcher: im Holzfußboden, in der Zimmerdecke, und von den Wänden hingen Tapetenfetzen mit einem verblichenen Blumenmuster. Es roch moderig und es war kühl. Mir war ganz schlecht vor Angst. Aber das durfte ich ja nicht zeigen. Herbert klatschte einmal in die Hände und machte: „Ksch, ksch!"

Irgendwo im Haus raschelte es.

„Hörst du die Ratten?", fragte Herbert.

Ich stand mit angehaltenem Atem und lauschte. Direkt über unseren Köpfen hörte ich ein Trippeln. Kurz darauf ein leises Pfeifen.

„Komm", flüsterte Herbert. „Wir gehen nach oben. Aber sei leise!"

Er nahm meine Hand und wir schlichen vorsichtig durch das Zimmer, bis wir in einem kleinen Flur standen. Eine Treppe ohne Geländer führte ins obere Stockwerk. Die Stufen knarrten, und immer, wenn das geschah, blieben wir stehen und warteten. Meine Hand in Herberts Hand war ganz schwitzig, und mein Herz klopfte bis in die Fingerspitzen.

Endlich, nach einer Ewigkeit, standen wir auf dem oberen Treppenabsatz. Meine Augen hatten sich an das Dämmerlicht gewöhnt. So kam es, dass ich sie zuerst sah.

Ich drückte Herberts Hand und nickte mit dem Kopf in die Richtung, wo sie saß.

Es war eine große graue Ratte mit einem dicken unbehaarten Schwanz. Sie saß völlig reglos auf einer zerschlissenen Matratze und schaute uns mit ihren glänzenden Knopfaugen aufmerksam an. Ihre Schnauze und die Schnurrbarthaare zitterten leicht, so als ob sie etwas riechen würde, das unbekannt war.

Ich hatte noch nie so nah vor einer Ratte gestanden. Ich begriff, was Hansi Pfeiffer gemeint hatte. Die Ratte sah sehr klug aus. Sie war bestimmt klüger als ich. Sie war bestimmt klüger als Herbert. Wir bewegten uns nicht. Die Ratte bewegte sich nicht.

Und dann spürte ich plötzlich, dass Herbert sich fürchtete. Er zitterte und sein Atem ging schneller. Da wusste ich: Jetzt kam es auf mich an. Hier würde kein Herbert helfen. Und während ich das begriff, wuchs in meinem Hasenherz[2] ein Riesenmut.

---

[2] Hasenherz: *scherzhaft* für: überängstlicher Mensch

Ich drückte noch einmal Herberts Hand und zog ihn dann auf die oberste Treppenstufe zurück. Ich bewegte mich ganz ruhig, ganz vorsichtig, ganz lang-
110 sam. So wie ich es im Zirkus bei den Löwenbändigern gesehen hatte.

Ich führte Herbert rückwärts die Treppe hinunter. Ich wusste, wenn man sich umdreht, hat man verloren. Dann würde die wilde kluge Ratte in unseren Nacken springen und sich dort festbeißen. Es dauerte ewig, bis wir endlich unten waren und uns umdrehen durften. Wir rannten zum Fenster und kletterten hinaus.

115 Herbert war ganz weiß im Gesicht. Er sagte keinen Ton. Er nahm meine Hand und hielt sie fest. Wir liefen um das Gruselhaus herum, und erst als wir unter Fräulein Fantinis Fenster angekommen waren, ließ er meine Hand wieder los.

Und dann sagte er: „Mensch, Meechen! Mutig bist du ja! Eigentlich wie'n Junge …"
120 Ich sah ihn an, und diesmal grinste ich.

2 Nutzt die folgende **Methode** und führt ein **literarisches Gespräch** über den Text. Die Gesprächsleitung sollte eure Lehrerin / euer Lehrer übernehmen.

Ein literarisches Gespräch führen

1: Setzt euch im Kreis zusammen. Es ist wichtig ist, dass ihr euch alle anschauen könnt.

2: Sorgt für ein angenehmes Klima, indem ihr höflich miteinander umgeht.

3: Jeder kann sich an diesem Gespräch beteiligen. Ihr könnt alles ansprechen, was ihr interessant, wichtig oder auch merkwürdig findet, z. B. Stellen, …
- die für euch besonders spannend sind,
- die ihr nicht verstanden habt,
- die ihr noch einmal nachlesen oder auch vorlesen wollt,
- in denen es um Mut oder auch um Angst geht.

4: Entscheidend ist an solch einem Gespräch, dass ihr unterschiedliche Ansichten kennenlernt. Dabei könnt ihr natürlich auch eigene Erfahrungen einbringen.

Textwerkstatt

Figurenkarten anlegen – Standbilder bauen

Hugo 🔊

Maria Gripe

„Ich bin wieder da, Frau Sund …"

Keiner hatte gehört, wie die Tür aufging. Alle Köpfe – eben noch über die Rechenhefte gebeugt – fuhren hoch, alle Augen blickten zur Tür. Und Frau Sund hob langsam die Kreide von der Tafel und sagte leise:

5 „Das sehe ich …"

Es war Hugo. Mit Rucksack, Stalllaterne, grellgrünen Hosenträgern stand er im Klassenzimmer. Und schaute von einem zum anderen.

Merkwürdig, wie still es wurde. Sie saßen in den Bänken, reglos wie aus Stein, und Frau Sund hielt immer noch die Hand mit der Kreide in der Luft.

10 Hugo schloss leise die Tür hinter sich.

„Ich meinte, es wäre wieder einmal Zeit, ein bisschen in die Schule zu gehen", sagte er. „Und da hab ich mich denn aufgemacht …"

Noch immer war alles ganz still. Er streifte seinen Rucksack ab.

„… und nun bin ich wieder hier", erklärte er. Es klang fast so, als verkündete er
15 eine Botschaft, und sicher empfanden die meisten es auch so. Er hatte lange gefehlt – niemand wusste, weshalb. Sobald es sich um Hugo handelte, wusste man nie etwas. Jetzt schaute er Frau Sund offen an, mit einem blauen, kühnen Blick, und wiederholte mit einer Stimme, die keinen Widerspruch duldete:

„Hier wäre ich also."

20 Und die Lehrerin entgegnete wie vorher mit leiser Stimme:

„Das sehe ich."

Dann aber fuhr sie zusammen, als erwachte sie aus einem Traum, sie drehte sich schnell zur Tafel um und begann Ziffern zu schreiben. Hugo schaute ihr wohlwollend und verständnisvoll zu.

25 „Ja, es hat keinen Zweck, wenn man sich aufhalten lässt", sagte er, „man lebt ja nicht tausend Jahre."

Da warf die Lehrerin ihm über die Schulter einen Blick zu.

„Du weißt ja, Hugo, wo dein Platz ist. Geh und setz dich hin", sagte sie, ihre Stimme klang jetzt nicht mehr leise.

30 Er blieb jedoch mit nachdenklichem Gesicht stehen und sah fragend zu ihr auf.

„Es hört sich fast so an, Frau Sund, als hätte ich was ausgefressen?"

Frau Sund ließ sich mit der Antwort etwas Zeit, sie dachte nach, dann sagte sie: „Ich möchte wissen, weshalb du so lange gefehlt hast, Hugo, aber darüber können wir uns nachher unterhalten."

35 „Da ist nun aber nicht viel drüber zu sagen", erwiderte er sanft. „Die nehmen einem so verdammt viel Zeit weg, alle diese Tiere, sehen Sie, die ich jetzt beim Wickel habe …"

„Wovon redest du?"

„Von diesen *Wasserspinnen* ..."

„Aha. Es sind also Wasserspinnen, die dich wochenlang daran gehindert haben, in die Schule zu kommen."

„Na ja, da sind auch andere Arten dabei, von denen allerdings die meisten. Und es ist reinweg zum Verzweifeln, was die einen für Zeit kosten. Man denkt, man hat sich fünf Minuten mit ihnen abgegeben, und dann sind fünf Stunden vergangen. Es ist nicht wie hier in der Schule, wo eine Minute einem vorkommt wie 'ne ganze Stunde. Bei Spinnen ist das was anderes, die sind nämlich so lehrreich."

Auf Frau Sunds Wangen erschienen zwei runde rote Flecken. Auch ihre Augen wurden rund.

„Du meinst also, die Schule ist nicht lehrreich?"

Jetzt klang die Stimme scharf. Frau Sund schien etwas erregt zu sein, aber er beruhigte sie.

„Nee, nee, das meine ich nicht – die Schule ist auf ihre Art in Ordnung, da soll keiner was gegen sagen, aber sehen Sie, jede Sache braucht ihre Zeit. Und die Spinnen, die können sich nicht nach der Schule richten ..."

„Das verlange ich auch nicht", unterbrach ihn Frau Sund, „aber ich verlange unter allen Umständen, dass *du* dich nach der Schule richtest."

Er schaute sie an – mit echtem Erstaunen. Er dachte, sie mache einen Scherz. Sollte die Schule über ihn zu bestimmen haben?

In der Klasse herrschte atemlose Stille, alle lauschten gespannt, aber viele begriffen nicht so recht, was hier vor sich ging.

„Aber ... wann sollte ich dann diese Tiere studieren", fragte er sanftmütig, „wenn die Schule bestimmen dürfte?"

„In deiner Freizeit."

„Die ist ja, wenn ich in der Schule bin."

Die Flecken auf den Wangen der Lehrerin wurden noch röter. Das Haar fiel ihr ins Gesicht. Sie blies es weg.

„Es ist besser, wir besprechen das nach dem Unterricht, Hugo. Setz dich jetzt bitte hin."

„Vielen Dank. Das ist schön." Er ging zu seiner Bank. Zu dem Platz neben Josefine. Aber deren Platz war auch leer. „Haben Sie sie weggesetzt, Frau Sund?" Er schaute sich im Klassenzimmer um. Nein, sie war überhaupt nicht da.

„Wo ist Josefine? Wo steckt sie?"

Er blickte vorwurfsvoll von dem leeren Platz auf die Lehrerin.

„Fehlt sie?"

Die Lehrerin nickte.

„Krank?"

„Ja, aber sie kommt bald wieder. Keiner fehlt in dieser Klasse mehr als ein paar Tage. Im Allgemeinen. Nicht so wochenlang." Ihr Ton war nicht misszuverstehen. Hugo bemerkte jedoch nichts.

„Soso", sagte er nur nachdenklich. Dann setzte er sich endlich hin. In der nächsten Sekunde sprang er wieder auf.

85 „Es ist wohl das Beste, ich gehe jetzt gleich mal zu Josefine und erkundige mich, wo sie geblieben ist. Was kann denn nur mit ihr los sein?"

Die Lehrerin streckte gebieterisch den Arm aus.

„Du bleibst jetzt sitzen. Und Josefine kommt schon, wenn sie kann. Hast du gehört?"

90 „Ach so", das war alles, was Hugo antwortete. Er saß eine Weile still, während Frau Sund wieder zu ihren Zahlen an der Tafel zurückkehrte. Da fing er aber wieder von Neuem an:

„Sie ist doch nie weg – ich möchte wirklich mal wissen, was da sein kann …"

„Sie hat jedenfalls nicht die Spinnenkrankheit, sie kommt also sicher bald 95 wieder. Ich möchte jetzt bitte nichts mehr darüber hören."

„Ach so – nein, nein – so, nicht …"

Die Kreide kratzte über die Tafel. Frau Sund schrieb mit ruckartigen Bewegungen und knall100 te die Kreide hart auf. Hugo saß in Nachdenken versunken da. Nach einer Weile fielen ihm die Schulkameraden ein. Er drehte sich um, hob grüßend die Hand, nickte nach rechts und nach links. Dann stand er auf und ging von einem zum an105 deren.

„Na, Tag, du, lange her, seit wir uns gesehen haben. Wie geht's augenblicklich deinem Großvater?"

Die Lehrerin drehte sich langsam um.

110 „Man muss doch zeigen, dass man weiß, was sich gehört, wenn man so lange von der Schule weg gewesen ist", erklärte er.

„Dann sieh zu, dass du so schnell wie möglich fertig wirst", sagte sie matt. „Ich hatte nämlich gedacht, wir könnten ein bisschen mit dem Rechnen weiterkommen."

115 „Dafür bleibt immer noch Zeit genug, da brauchen Sie nicht so furchtbar hinterher zu sein …"

Sie setzte sich auf aufs Pult. Was jetzt bevorstand, wusste sie. Und auch, dass es unmöglich war, ihn zurückzuhalten.

Hugo ging herum und begrüßte alle. Höflich erkundigte er sich nach dem Ge120 sundheitszustand der jeweiligen Mütter und Tanten und Onkel beider Eltern und Väter und Großeltern beider Eltern, unterhielt sich mit jedem über die Witterung des vergangenen Monats und die Ernte des Jahres. Unterdessen saß die Lehrerin schweigend dabei und wartete.

Als er zu Ende gekommen war, ging er artig zu seiner Bank zurück, und die 125 Stunde konnte weitergehen. Es war keineswegs seine Absicht gewesen zu stören. Er hatte aber eine ganz bestimmte Vorstellung davon, wie man mit Leuten umzugehen habe, und der musste er unbedingt folgen. Mit den Tieren war es genauso.

Aber es machte ihm Kummer, dass die Lehrerin von Spinnen nichts zu halten schien. Er sah ihr zu. Sie schrieb Zahlen an die Tafel und rechnete. Man merkte,
130 wie wichtig ihr das war. Sie nahm alles so ernst – alles, was mit der Schule zusammenhing. Er überlegte sich, was wohl die Ursache war, und sie tat ihm richtig ein bisschen leid. Plötzlich dachte er laut:

„Sie sind zu wenig im Wald gewesen, Frau Sund, und zu viel in der Schule. Das ist der Grund, weshalb Sie alles so schwernehmen."

135 Die Lehrerin fuhr herum und starrte ihn an, dann stieß sie einen tiefen Seufzer aus. Er hielt ihrem Blick stand.

„Es ist ein rechter Jammer. Sie sind so 'ne ordentliche Person."

Er meinte, was er sagte, es kam ihm vom Herzen und sollte nicht etwa eine Schmeichelei sein, so was lag ihm nicht. Frau Sund machte ein ratloses Gesicht.

140 „Aber Hugo …"

Sie stockte. Was sollte sie sagen? Was sollte sie bloß mit ihm anfangen?

Sie war in keiner Weise darauf vorbereitet gewesen, dass er gerade heute auftauchen würde, so lange, wie er weg gewesen war. Und an Hugo musste sie sich immer erst gewöhnen.

145 Sie wusste nichts mehr zu sagen und flüchtete wieder zu den Zahlen an der Tafel. Von Hugo hörte man eine ganze Weile nichts, dann plötzlich ein Gähnen. Wie sonderbar er aussah. Seine Augen waren ganz blank, er blinzelte und gähnte fortwährend hinter seiner Hand. Dann entschuldigte er sich.

„Ich habe seit fünf Tagen keinen Schlaf gekriegt, das ist die Sache. Ich glaube,
150 ich muss mal eben 'n Augenblick dösen."

Damit legte er die Arme auf seine Bank und den Kopf darauf. Er schlief auf der Stelle ein. Die Lehrerin sah sich unschlüssig um.

„Hugo scheint ein bisschen müde zu sein", sagte sie zur Klasse, „wenn er sich nun bloß nicht erkältet …"

155 Wie auf ein Zeichen liefen alle Kinder auf den Flur hinaus und holten Mäntel und Jacken.

Auf Zehenspitzen gingen sie zu Hugo hin.

„Pscht – weckt ihn nicht auf."

„Mein Mantel ist aber wärmer als deiner."

160 „Meiner ist aber mit Wolle gefüttert …"

„Und meiner hat 'n Pelzkragen."

„So, nun ist's genug", sagte Frau Sund im Flüsterton, „mehr als drei Mäntel braucht er nicht."

„Um die Beine muss er aber auch was haben."

„Ja – aber nun ist es gut."

„Seine Füße gucken raus. Es hat alles keinen Zweck, wenn man um die Füße kalt wird."

„Pscht, pscht …"

„So – jetzt kann er aber auf keinen Fall frieren. Jetzt hat er's schön mollig[1]."

Die ganze Klasse stand um Hugo herum. Sie sahen ihn alle andächtig an, wie er da gleich einem Kleiderbündel auf seiner Bank lag. Der Haarschopf guckte hervor, das war alles. Die Lehrerin rückte das Bündel noch einmal zurecht und streichelte es verstohlen[2].

„Es muss anstrengend sein mit diesen Spinnen …", sagte sie.

Da blickte er plötzlich auf, mit klaren blauen Augen.

„Mit den Spinnen nicht", sagte er laut, „die sorgen für sich selber. Das ist so eine Sorte für sich – aber die Schule …"

Und schon war er von Neuem eingeschlafen.

[1] es mollig haben: schön warm haben
[2] verstohlen: heimlich, unauffällig

1 Das ist schon ein ganz besonderer Kerl, dieser Hugo … Was meint ihr?

2 In dieser Geschichte begegnen sich die Kinder mit großer Toleranz.
Findet dazu verschiedene Beispiele im Text und lest sie vor.

3 In Zeile 106–123 geht Hugo zu all seinen Mitschülern und fragt sie nach ihrem Befinden.
Wenn du nun ein Mitschüler oder eine Mitschülerin von Hugo wärst:
- Was würdest **du** Hugo gern fragen? Schreibe deine Fragen auf.
- Tauscht eure Fragen im Plenum aus und beantwortet sie euch gegenseitig **aus Hugos Sicht**.

4 Hugo ist ein sehr außergewöhnlicher Junge.
Lege eine **Figurenkarte** zu Hugo an. Schreibe auf, welche besonderen **Eigenschaften** und **Charakterzüge** du an Hugo beobachten kannst.

Eine Figurenkarte anlegen

Auf einer Figurenkarte beschreibst du stichwortartig eine literarische Figur.

1: Notiere den **Namen** der Figur.

2: Notiere, was du über das **Äußere** der Figur sagen kannst.

3: Beschreibe mithilfe von Adjektiven den **Charakter** der literarischen Figur.

4: Beschreibe, was die literarische Figur in zentralen Situationen **tut** und wie sie sich anderen Figuren gegenüber **verhält**.

INFO

5 Auch Frau Sund ist eine ganz besondere Person.
Lege eine Figurenkarte zu Frau Sund an.

6 Überlegt, wie ihr eure Figurenkarten präsentieren und vergleichen könnt.

7 Die Situationen und die Stimmung im Klassenraum **zu Beginn** der Geschichte und **am Ende** sind sehr unterschiedlich.
Lest im Text noch einmal nach und geht auf Spurensuche (Zeile 1–34 und 151–173).

8 Ihr könnt diese beiden Situationen in zwei verschiedenen **Standbildern** „einfangen".
Dazu könnt ihr die folgenden Hinweise nutzen:

Situation zu Beginn:

Frau Sund:
total überrascht, irritiert,
starr, verwirrt …

Hugo:
total selbstbewusst, unbekümmert,
fröhlich, interessiert …

die Kinder in der Klasse:
total still, reglos wie aus Stein …

Situation am Schluss:

Frau Sund:
behutsam, verständnisvoll,
fürsorglich, behütend

Hugo:
erschöpft, angestrengt, total müde …

die Kinder in der Klasse:
leise, umsorgend, vorsichtig, ruhig, andächtig,
mit behütenden, sanften Gesten …

9 Bereitet nun euer Standbild vor.
Nutzt dazu auch die Informationen zu dieser **Methode**.
- Entwickelt für jeden Mitspieler eine genaue Position, die er einnehmen soll.
- Legt dann für jeden Mitspieler die Körperhaltung und den Gesichtsausdruck fest, die für die ausgewählte Situation bedeutsam sind.
- Baut nun euer Standbild und verharrt für eine kleine Weile in den verabredeten Positionen. Dabei **friert** ihr diesen besonderen Moment sozusagen **ein**, ohne euch zu bewegen.
- Gebt euch gegenseitig ein Feedback, ob euer Standbild die ausgewählte Situation gut widerspiegelt.

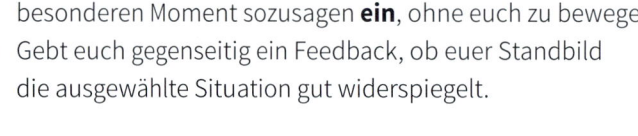 Ein Standbild bauen

Ein Standbild ist wie ein Foto, das einen ganz besonderen Moment einfängt und festhält.
Für eine kleine Weile halten die beteiligten Personen **bewegungslos** in bestimmten Körperhaltungen und Positionen inne.
In einem Standbild lassen sich besondere Situationen aus literarischen Texten sehr anschaulich zum Ausdruck bringen.

Textwerkstatt

Sich zu literarischen Figuren positionieren

Die Neue

Edith Schreiber-Wicke

Wie fast täglich stürzte Sophy nach dem Läuten in die Klasse, ließ sich auf ihren Platz fallen und keuchte. Das tägliche Es-könnte-doch-sein-Spiel brauchte wirklich erstaunlich viel Zeit. Florian, ihr Nachbar, flüsterte ihr zu: „Gib dir die Neue, das packst du nicht."

5 Zunächst bewunderte Sophy ausgiebig Florians Formulierung. Florians Sprache war immer auf dem neuesten Stand. Er hatte einen älteren Bruder in der Achten. Dann drehte sich Sophy um und suchte die Bankreihen ab. Richtig, die Klassenlehrerin hatte ja schon vor Tagen eine Neue angekündigt.

Ein Wahnsinn, dachte Sophy, als sie schließlich die Neue in der letzten
10 Bank entdeckte. Zu Florian sagte sie leise: „Ich pack's nicht." Ausdrücke, die ihr gefielen, übernahm Sophy immer sehr schnell.

Die Lehrerin kam in die Klasse. Sie unterrichtete Mathematik. „Setzt euch", sagte sie, und dann: „Wir haben eine neue Schülerin." Dabei schaute sie suchend in die Klasse. Die Neue stand langsam auf. Ein paar lachten. Darüber
15 ärgerte sich Sophy, aber sie musste zugeben, sie hatte noch nie ein so merkwürdiges Mädchen gesehen. Ihre Haare waren struppig und hingen in dichten Fransen weit über die Augen. Sie hatte ein großes weites Herrenhemd an, das sie um die Mitte mit einem breiten Gürtel zusammenhielt. Darunter sah man noch ein Stück von alten verwaschenen, fransigen Jeans herausschauen. Um
20 den Hals hatte sie, offenbar als Schmuck, eine dicke Eisenkette.

„Wie schaust du denn aus?", fragte die Lehrerin.

Es kam keine Antwort.

„Wie heißt du?", fragte die Lehrerin weiter.

„Anna Maria", sagte die Neue.

25 „Anna Maria Monster", flüsterte irgendwer hörbar.

„Deinem Namen entnehme ich, dass du ein Mädchen bist", sagte die Lehrerin. „Ein Mädchen zieht sich aber anders an und frisiert sich ordentlich. Also was dein Äußeres betrifft, so wünsche ich, dass du morgen normal ausschaust."

30 „Was ist normal?", fragte die Neue. Es klang trotzig.

„Schau dir die anderen an", sagte die Lehrerin. „Das ist normal. Und jetzt nehmt eure Rechenhefte heraus."

Nach der letzten Schulstunde lief die Neue sofort aus der Klasse. Als sie an Sophy vorbeikam, fielen ihre dichten Wuschelhaare zur Seite. Sophy sah für
35 einen Augenblick ihr Gesicht. Sie ist traurig, dachte Sophy, und sie hat Angst.

„Hört einmal alle zu", sagte Sophy laut. Und sie redete auf die anderen ein, bis der Hausmeister sie aus der Klasse vertrieb.

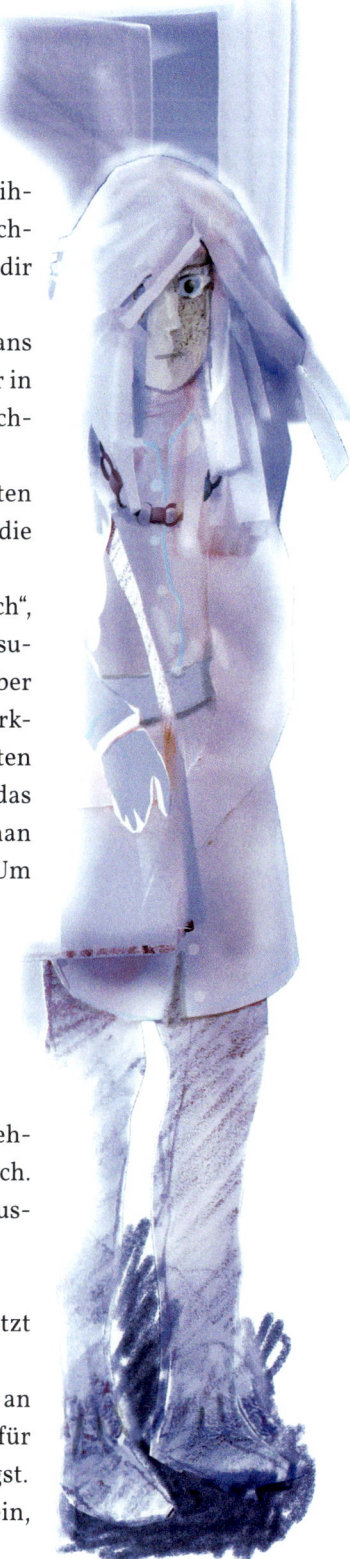

„Einmal können sie nicht schnell genug draußen sein, und dann kriegt man sie wieder nur mit Gewalt hinaus", brummte er. „Zu meiner Zeit hat's das nicht gegeben." Mit diesem Satz beendete er fast alles, was er sagte.

„Ich brauch …", sagte Sophy während des Mittagessens, und ihre Mutter unterbrach sie: „Schluck erst runter, dann redet sich's leichter."

„Ich brauch", begann Sophy noch einmal, „morgen ein altes Hemd von Georg." Georg war Sophys Vater.

„Wozu?", fragte Sophys Mutter.

„Und einen breiten Gürtel", sagte Sophy.

„Wozu?", fragte Sophys Mutter noch einmal.

„Und eine Eisenkette", zählte Sophy weiter auf.

„Willst du nicht sagen, wozu?", fragte Sophys Mutter.

„Nicht so sehr gern", sagte Sophy, „aber es ist für einen guten Zweck, und du bekommst alles wieder."

Hemd und Gürtel waren kein Problem. Schwierig war die Sache mit der Kette. Sophy fand schließlich im Abstellraum eine alte Lampe an einer Messingkette. „Die geht", entschied Sophy und montierte mit einigen Schwierigkeiten die Kette ab.

„Gut, dass ich nicht neugierig bin", sagte Sophys Mutter.

„Ja, das ist sehr gut", antwortete Sophy ungerührt.

„Was ist denn mit denen los? Sonst kommen sie immer zu spät, heute kommen sie zu früh. Zu meiner Zeit hat's das nicht gegeben", murmelte er verdrossen.

Im Klassenzimmer holten alle die sonderbarsten Dinge aus ihren Schultaschen. Alte Herrenhemden, schwere breite Gürtel und dicke Ketten. Das Verkleiden begann. Alle Mädchen bürsteten sich die Haare ins Gesicht und verstruwwelten sie. Auch alle Jungen mit etwas längeren Haaren.

„Was mache ich?", sagte Veronika. Sie hatte streichholzkurze Haare, und es gab nichts über die Augen zu bürsten.

„So wie du schaut ein Mädchen nicht aus", ahmte Sophy den Tonfall der Lehrerin nach. „Morgen hast du auszuschauen wie alle anderen."

Mitten in das allgemeine Gelächter sagte Florian: „Und wenn die Neue nicht kommt? Dann sitzen wir schön blöd da."

Er hat recht, dachte Sophy. Auf die Idee war sie in ihrem Eifer gar nicht gekommen. Vielleicht wollte Anna Maria nicht mehr in eine Klasse kommen, wo man über sie lachte.

Es läutete.

Sophy schaute gespannt zur Tür und kam sich ziemlich komisch vor in dem alten Hemd. Der Gürtel war zu weit und rutschte dauernd bis zu den Knien. Die Messingkette drückte im Nacken.

Die Tür ging auf. Es war die Neue. Ohne jemanden anzusehen, setzte sie sich wie am Vortag in die letzte Bank.

Die Tür ging wieder auf. Es war die Klassenlehrerin.

„Guten Morgen Ki…", sagte die Lehrerin. Dann verstummte sie. Sophy hatte ein kribbeliges Gefühl im Magen. „Anstiftung zum Unfug" wurde das in der Schule gewöhnlich genannt.

Die Lehrerin stand eine Weile ganz still und betrachtete alle achtundzwanzig Kinder genau. Sie hatten Herrenhemden an, breite Gürtel umgeschnallt und Ketten verschiedener Herkunft um den Hals. Die meisten hatten eine Frisur zustande gebracht, gegen die Anna Marias Wuschelkopf ausgesprochen gepflegt wirkte. Sogar Veronikas streichholzkurze Haare standen wirr vom Kopf ab. Sie hatte das mit etwas Klebstoff geschafft.

Es war sehr still.

Und dann geschah etwas Merkwürdiges. Die Lehrerin setzte sich an ihren Schreibtisch und begann zu lachen. Nicht gerade laut und schallend, aber immerhin – sie lachte. „Ihr habt recht", sagte sie schließlich. „Das war kein besonders netter Empfang gestern für Anna Maria. Kleidung und Frisur sind schließlich wirklich nicht so wichtig."

„Ich pack's nicht", sagte Florian, „die Frau ist ja super. Echt cool."

In der Pause schob Anna Maria eine Haarsträhne zur Seite und schaute die anderen an.

„Ist wirklich spitze, was du da anhast", sagte Florian.

„Danke", sagte Anna Maria.

Alle schwiegen verlegen.

Der Hausmeister, der gerade vorbeiging, machte die Klassentür auf. Stille während der Pause war außerordentlich verdächtig. Alle saßen auf ihren Plätzen.

„Zu meiner Zeit hat's das nicht gegeben", sagte der Hausmeister und machte die Klassentür wieder zu.

1. Tauscht euch mithilfe der folgenden **Leitfragen** über diese Geschichte aus.
   - Welcher ist der zentrale Ort, an dem die Geschichte spielt?
   - Ist der Ort für die Handlung bedeutsam? Inwiefern?
   - Wer ist die Hauptfigur / sind die Hauptfiguren der Geschichte?
   - Werden ihre Namen genannt?
   - Wie stehen die Figuren zueinander?
   - Wie gehen die Figuren miteinander um?
   - Was erfährt man über die Gedanken und Gefühle der Figuren?
   - Wie reagieren die Figuren auf Probleme oder Konflikte?

2. Nähert euch einzelnen Figuren der Geschichte durch die Arbeit mit einer **Placemat**.
   - Überlegt, ob ihr den Text vor Beginn eurer Arbeit noch einmal zur Vertiefung lesen möchtet.
   - Bildet Gruppen zu je vier Schülern, die sich mit einer der folgenden Figuren näher auseinandersetzen: **Anna Maria – Sophy – Lehrerin – Mutter – Florian**.
   - Werdet euch bei der Arbeit mit der Placemat darüber klar, ob die Handlungsweise eurer ausgewählten Figur auf euch überzeugend wirkt.

 **Placemat**

So legt ihr euch eine Placemat an:
Nehmt ein großes Blatt Papier (mindestens im DIN-A3-Format).
Teilt dieses Blatt in **ein Mittelfeld** und **vier gleich große Außenfelder** ein.

Arbeit mit der Placemat

1. Stufe: Nachdenken und Schreiben
Jeder notiert in seinem Feld eigene Gedanken zum Verhalten seiner Hauptfigur.
Für diese Phase der Arbeit stehen ca. fünf bis zehn Minuten zur Verfügung.

2. Stufe: Stummes Vergleichen
Die Placemat wird im Uhrzeigersinn gedreht.
Jeder liest nun die Notizen der anderen. Rückfragen werden nur bei Verständnisproblemen oder Leseschwierigkeiten gestellt. Für diese Phase stehen etwa fünf Minuten zur Verfügung.

3. Stufe: Gemeinsam entscheiden und auswählen
Die Gruppe entscheidet nun gemeinsam, welche der notierten Gedanken in die Mitte des Blattes geschrieben werden. Dabei kann eine Begrenzung hilfreich sein, indem man sich z. B. auf vier oder fünf Hauptpunkte einigt.
Diese Hauptpunkte können durch ihre Reihenfolge gewichtet werden.
Für die Phase der Verständigung werden etwa zehn Minuten eingeplant.

4. Stufe: Präsentation
Abschließend präsentiert jede Gruppe ihre Arbeitsergebnisse im Plenum.

○○●○ Gipfelstürmer

Textwerkstatt
Einen literarischen Text sinnvoll zusammenpuzzeln

1 Von der folgenden Erzählung findet ihr auf den nächsten Seiten (203–206) **alle zehn Absätze durcheinandergewürfelt** vor.
Die richtige Reihenfolge der Absätze ist also außer Kraft gesetzt. Geht nun so vor:

I: Überfliegt die verpurzelten Absätze zunächst einmal mit euren Augen.
- Haltet beim überfliegenden Lesen Ausschau nach dem **ersten Absatz**, mit dem die Geschichte beginnt.
- Versucht kurz zu erklären, woran ihr diesen **Einstieg** in die Geschichte erkennen könnt.

II: Verteilt anschließend die anderen neun Absätze auf verschiedene Leser.
- Jeder liest **nur** seinen Absatz / seine Absätze **leise für sich**.
Tauscht euch nicht untereinander aus!

III: Jetzt wird der **erste Absatz** von einem Erzähler **laut gelesen**.
- Wer am Ende des Absatzes meint, dass es nun mit seinem Absatz weitergeht, der liest jetzt seinen Text vor.
- Die anderen passen auf, ob dieser Anschluss auch wirklich inhaltlich passt.
- Hört aufmerksam zu und verfolgt den Verlauf der Handlung aufmerksam.
- Fahrt so fort, bis ihr die ganze Geschichte gehört habt.

Die Wölfe von Sonfjället

Selma Lagerlöf

1 In diesem Augenblick stießen die Wölfe ein lautes Geheul aus. Das Pferd schreckte zusammen, fuhr wild davon und jagte an dem Bettelweib vorüber. Sie hatte das Wolfsgeheul auch gehört, und als der Bauer an ihr vorübersauste, las er in ihrem Gesicht, dass sie wusste, was ihr bevorstand. Sie stand da, den
5 Mund zu einem Schrei geöffnet und die Arme um Hilfe ausgestreckt, aber sie hatte weder geschrien noch den Versuch gemacht, sich auf den Schlitten zu werfen. Sie musste von irgendeiner Erscheinung wie versteinert worden sein. „Ich habe wohl wie ein böser Geist ausgesehen, als ich an ihr vorüberfuhr", dachte der Bauer, und er versuchte, sich jetzt, wo er seines Lebens sicher sein
10 konnte, zufrieden zu fühlen.

2 Das Weib erwiderte kein Wort, aber der Bauer war jetzt in einer so verzweifelten Stimmung, dass er sie nicht schonen konnte. „Der Rappe ist heute schon fünf Meilen gelaufen, da wirst du begreifen, dass er bald ermattet sein wird. Und die Last ist nicht leichter geworden, seit du dazugekommen bist." Die Schlittenkufen knirschten auf dem Eis; aber trotzdem glaubte er zu hören, wie die Klauen der Wölfe hinter ihm aufschlugen, und er fühlte, dass die Raubtiere ihn nun eingeholt hatten. „Jetzt ist es aus mit uns", sagte er. „Dass ich dich zu retten versucht habe, ist weder dir noch mir gut bekommen, Finnen-Malin."

3 Erst jetzt sprach das Weib ein paar Worte. Vorher hatte sie nur geschwiegen wie jemand, der an Scheltworte gewöhnt ist. „Ich kann nicht verstehen, warum du deine Gefäße nicht abwirfst und die Last erleichterst", sagte sie. „Du kannst ja morgen früh wiederkommen und sie zusammenlesen." Der Bauer verstand, dass dies ein kluger Rat war, und wunderte sich nur darüber, dass er nicht selbst daran gedacht hatte. Er übergab dem Weib die Zügel, löste den Strick, der die Gefäße zusammenhielt, und begann eifrig, sie abzuladen. Die Wölfe jagten schon neben dem Schlitten her, hielten aber jetzt an, um zu untersuchen, was da aufs Eis flog, und dadurch bekamen die Reisenden wieder einen kleinen Vorsprung. „Wenn das nicht hilft, werde ich mich selbstverständlich den Wölfen ausliefern, damit du entkommst", sagte die Finnen-Malin.

4 Als der Mann die Wölfe hinter sich heulen hörte und sah, was für ein großes Rudel er im Rücken hatte, verlor er alle Besinnung, und es fiel ihm nicht ein, dass er Kübel, Bottiche und Wannen eiligst von seinem Wagen hätte werfen sollen, um die Last zu erleichtern. Er peitschte nur auf das Pferd los, und dieses lief auch wie noch nie, aber trotzdem kamen die Wölfe immer näher, das merkte der Bauer wohl. Es war eine sehr einsame Gegend, der nächste Hof lag mindestens noch zwei Meilen entfernt, der Bauer konnte nichts anderes erwarten, als dass seine letzte Stunde gekommen sei, und er fühlte, wie ihm vor Entsetzen alle Glieder erstarrten.

5 Aber wenn er auch anhielt und sie auf den Schlitten nahm, war es durchaus nicht sicher, dass sie gerettet würde; wenn er es tat, dann wurden alle miteinander, er und die Alte und das Pferd, zerrissen und aufgefressen, und der Bauer fragte sich, ob es nicht am richtigsten wäre, ein Leben zu opfern, um zwei andere zu retten. Aber damit war es noch nicht genug, er musste sogleich auch daran denken, wie es ihm wohl nachher selbst gehen würde: Ob er Gewissensbisse bekäme, weil er dem Weib nicht geholfen hatte, ob die Leute erführen, dass er ihr begegnet war und sie im Stich gelassen hatte? Es war ein schwerer Entschluss, den er jetzt fassen musste, und er sagte sich schließlich: „Es wäre mir viel lieber, ich wäre ihr gar nicht begegnet!"

6 Aber in demselben Augenblick begann es, in seiner Brust zu arbeiten und zu brennen. Er hatte noch nie etwas Böses getan, und nun hatte er in einem einzigen Augenblick sein Leben verdorben. „Nein, es mag gehen, wie es will!", rief er plötzlich und hielt das Pferd an. „Ich kann sie nicht mit den Wölfen
5 allein lassen." Nur mit großer Mühe gelang es ihm, das Pferd zu wenden; aber schließlich brachte er es doch zu Stande, und er hatte die Finnen-Malin bald wieder erreicht. „Steige schnell in meinen Schlitten!", befahl er ihr in barschem Ton; denn er war wütend über sich selbst, weil er das Weib nicht seinem Schicksal überlassen konnte. „Du tätest auch besser, daheimzubleiben,
10 anstatt dich immer herumzutreiben, du alte Hexe", fuhr er fort, „jetzt werden wir beide deinetwegen umkommen, der Rappe und ich."

7 Vor langer, langer Zeit sollen die Wölfe von Sonfjället einmal einen Bauern überfallen haben, der mit einer Ladung Böttcherfässer umherfuhr. Er war von Hede, einem Dorf, das einige Meilen höher droben, als wir uns befinden, im Adal liegt. Es war Winter, und die Wölfe jagten hinter dem Schlitten her, als er
5 eben über das Eis des Ljusnan hinüberfuhr. Es waren ihrer wohl acht bis zehn Stück, und der Bauer hatte kein gutes Pferd, sodass er nicht viel Hoffnung hatte, ihnen entkommen zu können.

8 Während er so wie gelähmt dasaß, sah er, dass sich zwischen den Tannenbüschen, die auf dem Eis aufgepflanzt waren, um den Weg zu bezeichnen, etwas bewegte. Und als er sah, was es war, wuchs der Schrecken, der ihn schon vorher erfasst hatte, ins Ungeheure. Aber nicht Wölfe waren es, die ihm da
5 entgegenkamen, sondern ein altes Bettelweib. Sie hieß Finnen-Malin und war eine rechte Landstreicherin. Sie hinkte ein wenig und hatte überdies einen kleinen Höcker; der Mann konnte sie schon aus der Ferne erkennen. Die Frau ging gerade auf die Wölfe zu. Offenbar wurden sie durch den Schlitten vor ihr verdeckt, und dem Bauern war es sogleich klar: Wenn er an ihr vorüberfuhr,
10 ohne sie zu warnen, dann fiel sie den wilden Tieren unwiderruflich zur Beute, und während diese die Alte zerrissen, konnte er entkommen. Auf ihren Stock gestützt hinkte sie langsam daher; ja, sie war unrettbar verloren, wenn er ihr nicht half.

9 Der Bauer wartete nun, bis die Wölfe wieder ganz dicht herangekommen waren. Dann wälzte er den großen Bottich aufs Eis hinab, sprang selbst nach und kroch darunter. Es war ein großer schwerer Bottich, dazu gemacht, einen ganzen Weihnachtsvorrat an Bier fassen zu können. Die Wölfe sprangen darauf zu, bissen in
5 die Reifen und versuchten, den Bottich umzustürzen. Aber er war zu stark und zu schwer, sie konnten nichts ausrichten; der darunter saß, war sicher. Ja, der Bauer wusste, dass er sicher war, die Wölfe konnten ihm nichts anhaben, und er lachte unter seinem Bottich. Aber plötzlich wurde er sehr ernst. „Sobald ich wieder in irgendeiner Not bin", sagte er, „werde ich an diesen Braubottich denken; und ich wer-
10 de mich daran erinnern, dass ich weder mir selbst noch anderen Unrecht zu tun brauche. Es gibt immer noch einen dritten Ausweg, es handelt sich nur darum, ihn zu finden."

10 Als sie dies sagte, war der Bauer eben dabei, einen großen schweren Braubottich vom Schlitten hinabzustoßen. Aber plötzlich hielt er inne, als könnte er sich nicht entschließen, diesen abzuladen. In Wirklichkeit jedoch waren seine Gedanken von etwas ganz anderem in Anspruch genommen. „Ein Pferd und ein Mann, denen
5 nichts fehlt, sollten doch eigentlich nicht gezwungen sein, sich wegen einer alten Frau von den Wölfen fressen zu lassen", dachte er. „Es muss doch wohl noch einen Ausweg zur Rettung geben. Ja, ganz sicher gibt es einen; der Fehler ist nur, dass ich ihn nicht herausfinden kann." Schließlich schob er wieder an dem Braubottich; doch plötzlich hielt er wieder an und brach in lautes Lachen aus. Das Weib sah ihn
10 erschreckt an und fragte sich, ob er verrückt geworden sei; aber der Bauer lachte nur über sich selbst, weil er bisher so dumm gewesen war. Jetzt wusste er, was er tun musste; es war das Einfachste von der Welt, und er konnte gar nicht begreifen, dass es ihm nicht früher eingefallen war. „Pass nun auf, was ich sage, Malin", begann er. „Was du da gesagt hast, dass du dich den Wölfen vorwerfen wolltest, war wirklich
15 gut von dir. Aber das ist nicht nötig, denn ich weiß jetzt, wie uns allen dreien geholfen werden kann. Du musst jetzt nur tun, was ich sage. Du nimmst die Zügel, und was ich auch danach tue, du bleibst ganz ruhig sitzen und fährst geradewegs nach Linsäll. Dort weckst du die Leute auf und sagst ihnen, dass ich hier mit zehn Wölfen allein auf dem Eise sei, und bittest sie, mir zu helfen."

2 Die letzte wörtliche Rede am Ende des Textes spricht der Bauer.
- Lest diese Sätze noch einmal laut.
- Beschreibt mit euren Worten, zu welcher Erkenntnis der Bauer hier gelangt.

3 Setzt euch einmal mit der folgenden Frage auseinander:
Inwieweit haben die lebensgefährliche Bedrohung durch die Wölfe und die Begegnung mit der Finnen-Malin beim Bauern zur einer Veränderung geführt? Begründet eure Sichtweisen und führt Beispiele aus dem Text als Beleg an.

4 Lest den Text nun im richtigen Zusammenhang den anderen Kindern in der Klasse vor. Verteilt ihn dazu auf verschiedene Leser.

Textwerkstatt

Überprüfe dein Wissen und Können

Der Sperling

Iwan S. Turgenjew – aus dem Russischen von Rudolf Palester

Ich war auf dem Heimweg von der Jagd und durchschritt die Allee des Parks. Der Hund lief vor mir her.

Mit einem Male wurden seine Schritte kürzer, und er begann sich anzuschleichen, so als witterte er vor sich ein Wild.

Ich hielt in der Allee Ausschau und erblickte einen jungen Spatzen, das Gelb noch am Schnabel und den Kopf ganz flaumig. Er war aus dem Nest gefallen (in der Nacht hatte der Sturm die Birken kräftig gerüttelt) und hockte nun da, unbeweglich, mit hilflos ausgebreiteten, noch kaum ausgewachsenen Flügelchen.

Mein Hund näherte sich ihm eben langsam, als plötzlich vom nächsten Baum ein alter Spatz mit schwarz gefleckter Brust sich wie ein Stein vor seine Schnauze fallen ließ – und mit gesträubtem Gefieder, völlig außer sich, mit verzweifeltem und kläglichem Gepiepse auf den aufgesperrten zähnestarrenden Rachen zuhüpfte.

Er hatte sich als Retter fallen lassen, er deckte sein Junges mit seinem eigenen Leibe – und dabei zitterte sein ganzer kleiner Körper vor Entsetzen, sein Stimmchen war heiser vor Angst, er starb fast und opferte sich!

Als welch ein fürchterliches Ungetüm musste ihm der Hund erscheinen! Und dennoch hatte es ihn nicht da droben auf seiner Höhe, auf seinem gefahrlosen Ast gehalten … Eine Kraft, stärker als sein Wille, hatte ihn von dort heruntergetrieben.

Mein „Tresor" blieb stehen, wich allmählich zurück. Man konnte sehen, auch ihm kam diese Kraft zum Bewusstsein.

Ich rief den verstörten Hund eiligst zu mir und entfernte mich, erfüllt von Andacht[1].

Jawohl; lacht bitte nicht. Ich war von Andacht erfüllt vor diesem heroischen kleinen Vogel, vor diesem Ausbruch seiner Liebe. Die Liebe, kam mir in den Sinn, ist stärker als der Tod und die Furcht vor dem Tod. – Nur durch sie, nur durch die Liebe bewahrt sich und verbreitet sich das Leben.

[1] Andacht: sich ganz aufmerksam, konzentriert und voller Achtung einem Gefühl / einer Stimmung innerlich hingeben

---

1 An welchem Ort befindet sich der Ich-Erzähler der Geschichte? Mit wem ist er dort unterwegs? Schreibe es auf.

2 Was erleben die beiden auf ihrem Heimweg? Und was ist das Besondere an diesem Erlebnis? Schreibe es mit deinen Worten auf.

3 Was genau tut der Hund, als er die „besondere Kraft" des Sperlings spürt? Lies in Zeile 31–33 nach und notiere es.

4 Notiere, welche Erklärung der Ich-Erzähler für das Verhalten des alten Sperlings hat.

5 In **Zeile 36** wendet sich der Ich-Erzähler mit einer Bitte direkt an die Leser. Wie verstehst du die Aufforderung *„… lacht bitte nicht."*? Warum liegt dem Ich-Erzähler wohl so viel daran, dass die Leser oder Zuhörer seine Achtung vor diesem kleinen Vogel verstehen können? Schreibe deine Meinung dazu auf.

Rechtschreibung und Zeichensetzung

Arbeit mit dem Wörterbuch
Fremdwörter nachschlagen

Probleme erkennen – Einsichten gewinnen

INFO

Fremdwörter

Fremdwörter sind aus anderen Sprachen zu uns gelangt: aus dem Griechischen, dem Lateinischen, dem Englischen, Französischen, Italienischen usw. Die meisten erkennt man daran, dass sie in ihrer Schreibweise und Aussprache noch an das Herkunftsland erinnern, aus dem sie stammen (z. B. *Pommes frites, Makkaroni, Chips …*).

1 Manchmal bist du nicht sicher, mit welchem Anfangsbuchstaben ein Fremdwort beginnt.
Schreibt man **V/Wanilleeis** mit **V** oder mit **W**?
Dann musst du im Wörterbuch an zwei Stellen nachschlagen.
- Wie werden die folgenden Fremdwörter geschrieben? Schlage sie im Wörterbuch nach.
- Schreibe sie dann richtig auf. Notiere die Seite dahinter, auf der du sie gefunden hast.
  Achtung: Manche Wörter kann man auf zweierlei Weise schreiben!

Wörter mit C, Ch, K, Sch oder Z?

*assette   *arakter   *or   *abrio   *irkus   *ance   *amäleon
*reme   *ousine   *atastrophe   *entrum *ewinggum *ic   *ity

Wörter mit F, Ph, V oder W?

*amilie   *antom   *itamin   *anpost *ater   *ampir
*okal   *otogra*ie *anillepudding   *igur   *orelle *rasendrescher

2 Die folgenden Wörter sind hier so abgedruckt, wie man sie ausspricht.
Sie werden aber anders geschrieben.
- Sprich die Wörter deutlich aus.
- Suche sie im Wörterbuch. Notiere die Seite, auf der du sie gefunden hast.
- Schreibe die Wörter dann richtig auf.

Rüttmuss   Pomfritz   Schomaster   Kwalität   Portmonee Tschämpjen
Körriewurst Kompjuter Kusäng   Silwester   Kätschap   Füsik

3 Macht zu zweit ein kleines Nachschlage-Wettspiel.
Einer nennt eines der folgenden Wörter – und zählt die Sekunden, die der andere braucht,
um das Wort zu finden.
Der andere schlägt das Wort im Wörterbuch nach – und ruft, auf welcher Seite er das Wort
gefunden hat. Dann wechselt ihr die Rollen. Übt das mit den folgenden Wörtern:

Collage   Kannibale   Spezialist
Biotop   Monitor   Rhabarber

Arbeit mit dem Wörterbuch
Fremdwörter: Ihre Bedeutung und ihre Herkunft

1 Schlage im Wörterbuch nach, welche Bedeutung die folgenden Fremdwörter haben. Schreibe die Ergebnisse auf und vergleiche sie mit einem Partner.

Tollpatsch   Fata Morgana   Hurrikan   Karawane   Respekt

2 Schlage im Wörterbuch nach, aus welchen Sprachen diese Fremdwörter stammen und was sie bedeuten. Schreibe auf:
Kajak stammt aus dem … und bedeutet …

I   *Kajak   Kapuze   Ketchup   Kiosk*
II *Bandit   Camembert   Charts   Espresso   Freak*
III *Karikatur   Teint   Batterie   Safe   Tohuwabohu   Chat*

Tipps zur Überarbeitung:
amerik.: amerikanisch
arab.: arabisch
engl.: englisch
eskim.: eskimo / inuit
franz.: französisch
griech.: griechisch
hebr.: hebräisch
ind.: indisch
ital.: italienisch
lat.: lateinisch
mexik.: mexikanisch
pers.: persisch

3 Viele Fremdwörter haben die lateinische Endung **-us** oder die französische Endung **-eur**.
Füge an die folgenden Wortstämme die richtige Endung an und schreibe die Wörter dann auf:

Lux-   Bazill-   Mont-   Disk-   Ingeni-
Regiss-   Rhythm-   Dompt-   Kakt-

4 Manche Fremdwörter haben einen besonderen Plural. Schlage im Wörterbuch nach, wie der Plural der folgenden Wörter lautet.
Schreibe sie dann im Singular und Plural auf.
Achtung: Manchmal gibt es zwei Pluralformen!

Atlas   Kaktus   Bazillus   Rhythmus
Ballon   Firma   Diskus   Museum
Atlas – Atla…, Atla…

5 Welche Erklärung passt zu welchem Wort aus Aufgabe 4?
Schreibe so auf:
a) Bazillus, b) …

a) Krankheitserreger
b) Geschäft, Betrieb
c) mit Luft oder Gas angefüllter Behälter
d) gleichmäßige Bewegung in der Musik
e) Ausstellungsgebäude für Kunstwerke
f) Sportgerät
g) Buch mit Landkarten
h) stachlige Pflanze

An Beispielen üben – Gelerntes selbstständig anwenden

Rechtschreibstrategien anwenden

 Strategie: Merkwörter üben – Wörter mit *h*

Im **WORTSCHATZ** rechts findet ihr die wichtigsten Wörter, die mit **h** geschrieben werden. Die kann man natürlich nicht alle auf einmal üben. Aber man kann sie sich nach und nach einprägen. Dabei sollen die folgenden Übungen helfen. Nehmt euch immer wieder einmal eine andere Übung vor.

1. Suche dir aus der Liste der rund 50 Wörter diejenigen heraus, bei deren Schreibung du unsicher bist, und schreibe sie auf.

2. Stelle einzelne Wörter zu Reimpaaren zusammen:
führen – rühren …

3. Bilde selbst zu einigen Wörtern Reime, die mit **h** geschrieben werden: *Mühe – Kühe …*

4. Schreibe dir die Wörter auf, die du dir merken möchtest.

5. Schreibe zu einigen Wörtern verwandte Wörter auf:
beinahe, nahe, näher, in der Nähe …

6. Das **Dehnungs-h** steht nur vor den Buchstaben **l, m, n, r**.
Ordne die Wörter in eine Liste ein:
Wörter mit **hl**: *beza*hl*en …*   Wörter mit **hm**: *nach*ahm*en …*
Wörter mit **hn**: *de*hn*en …*   Wörter mit **hr**: *bo*hr*en …*

7. Schreibe die Wörter mit Silbenstrich auf, in denen das **silbentrennende h** zwischen zwei Vokalen steht: *beina-he …*

8. Schreibe Sätze auf, in denen immer zwei oder drei der Wörter vorkommen. Es können auch Witzsätze sein:
Das Fohlen zählt mit seinen Zehen bis zehn.

9. Lest euch die Wörterliste genau durch. Dann diktiert einer – der andere schreibt. Kontrolliert euch gegenseitig. Wechselt die Rollen.

10. Es gibt auch eine Reihe von Wörtern **ohne h**, in die man aus Versehen manchmal ein **h** hineinschreibt.
Rechts sind die wichtigsten von ihnen aufgelistet. Übt sie mit den Übungen 4, 5, 8 und 9.

WORTSCHATZ

beinahe	Mühe, mühsam
bezahlen	nachahmen
bohren	nähen, Naht
dehnen	Nähe, näher
drohen	nehmen
dröhnen	ohne, Ohnmacht
fähig, unfähig	prahlen, prahlt
fahren, fährt	Reihe
fehlen	roh, rohe
Fohlen	rühren, berühren
froh, fröhlich	sehen, sieht
früh, früher	sehr
fühlen	sprühen, sprüht
führen	stehen, steht
gähnen	stehlen
Gefahr, gefährlich	stöhnen
gehen	strahlen
geschehen, geschieht	verwöhnen
gewöhnen	verzeihen, Verzeihung
hohl	wählen, Wahl
höher	wahr, Wahrheit
Jahr, jährlich	wehen
kehren, umkehren	sich wehren
kühl	Weihnachten
leihen, verleihen	zählen, Zahl
mahnen, ermahnen	Zehen
mehr	

Wörter ohne h:
bequem, bevor, egal, erklären, gar nicht, holen, hören, klar, nämlich, schon, schwer, sparen, Spur, stören, stur, Tränen, es war einmal, wenig, zwar

Rechtschreibstrategien anwenden

Strategie: Sprechen – Hören – Schreiben: Wörter mit s oder ß

brösen   brößen

1. Wenn ihr euch die beiden Fantasiewörter deutlich vorsprecht, könnt ihr hören, worin der Unterschied besteht. Beschreibt einmal genau, wie sie sich beim Sprechen unterscheiden.

gra $ en	*flie $ en*	*grü $ en*
hei $ en	*le $ en*	*nie $ en*
ra $ en	*sa $ en*	*sau $ en*
schmu $ en		*spa $ en*

Strategie: s-Laute aussprechen und hören

Es gibt **zwei verschiedene s-Laute**:
1. das **stimmhafte s**, wie es in einem Wort wie **reisen** vorkommt. Beim deutlichen Sprechen kann man das **s** in den zugehaltenen Ohren **summen** hören.
2. das **stimmlose s**, wie es in einem Wort wie **reißen** vorkommt. Beim deutlichen Sprechen kann man das **s** nur leise **zischen** hören.

INFO

2. Alle diese Wörter werden entweder mit **s** oder mit **ß** geschrieben.
Sprich sie dir deutlich vor.
Achte darauf, ob das **s stimmhaft** oder **stimmlos** ist.
Schreibe die Wörter auf.

3. Kontrolliert euch gegenseitig. Vergleicht eure Schreibungen.

4. Schreibe diese Wörter jetzt noch einmal in einer Form mit *er, sie* oder *es* auf.
Dabei gilt die Regel: In allen anderen Wortformen bleibt **ß** oder **s** erhalten:
es grast, es …

5. Die meisten Fehler passieren, wenn ihr solche Wörter in der *er-/sie-/es*-Form verwendet.
Im Zweifelsfall müsst ihr den Infinitiv (Grundform) bilden, damit ihr das **stimmhafte** oder **stimmlose s** unterscheiden könnt.
Bildet den Infinitiv (die Grundform) der Verben und schreibt beide Formen richtig auf:
lesen – Lara liest …

t tt	*tt ttt*	*ttt*
Lara lie ? t	*er spei ? t*	*sie spa ? t*	*er schmei ? t*
der Wind blä ? t	*der Hund fra ?*	*er sau ? t los*	*er verlo ? t*
er lie ? etwas fallen	*das Blatt zerrei ? t*	*sie lö ? t das Band*	*sie hei ? t Marie*
sie sa ?	*sie nie ? t*	*er schie ? t*	*er schmau ? t*
er ist verrei ? t	*er wei ? t die Wand*	*er wei ? t den Weg*	*der Hubschrauber krei ? t*

6. In manchen Gegenden Deutschlands spricht man fast nur das **stimmlose s**. Dort kann man den Unterschied zwischen **s** und **ß** nicht hören. Da bleibt einem nichts anderes übrig, als die Wörter zu üben.
Schreibe die Wörter, die zusammengehören, aus dem **WORTSCHATZ** auf: *liest – lesen …*

WORTSCHATZ

liest	schießt	verreisen	verlosen
zerreißt	löst	niesen	sausen
verreist	schmeißt	schmeißen	lösen
saust	heißt	heißen	zerreißen
niest	verlost	schießen	lesen

Rechtschreibstrategien anwenden

Strategie: Wörter in Silben zerlegen: Wörter mit ß oder ss

brö-ßen brös-sen

1 Wenn ihr euch die beiden Fantasiewörter deutlich vorsprecht, könnt ihr hören, worin der Unterschied besteht. Beschreibt einmal, wie sich die Wörter beim Sprechen unterscheiden.

Strategie: offene und geschlossene Silben unterscheiden

1. Steht in der betonten Silbe ein **langer** Vokal oder ein **Zwielaut** (Diphthong) wie *au, äu, ei, eu*, dann ist die Silbe **offen**.
   In diesem Fall wird der s-Laut als **ß** geschrieben: *Ma-ße, Stra-ße, fra-ßen, drau-ßen*.
2. Steht in der betonten Silbe ein **kurzer** Vokal, dann wird die Silbe mit einem **Konsonanten geschlossen**.
   In diesem Fall wird der s-Laut als **ss** geschrieben: *Mas-se, Gas-se, gefres-sen, gegos-sen*.

pa $ en   e $ en   flie $ en   grü $ en   bei $ en   me $ en   sto $ en   verge $ en

2 Alle diese Wörter werden entweder mit **ß** oder mit **ss** geschrieben.
Sprich dir die Wörter deutlich vor. Achte darauf, ob der Vokal in der ersten Silbe lang oder kurz ist.
Schreibe die Wörter mit Silbenstrich auf: *pas-sen …*

3 Kontrolliert euch gegenseitig. Vergleicht eure Schreibungen.

4 Schreibe diese Verben jetzt noch einmal in der Form mit *er, sie, es* auf: *es passt …*

5 In manchen Wortfamilien treten Wörter sowohl mit **ss** als auch mit **ß** auf.
Die Schreibung richtet sich nämlich immer nach dem langen oder kurzen Vokal.
Das ist so in den Wortfamilien *schießen, essen, fließen, beißen, vergessen, lassen*.
Stelle zu diesen Wörtern Wortfamilien zusammen:
schießen – er schießt – er schoss – er hat geschossen, essen – er aß – …

6 Rechts findest du Wörter aus vier verschiedenen Wortfamilien. Zu jeder Wortfamilie gehören vier Wörter. Schreibe die Wortfamilien geordnet mit Silbenstrichen auf:
las-sen – zu-ver-läs-sig – …

lassen	die Maße	zuverlässig	sie ließen
messen	zerreißen	ich weiß	er misst
wissen	mäßig	der Riss	gerissen
reißen	ich wusste	gewusst	lässig

7 Es gibt einige Wörter mit **s**, **ß** und **ss**, die häufig falsch geschrieben werden.
Man muss sie sich merken, indem man sie übt.
- Ordne diese Wörter nach dem Alphabet.
- Schreibe die Wörter nach der Anzahl ihrer Buchstaben auf: *3 Buchstaben: …, 4 Buchstaben: erst …, 5 Buchstaben: …*
- Schreibe mit diesen Wörtern kurze Sätze auf.

WORTSCHATZ

passiert	raus	gewiss
bis (dorthin)	bloß	außer
(ein) bisschen	fast (so groß wie …)	(es) passt
etwas	meistens	deshalb
hinaus	fest	
draußen	erst	

Rechtschreibstrategien anwenden

Strategie: Wörter in Silben zerlegen: Wörter mit *k/ck*

bla-ken   **bla-cken**

1 Wenn ihr euch die beiden Fantasiewörter deutlich vorsprecht, könnt ihr hören, worin der Unterschied besteht. Beschreibt einmal genau, wie sie sich beim Sprechen unterscheiden.

> ### Strategie: Wörter mit *k/ck* in Silben zerlegen
>
> Das **ck** ist eine **Besonderheit** der deutschen Sprache. Es ist eigentlich ein **Doppelkonsonant**, der als **kk** geschrieben werden müsste wie in den Fremdwörtern *Akku* und *Akkordeon*.
> Eine Besonderheit ist auch, dass das **ck nicht getrennt** wird: *Ak-ku,* aber: *Ja-cke.*
> Als Regeln gelten:
> 1. Nach **offener** Silbe mit **langem** Vokal oder **Zwielaut** (Diphthong) steht ein **k**: *spu-ken, schau-keln.*
> 2. Nach **geschlossener** Silbe mit **kurzem** Vokal steht ein **ck**: *spu-cken, schi-cken.*
> 3. Nach einer Silbe, die mit einem **Konsonanten geschlossen** ist, steht ein **k**: *Gur-ken, Schin-ken.*

ba?en   qua?en   tan?en   me?ern   mer?en   mä?eln   trin?en   quie?en   ti?en

2 Diese Wörter werden mit **k** oder **ck** geschrieben. Sprich sie deutlich in Silben aus. Achte darauf, ob der Vokal kurz oder lang ist – oder ob die erste Silbe mit einem Konsonanten endet. Schreibe die Wörter dann mit Silbenstrich auf: *ba-cken …*

3 Setze die Wortteile zusammen und schreibe die Wörter richtig auf: *stin-ken …*

stin-	drü-			fun-			die Ja-	
ni-	len-	k/ck	en	ru-	k/ck	eln	das La-	k/ck en
blö-	quä-			schau-			die Star-	

4 Personennamen und Ortsnamen richten sich nicht immer nach der heutigen Rechtschreibung. Sie stammen nämlich zum Teil aus alten Zeiten und werden deshalb anders geschrieben. Schreibe die Namen so auf, wie sie nach heutiger Rechtschreibung geschrieben werden müssten. **Achtung:** Drei sind richtig geschrieben!
Weikert   Eicke   Frank   Baacke   Fraucke   Wanne-Eickel   Dorfmarck   Borken

5 Einige Wörter, die zum Teil aus fremden Sprachen stammen, musst du dir besonders merken – und üben.
- Schreibe die Wörter aus dem **WORTSCHATZ** nach dem Alphabet geordnet auf.
- Schreibe noch weitere Wörter mit dem Wortbestandteil **-ik** auf, die du kennst: *Physik …*
- Schreibe Sätze mit diesen Wörtern auf. Es können auch Witzsätze sein: *Ich packe in ein Paket die Grammatik. …*
- Diktiert euch die Wörter gegenseitig und kontrolliert euch.

WORTSCHATZ

Musik
Grammatik
Diktat, diktieren
Spektakel
Sakko
Aktiv
Trick
Päckchen
Fabrik
Schicksal
Taktik
Paket

Rechtschreibstrategien anwenden

Strategie: Wörter in Silben zerlegen: Wörter mit *z/tz*

bu-zeln   but-zeln

1 Wenn ihr euch die beiden Fantasiewörter deutlich vorsprecht, könnt ihr hören, worin der Unterschied besteht. Beschreibt einmal genau, wie sie sich beim Sprechen unterscheiden.

Strategie: Wörter mit *z/tz* in Silben zerlegen

Das **tz** ist eine **Besonderheit** der deutschen Sprache. Es ist eigentlich ein **Doppelkonsonant**, der als **zz** geschrieben werden müsste wie in den Fremdwörtern *Pizza* und *Skizze*.
Getrennt wird das **tz** zwischen **t** und **z**: *Pfüt-ze*.
Als Regeln gelten:
1. Nach **offener** Silbe mit **langem** Vokal oder **Zwielaut** (Diphthong) steht ein **z**: *Bre-zel, rei-zen*.
2. Nach **geschlossener** Silbe mit **kurzem** Vokal steht ein **tz**: *Blit-ze, pet-zen*.
3. Nach einer Silbe, die mit einem **Konsonanten geschlossen** ist, steht ein **z**: *Krän-ze, blin-zeln*.

pla ? en   mo ? en   hei ? en   glän ? en   sie ? en   ki ? eln   pur ? eln   si ? en   schnäu ? en

2 Diese Wörter werden mit **z** oder **tz** geschrieben. Sprich sie deutlich in Silben aus. Achte darauf, ob der Vokal kurz oder lang ist – oder ob die erste Silbe mit einem Konsonanten endet. Schreibe die Wörter dann mit Silbenstrich auf: *plat-zen …*

3 Setze die Wortteile zusammen und schreibe die Wörter richtig auf: *Schmer-zen …*

Schmer-	pu-		Hei-		wi-		Fra-	
Wei-	bei-	z/tz en	Kür-	z/tz ung	gei-	z/tz ig	Pil-	z/tz e
Spa-	grun-		Fortse-		win-		Schnau-	

4 Von den folgenden Wörtern werden nur vier so geschrieben, wie sie abgedruckt sind.
- Schreibe alle Wörter richtig auf.
- Schlage die Wörter im Wörterbuch nach und überprüfe, was sie bedeuten.

Frazze   Puzzle   Skizze   Hizze   Kapuzze   Razzia   Pizza   Grüzze   Glozze

5 Einige Wörter werden von Schülern häufig falsch geschrieben.
Du solltest dir diese Wörter merken – und üben.
- Schreibe die Wörter aus dem **WORTSCHATZ** nach dem Alphabet geordnet auf.
- Schreibe die Wörter nach der Anzahl der Buchstaben auf: *ganz, kurz, jetzt …*
- Schreibe kurze Sätze, in denen die Wörter vorkommen. Es können auch Witzsätze sein:
  Ich hatte plötzlich zwanzig verschiedene Schmerzen.
- Diktiert euch die Wörter gegenseitig und kontrolliert euch.

WORTSCHATZ

ganz
jetzt
zuletzt
trotzdem
plötzlich
zwanzig
kurz
herzlich
Schmerz
Platz

An Beispielen üben – Gelerntes selbstständig anwenden

Rechtschreibstrategien anwenden

Strategie: Ableiten von verwandten Wörtern: Wörter mit *ä*

belästigen merken erklären hetzen kämmen petzen zelten kämpfen

1 Ob ein Wort mit **e** oder mit **ä** geschrieben wird, kann man ihm nicht immer anhören.
Sprecht diese Wörter deutlich aus, dann merkt ihr, dass man **e** und **ä** nicht recht unterscheiden kann.

> ### Strategie: Wörter mit *ä* ableiten von Wörtern mit *a*
> Viele Wörter mit **ä** stammen von Wörtern ab, die mit **a** geschrieben werden.
> Findet man in einer Wortfamilie ein Wort mit **a**, so wird das gesuchte Wort in der Regel
> mit **ä** geschrieben: **ä**ndern → **a**nders, sch**ä**tzen → Sch**a**tz, kr**ä**chzen → Kr**a**ch …

INFO

2 Sucht zu den Wörtern mit **ä** aus Aufgabe 1 jeweils ein anderes Wort aus der Wortfamilie,
das mit **a** geschrieben wird. Findet ihr eines, dann wird das Wort sicher mit **ä** geschrieben:
belästigen – Last, …

3 Schreibt zu den folgenden Wörtern Wörter mit **a** auf: *ändern – anders, …*
Achtung: Zu einem Wort gibt es keins!
*ndern qu*len sch*len schw*nzen verd*rben z*hmen kr*chzen w*hlen

4 Zu vielen Wörtern mit **ä**, die ihr häufig gebraucht, findet ihr kaum ein Wort
mit **a** in der Wortfamilie; zu manchen Wörtern gibt es auch gar keins.
Solche Wörter muss man üben – oder nachschlagen.
- Schreibe die Wörter nach dem Alphabet geordnet auf: *ärgern, … zäh.*
- Schreibe die sieben Nomen auf: *Käfer …*
- Schreibe die fünf Verben auf: *ärgern …*
- Schreibe die fünf Adjektive auf: *spät …*
- Bilde Sätze, in denen immer zwei oder drei der Wörter vorkommen.
  Es können auch Unsinnsätze sein:
  Ein Käfer sitzt lässig in der Mähne des Pferdes.
- Diktiert euch die Wörter gegenseitig und kontrolliert euch dabei.

WORTSCHATZ

Käfer
ärgern
spät
drängeln
Gepäck
kläffen
erwähnen
nämlich
gähnen
Geländer
grässlich
Tränen
Getränk
lässig
vollständig
zäh
Mähne
während
Märchen

5 In den folgenden Sätzen sind sieben Wörter mit **e** und **ä** falsch geschrieben.
Schreibt die Sätze ab, berichtigt die Wörter.
Schlagt im Zweifelsfall im Wörterbuch nach.

Ein Bauer wollte mit seinem Träcker Mist auf den Acker fahren.
Als er in den Weg zu seinem Fäld hineinfahren wollte, bemärkte er einen
offenen Sportwagen, den dort jemand abgeställt hatte. Der Bauer wurde
ergerlich und kippte den Mist einfach in das Auto. Das gab danach ein
5 großes Gezenk mit dem Autobesitzer. Doch beide erklerten, dass sie
darauf verzichten wollten, die Polizei zu holen.

Rechtschreibung und Zeichensetzung

Rechtschreibstrategien anwenden

Strategie: Ableiten von verwandten Wörtern: *b/d/g* oder *p/t/k*?

1 Sprecht die Wörter rechts deutlich aus.
Welche Laute hört ihr am Ende der Wörter?

b oder **p**: *das Mikrosko? – das Lo?*
d oder **t**: *das Lie? – der Bandi?*
g oder **k**: *der Strei? – der Zwei?*

2 Wie werden diese Wörter geschrieben? Schreibt sie auf.

3 Was könntet ihr tun, wenn ihr wissen möchtet, ob das Wort **Klassenkamera** *
am Ende mit **d** oder **t** geschrieben wird? Sprecht darüber.

INFO

Strategie: Wörter mit *b, d, g* oder *p, t, k* am Ende verlängern

Am **Ende** eines Wortes klingen die Laute **b, d, g** wie **p, t, k**:
Dieb klingt wie **Diep**, **Rad** klingt wie **Rat** und **Burg** klingt wie **Burk**.
Wenn man die **Strategie des Verlängerns** anwendet, kann man die Endlaute gut hören:
Dieb – Diebe, Rad – Räder, Burg – Burgen.

4 Wende die Strategie des Verlängerns bei folgenden Wörtern an und schreibe sie auf.

b oder p?	d oder t?	g oder k?
der Die*	der Hel*	das Wer*
das Lo*	die Wel*	der Zwer*
der Tra*	das Gel*	der Ber*
er hu*t	gesun*	sie bor*t
sie grä*t	bun*	es stin*t
er schrau*t	run*	er brin*t

5 Schreibe die Wörter mit den Sternchen mit **b** oder **p**, mit **d** oder **t**, mit **g** oder **k** richtig auf, indem du die Strategie des Verlängerns anwendest: *reibt – reiben …*
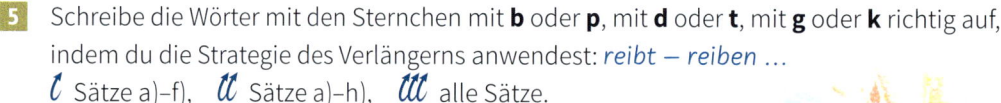 Sätze a)–f), Sätze a)–h), alle Sätze.

a) Sie rei * t sich vor Müdigkeit die Augen.
b) Während des Vulkanausbruchs be * te die Erde.
c) Sie verlan * te von ihm eine Entschuldigung.
d) Die Grille zir * t im Gras.
e) Zan * t euch nicht wieder!
f) Er pum * t den Reifen des Vorderrads auf.
g) An der Hauswand ran * t eine Rose hoch.
h) Niko schie * t sein Fahrrad den Ber * hinauf.
i) Sie win * te ihm zum Abschie * noch einmal zu.
j) Er hat sich das Schultergelen * verren * t.
k) Die Briefmarke kle * t auf dem Umschla * .

○○●○ An Beispielen üben – Gelerntes selbstständig anwenden

Rechtschreibstrategien anwenden

Strategie: Wörter in Wortbausteine zerlegen

zerreißen – annehmen – abbeißen – auffordern – aussehen

1 Sprecht diese Wörter aus, hört euch dabei zu. Wie viele **r, n, b, f, s** könnt ihr in der Mitte hören? Wirklich zwei – oder nur eins?

2 Immer wieder geschieht es, dass beim Schreiben Fehler entstehen wie
zereißen, anehmen, abeißen, ausehen …
Woran könnte das liegen?

> ### Strategie: Verben mit Vorsilben (Präfixen) untergliedern
>
> Manche Vorsilben enden mit dem gleichen Laut, mit dem die Verben beginnen:
> **zer-reißen, an-nehmen, ab-beißen, auf-fordern, aus-sehen …**
> Man spricht und hört meistens nur einen Konsonanten und nicht zwei.
> Deswegen kommt es häufig zu Fehlern.
> Wenn man die Wörter in ihre Wortbausteine zerlegt, kann man solche Fehler vermeiden.
>
> INFO

3 Suche zu jeder Vorsilbe (zu jedem Präfix) ein Verb, das dazu passt.
Schreibe die Wörter auf. Meistens passen mehrere Vorsilben zu einem Verb!
er-rechnen …

er-	an-	auf-	rechnen	suchen	fallen	nehmen
aus-	ent-	ab-	beißen	gucken	teilen	reichen
mit-	über-	ver-	ringen	fordern	rutschen	reißen
weg-	zer-	unter-	tarnen	richten	brechen	nähen

4 Trenne bei den folgenden Wörtern die Vorsilbe (das Präfix) durch Silbenstrich ab:
die Ab-bildung …
*die Abbildung – die Annahme – die Aussprache – die Aufforderung – die Mitteilung –
die Auffälligkeit – der Erreger – die Verrücktheit – der Unterricht – die Überraschung*

5 In den folgenden Sätzen sind Fehler enthalten. Schreibe die Sätze ab, korrigiere dabei
die Fehlerwörter und schreibe sie mit Trennungsstrich auf: *… ab-biegen.*
𝓲 Sätze a)–d), 𝓾 Sätze a)–e), 𝓾𝓾 alle Sätze.

a) An der nächsten Straßenkreuzung musst du nach rechts abiegen.
b) Sie ließ die Gießkanne mit Wasser vollaufen.
c) Er konnte das Fremdwort nicht richtig ausprechen.
d) Die vielen Mücken machten ihn ganz verückt.
e) Er war völlig überascht, wie das Mädchen ausah.
f) In der letzten Aufgabe hatte er sich vieleicht verechnet.
g) Der Abruch des Spiels war eigentlich unötig.

Rechtschreibstrategien anwenden

Strategie: Rechtschreiblesen

Rechtschreiblesen

Wer in einem Text Rechtschreibfehler ausfindig machen möchte,
sollte die folgenden Strategien anwenden:
- Wort für Wort lesen und mitsprechen.
- Auf die Rechtschreibung jedes einzelnen Wortes achten.
- Darauf achten, ob in einem Wort ein Buchstabe zu viel oder zu wenig steht.
- Wort für Wort rückwärts lesen – und zwar vom letzten Wort eines Textes an!

1 Es ist gar nicht so leicht, in Texten, die mit der Hand geschrieben sind, Fehler zu finden.
Lies dir einen der „Gestern"-Texte durch.
- Suche die Rechtschreibfehler.
- Schreibe die Fehlerwörter richtig auf.

l Vier Fehler:

> Gestern Abend holte mich meine Mutter mit dem Auto vom Training ab. Da sahen wir im Scheinwärferlicht auf einmal Kröten hintereiander her über die Straße kriechen. Meine Mutter konnte noch bremsen. Dann fuhr sie gantz langsam zwischen den Kröten durch. Sie hat keine einziege überfahren.

ll Sechs Fehler:

> Gestern hat mich mein Vater zum Ballett gefahren. Da wurde es plötzlicht ganz neblich auf der Strasse. Wir musten sehr langsam fahren. Zum Glück ist uns kein andreres Auto entgegengekommen. Als wir vor dem Ballettraum entlich angekommen waren, war die Schule schon aus.

lll Mehrere Fehler:

> Gestern habe ich mit Julia und Jakob Karten gespielt. Die erste Runde habe ich haushoch verlohren. Für das zweite Spiel bekam ich aber sehr gute Karten und hätte eintlich gewinnen müssen. Doch gewonnen hat Jakob, weil er gemogelt hat. Julia hat ihn zum glück dabei ertapt. Das hat uns beide schrecklich geärgert. Wir haben Jakob erklärt, dass das Spiel nicht gilt.

2 In einem Text, den du selbst geschrieben hast, Rechtschreibfehler zu finden,
das ist sehr schwierig. Denn du achtest ja in deinem Text besonders
auf den Inhalt – und nicht so sehr auf die Rechtschreibung.
- Schreibe einen eigenen „Gestern"-Text.
- Überprüfe ihn anschließend mithilfe der Strategien im Infokasten.

○○○● Gelerntes überprüfen

Rechtschreibstrategien anwenden

Überprüfe dein Wissen und Können

1. Schreibe drei Fremdwörter auf: eines mit **Ph/ph**, eines mit **C/c**, eines mit **Th/th**.

2. Suche deine Fremdwörter im Wörterbuch und schreibe die Seitenzahl dahinter, auf der du sie gefunden hast.

3. Schreibe die Wörter *schrei*en, verzei*en, befrei*en, verlei*en* mit oder ohne **h** auf. Schlage sie auch im Wörterbuch nach.

4. Wie nennt man die beiden s-Laute in den Wörtern *verreisen* und *zerbeißen*?

𝓽 𝓽𝓽 5. Ergänze in den beiden folgenden Sätzen die s-Laute:
Lie etwas vor! Sie lie* etwas fallen.*
Schreibe zu den beiden Wörtern jeweils ein Wort, an dem man hören kann, ob der s-Laut stimmhaft oder stimmlos ist:
lie kommt von … – sie lie* kommt von …*

6. Schreibe zwei andere Fantasiewörter wie *brö-ßen – bröskiern* auf,
die sich nur in **ß – ss** unterscheiden.

𝓽 𝓽𝓽 7. Woran liegt es, dass man die Wörter *Hasen* und *hassen* mit einem bzw. zwei **s** schreibt?
Schreibe so: *Das liegt daran, dass …*

8. Ergänze die folgenden Wörter durch **k/ck – z/tz**.
Sprich sie erst deutlich aus und schreibe sie dann richtig auf:
*Brü*e, Schnau*e, Bre*el, Schau*el, blin*eln, blin*en.*

9. Schreibe die folgenden Wörter mit **tz** oder **z** richtig auf: *je*t, zule*t, tro*dem, her*lich, plö*lich, gan*.*

10. Schreibe auf:
*sch*len kommt von Sch*len,
z*hlen kommt von Z*hlen,
z*hmen kommt von z*hm und
l*hmen kommt von l*hm.*

𝓽 𝓽𝓽 11. Wie nennt man die Strategie, mit deren Hilfe man ermitteln kann, ob ein Wort mit **ä** geschrieben wird?

12. Schreibe auf: **d** oder **t**?
Aus Hel mach ich Hel*en,
aus Wel* mach ich Wel*en,
aus bun* mach ich bun*er und
aus run* mach ich run*er.*

𝓽 𝓽𝓽 13. Wie nennt man die Strategie, mit deren Hilfe man ermitteln kann, ob ein Wort am Ende mit **b** oder **p** geschrieben wird?

14. In den folgenden Sätzen sind jeweils ein oder zwei Fehler enthalten.
Schreibe die Fehlerwörter richtig auf.
Du kannst auch das Wörterbuch benutzen.
𝓽 Sätze a) – c),
𝓽𝓽 Sätze a) – e),
𝓽𝓽𝓽 alle Sätze.

a) Mit Rhabarber kann man schmakhaften Kuchen backen.
b) Silvester ist der lezte Tag des Jahres.
c) Ein Hoody hat eine Kaputze.
d) Der Camembert ist eine gantz besondere Käsesorte.
e) Die Baterie muss wieder einmal aufgeladen werden.
f) Eine witzige Zeichnung ist meistents eine Karrikatur.
g) Ein Kajack ist eine bestimmte Art von Ruderboot.

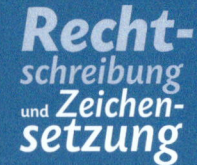

Die Großschreibung
Sicherheit in der Großschreibung erlangen

Beim Schreiben von Texten wird es euch immer wieder passieren, dass ihr das eine oder andere Wort kleinschreibt, obwohl es großgeschrieben wird. Wenn ihr eure Texte dann zur Korrektur aufmerksam durchlest, habt ihr manchmal Zweifel, ob ein Wort groß- oder kleingeschrieben wird. Ein solcher Zweifel ist ein großer Vorteil! Denn dann könnt ihr einiges tun, um den Zweifel zu beseitigen. Es gibt mehrere Möglichkeiten, die Großschreibung von Wörtern zu lernen und zu überprüfen.

Auf Großschreibungsmuster achten

Ein häufiges Muster ist: **Artikel** + Adjektiv + **Nomen**:
das schöne **W**etter, **ein** großes **H**eimweh, **der** frühe, sonnige **M**orgen.

Solche Muster prägen sich gut ein, wenn ihr darauf achtet, dass das Adjektiv dazwischen kleingeschrieben wird – und wenn ihr diese Muster übt.

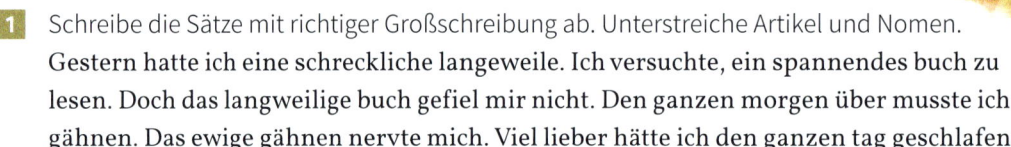

1 Schreibe die Sätze mit richtiger Großschreibung ab. Unterstreiche Artikel und Nomen.
Gestern hatte ich eine schreckliche langeweile. Ich versuchte, ein spannendes buch zu lesen. Doch das langweilige buch gefiel mir nicht. Den ganzen morgen über musste ich gähnen. Das ewige gähnen nervte mich. Viel lieber hätte ich den ganzen tag geschlafen.

Auf Signalwörter für die Großschreibung achten

1. Präposition + versteckter Artikel: **beim** (bei dem) **S**pielen, **zum** (zu dem) **E**ssen.
2. Pronomen + Adjektive:
Nach bestimmten Pronomen werden Adjektive großgeschrieben, wenn die Adjektive eine Endung haben wie **-e, -en, -es**:
Ich wünsche dir **alles G**ut**e**. Es gibt **nichts N**eu**es** zu berichten.

2 Schreibe die folgenden Sätze mit richtiger Großschreibung ab. Unterstreiche die Signalwörter.
Schließlich bin ich aufs fernsehen gekommen. Doch beim zusehen ist es nicht besser geworden. Ich fand es dann besser, ins freie zu gehen. Draußen kam ich endlich zur besinnung. Dort fuhr ich mit dem mountainbike durchs gelände, und das war dann endlich zum aushalten.

3 Schreibe die Sätze mit richtiger Großschreibung auf. Unterstreiche die Signalwörter.
Ich habe zwar nichts besonderes erlebt. Etwas aufregendes war schon gar nicht dabei. Nichts neues, wenig interessantes! Ich bin einfach herumgefahren.

WORTSCHATZ

am (Anfang)
ans (Ende)
aufs (Schlimmste)
beim (Lernen)
durchs (Tiefe)
im (Dunklen)
ins (Dunkle hinein)
übers (Jahr)
vom (vielen Essen)
zum (Schwimmen)
zur (Zeit)
alles (Liebe und Gute)
einiges (Neue)
etwas (Schönes)
manches (Gute)
nichts (Neues)

Die Ergänzungsprobe durchführen

Manchmal fehlen Signale für die Großschreibung. Dann hilft dir oft die **Ergänzungsprobe**:
Lässt sich vor ein Wort ein **Adjektiv** wie *echt* einfügen, schreibt man das Wort **groß**.
Das Adjektiv muss aber eine **Endung** haben – es muss flektiert sein: **echte, echtem** …
Unflektiertes Adjektiv: *Dieser Sieg macht mich **echt** stolz.* **Kleinschreibung!**
Flektiertes Adjektiv: *Dieser Sieg erfüllt mich mit **echtem** Stolz.* **Großschreibung!**

4 Schreibe die Sätze mit richtiger Großschreibung ab. Versuche dabei, vor die Wörter mit einem **?** ein flektiertes Adjektiv wie *großen, langer, entspanntes, lustigen, aufmerksamem, schöner* einzusetzen. Ist das möglich, schreibt man das folgende Wort groß.

Erst nach **?** zeit kam ich wieder zurück. Ich war wieder **?** relaxt. Jetzt konnte ich mich wieder mit **?** lesen von **?** geschichten beschäftigen, die **?** interessant sind. Das machte mir **?** spaß! So kann **?** chillen in **?** landschaft doch **?** erholsam sein.

Wörter üben

Manche Wörter, die großgeschrieben werden, musst du dir einprägen – besonders **Gefühlswörter**, die man häufig falsch schreibt: *Absicht, Langeweile* …
Solche Wörter musst du üben.

5 Wähle dir eine Übung aus und übe mit ihr die Wörter aus dem **WORTSCHATZ** ein.

Übungen

a) Ordne den Wörtern aus der linken Spalte die passenden Wörter aus der rechten Spalte zu:
Absicht – absichtlich, …

b) Schreibe acht Wörter aus der linken Spalte mit Artikel und Adjektiv auf:
eine richtige Wut …

c) Schreibe 12 Wörter aus der linken Spalte mit folgenden Wörtern auf:
aus, in, mit, vor, keine:
mit Absicht …

d) Schreibe zu sechs Wörtern aus der linken Spalte kurze Sätze. Sie können auch witzig sein:
Ich habe keine Lust auf gute Laune.

e) Diktiert euch zu zweit die Sätze, die ihr in Übung d) geschrieben habt. Kontrolliert euch gegenseitig.

6 Übe in einem zeitlichen Abstand später weiter. Das hilft dir am besten.

WORTSCHATZ

Absicht	ängstlich
Lust	lustig
Wut	versehentlich
Angst	sich ärgern
Liebe	geduldig
Geduld	mutig
Vernunft	vernünftig
Ärger	ruhig
Langeweile	langweilig
Stolz	trösten
Mut	gut gelaunt
Laune	sich freuen
Versehen	lieb
Freude	stolz sein
Ruhe	absichtlich
Trost	wütend

Zeitangaben: Regeln beachten

Bei der Schreibung von **Zeitangaben** gibt es feste Regeln, die du dir merken kannst:
1. Diese Adverbien werden **kleingeschrieben**: *heute, gestern, morgen ...*
2. **Nach** diesen Adverbien werden **die Tageszeiten großgeschrieben**: *heute Abend ...*
3. Zeitangaben mit **-s** am Ende werden **kleingeschrieben**: *morgens ...*
4. Steht aber ein **Artikel** davor, werden sie **großgeschrieben**: *eines Sonntags ...*
5. **Verbindungen** von Wochentag und Tageszeit werden **zusammengeschrieben**: *am Montagmorgen, zum Freitagmittag ...* **aber:** *montagmorgens, freitagnachmittags*

7 Schreibe die folgenden Sätze richtig auf:

Ich habe mir heute morgen überlegt, dass ich übermorgen abend zu dir komme. Ich habe nämlich freitags keine Zeit. Und morgen passt es mir auch nicht, weil ich am samstagnachmittag immer trainieren muss.

WORTSCHATZ

heute, gestern, morgen, vorgestern, übermorgen
heute Abend, morgen Mittag, übermorgen Nachmittag
abends, morgens, mittags, nachmittags
eines Abends, eines Morgens, während des Nachmittags
am Abend, am Morgen, zum Mittag
am Montagmorgen, am Freitagnachmittag, zum Sonntag
montagmorgens, freitagnachmittags, samstagabends

Zweifeln und nachschlagen

Manchmal kommt man mit **Nachschlagen** schneller ans Ziel als mit Nachdenken. Allerdings muss man erst einmal einen **Zweifel** haben, ob ein Wort groß- oder kleingeschrieben werden könnte. Und wenn man eine Regel vergessen hat, bleibt einem gar nichts anderes übrig als nachzuschlagen.

8 Im Text rechts sind einige knifflige Fälle von Groß- und Kleinschreibung enthalten. Manche kannst du mithilfe der Infokästen sicher lösen.
Aber manchmal musst du wahrscheinlich auch im Wörterbuch nachschlagen. Schreibe die Mail richtig auf.
Was du an andere schreibst, sollte ja möglichst keine Fehler mehr enthalten!
 I den ersten Absatz,
 II den ersten und zweiten Absatz,
 III den ganzen Text.

*Hallo Julia,
vielen dank für deine grüße vom letzten sonntagabend. Ich habe da ja so manches neue erfahren. Ich hatte beim lesen das gefühl, als wäre ich selbst da gewesen.
Das tollste fand ich, dass Timmy bei eurer party aus versehen ins schwimmbecken gefallen ist. Und der kann doch gar nicht schwimmen! Ich hoffe, er hat seinen sturz überlebt!
Bei uns hier in den ferien gibt es auch viel aufregendes zu erleben. Ich kann sogar schon etwas spanisch sprechen! Aber wenn du hier wärst, könnten wir eine menge toller Dinge miteinander erleben. Ich hoffe, nächstes mal kommst du mit.
Hasta la vista!*

Deine Paula

Die Großschreibung

Die Großschreibung üben

1 Lest euch die Sätze vor und entscheidet dabei, ob die fett gedruckten Wörter groß- oder kleingeschrieben werden.
Begründet eure Entscheidung, indem ihr die Endungen der Adjektive beachtet:
*echt stolz – mit echt**em** Stolz …*

a) Ich bin echt **stolz** auf meine Leistung.
b) Dass ich gewonnen habe, erfüllt mich mit echtem **stolz**.
c) Ich habe gute **laune**.
d) Heute bin ich gut **gelaunt**.
e) Mir ist furchtbar **angst** und **bange** zumute.
f) Ich habe entsetzliche **angst**.
g) Meine Freundin kann gut **vorlesen**.
h) Beim guten **vorlesen** hört man auch gern zu.
i) Mein Pulli ist knallig **grün**.
j) Und meiner leuchtet in knalligem **grün**.
k) Ich kann heute nicht so richtig laut **sprechen**.
l) Denn lautes **sprechen** strengt mich an.

2 Schreibe die Sätze in richtiger Groß- und Kleinschreibung auf:
I die Sätze a)–f), *II* die Sätze a)–h), *III* die Sätze a)–l).

3 Setzt mündlich in die Lücken immer eines der Adjektive ein.
Sagt dann, welche der fett gedruckten Wörter groß- oder kleingeschrieben werden.

Mit meiner Stimmung geht es ? **AUF** und **AB**.
Es ist ein ? **AUF** und **AB**.

ständig – ständiges

Heute ist ein ? **ÜBEN** nicht möglich.
Ich kann heute einfach nicht ? **ÜBEN**.

konzentriert – konzentriertes

Letzten Monat musste ich beim Training ? **FEHLEN**.
Natürlich bringt mich ? **FEHLEN** nicht weiter!

häufig – häufiges

Ich kann heute nicht ? **LAUT** sprechen.
Ich kriege keinen ? **LAUT** aus meiner Kehle heraus.

richtig – richtigen

Dein Ring strahlt ? **GOLDEN**!
Ist er wirklich aus ? **GOLD**?

echt – echtem

Der Himmel auf deinem Bild müsste in ? **BLAU** strahlen.
Aber er ist gar nicht ? **BLAU**.

schön – schönem

4 Schreibe die Sätze aus Aufgabe 3 ab. Setze dabei immer eines der Adjektive ein:
I die ersten drei Satzpaare, *II* die ersten vier Satzpaare, *III* alle Satzpaare.

Die Großschreibung

Die Groß- und Kleinschreibung überprüfen

1 Im folgenden Text sind sieben Wörter kleingeschrieben, die man aber großschreiben muss.
- Versuche zunächst einmal, mit einem Partner die Fehler zu finden.
- Schreibe dann den Text richtig auf.

Vitamine

Vitamine, das habe ich gelesen, sind für uns lebenswichtig. Deshalb müssen wir auf etwas so wertvolles auch achten. Ich wusste auch, dass ein mangel an Vitaminen gefährlich sein kann. Aber ich wusste nicht, dass zu viele Vitamine schaden verursachen können. Wer glaubt, dass er
5 einen Vitaminmangel nur durch einnehmen von Präparaten verhindern kann, könnte sich irren. Besser ist es, beim zusammenstellen seiner Mahlzeiten frisches obst und gemüse auf dem Speiseplan zu haben.

2 Im folgenden Text müssen acht Wörter großgeschrieben werden, die hier kleingeschrieben sind. Versuche zunächst, mit einem Partner die Fehler gemeinsam zu finden. Schreibe dann den Text richtig auf.

Vitamine

Vitamine, das habe ich in der Zeitung gelesen, sind für uns lebenswichtig. Deshalb müssen wir auf etwas so wichtiges auch achten. Ich wusste zwar schon, dass ein mangel an Vitaminen gefährlich sein kann. Aber ich wusste nicht, dass zu viele Vitamine schaden verursachen können. Wer glaubt, dass er einen
5 Vitaminmangel durch einnehmen von Präparaten verhindern kann, irrt sich. Besser ist es, selbst gesunde Lebensmittel einzukaufen und beim zusammenstellen seiner Mahlzeit am mittag auf ausreichend obst und gemüse zu achten.

3 Im folgenden Text ist eine Reihe von Fehlern in der Groß- und Kleinschreibung enthalten. Schreibe den Text richtig auf.

Vitamine

Vitamine, das habe ich gestern in der Zeitung gelesen, sind für uns Lebenswichtig. Deshalb müssen wir auf etwas so wertvolles auch achten. Ich wusste auch, dass ein mangel an Vitaminen eine gefährdung für die Gesundheit darstellen kann. Aber ich wusste bis gestern abend noch
5 nicht, dass zu viele Vitamine schaden Verursachen können. Wer glaubt, dass er einen Vitaminmangel durch einnehmen von Vitaminpräparaten verhindern kann, irrt sich. Besser ist es, beim zusammenstellen seiner Mahlzeiten Ausreichend obst und gemüse auf dem Speiseplan zu haben.

4 Vergleicht anschließend eure Texte miteinander.

Die Großschreibung

Groß oder klein?

1 Lies dir die Regel durch und löse mit ihrer Hilfe die folgende Aufgabe:
Im Text „Verloren" müssen sechs der Verben in Großbuchstaben großgeschrieben werden.
Schreibe sie mit Artikel, verstecktem Artikel oder Pronomen auf.

Aus Verben können Nomen werden

Verben können **nominalisiert** werden. Dann stehen vor ihnen in der Regel:
Artikel: → *Das Turnen macht mir Freude.*
Präpositionen mit **verstecktem Artikel:** → *Ich gehe heute zum (zu dem) Trainieren.*
Pronomen: → *Wir genießen unser Leben.*

Verloren

Gestern habe ich beim EINKAUFEN meine Schlüssel VERLOREN. Eigentlich ist das VERLIEREN nicht meine Sache. Doch gestern musste es ausgerechnet mir PASSIEREN. Obwohl ich alle Regalreihen noch einmal durchgegangen bin, hatte mein SUCHEN keinen Erfolg. Eine Verkäuferin riet mir, einen Augenblick zu WARTEN.
5 Doch das WARTEN dauerte fast eine Ewigkeit. Endlich fand sich der Schlüssel wieder ein. Eine Kundin hatte ihn beim AUSLADEN ihres Einkaufswagens gefunden. Ich musste ihn beim EINPACKEN in den falschen Wagen gelegt haben.

Aus Adjektiven können Nomen werden

Adjektive können **nominalisiert** werden. Dann haben sie meistens eine Endung wie **-e** oder **-es**. Und es stehen vor ihnen in der Regel:
Artikel: → *Das Gute daran ist …*
Wörter wie *viel, wenig, alles, nichts, etwas, manches:* → *Ich wünsche dir alles Gute.*
Pronomen: → *Alles hat auch sein Gutes.*

2 Lies die Regel im Infokasten aufmerksam und löse dann die folgende Aufgabe:
Im Text „Langweilige Party" müssen sieben der Adjektive in Großbuchstaben großgeschrieben werden. Schreibe sie mit den dazugehörigen Signalwörtern auf.

Langweilige Party

Die Party bei Paula war für mich ECHT ein Horror. So etwas LANGWEILIGES habe ich noch nie erlebt. Die Musik, die dort abgespielt wurde, bestand aus LANGWEILIGEN Schlagern. Es war nichts FETZIGES dabei und auch keine MODERNEN Hits. Und wie die Gäste da KOMISCH herumgetanzt haben, das war WIRKLICH das LETZTE. Dann gab auch noch einer mit seiner
5 Singstimme allerlei LAUTE von sich. Das sollte wohl KOMISCH sein, aber es kam nichts LUSTIGES dabei heraus. Nein, meine LIEBE, das war WIRKLICH nichts BESONDERES bei ihr!

Gesund leben heißt gut leben.   *Gesundes Leben heißt gutes Leben.*

3 Schaut euch die beiden Sätze an. Warum schreibt man im ersten Satz **leben** klein?
Warum schreibt man im zweiten Satz **Leben** groß?
Und kann man das an irgendetwas erkennen? Sprecht miteinander darüber.

Im 1. Schuljahr habe ich SCHREIBEN gelernt.

4 Wie würdet ihr hier das Wort *SCHREIBEN* schreiben: groß oder klein?
Oder könnte man es vielleicht sogar auf zweierlei Weise schreiben?
Tauscht euch auch darüber aus.

Im 1. Schuljahr habe ich ordentlich SCHREIBEN gelernt.
Im 1. Schuljahr habe ich ordentliches SCHREIBEN gelernt.

5 Wenn ihr diese Sätze mit den ersten Sätzen oben vergleicht, ist eigentlich klar,
wie man hier schreiben muss. Ergänzt, woran man das erkennen kann:
Wenn das Adjektiv …, dann schreibt man das folgende Wort groß.
Wenn das Adjektiv …, dann schreibt man das folgende Wort klein.

6 Entscheidet jetzt, wie man *SCHREIBEN* in dem Satz
Im 1. Schuljahr habe ich SCHREIBEN gelernt. schreiben könnte.

7 Achte bei den folgenden Sätzen auf die Adjektive mit oder ohne Endung.
Schreibe die Sätze richtig auf.

Das Haus ist leuchtend GRÜN angestrichen.
Das Haus ist in leuchtendem GRÜN angestrichen.

Das Gesicht des Jungen färbte sich vor Wut mit knalligem ROT.
Das Gesicht des Jungen färbte sich vor Wut knallig ROT.

Ich habe im Unterricht gut ENGLISCH sprechen gelernt.
Ich habe im Unterricht gutes ENGLISCH sprechen gelernt.

8 Schreibe die folgenden Sätze auf. Erprobe dabei, welche Adjektive hineinpassen.
Lässt sich das flektierte Adjektiv (das Adjektiv **mit** einer Endung) einsetzen, schreibt
man groß. Wenn nicht, schreibt man klein. **Achtung:** Kannst du beide Formen
einsetzen, schreibe die Wörter in den Sätzen einmal groß – und einmal klein.

Als ich ein Baby war, hat mein * *SCHREIEN* meine Eltern manchmal geärgert.   *laut/lautes*
Zu Hause haben die Großeltern noch * *PLATTDEUTSCH* gesprochen.   *alt/altes*
* *ZUHÖREN* machte mir immer Spaß,   *aufmerksam/*
     wenn etwas vorgelesen wurde.   *aufmerksames*
Später hat mir sogar * *ÜBEN* auf der Gitarre   *anstrengend/*
     viel Freude gemacht.   *anstrengendes*
Was ich einmal möchte: * *REISEN* machen in ferne Länder.   *weit/weite*
Dazu hätte ich * *LUST*.   *groß/große*

Die Großschreibung

Überprüfe dein Wissen und Können

1. Welche Wörter können Signale für Großschreibung sein? Schreibe die Buchstaben auf.
   a) Verben, b) Konjunktionen, c) Artikel, d) Adjektive mit einer Endung, e) Adverbien.

2. Schreibe einen Satz auf, in dem das Wort *neu* großgeschrieben wird.
   Verwende dabei das Wort **nichts** oder das Wort **etwas**.

3. Schreibe einen Satz auf, in dem zwei Wörter großgeschrieben werden.

4. Schreibe zwei Sätze auf. In jedem Satz sollen zwei Wörter großgeschrieben werden.

5. Schreibe zwei Sätze auf, in denen die Wörter *schwimmen* und *lachen* großgeschrieben werden.

6. Welche der Fantasiewörter müssen in den folgenden Sätzen großgeschrieben werden? Schreibe sie in Großschreibung heraus.

   a) In den SCHLARGEN werden wir hoch hinauf SCHLETTERN.
   b) Dann SCHÜMMERN wir und wandern auf hohe GRÜGEN.
   c) Abends SCHACKERN wir dann todmüde in unsere KRATTEN.
   d) Bis zum BRÄGEN werden wir dann SCHLIEREN.

7. Begründe deine Entscheidung.

8. Im folgenden Text sind fünf Wörter falsch kleingeschrieben. Schreibe diese Wörter zusammen mit dem Signalwort, das davor steht, richtig auf. Schaue im Wörterbuch nach und schreibe die Seite, auf der du die Wörter gefunden hast, dahinter.

   Eltern hören meist nur ungern die Musik ihrer Kinder. Sie scheinen immer zu wissen, was für die lieben kleinen gut ist. Wenn die Kinder Schularbeiten machen, sollten sie, wie die Eltern
   5 meinen, keine Musik hören. Aber das ist nicht ganz richtig. Beim hören von Musik kommt es nämlich darauf an, ob die Schüler die Musik mögen. Kennen sie die Musik, dann stört sie die Kinder bei ihren arbeiten durchaus nicht. Musik
   10 erzeugt nämlich auch eine gute stimmung, sodass die Kinder ihre Schularbeiten sogar mit großem vergnügen machen, wenn sie dabei Musik hören. Laut darf die Musik allerdings nicht sein.

9. Schreibe den folgenden Text in normaler Schrift auf: *Das … allzu lauter Musik …*

   DAS HÖREN ALLZU LAUTER MUSIK SCHÄDIGT DAS GEHÖR GENAUSO WIE DIE GERÄUSCHE EINES DÜSENFLUGZEUGS ODER EINES PRESSLUFTHAMMERS.

   MAN BEMERKT AM ANFANG DEN SCHADEN NICHT. ABER MIT DER ZEIT LÄSST DAS GEHÖR NACH. UND SO SIND VIELE JUGENDLICHE SCHON IM ALTER VON FÜNFZEHN JAHREN SCHWERHÖRIG.

10. Schreibe den Satz in richtiger Groß- und Kleinschreibung auf:
    Am morgen geht es nach dem waschen und dem frühstück ans zähneputzen.

Getrennt- und Zusammenschreibung
Wie schrieb man früher? – Wie schreibt man heute?

GANZAMANFANG/SCHRIEBMANDIEWÖRTER
OHNEZWISCHENRÄUME/MANSETZTENUR
DANNSTRICHE/WENNMANBEIMSPRECHEN
EINEPAUSEMACHTE/DESHALBWARES
SEHRSCHWER/DENANFANGEINESWORTES
ZUERKENNEN/UNDTEXTEZULESEN/

1 Lest den Text vor und schreibt ihn dann so auf, wie es heute üblich ist.

2 Ihr habt beim Aufschreiben die einzelnen Wörter mit Zwischenräumen aufgeschrieben. Aber was habt ihr eigentlich noch alles anders gemacht? Sprecht darüber.

Diese römische Schrift, die aus dem 4. Jahrhundert stammt, hat man tatsächlich so geschrieben. Man schrieb, wie man es auch beim Sprechen macht, nämlich ohne Abstand zwischen den Wörtern. Nur dort, wo man beim Sprechen eine Pause machte, setzte man einen kleinen Punkt oder einen Strich.
Heute schreiben wir so, dass man Wort für Wort einzeln erkennen kann. Aber es ist auch heute garnicht (*oder:* gar nicht?) so einfach zu erkennen, ob wir zwei Wörter getrennt- oder zusammenschreiben (*oder:* zusammen schreiben?) müssen. Wir kommen irgendwann (*oder:* irgend wann?) immer einmal (*oder:* ein Mal?) in Schwierigkeiten.

3 Wie werden denn die Wörter *gar/nicht, zusammen/schreiben, irgend/wann, ein/mal* geschrieben?
- Sprecht darüber, bei welchen Wörtern ihr unsicher seid.
- Schlagt im Zweifelsfall im Wörterbuch nach.

4 Schreibt diese zehn Wörter auf.
- Vergleicht, wie ihr sie geschrieben habt: Getrennt oder zusammen? Groß oder klein?
- Schlagt auf jeden Fall im Wörterbuch nach und prüft, wie diese Wörter geschrieben werden.

IRGENDJEMAND   AUFWIEDERSEHEN
LETZTESMAL   KENNENLERNEN
KOPFSTEHEN   STATTFINDEN
AUFEINANDERPRALLEN   DUNKELROT
BRUSTSCHWIMMEN   WIEVIELE

Nachschlagen im Wörterbuch

Die **Getrennt- und Zusammenschreibung** gehört zu den **größten Problemen** der deutschen Rechtschreibung. Die beste **Methode**, zur richtigen Schreibung zu gelangen, ist oft das **Nachschlagen in einem Wörterbuch**.

Getrennt- und Zusammenschreibung

Merkwörter üben

Eine Reihe von Wörtern kann man sich einfach merken, wenn man sie geübt hat.
Hier sind 25 dieser Wörter, mit denen ihr folgende Übungen durchführen könnt.
Sucht euch von den Übungen 1–8 einige aus und übt die Wörter aus dem **WORTSCHATZ** ein.

1 Schreibe die Wörter aus dem **WORTSCHATZ** in alphabetischer Reihenfolge auf:
anstatt, auf einmal, dieses Mal …

2 Schreibe die Wörter aus dem **WORTSCHATZ** auf, die man getrennt schreibt:
auf einmal …

3 Diktiert euch die Wörter gegenseitig – und kontrolliert,
ob ihr alles richtig geschrieben habt.

4 Bilde zu den Wörtern mit *heraus-, raus-, herunter-, runter-, hinein-* und
hinunter- weitere Wörter: *herausziehen, hineingehen …*

5 Bilde mit dem Wort *irgend-* weitere Wörter: *irgendwas …*

6 Füge in die Sätze jeweils eines der Wörter aus dem **WORTSCHATZ** ein.
Manchmal passen verschiedene Wörter!
Schreibe die Sätze auf.

a) Du solltest lieber zu Fuß gehen, … zu fahren!
b) Es gibt doch … Grund, traurig zu sein.
c) Ich komme … gern mit zum Schwimmen.
d) Erst war es still, doch … wurde es sehr laut.
e) Sie konnte an dem Wettbewerb leider nicht …
f) Der Schlüssel war weg; … musste sie ihn verloren haben.

7 In jedem Satz ist ein Fehler enthalten – nur in einem Satz nicht!
Schreibe alle Sätze richtig auf.

a) Ich fahre manch Mal gern allein mit dem Rad hinaus.
b) Doch diesesmal wäre beinahe etwas passiert.
c) Plötzlich kam irgend jemand auf dem Radweg angefahren.
d) Er ist mir direkt entgegengekommen.
e) Beinahe wären wir zusammen geprallt.
f) Doch glücklicher Weise ist nichts passiert.

8 Schreibe die Verben aus dem **WORTSCHATZ** so auf,
dass ein *-zu-* in der Mitte steht: *herauszukommen …*

WORTSCHATZ

diesmal
irgendjemand
glücklicherweise
manchmal
runterkommen
irgendwo
anstatt
auf einmal
gar nicht
rausholen
noch einmal
entgegenkommen
dieses Mal
zweimal
herauskommen
zuliebe
herunterwerfen
einige Male
das erste Mal
gar keine(n)
hineingehen
teilnehmen
hinuntergehen
zusammenprallen
manches Mal
reinkommen

Rechtschreibung und Zeichensetzung

Getrennt- und Zusammenschreibung

Regeln lernen: Die Kombination Nomen und Verb

Viele Getrennt- und Zusammenschreibungen sind festen Regeln unterworfen. Du musst allerdings die Regeln lernen, um diese Wörter richtig schreiben zu können.

1 Beschreibt die Unterschiede in den Sätzen links und rechts:
- Wir können Rad fahren. → Wir freuen uns aufs Radfahren.
- Wir wollen Kuchen backen. → Wir machen uns ans Kuchenbacken.
- Wir müssen Schlange stehen. → Wir ärgern uns übers Schlangestehen.

2 Ergänzt gemeinsam die folgende Regel. Verwendet dabei die Begriffe *zusammen, getrennt, groß*.

INFO

Regel 1: Nomen und Verb

Die Kombination von **Nomen** und **Verb** wird in der Regel **???** geschrieben.
Nach Signalwörtern wie *am, ans, aufs, beim, vom, übers, zum*
werden diese Kombinationen **???** und **???** geschrieben.
Ausnahmen sind einige Wörter wie: *eislaufen, kopfstehen, teilnehmen …*

3 Bilde die passenden Wortkombinationen aus **Nomen** und **Verben** und schreibe die folgenden Sätze auf.
   a) Wenn du fertig bist, musst du mir …
   b) Ich mag zum Frühstück am liebsten …
   c) Vor der Kasse musste ich eine Zeit lang …
   d) Mein Vater ist gestern beim … geblitzt worden.
   e) Meine Schwester hat sich beim … den Knöchel verletzt.
   f) Ich habe zum … keine Lust.

Bescheid   Tee   Gitarre
Auto   Schlange   Schlittschuh

spielen   sagen   trinken
laufen   fahren   stehen

4 Schreibe die Sätze richtig auf. Beachte dabei die Regeln und Ausnahmen!
   a) Wir konnten an der Veranstaltung nicht TEIL/NEHMEN.
   b) Ich mache mich jetzt ans SCHUHE/PUTZEN.
   c) Er brauchte mehrere Jahre, um SCHLAGZEUG/ZU/LERNEN.
   d) Sie kann sehr gut FUßBALL/SPIELEN.
   e) Er hatte am STELZEN/LAUFEN viel Spaß.
   f) Ein Sprichwort lautet: RUHE/BEWAHREN und TEE/TRINKEN!
   g) Da kannst du nichts machen – und wenn du KOPF/STEHST!

5 Formuliere die Sätze so um, dass Nomen und Verb getrennt geschrieben werden:
Meine Mutter ist gerade beim Hemdenbügeln.
Wir treffen uns heute zum Kaffeetrinken.
Wir gehen gern zum Pilzesuchen.
Meine Mutter möchte heut gern …

Getrennt- und Zusammenschreibung

Regeln lernen: Die Kombination Verb und Verb

1 Beschreibt die Unterschiede in den Sätzen links und rechts:

Ich konnte nie gut schreiben lernen. → Ich hatte früher Probleme beim Schreibenlernen.
Du solltest ein Stück spazieren gehen! → Ich habe keine Lust zum Spazierengehen.
Ich muss nachher noch lesen üben. → Ich mache mich jetzt ans Lesenüben.

2 Ergänzt die folgende Regel. Verwendet dabei die Begriffe *zusammen, getrennt, groß*.

> **Regel 2: Verb und Verb**
>
> Die Kombination von **Verb** und **Verb** wird in der Regel **???** geschrieben.
> Nach Signalwörtern wie **am, ans, aufs, beim, vom, übers, zum**
> werden diese Kombinationen aber **???** und **???** geschrieben.

INFO

3 Bilde passende Wortkombinationen aus **Verb** und **Verb** – und schreibe die folgenden Sätze auf: *Wir müssen heute noch einkaufen gehen.*

a) Wir müssen heute noch …
b) Babys müssen anfangs erst …
c) Was du nicht aufessen willst, kannst du …
d) Babys haben beim … Schwierigkeiten.
e) Ich mache mich jetzt ans …
f) Beim … bin ich gestürzt.

*einkaufen   laufen   lesen   stehen
lernen   gehen   lassen   üben*

4 Ergänze die folgenden Sätze, indem du **Infinitive** mit **passenden Partizipien** kombinierst:
Sie ist noch einmal kurz einkaufen gegangen.

a) Ich mochte das Essen nicht und habe es darum …
b) Er hat ihr den schweren Tisch …
c) Sie ist noch einmal kurz …
d) Unser Baby hat gerade die ersten Schritte …

*laufen   tragen   stehen   einkaufen
geholfen   gegangen   gelernt   gelassen*

5 Schreibe die Sätze mit den Verben im **Infinitiv mit *zu*** auf:
Das Baby strengt sich an, laufen zu lernen.
Verwende dabei die folgenden Verben:

*shoppen   tragen   spielen   spazieren
helfen   fahren   gehen   können*

a) Ich freue mich darauf, mit dir morgen …
b) Ich habe mir vorgenommen, heute in der Stadt …
c) Ich bin gern bereit, dir den schweren Tisch …
d) Wir haben uns vorgenommen, am Sonntag mit dem Rad …

Getrennt- und Zusammenschreibung

Regeln lernen: Die Kombination Adjektiv und Verb

1 Beschreibt die Unterschiede in den folgenden Sätzen.

Du musst die Zwiebeln klein schneiden oder kleinschneiden.

Du musst die Zwiebeln ganz klein schneiden!

Achte beim Kleinschneiden auf deine Finger!

Du kannst dir das Essen warm machen oder warmmachen.

Ich wollte mir das Essen etwas wärmer machen.

Nimm zum Warmmachen die Pfanne!

2 Ergänzt gemeinsam die Regel mit den Begriffen *getrennt, zusammen, groß*.

Regel 3: Adjektiv und Verb

Die Kombination von **Adjektiv** und **Verb** kann man grundsätzlich **???** oder **???** schreiben.
Ist aber das Adjektiv oder das Verb auf irgendeine Weise **erweitert**, so schreibt man immer **???**.
Nach Signalwörtern wie **am, beim, vom, zum, …** schreibt man die Kombinationen **???** und **???**.

Besonderheiten sind einige Wörter wie
großschreiben – groß schreiben, schwerfallen – schwer fallen, freisprechen – frei sprechen,
die sich in ihrer Bedeutung unterscheiden.

3 Schreibe die Sätze auf. Beachte die Beispiele oben und die Regeln!

a) Du musst dein Fernglas scharf/stellen.
b) Du musst dein Fernglas etwas schärfer/einstellen.
c) Du sollst dich bei uns wohl/fühlen.
d) Ich kann mich bei euch wohler/fühlen als zu Hause.
e) Beim WARM/MACHEN rühre man die Milch um.
f) Man schiebe den Pudding zum KALT/STELLEN für eine Stunde in den Kühlschrank.

4 Schreibe die Satzpaare auf. Eine Kombination aus Adjektiv und Verb wird immer zusammengeschrieben, die andere getrennt, weil die Wörter eine unterschiedliche Bedeutung haben. Schlage im Zweifelsfall im Wörterbuch nach!

a) Adjektive muss man **klein/schreiben**.
   Du solltest die Buchstaben nicht immer so **klein/schreiben**.
b) Sie hat ihr Referat ganz **frei/gesprochen**.
   Der Angeklagte wurde **frei/gesprochen**.
c) Den Text zu lernen, ist ihr nicht **schwer/gefallen**.
   Er ist gestern beim Training **schwer/gefallen**.
d) Gib Farbe in dein Bild! Du musst doch nicht das ganze Bild **schwarz/malen**!
   Bist du traurig? Musst du immer alles so **schwarz/malen**?

○○●○ Gipfelstürmer

233

Getrennt- und Zusammenschreibung
Getrennt oder zusammen?

1 Die folgende Regel ist noch nicht ganz vollständig.
Lies sie dir durch und schreibe sie mit deinen Ergänzungen auf.

> ### Getrennt oder zusammen?
>
> Zusammensetzungen mit Verben können manchmal aus denselben Wörtern bestehen und doch unterschiedlich geschrieben werden: **zusammenschreiben – zusammen schreiben:**
> *Manche Wörter muss man zusammenschreiben.*
> *Wollen wir eine Geschichte zusammen schreiben?*
>
> Wird das **Verb** betont und bedeutet das Wort *zusammen* so etwas wie *gemeinsam, gleichzeitig, miteinander,* so schreibt man **???**.
> Wird das **erste Wort** betont und bedeutet *zusammen* so etwas wie *miteinander verbunden,* so schreibt man in der Regel die beiden Wörter **???**.
> Das gilt z. B. auch für Wörter mit **aufeinander, ineinander** und **davon**.

INFO

2 In den Sätzen a)–u) werden elf der Wörter zusammengeschrieben.
- Lies dir die Sätze vor und mache die Betonungsprobe.
- Schreibe diese Sätze nun richtig auf:
  a) Die Schüler sind im Feierraum zusammengekommen. ...

a) Die Schüler sind im Feierraum zusammen / gekommen.
b) Einige von ihnen sind getrennt, andere sind zusammen / gekommen.
c) Die Kinder sollen aufeinander / aufpassen.
d) Du musst deine Hefte schön ordentlich aufeinander / legen.
e) Dein Fehler konnte nur davon / kommen, dass du nicht aufgepasst hast.
f) Der Autofahrer ist mit einer Verwarnung noch einmal davon / gekommen.
g) Wir haben den schweren Tisch zusammen / getragen.
h) Die Schülerinnen haben alle Informationen für ihr Referat zusammen / getragen.
i) Ihr müsst bei der Diskussion aufeinander / hören!
j) Die beiden Autos sind frontal zusammen / geprallt.
k) Ein Gedicht zusammen / zu / lesen macht Spaß.
l) Die Kinder machten sich auf, die Steine im Schulgarten zusammen / zu / lesen.
m) Die Schüler sollen den Text kurz zusammen / fassen.
n) Paula und Paul haben schon immer zusammen / gehört.
o) Sie haben oft Musik zusammen / gehört.
p) In dieser Maschine kann man sehen, wie die Räder ineinander / greifen.
q) Die Bretter haben sich fest ineinander / verkeilt.
r) Wir sollten uns zusammen / tun, wenn wir etwas erreichen wollen.
s) Wollen wir morgen einmal etwas zusammen / tun?
t) Paul und Mary haben sich ineinander / verliebt.
u) Wo die Fulda und die Werra ineinander / fließen, entsteht die Weser.

3 Hier sind einzelne Sätze aus Schüleraufsätzen aus dem 6. und 7. Schuljahr zusammengestellt. Alle Rechtschreibfehler sind schon beseitigt.
Doch die Fehler in der Getrennt- und Zusammenschreibung sind in den Texten noch enthalten.
Dabei sind manchmal auch Fehler in der Groß- und Kleinschreibung entstanden.
Schreibe die Fehlerwörter berichtigt auf. Orientiere dich dabei an den Regeln in den Infokästen – oder schlage im Wörterbuch nach.
Schreibe so: *a) durchgeführt, b) ...*

Achtung: In jedem Satz befindet sich ein Fehler – nur in einem Satz nicht!
Und in einem Satz befinden sich zwei Fehler!

Sätze aus verschiedenen Vorgangsbeschreibungen:
a) Am besten wird das Experiment an einem sonnigen Ort durch geführt.
b) Aus Wasser wird bei der Verdunstung Gas förmiger Wasserdampf.
c) Zuerst werden die Zwiebeln ganz kleingeschnitten.
d) Zum warm machen kommt das Essen in eine Pfanne.
e) Zum Papier herstellen benötigen wir altes Zeitungspapier.
f) Die oben liegende Zeitung wird danach wieder herunter gezogen.

Sätze aus einer Bildergeschichte:
g) Mr. Potterby und seine Freundin haben in einem Garten Äpfel zusammen gelesen.
h) Dann haben sie sie in einem Korb davon getragen.
i) Zu Hause haben die beiden dann Apfelkuchen zusammengebacken.
j) Den haben sie aufs Fensterbrett gestellt, um ihn abzukühlen.

Sätze aus einer Münchhausen-Geschichte:
k) Ich war an einem sonnigen Sommer morgen einmal auf der Jagd.
l) Ich hatte mein Fernglas scharfeingestellt und beobachtete eine Gruppe Rebhühner.
m) Leider hatte ich zum Schrot schießen keine Patronen mehr.
n) Es war also nötig, auf eine gute Idee zukommen.

Sätze aus einer Inhaltsangabe:
o) Die Familie hat sich entschlossen, in eine andere Stadt um zu ziehen.
p) Nach dem Möbel packen hat man bemerkt, dass die Katze verschwunden ist.
q) Dem Mann ist es schwer gefallen, auf die Katze zuverzichten.
r) Er hat noch einigemale nach ihr gerufen, aber umsonst.

Sätze aus einer Fabel-Nacherzählung:
s) Ein Hund hat ein Stück Fleisch von einem Bauern mit genommen.
t) Er wollte durch einen Fluss auf die andere Seite hin über schwimmen.
u) Da sah er aufeinmal das Spiegelbild des Fleisches im Wasser.
v) Beim zu schnappen fiel ihm das eigene Stück Fleisch aus dem Maul.

Getrennt- und Zusammenschreibung

Überprüfe dein Wissen und Können

1 Suche die folgenden Wörter im Wörterbuch. Schreibe sie richtig auf.
Schreibe die Seite, auf der du sie gefunden hast, dahinter.
IRGENDWOHIN   RÜCKENSCHWIMMEN   KOPFRECHNEN   DUNKELGRÜN

2 Die folgenden Wörter hast du geübt. Kannst du sie nun richtig schreiben?
Schreibe sie auf. Schlage im Zweifelsfall im Wörterbuch nach.
MANCH/MAL   MANCHES/MAL   NOCH/EIN/MAL   AUF/EIN/MAL   DIESES/MAL

3 Schreibe die Wörter richtig auf:
BUS/FAHREN   beim BUS/FAHREN   zum STELZEN/LAUFEN   TEIL/NEHMEN

4 Schreibe die Sätze richtig auf:
Ich muss heute noch richtig RECHNEN / ÜBEN.
    Ich mache mich jetzt ans VORLESEN / ÜBEN.
Ich habe ihr TRAGEN / GEHOLFEN.
    Ich habe das Buch LIEGEN / GELASSEN.
lll Das TAUCHEN / LERNEN macht mir Spaß.
    Ich strenge mich an, TAUCHEN / ZU / LERNEN.
lll Ich freue mich darauf, morgen mit dir SPAZIEREN / ZU / GEHEN.
    Kommst du mit zum SPAZIEREN / GEHEN?

5 Schreibe die folgenden Sätze richtig auf.
Schlage im Zweifelsfall im Wörterbuch nach.
Nomen werden groß/geschrieben.
Man muss bei Nomen auf die GROß/SCHREIBUNG achten.
Du solltest die Buchstaben nicht immer so klein/schreiben.
Du solltest darauf achten, die Buchstaben etwas größer/zu/schreiben.
ll lll Ich kann mich bei euch richtig wohl/fühlen.
lll Beim SCHWARZ/FÄRBEN habe ich mir die Finger schmutzig/gemacht.

lll **6** Zusammen oder getrennt? Ergänze die folgenden Regeln:
SCHLITTSCHUH / LAUFEN: *Die Kombination von Nomen und Verb wird in der Regel …*
SPAZIEREN / GEHEN: *Die Kombination von Verb und Verb wird in der Regel …*
WARM / LAUFEN: *Die Kombination von Adjektiv und Verb kann man …*

lll **7** Die folgenden Sätze haben es in sich! Versuche sie richtig aufzuschreiben.
Das sehr FEIN / GESCHNITTENE Obst gebe man in eine Schüssel.
Nun schütte man zum KLEIN / GESCHNITTENEN Milch hinzu.
Danach bitte das Ganze im Kühlschrank kalt / stellen!
Lasst es euch beim Frühstück gut / schmecken!
Wer keine Ananas mag, kann sie ja liegen / lassen.

Rechtschreibung und Zeichensetzung

Zeichensetzung
Das Komma im Satzgefüge

1) Immer passiert etwas, wenn wir in die Ferien fahren.
2) Wenn wir in die Ferien fahren, passiert immer etwas.
3) Immer, wenn wir in die Ferien fahren, passiert etwas.

1 Lest euch diese Sätze vor und achtet auf die Sprechpausen, die ihr dabei macht.

2 Schaut euch die Sätze genau an.
Sie bestehen aus denselben Wörtern. Sie sagen auch dasselbe aus.
Aber sie unterscheiden sich.
Beschreibt die Unterschiede.

3 Welche der Sätze a)–c) sind so aufgebaut wie die Beispielsätze 1)–3)?
a) entspricht ..., b) entspricht ..., c) entspricht ...
Begründet eure Entscheidung.

a) Als unser Gepäck schon vor der Tür stand, suchte Papa im Haus noch die Fahrkarten.
b) Papa suchte im Haus, als unser Gepäck schon vor der Tür stand, noch die Fahrkarten.
c) Papa suchte im Haus noch die Fahrkarten, als unser Gepäck schon vor der Tür stand.

d) Wir wurden ziemlich ungeduldig, weil es so lange dauerte.

4 Forme den Satz d) so um, dass er dem Beispielsatz 2) oben entspricht.

5 Forme den Satz d) so um, dass er dem Beispielsatz 3) oben entspricht.

INFO

Das Komma im Satzgefüge

Verbindungen von Hauptsätzen und Nebensätzen nennt man **Satzgefüge**.
In Satzgefügen werden Nebensätze von Hauptsätzen durch **Kommas** abgegrenzt.
Nebensätze stehen **niemals allein ohne Hauptsätze,** sie sind **Hauptsätzen untergeordnet**.
Nebensätze erkennt man daran,
- dass sie durch eine **Konjunktion *(als, wenn ...)*** eingeleitet werden.
- dass das **Prädikat am Ende** steht.

1) Der Nebensatz kann dem Hauptsatz **vorangestellt** sein.
Dann prallen zwei Verben aufeinander:
***Als** Vater endlich **kam**, ↔ **machten** wir uns auf den Weg.*
2) Der Nebensatz kann dem Hauptsatz **nachgestellt** sein:
*Wir machten uns auf den Weg, **als** Vater endlich **kam**.*
3) Der Nebensatz kann in den Hauptsatz **eingeschoben** sein:
*Wir machten uns, **als** Vater endlich **kam**, auf den Weg.*

6 Suche in den folgenden Sätzen die Nebensätze. Schreibe die Konjunktionen heraus, die die Nebensätze einleiten, und die Prädikate, die am Ende der Nebensätze stehen:
e) Bevor ... erreichten, f) dass ..., g) ...

e) Bevor wir die Haltestelle erreichen, fuhr uns der Bus vor der Nase weg.
f) Natürlich befürchteten wir, dass wir den Zug nicht mehr bekommen.
g) Da unser Nachbar uns an der Straße sah, brachte er uns mit dem Auto zum Bahnhof.
h) Als wir dort ankamen, hatte der Zug Verspätung.
i) Es dauerte eine halbe Stunde, ehe er abfuhr.
j) Immer, wenn wir in die Ferien fahren, läuft etwas schief.

Unterordnende Konjunktionen: Signale für Nebensätze

INFO

Unterordnende Konjunktionen verbinden **Hauptsätze** und Nebensätze miteinander.
Die wichtigsten sind:
als, bevor, da, dass, ehe, nachdem, obwohl, sobald, sodass, während, weil, wenn.
Die unterordnenden Konjunktionen sind sichere **Signale für Nebensätze**.
Ein Nebensatz reicht von der **Konjunktion am Anfang** bis zum **Prädikat am Ende**:
***Wenn** wir aber am Ferienort **ankommen**, geht es uns wieder gut.*

---

7 Schreibe die Sätze e)–j) ab. Unterstreiche dabei die Konjunktionen am Anfang der Nebensätze – und die Verben am Ende. Vergiss die Kommas nicht.
e) Bevor wir die Haltestelle erreichen, ...

8 Schreibe die Sätze k)–q) ab.
- Unterstreiche die Konjunktionen am Anfang und die Verben am Ende der Nebensätze.
- Setze auch die Kommas ein.

Achtung: In einem Satz musst du **zwei** Kommas setzen!
Als es gestern regnete, spielten wir Karten. ...

k) Als es gestern regnete spielten wir Karten.
l) Sobald sich die Sonne wieder zeigte badeten wir im Bergsee.
m) Vorgestern sind wir als die Sonne nicht gar zu heiß schien auf einen Berg gewandert.
n) Wir waren ganz stolz als wir oben angekommen waren.
o) Doch dann zogen Wolken auf während wir uns dort oben ausruhten.
p) Wir machten uns auf den Heimweg weil wir nicht nass werden wollten.
q) Bevor der Regen kam waren wir schon wieder in unserem Ferienhaus.

9 Füge beim Abschreiben in die Sätze r)–t) passende Konjunktionen aus dem Infokasten ein. Setze auch die Kommas.

r) Dort ruhten wir uns aus ... draußen der Regen prasselte.
s) Wir aßen dann noch ein leckeres Abendbrot ... wir uns müde in unser Bett fallen ließen.
t) In der Zeitung steht ... morgen das Wetter wieder besser wird.

Zeichensetzung
Nebensätze mit der Konjunktion *dass*

Üben

a) Viele meinen dass man die Kommasetzung nicht unbedingt üben muss.
b) Andere glauben sogar dass Übungen überhaupt überflüssig sind.
c) Aber jeder Sportler weiß dass man trainieren muss.
d) Man sollte endlich begreifen dass Üben nichts anderes als Trainieren ist.

1 Schreibe die Sätze a)–d) ab. Füge vor jedem *dass* ein Komma ein.

2 Unterstreiche das Verb, auf das sich der *dass*-Satz bezieht: Viele <u>meinen</u>, ← dass …

3 Schreibe die Sätze a)–d) so auf, dass der Nebensatz mit *dass* am Anfang steht.
Vergiss das Komma am Ende des Nebensatzes nicht!
Dass man die Kommasetzung nicht unbedingt üben muss, meinen …

4 Welche Meinung hast du selbst zum Thema „Üben"? Schreibe einige Sätze auf:
Ich meine, … / Ich denke, … / Ich glaube, … / Ich weiß ja, …

Nebensätze mit der Konjunktion *dass*

Sätze mit der Konjunktion **dass** sind Nebensätze, die mit einem **Komma** vom Hauptsatz abgegrenzt werden. *Dass*-Sätze beziehen sich oft auf ein **Verb** des Hauptsatzes:
*Ich **meine, dass** richtiges Üben notwendig ist.*
Auf Ausdrücke des **Denkens, Sagens** und **Fühlens** folgen oft *dass*-Sätze:
*Ich **denke / will / hoffe / glaube, dass** du recht hast.*

e) Man sagt …   *Übung macht den Meister.*
f) Aber jeder hat auch schon erfahren …   *Übungen können anstrengend sein.*
g) Man kennt auch vom Sport …   *Training macht nicht immer Spaß.*
h) Doch man weiß ganz sicher …   *es macht Spaß zu gewinnen.*
i) Man erfährt dann dabei …   *der Erfolg hängt vom Üben ab.*

5 Schreibe die Sätze e)–i) auf. Der vordere Satz soll der Hauptsatz sein,
der hintere der Nebensatz mit *dass*.
- Bei der Verbindung der beiden Sätze musst du im *dass*-Satz die Wörter umstellen; denn das Verb in einem Nebensatz steht immer am Ende.
- Vergiss beim Schreiben die Kommas nicht!
e) Man sagt, dass Übung den Meister macht.

6 Bilde selbst fünf Sätze mit den Wörtern aus dem **WORTSCHATZ**:
Ich hoffe, dass du gewinnst. Ich habe das Gefühl, dass …

WORTSCHATZ

Ich …
bin der Ansicht
denke
erkenne
erwarte
habe die Erwartung
fühle
habe das Gefühl
glaube
hoffe
habe die Hoffnung
höre
meine
bin der Meinung
möchte
sage
bin der Überzeugung
weiß
will

, dass …

Erkenntnisse anwenden – An Beispielen üben

7 Schreibe Satzgefüge mit der Konjunktion *dass* auf. Setze die Kommas ein:
Ich wünsche mir, dass es in der Schule …

Ich wünsche mir	es in der Schule keine Zensuren gibt.
Meine Freundin findet es aber gut	es Zensuren gibt.
Aber das kommt daher	sie immer nur Einsen und Zweien schreibt.
Meine Mutter hat erzählt	sie sich vor Zensuren immer gefürchtet hat.
Mein Vater dagegen ist der Meinung	Zensuren wichtig sind.
Die Meinungen sind so verschieden	man ganz unsicher wird.

8 Schreibe Satzgefüge mit der Konjunktion *dass* auf.
- Dazu musst du die Wörter im Satz in der rechten Spalte umstellen.
- Setze die Kommas ein.

Jeder Schüler hat ein Recht darauf, dass er beurteilt wird. …

Jeder Schüler hat ein Recht darauf	er wird beurteilt.
Dazu ist es aber nicht notwendig	es gibt Zensuren.
Zensuren sind dazu da	man wird mit anderen ständig verglichen.
Beurteilungen dagegen sind dazu da	man erkennt seine eigene Leistung.
Zensuren erkennt man daran	nur eine Note steht unter der Arbeit.
Beurteilungen erkennt man dagegen daran	ein genauer Text steht unter der Arbeit.

9 Verbinde die Sätze zu Satzgefügen mit der Konjunktion *dass*.
- Forme die unterstrichenen Verben in Nomen um oder ergänze die Sätze mit Nomen. Der **WORTSCHATZ** auf Seite 238 hilft dir dabei.
- Setze die Kommas ein.

Viele Schüler vertreten die Meinung, dass …

Viele Schüler <u>meinen</u>	Zensuren sollten abgeschafft werden.
Einige <u>fühlen</u>	Zensuren würden ihnen helfen.
Die meisten <u>erwarten</u>	ihre Leistungen werden beurteilt.
Dabei <u>hoffen</u> sie natürlich	die Beurteilung fällt positiv aus.
Ich bin auch wirklich der …	Lob hilft besser als Tadel.
Auf jeden Fall habe ich die …	man wird in der Schule gerecht beurteilt.

10 Welche Meinung vertrittst du selbst zum Thema „Zensuren"?
Schreibe einige Sätze auf.
Es sollten Satzgefüge mit der Konjunktion *dass* dabei sein.
Sie könnten beginnen mit:

Ich bin der Überzeugung, dass …
Andererseits glaube ich …
Vielleicht wäre es möglich …
Ich habe die Hoffnung …
Ich bin mir aber nicht sicher …
Jedenfalls habe ich die Erwartung …
…

Die Zeichen der wörtlichen Rede

1 Ihr habt seit der Grundschulzeit immer wieder geübt, wie man die Zeichen der wörtlichen Rede setzen muss.
Aber seid ihr sicher, dass ihr die Fehler in den folgenden Sätzen findet?
- Lest euch die Sätze aufmerksam durch. Achtet besonders auf die Zeichensetzung.
- Besprecht miteinander, welche Fehler ihr gefunden habt.

a) Niklas fragt seine Mutter: „Könnte ich nicht etwas mehr Taschengeld bekommen"?
b) „Brauchst du das wirklich so dringend?" antwortet die Mutter.
c) „Ja, sagt Niklas, es reicht nicht hinten und nicht vorn!"

2 Schreibe die drei Sätze a), b) und c) aus Aufgabe 1 mit den richtigen Redezeichen auf.

3 Beantwortet folgende Quizfragen.
Schreibt jeweils den Begriff auf, der hier gefragt ist.
Und das sind die Begriffe, die ihr einsetzen müsst:

Komma   Anführungszeichen   Punkt   Doppelpunkt   Redesatz

a) Ein Redesatz ist daran zu erkennen, dass er in … steht.
b) Nach dem vorangestellten Begleitsatz steht ein …
c) Fragezeichen und Ausrufezeichen gehören in den … hinein.
d) Zwischen dem Redesatz und dem nachgestellten Begleitsatz steht immer ein …
e) Am Ende des vorangestellten Redesatzes steht niemals ein …

4 Wenn du diese Fragen nicht beantworten kannst, lies noch einmal im Infokasten nach und beantworte sie dann.

Die wörtliche Rede

Die wörtliche Rede besteht aus einem **Begleitsatz** und einem **Redesatz**.
Der Redesatz steht in **Redezeichen (Anführungszeichen)**.
Es gibt folgende drei Arten wörtlicher Reden:

1) Vorangestellter Begleitsatz: Nach dem **vorangestellten Begleitsatz** steht ein **Doppelpunkt**:
  Paula fragt ihren Vater: „Wie wäre es mit etwas mehr Taschengeld?"
      Begleitsatz   Redesatz

2) Nachgestellter Begleitsatz: Zwischen Redesatz und **nachgestelltem Begleitsatz** steht ein **Komma**,
  aber **niemals ein Punkt**: „Ich glaube, das ist in Ordnung *(kein Punkt)*", *antwortet der Vater.*
  Frage- und **Ausrufezeichen** gehören aber **in den Redesatz** hinein:
  „Wie viel darf es denn sein?", *fragt der Vater.*

3) Eingeschobener Begleitsatz: Der **eingeschobene Begleitsatz** wird mit **Kommas** vom Redesatz getrennt:
  „Ich hoffe", *sagt Paula*, „dass die nächste Gehaltserhöhung nicht zu knapp ausfällt."

5 Schreibe die folgenden Sätze auf. Ergänze die fehlenden Zeichen:

Taschengeld

Eine Fachfrau wurde von den Schülern über die Höhe des Taschengeldes befragt.
a) Alex fragte „Von welchem Alter an sollten Kinder Taschengeld bekommen?"
b) Die Pädagogin antwortete „Spätestens vom Schuleintritt an."
c) „Aber da können doch Kinder, sagte Alex, noch gar nicht mit Geld umgehen!"
d) „Wieso nicht", fragte die Pädagogin.
e) „Na ja, sagte Alex, sie können doch noch nicht rechnen!"
f) Die Pädagogin sagte: Sie sollen aber den Wert bestimmter Dinge kennenlernen.
g) „Und wie viel Taschengeld sollte ich mit 13 Jahren bekommen?" fragte Alex.
h) Die Pädagogin sagte: Zwischen 15 bis 20 Euro im Monat, wenn es den Eltern möglich ist.

6 Schreibe die folgenden Sätze auf. Ergänze die fehlenden Zeichen:

Taschengeld

Eine Fachfrau wurde von den Schülern über die Höhe des Taschengeldes befragt.
a) „Von welchem Alter an sollten Kinder Taschengeld bekommen?" fragte Alex.
b) „Spätestens vom Schuleintritt an" antwortete die Pädagogin.
c) „Aber da können doch Kinder, sagte Alex, noch gar nicht mit Geld umgehen!"
d) Wieso nicht", fragte die Pädagogin.
e) Na ja, sagte Alex, sie können doch noch nicht rechnen!
f) Die Pädagogin wendete ein Sie sollen aber den Wert bestimmter Dinge kennenlernen.
g) „Und wie viel Taschengeld sollte ich mit 13 Jahren bekommen" fragte Alex.
h) Wenn es den Eltern möglich ist, sagte die Pädagogin, zwischen 15 bis 20 Euro im Monat.

7 Schreibe die folgenden Sätze auf. Ergänze alle fehlenden Satz- und Redezeichen.

Taschengeld

Eine Fachfrau wurde von den Schülern über die Höhe des Taschengeldes befragt.
a) Von welchem Alter an fragte Alex sollten Kinder Taschengeld bekommen
b) Spätestens vom Schuleintritt an antwortete die Pädagogin
c) Alex sagte Aber da können doch Kinder noch gar nicht mit Geld umgehen
d) Wieso nicht fragte die Pädagogin
e) Na ja sagte Alex sie können doch noch nicht rechnen
f) Sie sollen aber den Wert bestimmter Dinge kennenlernen sagte die Pädagogin
g) Und wie viel Taschengeld sollte ich mit 13 Jahren bekommen fragte Alex
h) Wenn es den Eltern möglich ist sagte die Pädagogin zwischen 15 bis 20 Euro im Monat

Rechtschreibung und Zeichensetzung

8 Schreibe den folgenden Dialog als zusammenhängenden Text auf.
Die Begleitsätze sollen mal vorn, mal hinten stehen.
- Verwende die Verben *fragte, antwortete, sagte, erwiderte*.
- Ergänze dabei die fehlenden Redezeichen:

Elias fragte seinen Vater: „Papa, können wir nicht mal miteinander verhandeln?"

Taschengeldverhandlung

Elias	Papa, können wir nicht mal miteinander verhandeln?	
	Worüber wollen wir denn verhandeln?	Vater
Elias	Na, über einen neuen Taschengeldvertrag!	
	Warum willst du denn unbedingt weniger Taschengeld haben?	Vater
Elias	Nicht weniger, sondern mehr!	
	Ach, ich dachte schon, du kannst mit dem vielen Geld nichts anfangen!	Vater

9 Schreibe den folgenden Dialog als zusammenhängenden Text auf.
Die Begleitsätze sind mal vorangestellt, mal eingeschoben, mal nachgestellt.
- Verwende die Verben *fragte, antwortete, sagte, erwiderte*.
- Ergänze dabei die fehlenden Satz- und Redezeichen:

Elias fragte seinen Vater: „Papa, können wir nicht mal miteinander verhandeln?"

Taschengeldverhandlung

Elias	Papa, können wir nicht mal miteinander verhandeln			
	Worüber wollen wir denn verhandeln			Vater
Elias	Na, über einen neuen Taschengeldvertrag			
	Warum willst du denn unbedingt weniger Taschengeld haben			Vater
	Nicht weniger,	Elias,	sondern mehr	
	Ach, ich dachte schon,	Vater,	du kannst mit dem vielen Geld nichts anfangen	

10 Schreibe den folgenden Dialog als zusammenhängenden Text auf.
Die Begleitsätze sollen mal vorangestellt, mal eingeschoben, mal nachgestellt sein.
- Verwende die Verben *fragte, antwortete, sagte, erwiderte*.
- Ergänze dabei die fehlenden Satz- und Redezeichen.

So: Elias fragte seinen Vater: „Papa, können wir nicht mal miteinander verhandeln?"
Oder so: „Papa", fragte Elias, „können wir nicht mal verhandeln?"
Oder so: „Papa, können wir nicht mal verhandeln?", fragte Elias.

Taschengeldverhandlung

Elias	Papa, können wir nicht mal miteinander verhandeln
Vater	Worüber wollen wir denn verhandeln
Elias	Na, über einen neuen Taschengeldvertrag
Vater	Warum willst du denn unbedingt weniger Taschengeld haben
Elias	Nicht weniger, sondern mehr
Vater	Ach, ich dachte schon, du kannst mit dem vielen Geld nichts anfangen

Zeichensetzung
Das Komma zwischen Haupt- und Nebensatz

1 In den folgenden Satzgefügen fehlen alle Kommas zwischen Haupt- und Nebensatz. Schreibe die Sätze ab und setze die Kommas ein.

a) Moritz bleibt jetzt meistens zu Hause weil er ein neues Notebook bekommen hat.
b) Nun gilt es obwohl er kein Anfänger mehr ist sehr viel zu üben.
c) Damit er professionelle Vorlagen erstellen kann hat er zu dem Gerät auch Software bekommen.
d) Einen Drucker hat Moritz auch erhalten sodass er seine Texte jetzt ausdrucken kann.
e) Als in diesem Schuljahr eine Computer-AG angeboten wurde hat er sich gleich gemeldet.
f) Nun schreibt er alle seine Hausaufgaben damit sie ordentlich aussehen auf dem Computer.

2 Manche Hauptsätze und Nebensätze können sehr lang sein. Trotzdem setzt man innerhalb eines einzelnen Haupt- oder Nebensatzes in der Regel kein Komma.
Schreibe die folgenden Sätze ab. Setze in jedem Satz das Komma dort ein, wo es hingehört.

a) An einem nassen Nachmittag im trüben November hatten wir auf dem Sportplatz Training obwohl es überhaupt keinen Spaß machte.
b) Die missmutigen Leichtathleten unseres Sportvereins drehten ihre Runden weil sie sich auf den kommenden Wettkampf vorbereiten mussten.
c) Sie wollten nicht noch einmal eine so große Schlappe wie im letzten Monat hinnehmen weil sie so schlecht trainiert waren.

3 Im nächsten Text hat ein Schüler insgesamt vier Kommas zu viel gesetzt und vier zu wenig. Schreibe den Text ab. Lass die falsch gesetzten Kommas weg und füge die fehlenden ein.

a) In keiner Unterrichtsstunde ist es so interessant, wie bei unserem Kunstlehrer wenn er uns gegenseitig unsere Porträts malen lässt.
b) Manche Porträts von einigen Schülern, geraten regelrecht zu Fratzen sodass es immer viel zu lachen gibt.
c) Als ich mich auf der komischen Zeichnung, von meiner Freundin Sophia erkennen sollte ist mir das absolut nicht gelungen.
d) Unser Lehrer hat mir aber, das schreckliche Bild vor die Nase gehalten und behauptet dass ich tatsächlich so aussehe.

4 Das folgende Satzgefüge besteht aus einem Hauptsatz und vier Nebensätzen. Füge beim Abschreiben die Kommas ein und unterstreiche die unterordnenden Konjunktionen. Beachte dabei, dass auch Nebensätze untereinander durch Kommas abgetrennt werden.

Eines schönen Tages war ich mit meinem Vater im Stadion als die Spieler von Borussia ihren Gegnern eine solche Niederlage bescherten dass sie wie begossene Pudel vom Platz gingen nachdem das Publikum den Sieg der Mannschaft gefeiert hatte indem es laut jubelte und klatschte.

Zeichensetzung

Die Zeichen der wörtlichen Rede

1 In diesem Witz sind alle Satzzeichen, die du setzen musst, ausführlich beschrieben, sodass du kaum noch erkennst, wie der Witz lautet.
Aber du schaffst das! Schreibe den Witz mit allen Satzzeichen auf.

Anführungszeichen Mama Anführungszeichen Komma sagt Heini Komma Anführungszeichen Olli hat meinen Spielzeugkran kaputt gemacht Punkt Anführungszeichen Mama fragt Doppelpunkt Anführungszeichen Wie hat er denn das nur wieder angestellt Fragezeichen Anführungszeichen Anführungszeichen Ich habe ihm damit Anführungszeichen Komma sagt Heini Komma Anführungszeichen eins auf den Kopf gegeben Punkt Anführungszeichen

2 Stelle die folgenden vorangestellten Begleitsätze als nachgestellte Begleitsätze hinter die wörtlichen Reden. Beachte dabei,
- dass ein Komma zwischen Redesatz und Begleitsatz steht.
- dass Frage- und Ausrufezeichen innerhalb des Redesatzes stehen.
- dass am Ende des Redesatzes niemals ein Punkt steht.

Der Vater, der oben auf der Leiter steht, ruft: „Lisa, komm doch mal bitte her!"
Lisa fragt: „Was ist denn los?"
Der Vater sagt: „Reich mir doch mal die Mutter hoch, die mir runtergefallen ist!"
Lisa ruft: „Mama, komm doch mal eben her, ich soll dich hoch reichen!"
Der Vater lacht: „Ich meine die kleine Schraube dort unten!"
Lisa sagt: „Ich wusste gar nicht, dass Mutter eine kleine Schraube ist."

3 Bei nachgestellten und eingeschobenen Begleitsätzen ist die Zeichensetzung nicht ganz einfach. Da muss man aufpassen, wo man die Redezeichen und Kommas setzt. Schreibe den Witz ab und füge die Zeichen ein.

Ich habe hier in meiner Hand sagt Pitt einen Euro versteckt. Na und? fragt Patt. Wenn du rauskriegst sagt Pitt wie viel Geld in meiner Hand ist, gehört der Euro dir. Ach, Mann! sagt Patt Geh weiter! Wegen dem einen Euro werde ich mir doch nicht den Kopf zerbrechen.

4 Schreibe die folgenden Sätze neu auf und berichtige dabei die Fehler.

Emma sagt zu Moritz: Meine Mutter sagt immer: „Wer andern eine Grube gräbt, fällt selbst hinein."
„Was ist denn das für ein Quatsch"? ruft Moritz.
„Ein Sprichwort halt, sagt Emma, das aber stimmt."
„Glaube ich nicht", antwortet Moritz. Wer die Grube gegraben hat, weiß doch, wo sie ist.

Zeichensetzung

Überprüfe dein Wissen und Können

1 Welche Aussagen sind richtig? Schreibe die Buchstaben auf.
   a) Ein Nebensatz wird durch Komma von einem Hauptsatz getrennt.
   b) Die meisten Nebensätze beginnen mit einer Konjunktion.
   c) Ein Nebensatz kann in einen Hauptsatz eingefügt sein.
   d) In einem Nebensatz steht das Verb immer ganz vorn.
   e) Ein Hauptsatz kann mit der Konjunktion *dass* eingeleitet werden.
   f) Nebensätze stehen immer hinter Hauptsätzen.
   g) Ein Nebensatz reicht von der Konjunktion am Anfang bis zum Verb am Schluss.
   h) Hauptsätze sind den Nebensätzen untergeordnet.

2 Schreibe die folgenden Sätze ab. Unterstreiche die Hauptsätze und füge die Kommas ein.
   a) Als ich heute Morgen aus dem Fenster sah regnete es.
   b) Wir wären gern wenn das Wetter schön gewesen wäre zum Badesee gefahren.
   c) Weil das nicht möglich war mussten wir uns etwas anderes überlegen.
   d) Wir spielten im Haus Karten bis das Wetter wieder besser wurde.

3 Verbinde jeweils die beiden Hauptsätze mit einer der unterordnenden Konjunktionen *dass, obwohl, weil, wenn,* damit ein Satzgefüge daraus entsteht.
   Achte auf die Kommasetzung!
   a) Ich lerne nicht gern Gedichte. Ich habe ein schlechtes Gedächtnis.
   b) Aber man trainiert sein Gedächtnis. Man lernt etwas auswendig.
   c) Manche Gedichte gefallen mir so gut. Ich lerne sie gern auswendig.
   d) Solche Gedichte kann ich dann wirklich sehr gut. Ich habe ein schlechtes Gedächtnis.

4 Verbinde die beiden Teile, indem du die Konjunktion *dass* einfügst.
   a) Ich wünsche mir   du besuchst mich am Sonntag.
   b) Ich sehe aber ein   du hast keine Zeit.
   c) Ich denke   wir können uns nächste Woche treffen.
   d) Ich bin nämlich der Ansicht   wir sollten uns unbedingt sehen.

5 Bilde selbst Satzgefüge:
   a) mit nachgestelltem Nebensatz,
   b) mit vorangestelltem Nebensatz,
   c) mit eingeschobenem Nebensatz.

6 In den folgenden wörtlichen Reden fehlen alle Redezeichen und Satzzeichen.
   Schreibe die Sätze richtig auf.
   a) Sie sagte Ich finde das ganz toll
   b) Was findest du toll fragte er
   c) Ich finde es toll sagte sie dass du in Mathe eine Eins geschrieben hast
   d) Ist nicht der Rede wert rief er Ich habe nur Glück gehabt

Sprache und Sprachgebrauch

Funktionen der Sprache
Mit Texten kann man informieren und werben

Wow!
Hol dir das Beste für deinen Style!
Premium hooded Sweatshirt.
Das angesagte Modell – bequem und schick.
Hoody mit Kuschelfaktor,
hellgrau mit eingestickter Message.
Rote Kapuze und komfortables Kragenband.
Außergewöhnlich! Kreativ! Trendy!

Die Farbe meines neuen Hoodys ist ein schönes Hellgrau. Das Shirt ist aus Bio-Baumwolle gewebt. Eingestickt ist in großen Buchstaben die Message PEACE. Die Kapuze, die aufgesetzte Tasche und auch das Kragenband sind rot. Beim Tragen fühlt es sich kuschelig an. Etwas auffällig ist es schon, doch es entspricht meinem Styling.

1 Die Texte haben die Titel „Hoody" und „Superangebot".
Welche Überschrift gehört zu welchem Text? Begründet.

2 Das sind zwei Texte über ein und dasselbe Hoody. Von wem sind sie wohl verfasst worden? Was beabsichtigen ihre Verfasser mit ihnen?

3 Beschreibt die sprachlichen Unterschiede der Texte.
Achtet dabei auch auf den Satzbau und die Satzschlusszeichen.

4 Beide Texte enthalten Adjektive. Schreibt diese Adjektive ohne Endungen (unflektiert) aus den beiden Texten gesondert auf.

Superangebot: *Hoody:*
angesagt …   neu …

5 Vergleicht eure Listen.

6 Sammelt in Jugendzeitschriften oder im Internet Werbeanzeigen von Dingen, die euch interessieren. Sucht aus den Werbetexten Adjektive heraus, die in solchen Texten immer wieder vorkommen:
neu   schön   aktiv   innovativ   stark   frisch   einfach   praktisch   günstig …

Information und Werbung

Informative Texte wollen den Leser sachlich **informieren**.
Informative Texte sind: Sachtexte, Zeitungsnachrichten, Beschreibungen, Berichte …
In **Informationstexten** dienen **Adjektive** dazu, etwas zu **beschreiben** und zu unterscheiden.

Doch Schreiber können mit Texten auch **noch andere Absichten** verfolgen:
Appellative Texte wollen an den Leser – über die Informationen hinaus – **appellieren**,
z. B. dafür **werben**, etwas zu kaufen.
Appellative Texte sind unter anderem: Werbetexte und Kaufangebote.
In **Werbetexten** dienen **Adjektive** vor allem dazu, etwas zu **bewerten** oder positiv hervorzuheben.

Funktionen der Sprache

Mit Texten kann man informieren und warnen

1 Man kann einen Leser …
  a) darüber informieren, dass ein Pilz giftig ist;
  b) darüber hinaus auch davor warnen, einen solchen Pilz zu sammeln.
  Was tut der erste Text vor allem, was der zweite?

Spitzhütiger Knollenblätterpilz

Der Hut ist **weiß** und hat in der Mitte **häufig** eine **rosa** Färbung. Im **jungen** Zustand ist er **rundlich** und **später glockenförmig** – und **leicht** mit dem **essbaren** Champignon zu verwechseln. Der **schlanke** Stiel des Pilzes wächst aus einer **deutlich sichtbaren** Knolle am Boden heraus. Die Lamellen unterhalb des Hutes sind **weiß** bis **gräulich**, während die des Champignons **rosa** gefärbt sind. Sein Geruch ist kaum **wahrnehmbar**. Der Pilz kommt in **feuchten** Laub- und Nadelwäldern vor. Er ist **tödlich giftig**.

Vorsicht vor Knollenblätterpilzen!

Eine Warnung an Pilzsammler: Auch in diesem Herbst sind wieder viele Menschen mit Pilzvergiftungen in die Krankenhäuser eingeliefert worden. Die Vergiftungen sind in der Regel durch den Knollenblätterpilz zustande gekommen. Dieser Pilz sieht in seiner Farbe dem Champignon zum Verwechseln ähnlich. Seine verheerende Wirkung bemerkt man oft erst nach einigen Tagen. Seien Sie also äußerst vorsichtig! Lassen Sie sich im Zweifelsfall von den Pilzberatungsstellen beraten!

2 Im ersten Text fällt auf, dass sehr viele Adjektive vorkommen. Zählt sie einmal.
  Und vergleicht sie dann mit der Anzahl der Adjektive im zweiten Text.

3 Warum ist wohl in Texten aus Pilz- oder Pflanzenbüchern der Anteil an Adjektiven so hoch?
  Was leisten die Adjektive in diesen Texten?

> ### Information und Warnung
> 1. Manche Texte sind **ausschließlich informierend** – wie z. B. Lexikontexte.
> 2. Manche Texte wollen **darüber hinaus** an die Leser **appellieren** und sie **warnen**, etwas **nicht** tun – wie z. B. Warnungen und Verbote.

4 Wie unterscheidet sich der Sachtext über den Knollenblätterpilz aus einem Pilzbuch von dem Text „Vorsicht vor Knollenblätterpilzen!"? Schreibe jeweils einen Satz aus den beiden Texten heraus, der für den warnenden bzw. informativen Text charakteristisch ist.

5 Welcher der folgenden Sätze ist rein informativ? Welcher außerdem appellativ?
  a) Vorsicht: Vergiftungsgefahr! Ein einziger Knollenblätterpilz kann bereits tödlich sein!
  b) Knollenblätterpilze können bei Verzehr zu schweren Vergiftungen führen.

Funktionen der Sprache

Mit Texten kann man informieren und bewerten

1 Lest euch die beiden Texte zuerst einmal vor. Beschreibt die Unterschiede, die euch auffallen.

Erster Auftritt der Schülerband

Am Freitagabend fand in der Burgschule das alljährliche Schulfest statt. Dort gab neben anderen auch die Band „Wow!" ihr Debüt. In ihr haben sich drei Mädchen und zwei Jungen zusammengefunden: Wanja Mahnke am Keyboard, Mary Dorst am Bass, Nicola Maurer als Frontsängerin mit schöner Stimme, Leon Krause an der Gitarre und Antony Müller an den Drums. Die Fünf trugen ein Programm aus Pop, Funk und Rap vor, darunter Altbekanntes, aber auch Neues. Einige der Stücke hatten die Musiker selbst geschrieben und arrangiert. Ihr Vortrag wurde mit viel Beifall belohnt.

Schulband mit „Wow!"-Effekt!

Ein Schulfest der Superlative! „Wow!", so heißt die neue Schülerband der Burgschule, die gestern das Publikum zu stürmischem Jubel hinriss. Die fünf Mädchen und Jungen spielten ein kultiges Programm aus Pop, Rap und Funk, wie sie es von Profis gelernt haben: manchmal fetzig, manchmal gefühlvoll – und alles selbst geschrieben und komponiert. Besonders der bildhübschen Frontsängerin Nicola Maurer gelang es, ihre eigenen Texte mit ungekünstelten Bewegungen und ihrer super Stimme rüberzubringen. Die anderen vier an der Gitarre, am Bass, an Keyboard und Schlagzeug begleiteten sie wonderful auf ihren Instrumenten. Zum Schluss gab es ultimativen Beifall. Habt Mut ihr Fünf – und macht weiter! Was ihr da gezeigt habt, war echt wow!

2 Mit ihren Texten wollen die Verfasser jeweils etwas anderes bewirken.
- Was will der erste Verfasser beim Leser bewirken? Was der zweite?
- An welchen sprachlichen Merkmalen kann man das besonders gut erkennen?

3 Schreibt aus dem zweiten Text die Adjektive unflektiert heraus. Welche Wirkung geht von ihnen aus?
neu, stürmisch, kultig …

Information und Bewertung

INFO

1. Ein **Zeitungsbericht** gehört zu den **informierenden** Texten.
   Er will den Lesern über ein Ereignis ausschließlich eine **sachliche** Mitteilung machen.

2. Eine **Kritik** gehört zu den **appellativen** Texten.
   Sie **bewertet** ein Ereignis positiv (lobend) oder negativ (abwertend).
   Der Kritiker will mit seinem Text die Leser beeinflussen und für seine Meinung gewinnen.

4 Welcher der folgenden Sätze ist rein sachlich? Welcher ist kritisch bewertend?
a) Die Band trug Stücke vor, die Wanja Mahnke selbst komponiert und getextet hat.
b) Mit den tollen selbst komponierten Stücken übertraf sich die Schülerband selbst.

Funktionen der Sprache
Mit Texten kann man informieren und unterhalten

1 Lest euch die beiden Texte vor. Achtet darauf, wie sie auf euch wirken.

Verirrt!

Vorige Woche waren wir mit der Klasse in einer Tropfsteinhöhle. Dort ist uns etwas Unheimliches passiert. […] Timo und ich waren die Letzten. Wir hatten keine Lampe für unseren Schutzhelm mehr abgekriegt. Also
5 kraxelten wir den anderen hinterher, immer den kleinen Lichtern nach. Doch plötzlich waren alle um eine Ecke verschwunden, und wir standen allein da. Es war stockdunkel und richtig gespenstisch. Wir haben uns dann an den nassen Wänden vorangetastet und kamen
10 auf einmal nicht mehr weiter. Was sollten wir jetzt machen? Da begann Timo laut zu schreien. Ein schauriges Echo schallte zurück. Aber keiner hörte uns. Dann sind wir auf allen Vieren vorsichtig wieder zurückgekrochen. Immer dem grauen Licht nach, das wir noch erkennen
15 konnten. Das dauerte! Als wir endlich an der Treppe ankamen, hörten wir auch die anderen. Da waren wir aber erleichtert, als wir wieder in der hellen Sonne standen.

In der Tropfsteinhöhle

In der letzten Woche unternahm die Klasse 7c eine Klassenfahrt zu einer Tropfsteinhöhle. Vom Parkplatz aus begann ein steiler Aufstieg bis vor den
5 Eingang der Tropfsteinhöhle. […] Ein Führer des Naturschutzparks stattete die Besucher mit Schutzhelmen aus, an denen Lampen angebracht waren. Innerhalb der engen Gänge erklärte
10 der Führer, wie die Steingebilde aus Stalaktiten und Stalagmiten entstanden sind. Die Schüler kamen dann in den großen „Saal". Dort bemerkte die Lehrerin, dass zwei Schüler fehlten.
15 Doch am Ausgang fanden sie sich wieder ein. Sie waren aus Versehen in eine Nebenhöhle geraten.

2 Die beiden Texte unterscheiden sich vor allem darin, was die Schreiber bei den Lesern erreichen wollen. Untersucht: *Der erste Text will eher … Der zweite will eher …*

3 Welche Wörter und Sätze machen den einen Text spannend und unterhaltsam? Nennt solche Stellen.

Information und Unterhaltung

1. **Berichtende Texte informieren** den Leser **sachlich** über ein Ereignis oder Erlebnis. Zeitungsnachrichten und Berichte gehören zu solchen Texten.

2. **Erzählende Texte unterhalten** den Leser **spannungsreich** und **anschaulich** mit einem Ereignis oder Erlebnis. Geschichten und Erzählungen gehören zu solchen Texten.

INFO

4 Welcher Satz gehört anstelle der […] in welchen Text aus Aufgabe 1? Begründet eure Entscheidung mithilfe der Informationen im Kasten.
 a) Eine Steintreppe führte in die Höhle hinunter.
 b) Etwas ängstlich stiegen wir auf einer steilen Treppe in die düstere Höhle hinein.

Funktionen der Sprache

Textstellen unterscheiden

1 Welche der folgenden Sätze sind vor allem **informierend**, welche sind vor allem **appellativ** und welche sind **unterhaltend, erzählend**?
Begründe deine Entscheidungen, indem du auf sprachliche Merkmale der Sätze hinweist. Schreibe sie auf.

a) Wir haben für das Pfingstwochenende einen spannenden Ausflug geplant. Es geht in den neuen Hochseilgarten. Da will ich einmal so richtig zeigen, was ich kann. Ich freue mich schon darauf.
b) Mädels und Jungen: Nutzt das Top-Angebot unseres neuen, atemberaubenden Hochseilgartens! Freier Eintritt! Erlebt ein ereignisreiches Wochenende vor Pfingsten!
c) Am Pfingstwochenende wird der neue Hochseilgarten eröffnet. Kinder und Jugendliche können sich auf ersten Klettertouren erproben. Der Eintritt ist frei.

2 Lest die drei Absätze des folgenden Textes durch.

Warzen

1 Warzen sind eine weit verbreitete Hautinfektion. Sie werden durch Viren ausgelöst. Die häufigsten von ihnen sind Flachwarzen, die besonders an Händen und Knien auftreten. In der Regel verschwinden sie nach einiger Zeit dadurch, dass man auf Sauberkeit achtet und der Körper Abwehrkräfte gegen die Viren bildet. Will man auf eine Spontanheilung nicht warten, können Warzen vom Arzt beseitigt werden.

2 Werden Ihnen die Warzen lästig? Helfen Sie sich selbst mit dem Warzen-Gel EISREIN! Drücken Sie die Flüssigkeit aus der Flasche 20 Sekunden lang auf jede Warze! Die Warze vereist – und schält sich in kürzester Zeit Schicht für Schicht ab. Das hochkonzentrierte EISREIN: Ein wahres Wundermittel! Schnelle Entfernung der Warzen! Glatte und reine Haut!

3 Spannend war es, wie wir als kleine Kinder die Warzen an unseren Händen beseitigten. Zuerst zählten wir sie. Dann nahmen wir einen Bindfaden und machten so viele Knoten hinein, wie wir Warzen hatten. Mit diesem Bindfaden gingen wir bei Vollmond auf den Friedhof und legten ihn über ein Grab. Dann warten! Und, man glaubt es nicht, nach wenigen Tagen waren die Warzen verschwunden.

3 Löst in Tischgruppen folgende Aufgabe: Jede Gruppe untersucht einen Abschnitt daraufhin, ob er **appellativ**, **unterhaltend** oder **rein informativ** ist. Begründet eure Entscheidung, indem ihr auf Textstellen hinweist:
*Der **1.** Absatz ist ... Das erkennt man besonders ...*
*Der **2.** Absatz ... Der **3.** Absatz ...*

Funktionen der Sprache

Texte verfassen

Suche dir eine der folgenden Aufgaben aus:

Tipps:
Verwende Spannung erzeugende Ausdrücke, z. B.:
- Wörter, die Furcht erregen,
- Adjektive, die das Ganze anschaulich machen,
- Satzanfänge mit *plötzlich, auf einmal, in diesem Augenblick …,*
- Gedankenreden und Fragen,
- wörtliche Reden.

1 Schreibe zur Unterhaltung deiner Mitschüler einen spannenden Text über ein Ereignis, das du einmal erlebt hast:
Wovon mir einmal schlecht geworden ist
Wie ich einmal reingelegt wurde
…

 2 Schreibe einen Text über eine giftige Pflanze oder Schlange, der deine Mitschüler warnt. Informiere dich vorher im Internet darüber. Dort findest du Informationen zu Stichwörtern wie: *Kreuzotter, Fingerhut* oder *Eibe*. Nutze den **WORTSCHATZ**.

Tipps:
- Verwende Sätze, die zum Ausdruck bringen, wie gefährlich das Gift ist und wie man sich davor schützen kann.
- Verwende dabei auch appellative Sätze, die mit Ausrufezeichen verwendet werden.

WORTSCHATZ: TEXTBAUSTEINE

Du solltest unbedingt beachten …
Du musst besonders auf … achten.
Achte darauf, dass …
Vor allem musst dich vorsehen vor …
Denke daran, dass …

Unbedingt meiden solltest du …
Du kannst dich davor schützen, indem …
Du solltest niemals …
Auf keinen Fall darfst du …
Benachrichtige den Notdienst …

 3 Schreibe einen Werbetext über einen Gegenstand deiner Wahl, der deine Mitschüler zum Kauf anregt, z. B.:
über eine Sporttasche, über Turnschuhe, ein Mountainbike …
Verwende dabei Adjektive, die den Käufer dazu anregen, den Gegenstand attraktiv zu finden und zu kaufen.

Tipp:
Verwende möglichst viele Adjektive, die den Gegenstand positiv bewerten.

WORTSCHATZ

attraktiv	einmalig	stylisch
auffällig	herausragend	super
echt	preisgünstig	topmodisch

 4 Suche dir aus der Zeitung einen Werbetext über einen Gegenstand, der dir gefällt. Schreibe diesen Text in einen Informationstext um.

Tipps:
- Ersetze alle Adjektive, die den Gegenstand bewerten, durch solche, die ihn möglichst genau beschreiben.
- Vermeide Imperativsätze und Ausrufezeichen.

Sprache und Sprachgebrauch

Probleme erkennen – Einsichten gewinnen

Die Wortarten
Die sieben Wortarten unserer Sprache

Die vielen Tausend Wörter, die sich in eurem Wortschatz befinden und die ihr sprecht, schreiben und verstehen könnt, lassen sich in **sieben Wortarten** aufgliedern:
1. Nomen, 2. Adjektive, 3. Artikel/Pronomen, 4. Verben,
5. Adverbien, 6. Präpositionen, 7. Konjunktionen.

Diese sieben Wortarten kann man in **zwei Gruppen** einteilen:

Die erste Gruppe besteht aus Wörtern, die sich **flektieren** (beugen) lassen.
Flexion bedeutet, dass diese Wörter **verschiedene Formen** bilden können.
Diese **Flexionsformen** zeigen sich in der Regel an den **Endungen** der Wörter:

Singular und **Plural**:	*Der helle Blitz zuckt. – Die hellen Blitze zucken.*
die **vier Fälle**:	*Die Mutter schenkte eines Tages ihrem Sohn einen Hund.*
Vergleichsformen:	*Ich bin schlau, du bist schlauer, sie ist am schlausten.*
Personalformen:	*Ich spiele, du spielst, sie spielt, wir spielen …*
Zeitformen:	*Ich spiele, ich spielte, ich habe gespielt …*

Die zweite Gruppe besteht aus Wörtern, die sich **nicht flektieren** lassen.
So kann man an Wörter wie *und, oben, nach, gestern, weil …* **keine Flexionsendungen** anfügen.

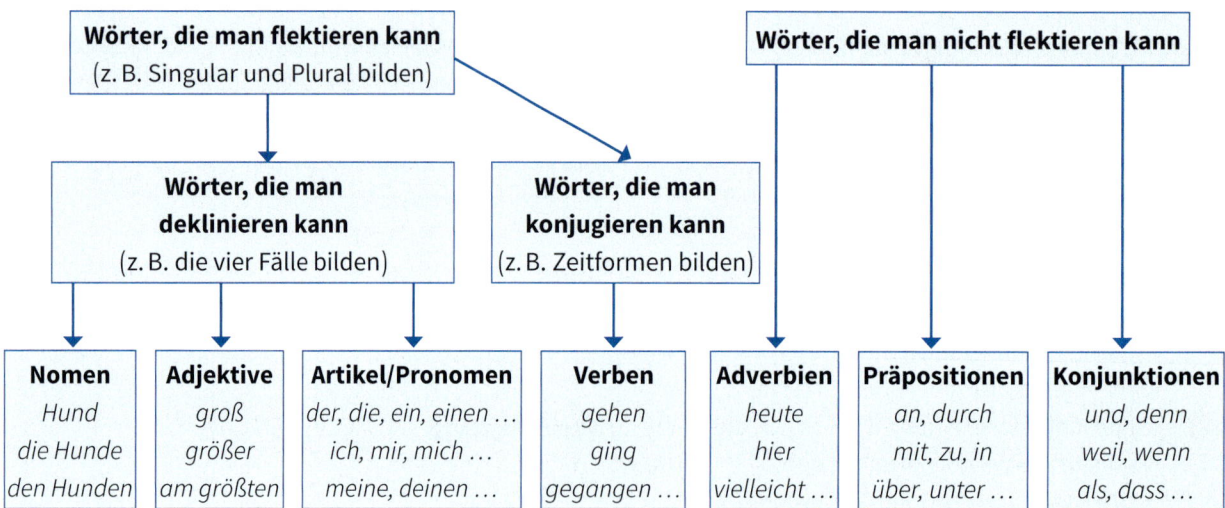

1 In den folgenden Sätzen kommen alle sieben Wortarten vor. Ordne die Wörter:
Nomen: …   Adjektiv: …   Artikel/Pronomen: …   Verb: …
Adverb: …   Präposition: …   Konjunktion: …

a) FAHRT IHR JETZT NACH HAUSE ODER SPÄTER?
b) WIR TREFFEN UNS NACHHER AM BRUNNEN UND FAHREN DANN WEITER.

Die Wortarten

Die drei Hauptwortarten

1 Lest euch diese drei Texte vor. Sprecht darüber, was euch daran auffällt.

Im Auto zum Zoo 1

Am Sonntag zum Zoobesuch in die Stadt, meine Eltern, meine Schwestern und ich. Erst auf der Landstraße durchs Dorf, dann auf die Autobahn. Plötzlich ein Stau! Was für ein Pech! Polizei mit Blaulicht, Unfallwagen, Abschleppwagen. Stillstand. Stress! Dann Weiterfahrt! Autobahnabfahrt. Dann das Schild: Zum Zoo. Um die Kurve und auf den Parkplatz! An der Kasse eine Schlange. Doch dann endlich hinein in den Zoo!

Im Auto zum Zoo 2

Wir stiegen ein und fuhren los. Wir freuten uns schon: Tiere anschauen, klettern, etwas essen und trinken. Mutter kurvte auf die Autobahn. Doch dann staute sich der Verkehr. Wir standen, kamen nicht weiter. Bremsen, fahren, bremsen, anhalten, warten! Das dauerte! Wir schwitzten, wir schimpften. Wir fuhren von der Autobahn ab, bogen in die Stadtstraße ein. Wir parkten, zahlten Eintritt, gingen hinein – Tiere anschauen.

Im Auto zum Zoo 3

Gut gelaunt und gespannt stiegen wir ein. Etwas eng auf der hinteren Sitzbank! Auf der Autobahn plötzlich ein langer Stau. Lautes Hupen. Vater aufgeregt, Mutter sauer. Furchtbar langweilig und stressig! Es wurde immer heißer im Auto. Echt ätzend! Geht es nicht weiter? Endlich! Die nächste Abfahrt! Dann nur noch eine kurze Strecke. Endlos lang die Schlange an der Kasse! Doch dann fröhlich hinein ins tolle Vergnügen. Super!

2 In jedem Text kommt eine Wortart besonders häufig vor.
Achtet also beim Lesen besonders auf diese Wortart.
Das letzte Wort eines jeden Textes verrät euch, um welche Wortart es geht.
l Text 1, *ll* Text 2, *lll* Text 3.

3 Schreibt aus eurem Text die einzelnen Wörter der Wortart heraus, die besonders häufig ist.
Es sind in jedem Text etwa gleich viele Wörter von ein und derselben Wortart.

Die drei Hauptwortarten

Die drei **Hauptwortarten** unserer Sprache sind:
Nomen, die Lebewesen, Dinge, Gefühle usw. bezeichnen: *Eltern, Schild, Stress …*
Adjektive, mit denen man Eigenschaften unterscheiden kann: *eng, weit, fröhlich …*
Verben, die Tätigkeiten, Vorgänge und Zustände bezeichnen: *losfahren, bremsen, anhalten …*

Sprache und Sprachgebrauch

4 Hier sind noch einmal die letzten Sätze der Geschichten von Seite 253. Bilde daraus vollständige Sätze.

Text 1 überwiegend mit **Nomen**:
An der **Kasse** eine **Schlange**. Doch dann endlich hinein in den **Zoo**!

Text 2 überwiegend mit **Verben**:
Wir **parkten**, **zahlten** Eintritt, **gingen hinein** – Tiere **anschauen**.

Text 3 überwiegend mit **Adjektiven**:
Endlos lang die Schlange an der Kasse! Doch dann **fröhlich** hinein ins **tolle** Vergnügen. **Super**!

5 Hier sind noch einmal die drei Stellen über den Stau abgedruckt. Schreibe die Stellen neu auf, indem du sie so umformst, dass vollständige Sätze daraus entstehen.

Text mit vielen **Nomen**:
Plötzlich ein **Stau**! Was für ein **Pech**! **Polizei** mit **Blaulicht**, **Unfallwagen**, **Abschleppwagen**. **Stillstand**. **Stress**!

Text mit vielen **Verben**:
Doch dann **staute** sich der Verkehr. Wir **standen**, **kamen** nicht **weiter**. **Bremsen**, **fahren**, **bremsen**, **anhalten**, **warten**! Das **dauerte**!

Text mit vielen **Adjektiven**:
Auf der Autobahn **plötzlich** ein **langer** Stau. **Lautes** Hupen. Vater **aufgeregt**, Mutter **sauer**. **Furchtbar langweilig** und **stressig**! Es wurde immer **heißer** im Auto. **Echt ätzend**!

6 Schreibe selbst einen Text über die Fahrt zum Zoo. Lass dich dabei von den drei Texten auf Seite 253 anregen. Schreibe aber in vollständigen Sätzen!

7 In den nächsten Sätzen kommen sechs Nomen, sechs Verben und sechs Adjektive vor. Das sind die Wörter in Großbuchstaben.
Schreibt die Wörter nach Wortarten geordnet auf:
Nomen: Robben ...
Verben: zeigten ...
Adjektive: lustige ...

Die ROBBEN ZEIGTEN eine LUSTIGE SHOW. Sie ROBBTEN SCHWERFÄLLIG auf einen HOHEN FELSEN hinauf und STÜRZTEN sich von dort oben MUTIG in die TIEFE hinunter. Aus dem TIEFEN WASSER TAUCHTEN sie wieder auf, SCHNAUBTEN und DREHTEN sich dabei um die EIGENE ACHSE.

8 Im folgenden Text sind 20 Wörter in GROẞBUCHSTABEN geschrieben.
Welche Wörter sind Nomen, welche Verben, welche Adjektive? Schreibe auf:
i Wörter 1–9, *ii* Wörter 1–12, *iii* alle Wörter.
1 Verb, 2 Nomen …

Was mir im Zoo aufgefallen ist

Da ROBBEN[1] die ROBBEN[2] die glitschigen Felsen hinauf.
Manche TIERE[3] rennen TIERISCH[4] wild durcheinander.
Ein STIER[5] STIERT[6] gelangweilt in die Runde.
SCHLÄNGELNDE[7] SCHLANGEN[8] SCHLÄNGELN[9] im Terrarium herum.
Braun GETIGERTE[10] TIGER[11] TIGERN[12] im Gehege umher.
AFFIG[13] ÄFFEN[14] die AFFEN[15] andere AFFEN[16] nach.
Ein BRUMMENDER[17] BRUMMER[18] BRUMMT[19]
einem BRUMMIGEN[20] Löwen um die Nase herum.

i **9** In den folgenden Sätzen steht dir eine Auswahl von Nomen zur Verfügung.
Wähle die passenden aus und schreibe den Text auf.

Im Zoo konnten wir eine Bootsfahrt machen. Wir fuhren auf einem schmalen *Fluss / Weg / Pfad* am *Käfig / Gehege / Platz* mit den riesigen *Zebras / Giraffen / Erdmännchen* vorbei, dann kamen wir an einen großen Teich, an dem die rosa *Enten / Flamingos / Elefanten* standen. Sie standen fast alle auf einem *Bein / Fuß / Arm* und kippten doch nicht um. Die spannende Fahrt dauerte etwa eine *Minute / Stunde / Woche* und hat uns sehr gefallen.

ii **10** In den folgenden Sätzen steht dir eine Auswahl von Adjektiven zur Verfügung.
Wähle die passenden aus und schreibe den Text auf. Manchmal passen auch zwei Adjektive!

Als wir *aufgeregt / hungrig / abgespannt* waren, setzten wir uns ins Zoorestaurant und aßen jeder einen *dampfenden / leckeren / sauren* Hamburger. Der war zwar *gut / schön / teuer*, aber er schmeckte *entsetzlich / ausgezeichnet / vorzüglich*. Danach machten wir uns *satt / gestärkt / gespannt* wieder auf den Weg und sahen uns im Reptilienhaus die *hektisch krabbelnden / sich lautlos bewegenden / langsam kriechenden* Schlangen an.

iii **11** In den folgenden Sätzen steht dir eine Auswahl von Verben zur Verfügung.
Wähle die passenden aus und schreibe den Text auf. Manchmal passen auch zwei Verben!

Zuletzt *kamen / gelangten / erreichten* wir an den Spielplatz. Darauf hatten wir uns besonders *gewartet / gefreut / abgesehen*, denn dort *erwartete / überraschte / erfreute* uns das Klettergerüst, auf dem wir uns so richtig *austoben / anstrengen / auslassen* konnten. Es ging hoch hinauf – und dann mussten wir auf der Riesenrutsche durch einen Tunnel *hinunterrasen / hinaufklettern / runterrutschen*. Zuletzt *spendierten / kauften / lutschten* uns die Eltern noch ein Eis. Das *kleckerte / kostete / schmeckte* herrlich!

Die Wortarten

Nomen können den Singular und den Plural bilden

Hammer – Zangen – Säge – Schaufeln – Löffel – Messer – Bohrer – Nagel – Schrauben

1 Stellt euch vor, diese Gegenstände liegen alle in einem Kasten.
Von welchem liegt nur ein einziger in dem Kasten?
Welche liegen mehrfach darin?
Von welchem könnten es einer oder auch mehrere sein?
Sprecht miteinander darüber. Begründet eure Entscheidung.

2 Schreibe die Nomen für diese Gegenstände im Singular (Einzahl) und im Plural (Mehrzahl) auf:
der Hammer – die Hämmer, die Zange – die ...

3 Was fällt euch auf, wenn ihr den Singular mit dem Plural vergleicht?
Worin unterscheiden sich die beiden Formen?

Singular und Plural

Nomen können **flektiert** (gebeugt) werden. Das heißt, man kann mit ihnen **verschiedene Formen** bilden. So haben fast alle Nomen eine Form im **Singular** (Einzahl) und eine Form im **Plural** (Mehrzahl).
Der **Singular** wird verwendet, wenn etwas nur **einmal** gemeint ist.
Man erkennt ihn an den Artikeln **der, die, das**: **der** Stein, **die** Frau, **das** Lied.
Der **Plural** wird verwendet, wenn etwas **mehrere** Male gemeint ist.
Man erkennt ihn an dem Artikel **die** und an den **Endungen** der Nomen:
die Stein**e**, **die** Frau**en**, **die** Lied**er**.

Pluralformen:

1. mit **-e**: die Stein*e*, die Tier*e* ...
2. mit **-n**: die Schaufel*n*, die Gabel*n* ...
3. mit **-en**: die Frau*en*, die Staat*en* ...
4. mit **-er**: die Kind*er*, die Geist*er* ...
5. mit **-s**: die Auto*s*, die Baby*s* ...
6. mit **Umlaut**: die N*ä*gel, die H*ä*mmer ...
7. mit **Umlaut und Endung**: die W*ü*rste, die B*äu*me ...
8. **ohne Endung**, nur mit dem Artikel **die**: die Löffel, die Messer ...

4 Den Plural von Nomen kann man meistens an bestimmten Endungen erkennen.
Schreibe die Tabelle ab und ordne die folgenden Nomen im Plural ein.
Das gelingt dir manchmal nur, wenn du den Singular zu den Nomen bildest.
Zu jeder Pluralform gibt es ein Nomen.
Omas, Lampen, Tage, Gärten, Sträucher, Felder, Meerschweinchen, Zeitungen

5 Trage die folgenden Nomen im Plural ebenfalls in die Tabelle ein.
die Hits – die Rinder – die Pferde – die Blümchen – die Kästen – die Tassen – die Wälder – die Meinungen

6 Bilde zu den folgenden Nomen den Plural. Trage die Wörter dann ebenfalls in die Tabelle ein. Schlage im Zweifelsfall im Wörterbuch nach.
das Bild – der Brief – die Kamera – die Schachtel – das Kalb – das Bett – der Splitter – die Mutter

7 Von einigen Nomen gibt es eine Form in der Hochsprache und eine zweite Form in der Umgangssprache.
- Welche der beiden Formen ist eurer Meinung nach die korrekte? Welche ist umgangssprachlich?
- Schlagt im Zweifelsfall im Wörterbuch nach.

die Dinge – die Dinger *die Jungen – die Jungs*
die Kumpel – die Kumpels *die Onkels – die Onkel*
die Mädels – die Mädel *die Bestecks – die Bestecke*

8 Von einigen Fremdwörtern sind zwei verschiedene Pluralformen im Gebrauch.
- Welche Form gebraucht ihr selbst?
- Schlagt im Zweifelsfall im Wörterbuch nach, ob alle Formen korrekt sind.

die Atlasse – die Atlanten *die Balkone – die Balkons*
die Kommata – die Kommas *die Magnete – die Magneten*
die Spaghetti – die Spaghettis *die Lexika – die Lexikons*
die Globusse – die Globen *die Etiketts – die Etiketten*

9 Von einigen Nomen gibt es keinen Singular. Von anderen keinen Plural. So gibt es von *Laub* keine *Laube* oder *Läube*, und von *Masern* keine einzelne *Maser*. Trage die Nomen in die Tabelle ein.
Masern – Laub – Polizei – Ferien – Eltern – Obst – Milch – Geschwister – Eingeweide – Schmuck

Nomen ohne Singular: Nomen ohne Plural:
die Masern … das Laub …

10 Im Internet findet man Sätze wie diese:
a) Alle meine Onkels und Tantens sind zum Geburtstag gekommen.
b) Wir konnten von unseren Balköngern bis in die Alpen sehen.
c) In meiner Schmuckkiste fand ich eine Menge schöner Dinger.
d) Wer passt auf meine Meerschweinchens auf?
Was ist eigentlich falsch daran? Wie müsste es richtig heißen? Besprecht es miteinander.

Die Wortarten

Nomen können vier Fälle bilden

1 In diesen Sätzen kommen die Wörter *Ball* und *Stürmer* in den vier verschiedenen Fällen vor. Schreibt die beiden Wörter mit ihren Artikeln heraus. Schreibt auch die Fälle dahinter:
1) der Ball (Nominativ), 4) ...
2) dem Stürmer (Dativ), 3) ...

Tor!!!
Der Ball[1] rollt dem Stürmer[2] vor die Füße.
Der Stürmer[3] schießt den Ball[4] aufs Tor.
Der Torwart hechtet dem Ball[5] entgegen.
Doch er hat die Kurve des Balles[6] falsch berechnet.
Der Schuss des Stürmers[7] ist unhaltbar.
Es freut den Stürmer[8], dass er ein Tor geschossen hat.

2 Schreibe die Sätze a)–d) ab. Ergänze die Artikel im richtigen Fall.

a) ? Torwart kann den Ball nicht halten.
b) Der Ball entgleitet ? Torwart aus den Händen.
c) Es war die Schuld ? Torwarts, dass der Ball ins Tor flutschte.
d) Das ärgert ? Torwart fürchterlich.

Die vier Fälle

Nomen können **dekliniert** (gebeugt) werden. Das heißt, man kann mit ihnen **vier Fälle** (Kasus) bilden. Die Fälle kann man an den **Artikeln** und manchmal auch an den **Endungen** der Nomen erkennen.
Erfragen kann man die Fälle mit:
Nominativ: *Wer* oder *was* fliegt aufs Tor? → *Der Ball* fliegt aufs Tor.
Akkusativ: *Wen* oder *was* schießt der Spieler ins Tor? → Der Spieler schießt *den Ball* ins Tor.
Dativ: *Wem* versetzt der Spieler einen Kick? → Der Spieler versetzt *dem Ball* einen Kick.
Genitiv: *Wessen* Hülle ist geplatzt? → Die Hülle *des Balles* ist geplatzt.

Die Fälle	Maskulinum		Femininum		Neutrum	
	Singular	Plural	Singular	Plural	Singular	Plural
Nominativ (Wer? Was?)	der Ball	die Bälle	die Hand	die Hände	das Tor	die Tore
Akkusativ (Wen? Was?)	**den** Ball	die Bälle	die Hand	die Hände	das Tor	die Tore
Dativ (Wem?)	**dem** Ball	**den** Bälle**n**	**der** Hand	**den** Hände**n**	**dem** Tor	**den** Tore**n**
Genitiv (Wessen?)	**des** Ball**es**	**der** Bälle	**der** Hand	**der** Hände	**des** Tor**es**	**der** Tore

3 Schaut euch den Infokasten und die Tabelle genau an. Beantwortet folgende Fragen:
• Welche beiden Fälle (Kasus) kann man meistens gut erkennen? Und woran?
• Welcher Fall sieht fast immer genauso aus wie der Nominativ?
• Worin unterscheidet sich der Akkusativ vom Nominativ, wenn das Nomen ein Maskulinum ist?

4 Erstelle die gleiche Tabelle auf einem DIN-A4-Blatt mit den Nomen *Hund, Katze, Pferd*:

Die Fälle	Maskulinum		Femininum		Neutrum	
	Singular	Plural	Singular	Plural	Singular	Plural
Nominativ	der Hund	die Hunde	die Katze	die Katzen	das Pferd	die Pferde
Akkusativ	den …	…	…	…	…	…
Dativ	dem …	…	…	…	…	…
Genitiv	des …	…	…	…	…	…

Auf die Endungen achten!

I Sie lacht ihr** Bruder aus.
I Sie verlässt ihr** Platz.

II Sie enthält sich ihr** Stimme.
II Sie unterstützt ihr** Freund.

III Er wehrt sich sein** Haut.
III Sie gibt ihr** Partner sein** Stift zurück.

I Er droht sein** Gegner.
I Er gratuliert sein** Bruder.

II Er glaubt sein** Bruder nicht.
II Er gibt sein** Partner ein** Zettel.

III Er rühmt sich sein** Taten.
III Sie schreibt ihr** Freund ein** Brief.

5 Lest euch zunächst **alle** Sätze vor, indem ihr die fehlenden Endungen ergänzt.
Sprecht dabei die Endungen im Akkusativ, Dativ und Genitiv deutlich aus:
*Sie lacht ihr**en** Bruder aus. …*

6 Schreibe die Sätze ab und ergänze die Endungen im Akkusativ, Dativ und Genitiv.
- Markiere die Endungen in verschiedenen Farben.
- Kontrolliert euch noch einmal gegenseitig, ob ihr die richtigen Fälle eingesetzt habt.

7 Bei den folgenden Sätzen müsst ihr ganz besonders auf die Endungen achten!
Lest euch die Sätze vor und sprecht die Endungen deutlich aus.
a) Heute fahre ich mit mein** neu** Mountainbike um den Stausee herum.
b) Auf d** weit** Weg muss ich aber einmal eine Pause machen.
c) Dafür habe ich mit ein** lecker** Wurstbrot gesorgt.
d) Auf d** hoh** Berg über dem See werde ich eine Pause einlegen.
e) Von dort aus kann ich die kleinen Schiffe auf d** groß** Stausee beobachten!
f) Danach geht es wieder steil hinunter auf ein** kurvenreich** Weg bis zum See.

8 Schreibe die Sätze aus Aufgabe 7 ab und ergänze die Endungen.

Dativendungen

Steht vor einem Nomen im Dativ ein **Adjektiv**, dann erhält es das **Dativ-m** als Endung: *Mit groß**em** Willen könnte ich die Strecke in drei Stunden schaffen.*

Stehen aber ein **Artikel und** ein **Adjektiv** davor, dann erhält **nur** der **Artikel** das **Dativ-m**. Man kann auch sagen: Das **Dativ-m** erscheint **nur einmal**:
*Ich muss auf so ein**em** weit**en** Weg meine Kräfte gut einteilen.*

9 Lies dir den Text erst einmal durch. Schreibe ihn dann auf und ergänze die fehlenden Endungen im richtigen Fall.

Der Löwe mit dem Esel

Der König der Tiere lief mit ein** grau** Esel durch den Wald. Der sollte d** Löwen mit sein** fürchterlich** Ii-aa-Geschrei helfen, Tiere zu jagen. In ein** dunkl** Wald rief eine Krähe von ein** hoh** Baum herunter: „Schämst du dich nicht, Löwe,
5 mit ein** dumm** Esel zu gehen?" Der Löwe antwortete: „Wenn ich ein** gut** Helfer gebrauchen kann, dann muss ich mich nicht über ihn schämen!"

10 Lies dir den Text erst einmal durch. Schreibe ihn dann auf und ergänze die fehlenden Endungen im richtigen Fall.

Strafzettel

Paula war mit ihr** Vater im Autohaus, weil er neue Scheibenwischer an sein** Auto anbringen lassen wollte. Er ließ sie gleich an sein** alt** Auto anbringen. Danach fuhren die beiden zum nächst** Supermarkt zum Einkaufen. Der Vater parkte auf d** leer** Parkplatz. Nach ein** halb** Stunde kamen sie von ihr**
5 erfolgreich** Einkauf zurück. Da sahen sie, dass ein klein** Strafzettel an der Scheibe hing. Der Vater rief: „Manno, ich habe ein** Strafzettel bekommen! Ich habe ganz übersehen, dass auf dies** leer** Platz das Parken verboten ist." Paula sagte: „Schade, dass du neue Scheibenwischer gekauft hast! Bei d** alt** Scheibenwischern wäre der Strafzettel von dein** verrottet** Auto längst weggeflogen!"

11 Lies dir den Text erst einmal durch. Schreibe ihn dann auf und ergänze die fehlenden Endungen im richtigen Fall.

Schluckauf

Jed** Menschen passiert das irgendwann einmal: Er bekommt ein** kräftig** Schluckauf. Was kann man gegen ein** solch** Schluckauf tun? Mein** Onkel z. B. hilft das Singen. Andere greifen nach ein** voll** Glas Wasser und trinken es schnell aus. Und wieder andere versuchen es mit tief** Einatmen. Ich habe ein**
5 erfahren** Apotheker gefragt. Der empfahl mir, mich auf mein** Rücken zu legen, die Knie an d** Bauch zu ziehen und mit den Händen kräftig gegen mein** Bauch zu drücken. Bei d** nächst** Schluckauf folgte ich sein** Rat. Ein** schnell** Erfolg hatte ich allerdings nicht. Da war der Rat mein** Opa* schon erfolgreicher. Er sagte: „Tränke ein Stück Würfelzucker mit Essig und lass es in dein** Mund zergehen."
10 Ich habe es probiert, der Schluckauf war sofort weg. Wenn man an ein** gut** Rat glaubt, dann hilft er wahrscheinlich.

12 Kontrolliert eure Aufgaben gegenseitig, indem ihr euch eure Texte noch einmal vorlest.

Die Wortarten

Der bestimmte und der unbestimmte Artikel

Gestern saß mir im Schulbus ? Junge gegenüber, den ich noch nie gesehen hatte.

Heute saß ? Junge von gestern wieder auf demselben Platz.

1 Lest euch die beiden Sätze vor und setzt dabei den Artikel *ein* oder *der* ein.

2 Warum habt ihr wohl zwei verschiedene Artikel verwendet, obwohl es doch derselbe Junge ist? Begründet eure Entscheidungen.

3 Ergänze beim Abschreiben auch in den folgenden Sätzen die Artikel *der* oder *ein*:
a) Gestern schlich in unserem Garten ? Kater umher, den ich noch gar nicht kannte.
b) Heute schleicht ? Kater schon wieder bei uns herum.

4 Lest euch eure Sätze vor. In welchen Satz habt ihr *ein*, in welchen *der* eingesetzt? Und warum habt ihr euch so entschieden?

5 Arbeitet in zwei Gruppen. Wie viele Fahrzeuge kommen in eurem Text vor?

Im Auto zur Schule 1

Ich fahre mit meiner Mutter zur Schule. Vor uns fährt ein Lastwagen. Hinter uns fährt ein Auto. Das Auto überholt uns. Aus einem Feldweg kommt ein Radfahrer heraus. Meine
5 Mutter überholt den Lastwagen. Der Radfahrer kurvt plötzlich mitten auf der Straße herum. Meine Mutter bremst. Zum Glück hat das Fahrzeug hinter uns auch rechtzeitig gebremst. Das hätte sonst schiefgehen können!

Im Auto zur Schule 2

Ich fahre mit meiner Mutter zur Schule. Vor uns fährt ein Lastwagen. Hinter uns fährt ein Auto. Ein Auto überholt uns. Aus einem Feldweg kommt ein Radfahrer heraus. Meine
5 Mutter überholt einen Lastwagen. Ein Radfahrer kurvt plötzlich mitten auf der Straße herum. Meine Mutter bremst. Zum Glück hat ein Fahrzeug hinter uns auch rechtzeitig gebremst. Das hätte sonst schiefgehen können!

6 Gebt euch gegenseitig eure Auszählung der Fahrzeuge bekannt. Sprecht darüber, woran es liegen könnte, dass in zwei gleichen Texten so unterschiedlich viele Fahrzeuge vorkommen.

7 Versucht einmal, die beiden Sätze zu vervollständigen:
Die Fahrzeuge, vor denen in den Texten die Artikel *ein/eine* stehen, sind ? Fahrzeuge.
Fahrzeuge aber, vor denen die Artikel *der/die/das* stehen, sind ? Fahrzeuge.

Der unbestimmte und der bestimmte Artikel

Nomen können von den **unbestimmten** Artikeln *ein, eine* begleitet sein:
ein Junge, eine Frau, ein Kind, ein Auto.
Nomen können aber auch von den **bestimmten** Artikeln *der, die, das* begleitet sein:
der Junge, die Frau, das Kind, das Auto.

Der **unbestimmte** Artikel weist in einem Text meistens darauf hin, dass etwas **Unbestimmtes** gemeint ist, das vorher **noch nicht genannt** wurde:
Ein Löwe lag im Schatten eines Baumes und schlief. Da kam eine Maus …

Der **bestimmte** Artikel weist in einem Text meistens darauf hin, das etwas **Bestimmtes** gemeint ist, das vorher **schon genannt** wurde:
… Die Maus lief zu dem Löwen unter dem Baum und fing an, auf dem Löwen zu tanzen.

---

8 Beantwortet folgende Frage: An welchen Stellen im Text steht der unbestimmte Artikel, an welchen der bestimmte? Begründet eure Aussage mithilfe der Informationen im Infokasten.

Stier und Hirsch

Ein schwerfälliger **Stier** und **ein** gelenkiger **Hirsch** weideten auf einer Wiese. **Der Stier** sagte: „Hirsch, wenn uns heute Nacht **ein Löwe** überfällt, so lass uns tapfer zusammen kämpfen, damit wir **den Löwen** verjagen können. **Der Hirsch** antwortete **dem Stier**: „Das tu ich mir nicht an. Warum sollte ich mit **dem** starken **Löwen** kämpfen, wenn ich ihm schnell entlaufen kann?"

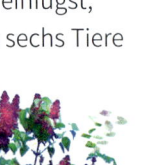

9 Schreibe den Text ab. Wenn du immer unbestimmte Artikel einfügst, dann kannst du sechs Tiere zählen.

Sechs Tiere in unserem Garten

Gestern Abend habe ich sechs Tiere beobachtet, die bei uns im Garten leben. ? Igel steckte seine Nase aus dem Laub heraus. ? Amsel sang hoch im Kastanienbaum ihr Abendlied. ? Frosch saß am Rande des Teiches und quakte. ? Amsel hat ihr Nest im Fliederbusch gebaut. Dann strolchte ? Igel auf der Suche nach Nahrung umher. Plötzlich hörte ich einen lauten Platsch! ? Frosch war ins Wasser gesprungen und untergetaucht.

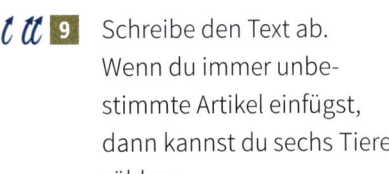

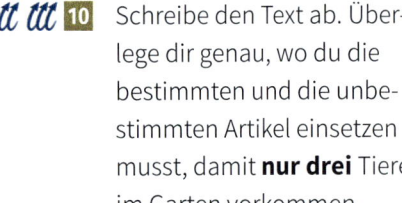

10 Schreibe den Text ab. Überlege dir genau, wo du die bestimmten und die unbestimmten Artikel einsetzen musst, damit **nur drei** Tiere im Garten vorkommen.

Drei Tiere in unserem Garten

Gestern Abend habe ich drei Tiere beobachtet, die bei uns im Garten leben. ? Igel steckte seine Nase aus dem Laub heraus. ? Amsel sang hoch im Kastanienbaum ihr Abendlied. ? Frosch saß am Rande des Teiches und quakte. ? Amsel hat ihr Nest im Fliederbusch gebaut. Dann strolchte ? Igel auf der Suche nach Nahrung umher. Plötzlich hörte ich einen lauten Platsch! ? Frosch war ins Wasser gesprungen und untergetaucht.

Die Wortarten

Pronomen können Nomen näher bestimmen: Possessivpronomen

1 Die folgenden Sätze sind sehr umständlich formuliert. So sähen sie aus, wenn wir bestimmte Wörter nicht hätten. Lest sie erst einmal durch. Formuliert sie dann so um, wie ihr sie sagen würdet.

a) Herr Plumm geht mit Herrn Plumms Dackel Gassi.
b) Alexander und Sophia fahren mit Alexanders und Sophias Eltern in den Zoo.
c) Mary schreibt Marys Protokoll der Diskussion auf Marys Computer ab.
d) Pablo lässt sich von Pablos Mutter in Mutters Auto in Pablos Schule bringen.

2 Schreibe die Sätze aus Aufgabe 1 ab. Verwende dabei der Reihe nach die folgenden Wörter:
seinem, ihren, ihr, ihrem, seiner, ihrem, seine.

3 Schreibe die Sätze aus Aufgabe 1 ab. Verwende dabei folgende Wörter:
ihr, ihrem, ihrem, ihren, seine, seinem, seiner.

4 Schreibe die Sätze aus Aufgabe 1 ab. Verwende dabei die Wörter *sein* und *ihr* im richtigen Fall!

5 Schreibe einige Dinge auf, die du besitzt:
mein Spielzeug, mein …

6 Schreibe die folgenden Sätze auf. Setze die passenden Possessivpronomen ein.
deinen, euren, ihre, meinen, meiner, unsere

> **Possessivpronomen**
>
> **Possessivpronomen** stehen in der Regel **vor** Nomen. Sie sagen aus,
> - was jemand **besitzt**: *das ist mein Fahrrad, das ist seine Kappe …*
> - was zu jemandem **gehört**: *das ist meine Freundin, das ist unsere Schule …*
>
> Sie werden auch **besitzanzeigende** Pronomen genannt:
> **mein** Geburtstag, **dein** Freund, **sein/ihr** Lineal, **unser** Haus, **euer** Schulweg, **ihre** Eltern …
>
> **INFO**

a) „Gib mir bitte mal ? Rotstift, ich kann ? nicht finden!"
b) „Seid ihr mit ? Aufgaben fertig? Wir haben ? schon erledigt!"
c) „Ich bin mit ? Frisur zufrieden. Manche Mädchen ärgern sich aber über ? Frisur."

7 Manchmal muss man die Nomen wiederholen – und darf sie nicht durch Possessivpronomen ersetzen. Denn sonst könnten Missverständnisse entstehen. Schreibe die folgenden Sätze so auf, dass sie eindeutig werden.

a) Paula und ihr Freund Nico gehen mit **ihrem** Hund Gassi.   Mit wessen Hund?
b) Jan und Mary fahren gemeinsam auf **ihrem** Fahrrad.   Auf wessen Fahrrad?
c) Emma und Ben sehen sich auf **ihrem** Tablet einen Film an.   Auf wessen Tablet?
d) Die Dackel Jack und Jill fressen gemeinsam aus **ihrem** Fressnapf.   Aus wessen Fressnapf?

Die Wortarten

Pronomen können Nomen vertreten: Personalpronomen

1 In diesem Text werden die Wörter *Carlo* und *Esel* ständig wiederholt. Überlegt, wo ihr sie durch die Personalpronomen *er* und *ihm* ersetzen könnt – und schreibt den Text neu auf.

In den Ferien durfte **Carlo** einmal auf einem **Esel** reiten. **Der Esel** war sehr störrisch und wollte einfach nicht gehen. **Carlo** klopfte **dem Esel** auf den Nacken, aber **der Esel** bewegte sich nicht. Plötzlich aber setzte **der Esel** sich in Bewegung, und **Carlo** wäre dabei fast heruntergefallen. Doch bald beruhigte **der Esel** sich wieder, und **Carlo** ritt auf **dem Esel** nun munter voran.

2 Die Nomen darf man aber nicht immer durch Personalpronomen ersetzen. Es entstehen dann nämlich leicht Missverständnisse. Überlegt, wo ihr die Nomen unbedingt wiederholen müsst – und schreibt den Text neu auf.

In den Ferien durfte Carlo einmal auf einem Esel reiten. **Er** war sehr störrisch und wollte **ihm** einfach nicht gehorchen. **Er** klopfte **ihm** auf den Nacken, aber **er** bewegte sich nicht. Plötzlich aber lief **er** los, und **er** wäre dabei fast heruntergefallen. Doch bald ging **er** wieder langsamer, und **er** ritt auf **ihm** nun munter voran.

Personalpronomen

Personalpronomen dienen als **Stellvertreter** für Nomen. Man setzt sie immer dann ein, wenn man ein **Nomen nicht wiederholen** möchte:
Emma hat verschlafen. Deswegen kam (Emma) **sie** *zu spät zur Schule.*
Die Personalpronomen können im Nominativ, Dativ und Akkusativ stehen:
ich (helfe *mir*, höre *mich*),   **du** (hilfst *dir*, hörst *dich*),   **er** (*ihm, ihn*), **sie** (*ihr, sie*), **es** (*ihm, es*),
wir (helfen *uns*, hören *uns*),   **ihr** (helft *euch*, hört *euch*),   **sie** (helfen *ihnen*, hören *sie*).

3 Setze in den Text passende Personalpronomen ein. Achte auf den richtigen Fall.
Unsere Lehrerin sagte: „Bringt eure Fahrräder in Ordnung! Morgen wollen ? eine Radtour machen." Andi half ? beim Reparieren meines Fahrrads. Danach haben ? beide unsere Fahrräder auf Hochglanz poliert. Dann konnte unsere Fahrt losgehen. Leider habe ? auf dem ersten Rastplatz meine Kappe liegen lassen. Mein Freund tröstete ? : „Vielleicht liegt deine Kappe ja noch da und ? finden sie wieder." Aber sonst hat ? die Fahrt gut gefallen.

4 Setze in den Text passende Personalpronomen und Possessivpronomen ein. Achte auf den richtigen Fall.
Unsere Lehrerin sagte: „Bringt ? Fahrräder in Ordnung! Morgen wollen ? eine Radtour machen." Andi half ? beim Reparieren ? Fahrrads. Danach haben ? beide ? Fahrräder auf Hochglanz poliert. Dann konnte ? Fahrt losgehen. Leider habe ? auf dem ersten Rastplatz ? Kappe liegen lassen. ? Freund tröstete ? : „Vielleicht liegt ? Kappe ja noch da und ? finden ? wieder." Aber sonst hat ? die Fahrt gut gefallen. ? war echt super!

Die Wortarten

Pronomen können sich auf Nomen zurückbeziehen: Relativpronomen

a) Ich sah gestern ein Fußballspiel. Das Fußballspiel lief ziemlich unfair ab.
b) Ich sah gestern ein Fußballspiel, das ziemlich unfair ablief.

1 Beschreibt einmal so genau wie möglich, worin sich die Sätze a) und b) unterscheiden.

2 Formuliert die folgenden beiden Sätze so um, dass ein einziger Satz wie Beispiel b) daraus wird.
Der Schiedsrichter sah ein Foul. Er bestrafte das Foul mit einer roten Karte.

3 Formuliert auch diese beiden Sätze um. Hier muss der zweite Satz in den ersten eingefügt werden.
*Das Publikum * pfiff den Schiedsrichter aus.   * Das Publikum war äußerst empört.*

Relativpronomen

Relativpronomen leiten eine bestimmte Art von Nebensätzen ein, nämlich **Relativsätze**.
Die Relativpronomen sehen in ihren Fällen wie Artikel aus:
der *(dessen, dem, den),* **die** *(deren, der),* **das** *(dessen, dem, das).*
Meistens bezieht sich das Relativpronomen auf ein Nomen im Hauptsatz.
Relativsätze können **nachgestellt** und **eingeschoben** sein:
- **nachgestellter Relativsatz:** *Mir hat das Spiel nicht gefallen, ← das ziemlich unfair ablief.*
- **eingeschobener Relativsatz:** *Mir hat das Spiel, ← das ziemlich unfair ablief, nicht gefallen.*

INFO

4 Setzt erst mündlich die passenden Relativpronomen *der, dem, dessen, die*
in die folgenden Sätze ein. Schreibt sie dann von **1–6** auf: *1 die, 2 …*

Ballonfahrt mit Hindernis
a) Unsere Nachbarn, **1** eine Ballonfahrt gewonnen hatten, wollten gemeinsam in die Luft steigen.
b) Doch mein Freund Moritz, **2** nicht schwindelfrei ist, ist nicht mit eingestiegen.
c) Der Ballon wurde dann durch den Wind, **3** am Abend stärker wurde, etwas abgetrieben.
d) Der Ort, an **4** der Ballon endlich landete, war ausgerechnet ein Friedhof.
e) Den Friedhof aber, **5** schon geschlossen war, konnte keiner verlassen.
f) Der Fahrer hatte natürlich sein Handy dabei, mit **6** Hilfe er einen Wärter herbeirufen konnte.

5 Mit den folgenden Sätzen stimmt etwas nicht. Sprecht darüber.
a) Auf dem Sofa liegt das Kätzchen, das im Wohnzimmer steht.
b) Es putzt sich mit seiner Zunge sorgfältig die Pfote, die sie aus der Schnauze herausstreckt.
c) Dann bekommt es sein Futter von seinem Frauchen, das aus „Katzenfreude" besteht.
d) Nun ruht es sich von der Mahlzeit auf der Treppe aus, die es gerade verzehrt hat.
e) Danach sucht es draußen in den Beeten nach Mäuselöchern, auf denen Erdbeeren wachsen.

6 Schreibe die Sätze richtig auf. Dabei musst du den Relativsatz an eine andere Stelle setzen.
I Sätze a)–c),   *II* Sätze a)–d),   *III* alle Sätze.

Die Wortarten

Adjektive können Vergleichsformen bilden

Adjektive sagen Genaueres über das Nomen aus. Wenn man z. B. genauer sagen möchte, wie die Erde auf einem Feld beschaffen ist, kann man sagen: *trockene Erde, feuchte Erde, sandige Erde, schwarze Erde, braune Erde* usw. Man braucht also Wörter, mit denen man die Dinge vergleichen und unterscheiden kann.

1 Sucht aus dem Text die verschiedenen Formen des Adjektivs *alt* heraus: *alte Eiche, genauso alt wie …*

Alte Bäume

Bei uns im Garten steht eine alte Eiche. Sie ist mit ihren 200 Jahren etwa genauso alt wie die Linde neben der Kirche. Doch Bäume können noch viel älter werden. Eine Eibe im Allgäu soll mit etwa 2 000 Jahren der älteste Baum in Mitteleuropa sein. Eine alte Pinie in Amerika war mit 4 900 Jahren der älteste Baum, der jemals gefällt wurde.

2 Setze in die Lücken die passenden Adjektive ein, die am Rand stehen.

Alte Tiere

Nur wenige Tiere werden ? ? ? der Mensch. Doch einige von ihnen leben wesentlich ? ? der Mensch. So haben Schildkröten, Wale, einige Vögel und Elefanten die ? Lebenserwartungen unter den Tieren. Das ? Tier ist derzeit aber ein Riesenschwamm. Er lebt am Boden des Ozeans und ist über 10 000 Jahre ? . Der ? Grönlandwal ist mit 200 Jahren wirklich ? geworden. Etwa 50 Jahre ? ? er wurde mit 256 Jahren die ? Riesenschildkröte „Adwaita".

länger als
so alt wie
höchsten
alt
betagteste
älteste
uralt
steinalte
älter als

Adjektive

Mit **Adjektiven** können wir **genauere Angaben** machen:
- über die **Eigenschaften von Dingen**: *alte* Autos, *teure* Autos, *rote* Autos …
- über die **Eigenschaften von Tätigkeiten**: *schnell* fahren, *langsam* fahren …

Mithilfe der **Adjektiv-Probe** kann man überprüfen, welche Wörter Adjektive sind: Wörter, die sich **zwischen Artikel** und **Nomen** einfügen lassen, sind **Adjektive**:
Die *vielen, kaputten, komischen, lila, sieben …* **Spielzeugautos** liegen auf dem Tisch.

schön, nett, gern, mein, lustig, hier, zwölf, interessant, oft, immer, jetzt

3 Untersuche mithilfe der Adjektiv-Probe, welche dieser Wörter Adjektive sind:
Die … Dinge liegen auf dem Tisch.

> ### Adjektive und ihre Vergleichsformen
>
> Die meisten **Adjektive** lassen sich **steigern**.
> Das heißt: Man kann mit ihnen **Vergleichsformen** bilden:
> **Positiv** (Grundform): *so weit wie, so hoch wie, so groß wie, so gut wie …*
> **Komparativ** (Steigerungsform): *weiter als, höher als, größer als, besser als …*
> **Superlativ** (Höchstform): *am weitesten, am höchsten, am größten, am besten …*

4 Manche Adjektive werden mit einem Umlaut gesteigert:
jung, jünger, am jüngsten.
Manche können mit oder ohne Umlaut gesteigert werden:
blass, blässer, am blässesten – blass, blasser, am blassesten.
Schreibe die folgenden Adjektive in ihren drei Vergleichsformen auf:
lang, länger, am längsten — glatt …
Vier von ihnen werden mit Umlaut gebildet, vier mit oder ohne Umlaut.
Schlage im Zweifelsfall im Wörterbuch nach.

lang – glatt – hart – dumm – krumm – scharf – nass – schmal

5 Von den meisten Adjektiven lassen sich der Komparativ und der Superlativ bilden:
schön, schöner, am schönsten.
Bei manchen Adjektiven ist das aber nicht möglich oder unsinnig.
Diskutiert die folgenden Beispiele.
Einige können gesteigert werden, andere nicht.

die geschlossene Tür   *die jährliche Veranstaltung*   *ein lebendiger Vortrag*
das halbe Brot   *das quadratische Spielfeld*   *ein eiserner Wille*
das leere Kino   *ein hohes Risiko*   *eine traurige Geschichte*
ein wichtiges Ereignis   *mein einziger Freund*   *die tote Maus*

6 Der Komparativ wird mit dem Vergleichswort *als* gebildet.
Bei einem solchen Vergleich ist immer das eine größer <u>als</u> das andere.
Welches Vergleichswort verwendet man bei folgenden Sätzen?
Die Kastanie ist doppelt so groß … der Apfelbaum.
Ich bin dreimal so alt … mein kleiner Bruder.

Die Wortarten

Die drei Hauptwortarten

1 Führt einmal ein kleines Forschungsprojekt durch: Ihr sollt herausfinden, wie hoch der Anteil der Nomen, Adjektive und Verben in Texten unserer Sprache ist. Dazu benötigt ihr Teile von Texten, die genau aus 100 Wörtern bestehen.
Das ist bei dem folgenden Textanfang der Fall.
Lest ihn euch zuerst einmal durch.

Wissenschaftler streiten seit **Jahrzehnten** darüber, ob **Männer** und **Frauen** gleich intelligent sind. Es **gibt** nämlich **verschiedene Vorstellungen** davon, was **Intelligenz** überhaupt **ist**. Eine **Möglichkeit ist**, Testpersonen viele unterschiedliche **Aufgaben** zu **stellen** und aus den **Ergebnissen** eine **Punktzahl** zu **errechnen**, den **sogenannten Intelligenzquotienten**, kurz **IQ**. Dabei **findet** man unter den **absoluten Genies** und den **richtig Dummen mehr Männer** als **Frauen**. Insgesamt **ist** der **Anteil** von diesen **extremen Ergebnissen** aber **gering**, denn die **meisten Menschen sind mittelintelligent**. Und wie **ist** es **bei Kindern**? **Untersuchungen zeigten**, dass es bis zum **vierzehnten Lebensjahr** kaum **Unterschiede gibt**, und wenn, dann **waren** die **Mädchen** etwas **besser** …

2 Lest euch spaßeshalber nur einmal die **fett** gedruckten Wörter vor.
Kann man dann auch noch ungefähr verstehen, was hier gemeint ist?
Und wenn ihr euch nur die normal gedruckten Wörter vorlest – wie ist es dann?

3 Zählt die Wörter der drei Hauptwortarten **Nomen, Adjektive, Verben** (einschließlich *ist* und *waren*) aus: ? *Nomen,* ? *Adjektive,* ? *Verben. Insgesamt* ? *Wörter, also* ? *Prozent der Wörter bestehen aus den drei Hauptwortarten.*

4 Stellt eine solche Untersuchung auch mit x-beliebigen Anfängen aus 100 Wörtern in anderen Texten an: zum Beispiel aus Geschichten und Gedichten aus diesem Buch oder aus Zeitungsartikeln. Dann bekommt ihr ungefähr heraus, aus wie vielen Nomen, Adjektiven und Verben die Texte unserer Sprache bestehen.

5 In den folgenden Sätzen haben wir nur einmal die Hauptwortarten abgedruckt. Sie sind leicht zu verstehen – ein Beweis dafür, dass die drei Hauptwortarten die wichtigsten Bedeutungen tragen.
• Lest die Sätze vor.

? ? Schule sind Mädchen besser ? Jungen. ? schreiben bessere Noten, bleiben seltener sitzen ? machen häufiger Abitur. ? Förderschulen war ? früher umgekehrt. ? hundert Schülern waren vierundsechzig Jungen ? sechsunddreißig Mädchen.

• Ergänzt jetzt den Text durch die fehlenden Wörter.

6 Formuliert das Ergebnis eurer Untersuchungen:
Von hundert Wörtern in Texten unserer Sprache sind ungefähr …

Die Wortarten
Nomen und Pronomen

1 In einem weiteren kleinen Forschungsprojekt sollt ihr euch mit dem Verhältnis von Nomen und Pronomen befassen.
Lest euch den Text erst einmal durch, damit ihr ihn versteht.

Rund um den Bleistift

Könnten **die**[1] Menschen in **einem**[2] Zeitalter, **das**[3] durch Computer geprägt ist, eigentlich auf **ihre**[4] Bleistifte verzichten? **Die**[5] meisten Menschen verneinen **die**[6] Frage. Für **sie**[7] ist **ein**[8] Bleistift, **der**[9] sofort eingesetzt werden kann, **ein**[10] unersetzlicher Gegenstand, **der**[11] **ihnen**[12] stets und leicht zu **ihrer**[13] Verfügung steht.

Eigentlich ist **der**[14] Name, **den**[15] dieser Stift seit fast 500 Jahren trägt, **ein**[16] Irrtum. Damals fand man in England **einen**[17] grauschwarzen Stoff, **der**[18] sich fettig anfühlte und **die**[19] Finger verfärbte. Schäfer, **die**[20] **den**[21] unbekannten Stoff fanden, **der**[22] **ihre**[23] Hände schwarz werden ließ, sollen **ihn**[24] zur Kennzeichnung **ihrer**[25] Schafe benutzt haben. **Sie**[26] dachten, **es**[27] sei Blei. Doch **es**[28] handelte sich dabei um **ein**[29] ganz anderes Material, **das**[30] später **ein**[31] schwedischer Forscher identifizierte, **der**[32] **dem**[33] Material **den**[34] Namen „Grafit" gab. **Der**[35] Name stammt von **dem**[36] griechischen Wort „graphein", **das**[37] so viel wie „schreiben" bedeutet.

2 In diesem Text sind alle 37 Artikel und Pronomen fett gedruckt und nummeriert. Untersuche, wie diese kleinen Wörter in Beziehung zu Nomen stehen:
- Welche 17 bestimmten und unbestimmten Artikel gehören zu welchen Nomen?
  1) <u>die</u> Menschen, 2) <u>einem</u> Zeitalter …
- Welche sechs Personalpronomen beziehen sich auf welche Nomen zurück?
  7) <u>sie</u> → die Menschen, 12) <u>ihnen</u> → den Menschen …
- Welche vier Possessivpronomen stehen vor welchen Nomen?
  4) <u>ihre</u> Bleistifte …
- Welche zehn Relativpronomen beziehen sich auf welche Nomen zurück?
  3) <u>das</u> → Zeitalter, 9) <u>der</u> → Bleistift …

3 Ergänze die Artikel und Pronomen in den nächsten Sätzen.
Achte auf die richtigen Fälle und schreibe die Sätze auf:
Bei … ist das so: Eigentlich benutze … Bleistifte nur noch selten. Zwar liegen … auf … Schreibtisch, doch meistens schreibe … bei … zu Hause und in … Schule mit … Füller oder … Kugelschreiber. Allerdings benutze … im Kunstunterricht noch manchmal Bleistifte. Dass in … kein Blei steckt, sondern Grafit, … habe ich gar nicht gewusst. Jetzt weiß … … !

Die Wortarten

Überprüfe dein Wissen und Können

Nomen und Artikel

1 Schreibe fünf verschiedene Nomen mit Artikel auf.

2 Woran erkennt man, dass sich ein Nomen flektieren lässt?
Schreibe den richtigen Buchstaben auf:
a) Man erkennt es daran, dass es großgeschrieben wird.
b) Man erkennt es daran, dass es eine Pluralendung haben kann.
c) Man erkennt es daran, dass es mit einem anderen Wort zusammengeschrieben werden kann.

3 Welche dieser Wörter sind Nomen? Schreibe sie auf.
SCHRIFTLICH – SCHRIFT – GESCHRIEBEN – SPIELERISCH – GESPIELT – SPIEL
Nomen sind: …

4 Gib die Fälle dieser Nomen an: **den Baum, der Baum, des Baumes, dem Baum.**
Nominativ: … Akkusativ: … Dativ: … Genitiv: …

5 Ergänze die Endungen der Wörter in folgenden Sätzen: *1) einen Schluckauf, 2) …*

Wissenswertes
a) Tiere, die zu schnell fressen, können ein**[1]** Schluckauf bekommen.
Voraussetzung dafür ist, dass sie mit ein**[2]** Zwerchfell ausgestattet sind.
b) Ein eineiiger Zwilling ähnelt d**[3]** anderen scheinbar zu 100%,
doch in sein**[4]** Fingerabdruck ist er verschieden.
c) Die Haut unser**[5]** Gesichtes ist sehr gut durchblutet, deswegen bekommt
ein Gesicht selbst bei groß**[6]** Kälte nie ein**[7]** Gänsehaut.

6 Ergänze die Endungen der Wörter in den Sätzen aus Aufgabe 5.
Schreibe die Fälle dahinter: *1) einen Schluckauf (Akkusativ), 2) …*

7 Berichtige die Fehler in den folgenden Sätzen.
a) Ich habe mein größten Wunsch auf ein Wunschzettel geschrieben.
b) Ich höre in meinen Zimmer gern laute Musik.

8 Schreibe jeweils ein weiteres Wort auf, das die gleiche Pluralform hat:
Bilder: … Hobbys: … Betten: … Steine: … Schnäbel: …

9 Schreibe den Text neu auf. Es sollen darin nur drei Personen vorkommen.
In der Straßenbahn saßen eine Frau und ein Mann. Eine Frau hatte
ein kleines Kind auf dem Schoß. Ein Kind schrie. Ein Mann tröstete es.
Eine Frau gab einem Kind ein Stück Schokolade. Ein Kind freute sich.

Die Wortarten

Überprüfe dein Wissen und Können

Pronomen und Adjektive

1 Schreibe drei weitere Personalpronomen und Possessivpronomen auf:
Personalpronomen: ich …   Possessivpronomen: mein …

2 Ergänze die folgenden Sätze mit den passenden Personalpronomen.
Mein Füller gehört ?. Dein Lineal gehört ?. Sein Fahrrad gehört ?.

3 Schreibe den Satz mit passenden Possessivpronomen auf:
Luisa lässt sich von Luisas Vater in Vaters Auto zu Luisas Freundin fahren.

4 An welcher Stelle ist das Wort *die* ein Artikel, an welcher ein Relativpronomen?
Die[1] Schüler, die[2] gut geübt haben, können dann meistens auch die[3] Vokabeln, die[4] sie gelernt haben.
Schreibe auf: 1) ist ein …   2) ist …   3) ist …   4) ist …

5 Das Pronomen *ihr* kann zugleich Possessivpronomen und Personalpronomen sein.
Schreibe zwei Sätze auf, in denen es einmal das eine und einmal das andere ist.

6 Welche dieser Wörter sind Adjektive? Führe die Adjektiv-Probe durch.
Schreibe die vier Adjektive auf.
manchmal – selten – immer – fair – blind – heute – niemals – verrückt

7 Welches Vergleichswort passt in die Sätze? Füge *wie* oder *als* ein.
a) Paula ist größer … Paul.
b) Niklas schwimmt genauso schnell … Jan.
c) Die Kastanie ist fast doppelt so hoch … der Pflaumenbaum.

8 Schreibe die Vergleichsstufen der folgenden Adjektive auf.
hoch: …   stark: …   klug: …   nahe: …   groß: …

9 Welche dieser Adjektive lassen sich nicht steigern? Schreibe sie auf.
schwarz, rosa, halb, voll, mündlich, schrecklich, ruhig, rechteckig

10 Schreibe den Text auf. Setze passende Adjektive in die Textlücken ein.

In der **1** Zeitung stand, dass ein **2** Autofahrer zwischen den **3** Schranken einer Bahnüberfahrt mitten auf den Gleisen stehen blieb. Sofort eilten **4** Männer herbei, die das Auto von den Schienen schoben. Der Mann und das Auto konnten auf diese Weise gerettet werden. Der **5** Mann konnte der Polizei nicht erklären, wie es zu dem Beinahe-Unfall gekommen ist.

Die Wortarten

Adverbien sagen, *wann, wo, wie* und *warum* etwas geschieht

Die Trainerin sagte:
„Das Wetter ist **heute** angenehm, **deswegen** könnt ihr **gern draußen** trainieren."

1 Die vier Adverbien dieses Satzes sind fett gedruckt.
Welche Wörter würdet ihr erfragen mit: *Wann? – Wie? – Wo? – Warum?*

2 Setzt in die folgenden Sätze einzelne Adverbien aus dem **Wortschatz** ein.
Wir sind *(wann?)* in der Halle geblieben.
Wir haben *(wo?)* Basketball trainiert.
Das hat allen *(wie?)* Spaß gemacht.
(wann?) sind wir auf den Sportplatz gegangen.
Doch *(wann?)* fing es *(wie?)* wieder an zu regnen.
(warum?) mussten wir *(wie?)* wieder in die Halle.

3 Füge in die Lücken dieser Mail passende Adverbien ein.
Hallo Katja,
wir hatten ? eine nervige Autofahrt, doch ? sind
wir in Schweden gut angekommen. Ich wusste, ?
würde es mir ? gefallen. Von dem Feriendorf bin
ich ? begeistert. Ich kann dir ? nicht alles aufzählen, denn ? würde meine Mail zu lang. Ich schreibe
dir ? noch einmal und schicke dir ? einige Fotos.
Tschüss
Elias

WORTSCHATZ

also	immerhin
bald	jetzt
danach	kaum
dann	leider
demnächst	nachts
dennoch	sehr
deshalb, deswegen	sicherlich
dort, dorthin	sofort
dreimal	sonst
gern	trotzdem
hellauf	unglücklicherweise
heute	vielleicht
hier	wieder

INFO

Adverbien

Adverbien sind Wörter, die man **nicht flektieren** kann.
Es gibt vier Arten von Adverbien:
- des **Ortes** (lokal): *wo? wohin?* **hier, dort, links, überall …**
- der **Zeit** (temporal): *wann? wie lange?* **immer, heute, manchmal, freitags …**
- der **Art und Weise** (modal): *wie?* **gern, vielleicht, fast, anders …**
- des **Grundes** (kausal): *weswegen?* **trotzdem, deshalb, deswegen, dennoch, nämlich …**

4 Gliedere die Wörter aus dem **WORTSCHATZ**.
Die Adverbien der Art und Weise und die des Grundes kann man
ohne Satzzusammenhang manchmal nicht klar unterscheiden.
Setze sie im Zweifelsfall an beiden Stellen ein.

Adverbien der Zeit: bald …   *Adverbien des Ortes: dort …*

Adverbien der Art und Weise: also … *Adverbien des Grundes: dennoch …*

○○●○ An Beispielen üben – Gelerntes selbstständig anwenden

5 Füge beim Abschreiben für die Zahlen passende Adverbien aus dem **Wortschatz** in den Text ein. Manche passen an verschiedenen Stellen.
Versuche aber, möglichst unterschiedliche Adverbien unterzubringen.

Aufregung 1

Folko, unser Hund, bekam **1 wann?** plötzlich Krämpfe.
Unsere Familie war **2 wie?** besorgt. Hatte jemand **3 wie?** unseren Hund vergiftet? Am nächsten Morgen beschlossen wir, mit ihm
4 wann? zum Tierarzt zu fahren. Weil wir unseren Folko alle
5 wie? haben, wollten ihn auch alle **6 wohin?** begleiten.
Es war kalt, **7 warum?** deckten wir ihn mit einer warmen Decke zu.
8 Wann? trugen meine Mutter und ich den Hund in einem Korb zum Auto. Dass meine Mutter aufgeregt war, merkte ich, als sie den Autoschlüssel **9 wie oft?** ins Zündschloss zu stecken versuchte.
10 Warum? waren wir spät dran.

𝓤 𝓾𝓾

Während der Fahrt gab es **11** einige Verzögerungen.
12 sprangen die Ampeln **13** auf Rot, als wir an sie heranfuhren.
14 waren wir nach einer halben Stunde **15** angekommen.

𝓾𝓾 **6** In jeder der folgenden Zeilen ist mindestens ein Adverb enthalten.
Schreibe die Adverbien auf: *unglücklicherweise …*

Aufregung 2

Die Praxisräume befanden sich unglücklicherweise im dritten Stock dieses Hauses.
Es gab damals leider noch keinen Fahrstuhl.
Wir mussten also den Korb mit dem Hund dorthin schleppen.
Wir standen schließlich vor der Tür zur Praxis.
Aber was war das? An der Tür draußen klebte ein Zettel.
Wir lasen darauf:

> Die Praxis muss heute leider geschlossen bleiben.
> Die Praxis ist morgen wieder geöffnet.

Die Plackerei war also umsonst!
Unser Folko wurde übrigens ganz von selbst wieder gesund.

𝓾𝓾 **7** Schreibe den Text **Aufregung 2** neu auf.
Stelle dabei immer eines der Adverbien an den Anfang des Satzes.
Der Text liest sich dann besser:
Unglücklicherweise befanden sich die Praxisräume im dritten Stock dieses Hauses. …

Die Wortarten

Präpositionen sagen, in welchem Verhältnis etwas steht

Sie geht	zu	?	Geburtstagsfest.
Er prallt	gegen	?	Baum.
Sie fährt	auf	?	Schulhof.
Er lacht	trotz	?	schlechten Wetter(s).

1 Lest diese Sätze vor.
- Setzt für die Fragezeichen die Artikel *den, dem* oder *des* ein.
- Sprecht darüber, welche Artikel ihr eingesetzt habt und ob alle damit einverstanden sind.

2 Setzt beim Vorlesen für die Zahlen passende Präpositionen ein. Nutzt dazu den **WORTSCHATZ**.

Mutter steuerte ihr Auto sicher **1 dem Parkplatz** hinaus **2 die Straße**. Sie hatte natürlich **3 dem Rückspiegel** gleich gesehen, dass Felix auf der Rückbank **4 den Picknickkorb** herankommen wollte. Da lag nämlich die Schokolade **5 einem Fach** drin. „Kannst du's wieder nicht abwarten, bis wir **6 den Strand** kommen?", schimpfte die Mutter. Als sie dann **7 dem Strand** angekommen waren, holte die Mutter die Schokolade **8 dem Korb** heraus und gab sie Felix. „Nun kannst du dich erst einmal stärken, ehe wir **9 die Felsenklippen** klettern." Felix stopfte die Schokolade **10 seinen Mund** hinein. „Lass mir auch noch etwas **11 der Schokolade** übrig!" Aber da hatte Felix schon fast alles **12 der Schokolade** aufgegessen. „Vielfraß!", schimpfte die Mutter. „Genießer!", antwortete Felix. Als die beiden dann **13 den Klippen** standen und **14 das** weite **Meer** guckten, holte die Mutter **15 dem Korb** noch eine Tafel und sagte: „Die ist nur **16 mich**!" Aber dann gab sie ihm doch ein Stück **17 ihrer Schokolade** ab.

3 Schreibe die Wortgruppen mit den Nomen aus dem Text heraus:
1 von dem Parkplatz, 2 auf die Straße, 3 …

WORTSCHATZ

an (den/dem)
auf (den/dem)
aus (dem)
außerhalb (des)
bei (dem)
bis (den)
diesseits (des)
durch (den)
für (den)
gegen (den)
hinter (den/dem)
in (den/dem)
infolge (des)
links (des)
mit (dem)
nach (dem)
neben (den/dem)
oberhalb (des)
ohne (den)
seit (dem)
trotz (des/*ugs.* dem)
über (den/dem)
um (den)
unter (den/dem)
von (dem)
vor (den/dem)
während (des/*ugs.* dem)
wegen (des/*ugs.* dem)
zu (dem)
zwischen (den/dem)

ugs. = umgangssprachlich

INFO

Präpositionen

Präpositionen stehen in der Regel **vor Nomen** *(vor dem Tor)* oder **Pronomen** *(hinter mir)*. **Nomen** und **Pronomen**, die den Präpositionen folgen, stehen **niemals im Nominativ**, sondern immer im **Akkusativ, Dativ** oder **Genitiv**.
Präpositionen geben **Verhältnisse** an:

von **Zeiten** (temporal: *wann, seit wann* …):	*in einiger Zeit, **seit** einigen Tagen* …
von **Orten** und **Räumen** (lokal: *wo, wohin*):	*in der Höhle, **auf** der Burg* …
der **Art** und **Weise** (modal: *wie*):	*in wenigen Worten, **mit** Vergnügen* …
des **Grundes** (kausal: *warum*):	***wegen** des schlechten Wetters, **trotz** des Regens* …

An Beispielen üben – Gelerntes selbstständig anwenden

4 Bilde mit den ersten zehn Präpositionen aus dem **WORTSCHATZ** Wortgruppen:
an den Zaun, an dem Baum, auf ...

5 Welcher Fall folgt auf die Präpositionen in den folgenden Wortgruppen?
Schreibe sie richtig auf. Orientiere dich am **WORTSCHATZ**.

ohne ein** Cent dastehen
mit mein** Freund sprechen
um d** Sportplatz herum rennen
durch d** Wald laufen
aus d** Zimmer rausgehen
zwischen d** Stühlen sitzen

wegen d** schlechten Wetters
während mein** Aufenthalts
von d** hoh** Berg herabschauen
gegen d** nächst** Gegner antreten
auf ein** hoh** Baum klettern
in d** Pool in d** Garten springen

6 Schreibe die Sätze auf.
Ergänze die Wörter mit den Sternchen im richtigen Fall.

Das gestohlene Fahrrad 1

Lukas hatte sein Fahrrad an d** Zaun vor d** Haus gestellt.
Obwohl es angeschlossen an d** Zaun stand, wurde es gestohlen.
Seine Mutter benachrichtigte wegen d** Diebstahls die Polizei.
Lukas war echt traurig über d** Diebstahl.
Er hatte nämlich das Rad erst zu sein** Geburtstag bekommen.
Aber nach ein** Tag wurde es auf d** Parkplatz vor d** Bahnhof wiedergefunden.

7 Schreibe die Sätze auf und ergänze passende Präpositionen aus dem **WORTSCHATZ**.

Das gestohlene Fahrrad 2

Lukas hatte sein Fahrrad ? den Zaun ? dem Haus gestellt.
Obwohl es angeschlossen ? dem Zaun stand, wurde es gestohlen.
Seine Mutter benachrichtigte ? des Diebstahls die Polizei.
Lukas war echt traurig ? den Diebstahl.
Er hatte nämlich das Rad erst ? seinem Geburtstag bekommen.
Aber ? einem Tag wurde es ? dem Parkplatz ? dem Bahnhof wiedergefunden.

8 Schreibe die Sätze auf. Verwende Präpositionen aus dem **WORTSCHATZ**.
Ergänze die Artikel und das Pronomen *sein* im richtigen Fall.

Das gestohlene Fahrrad 3

Lukas hatte sein Fahrrad ? ? Zaun ? ? Haus gestellt.
Obwohl es angeschlossen ? ? Zaun stand, wurde es gestohlen.
Seine Mutter benachrichtigte ? ? Diebstahls die Polizei.
Lukas war echt traurig ? ? Diebstahl.
Er hatte nämlich das Rad erst ? ? Geburtstag bekommen.
Aber ? ? Tag wurde es ? ? Parkplatz ? ? Bahnhof wiedergefunden.

Die Wortarten

Konjunktionen verbinden Wörter und Sätze

Paula lacht. Paul schimpft.
Oft weiß man nicht, ob zwei Sätze, die aufeinander folgen, etwas miteinander zu tun haben.
Das aber können Konjunktionen deutlich machen:

Paula lacht, **als** Paul schimpft.
Paula lacht, **weil** Paul schimpft.
Paula lacht, **obwohl** Paul schimpft.
Paula lacht, **wenn** Paul schimpft.

1 Welche der fett gedruckten **Konjunktionen** passen in die folgenden Sätze?
Setzt sie ein. Manchmal passen auch mehrere!
a) Paula muss furchtbar lachen, ? Paul so laut schimpft.
b) Paula muss jedes Mal lachen, ? Paul schimpft.
c) Paula lacht über das kleine Unglück, ? Paul ganz schrecklich darüber schimpft.
d) Paula muss in dem Augenblick lachen, ? Paul gerade schimpft.

Lotte kauft sich ein rotes T-Shirt. Ihre Freundin kauft sich auch ein rotes T-Shirt.

2 Verbindet die beiden Sätze dreimal mit jeweils einer anderen Konjunktion
aus dem **Wortschatz**. Das kann zu ganz unterschiedlichen Aussagen führen:
a) Lotte kauft sich ein rotes T-Shirt, ? ihre Freundin kauft sich auch ein rotes T-Shirt.
b) Lotte kauft sich ein rotes T-Shirt, ? ihre Freundin sich auch ein rotes T-Shirt kauft.

3 Verbinde im folgenden Text die beiden Sätze jeder Zeile mit einer Konjunktion.
Suche dir **nur Konjunktionen** aus der **ersten** Gruppe im **Wortschatz** aus:
Moritz guckt in den Kühlschrank, denn …

Hunger

Moritz guckt in den Kühlschrank. Er hat Hunger.
Er sucht darin herum. Er will seinen Lieblingsjoghurt finden.
Er findet keinen mehr. Gestern war noch ein Becher da.
Vielleicht hat ihn sein Vater weggeschnappt. Hat er ihn selbst (nicht)
5   schon gegessen?
Jedenfalls ist kein Joghurt mehr da. Moritz hat sich zu früh gefreut.
Wütend klappt er die Tür wieder zu. Er ist enttäuscht.
Doch die Kühlschranktür klemmt. Etwas fällt auf den Fußboden.
Moritz freut sich. Es ist der heiß ersehnte Joghurt.

4 Verbinde die beiden Sätze jeder Zeile im Text „Hunger" mit einer Konjunktion.
Suche dir **nur Konjunktionen** aus der **zweiten** Gruppe im **Wortschatz** aus.
Dabei musst du darauf achten, dass sich das Verb der zweiten Sätze jeweils
ans Ende verschiebt:
Moritz guckt in den Kühlschrank, weil er …

5 Verbinde die beiden Sätze jeder Zeile mit einer Konjunktion. Suche dir dafür
abwechselnd Konjunktionen **aus der ersten und zweiten Gruppe** im **Wortschatz** aus.

Wortschatz

1	2
aber	als
denn	bevor
oder	bis
und	da
	damit
	dass
	indem
	nachdem
	ob
	obwohl
	sodass
	sofern
	während
	weil
	wenn
	wobei

Konjunktionen

Konjunktionen verbinden Sätze miteinander, die sonst unverbunden nacheinander stehen würden:
Jana liest ein Buch. Markus sieht fern. → *Jana liest ein Buch, **während** Markus fernsieht.*

Es gibt **zwei Arten** von Konjunktionen:
1. Nebenordnende Konjunktionen verbinden Hauptsätze:
*Jana findet das Buch spannend, **und** Markus findet den Film interessant.*
2. Unterordnende Konjunktionen verbinden Haupt- und Nebensätze:
*Jana findet das Buch spannend, **während** Markus den Film interessant findet.*

Die beiden Gruppen der wichtigsten Konjunktionen findet ihr im **WORTSCHATZ**.

INFO

6 Der folgende Text wird erst dann sinnvoll, wenn du passende Konjunktionen aus dem **WORTSCHATZ** einsetzt. Schreibe zu den Zahlen passende Konjunktionen:
1 als, 2 …

Busfahrt

Emma kam an der Haltestelle an, **1** der Bus gerade hielt. Sie musste aber noch eine Zeit lang warten, **2** alle Leute eingestiegen waren. Im Bus drängelten sich Leute, **3** jeder einen Sitzplatz haben wollte. Für Emma war kein Platz mehr frei, **4** sie die ganze Fahrt über stehen musste. Der Rucksack in ihrer Hand wurde immer schwerer, **5** darauf nahm keiner Rücksicht. Endlich hielt der Bus an, **6** sie an der Schule angekommen waren. Emma war heilfroh, **7** sie endlich aussteigen konnte.

7 Schreibe den Text „Unfall" um, indem du je zwei Sätze mit passenden Konjunktionen verbindest:
Am Freitag gab es auf der B 217 einen Verkehrsunfall, … nicht einschätzen konnte.

Unfall

Am Freitag gab es auf der B 217 einen Verkehrsunfall.
  Ein Fahrer konnte seine Geschwindigkeit nicht einschätzen.
Der Wagen raste über eine Böschung hinab.
  Er war in einer Kurve von der Straße abgekommen.
Erstaunlicherweise blieb der Fahrer unverletzt.
  Das Unfallauto war schrottreif.

8 Verbinde die beiden Sätze jeweils mit passenden Konjunktionen. Schreibe sie aber so auf, dass die Nebensätze immer am Anfang stehen.
Weil ein Fahrer seine Geschwindigkeit nicht einschätzen konnte, gab es …

Die Wortarten

Verben können Zeitformen bilden

Habt ihr schon einmal darüber nachgedacht, wie unsere Sprache aussähe, wenn wir keine Zeitformen hätten?
In manchen anderen Sprachen ist das möglich. Das sähe dann vielleicht so aus:

Etwas Gefährliches mir passieren – gestern.
Ich mich noch immer darüber aufregen – jetzt.
Davon ich euch vielleicht erzählen – später.

1 Beschreibt einmal, was an der Sprache anders wäre, wenn wir keine Zeitformen hätten:
- Wie würden die Verben aussehen?
- Wie würden wir ausdrücken, dass etwas in der Gegenwart, in der Vergangenheit oder in der Zukunft geschieht?

2 Schreibe die Sätze jetzt so auf, wie wir sie in unserer Sprache bilden:
Gestern … etwas Gefährliches …   Jetzt … auf.   Später … davon …

3 Zum Glück können wir mit unseren Verben Zeitformen bilden. Manchmal kommen sogar mehrere Zeitformen in einem Text vor. Versucht, die Zeitformen in diesem Text zu benennen:
a) ruderte … hinaus: Präteritum, b) hat hinausgetrieben: …, c) …

Noch einmal davongekommen!
a) In den Ferien ruderte ich einmal auf meiner Luftmatratze aufs Meer hinaus.
b) Dabei hat mich der Wind wohl immer weiter hinausgetrieben.
c) Jedenfalls machte sich meine Mutter bestimmt schon Sorgen!
d) Und ich habe es in diesem Augenblick tatsächlich richtig mit der Angst gekriegt.
e) Die Männer von der Rettungsstation hatten mich wohl schon länger beobachtet.
f) Sie zogen mich wieder an den Strand zurück.
g) So etwas passiert mir nicht noch einmal!
h) Ich werde noch lange daran denken.

Die sechs Zeitformen im Überblick

	Verben mit *haben* (hat)	**Verben mit *sein*** (ist)
Infinitiv:	beobachten	kommen
Präsens:	er beobachtet	er kommt
Perfekt:	er **hat** (+ Partizip) beobachtet	er **ist** (+Partizip) gekommen
Präteritum:	er beobachtete	er kam
Plusquamperfekt:	er **hatte** (+ Partizip) beobachtet	er **war** (+ Partizip) gekommen
Futur I:	er **wird** (+ Infinitiv) beobachten	er **wird** (+ Infinitiv) kommen
Futur II:	er **wird** (+ Partizip) beobachtet **haben**	er **wird** (+ Partizip) gekommen **sein**

○●●○ An Beispielen üben – Gelerntes selbstständig anwenden

4 Schreibe den Text „Noch einmal davongekommen!" (Seite 278) etwas anders auf. Dabei soll der Satz a) im Perfekt stehen, b) im Präteritum, c) im Futur II, d) im Präsens, g) im Futur I, h) im Perfekt. Orientiere dich an den Beispielen im Infokasten.

5 Wenn wir etwas über die Vergangenheit, die Gegenwart oder über die Zukunft sagen, verwenden wir jeweils andere Zeitformen. Listet die Zeitformen der drei folgenden Texte auf: *I* aus dem ersten Text, *II* aus dem ersten und zweiten Text, *III* aus allen drei Texten.

Letzte Woche
Letzte Woche haben wir beim Volleyballturnier eine richtige Packung gekriegt. Wir spielten wie die Anfänger. Als wir auch das letzte Spiel in den Sand gesetzt hatten, ärgerten wir uns.

Heute
Heute trainieren wir für das nächste Turnier. Wir haben uns viel vorgenommen. Wir üben Angaben, wir probieren das Schmettern. Wir machen uns gegenseitig Mut.

Nächste Woche
Nächste Woche werden wir uns anstrengen. So etwas wie letzte Woche passiert uns nicht wieder! Am Ende werden wir uns hoffentlich durchgesetzt haben.

Vergangenheit – Letzte Woche: haben gekriegt (Perfekt), spielten …
Gegenwart – Heute: trainieren (Präsens), haben vorgenommen …
Zukunft – Nächste Woche: werden anstrengen (Futur I), passiert …

> ### Basistempus
> Texte stehen in der Regel in einer bestimmten Zeitform.
> Man nennt so etwas **Basistempus**. Das ist die „Hauptzeitform" eines Textes.
> So haben zum Beispiel **Erzähltexte** als „Basistempus" das **Präteritum**.
> Aber innerhalb eines Textes kommen oft auch andere Zeitformen vor.
>
> **INFO**

6 Achte beim Lesen dieses Textes auf die verschiedenen Zeitformen!

7 Welches ist das Basistempus des Textes?
- In welchen Sätzen kommt diese Zeitform vor? Gebt die Buchstaben an.
- Welche anderen Zeitformen kommen noch in dem Text vor? Notiert euch:
a) Perfekt, f) …

Das kann doch nicht wahr sein!
a) Heute Nachmittag bin ich so durch die Stadt gebummelt.
b) Ich wollte ein bisschen shoppen.
c) Da sah ich plötzlich im Spiegel einer Schaufensterscheibe die Emma.
d) Und neben ihr ging ein Junge.
e) Ich dachte noch:
f) Das kann doch nicht wahr sein!
g) Als die beiden verschwunden waren,
h) ging ich auch weiter.
i) Heute Abend beim Training werde ich das meinem Freund Tom erzählen.
j) Was der wohl dazu sagen wird!
k) Der liebt nämlich Emma.

8 Man kann in einem Text die Zeitformen durchaus manchmal wechseln.
Mitunter geht es auch gar nicht anders.
Das muss aber – wie im Text „Das kann doch nicht wahr sein!" – sinnvoll sein.
Manche wechseln aber die Zeitformen, ohne dass es einen Sinn ergibt.
Solche Schüler nennt man auch „Zeitenhüpfer".
Im folgenden Text war ein solcher „Zeitenhüpfer" am Werk.
Lest euch den Text durch. Welche vier Zeitformen kommen darin vor?

Beim Zahnarzt

Gestern musste ich zum Zahnarzt.
Da saß ich erst eine Zeit lang im Wartezimmer.
Eine Frau mit einem Verband um das Kinn sitzt neben mir.
Dann war die Frau an die Reihe gekommen.
5 Ich rutsche unruhig auf meinem Stuhl hin und her.
Nach einer Zeit kam die Frau wieder aus der Tür heraus.
Eine Stimme rief meinen Namen.
Ich gehe in das Behandlungszimmer und setzte mich auf den komischen Stuhl.
Dann untersuchte die Zahnärztin meine Zähne.
10 Sie bohrt ein bisschen an einem Zahn herum.
Das hat etwas weh getan.
Das hatte mir aber alles nicht viel ausgemacht.

9 Die Lehrerin hat in dem Text einige Zeitformen unterstrichen,
die verbessert werden sollen.
Setzt für die unterstrichenen Zeitformen passende ein.
In der Regel müsst ihr das Präteritum verwenden.
Aber manchmal passt auch das Perfekt.

Die sechs Zeitformen – und wie wir sie gebrauchen

Das **Präsens** gebrauchen wir vor allem dann, wenn wir von der **Gegenwart** erzählen:
*Ich **lese** gerade ein spannendes Buch.*

Das **Perfekt** verwenden wir meistens dann, wenn wir von etwas Vergangenem **mündlich** erzählen:
*Gestern **habe** ich mal wieder ein tolles Kapitel daraus **gelesen**.*

Das **Präteritum** wählen wir meistens, wenn wir von etwas Vergangenem **schriftlich** erzählen:
*Ich **las** bis in den späten Abend hinein.*

Das **Plusquamperfekt** gebrauchen wir, wenn etwas in der Vergangenheit **abgeschlossen** ist:
*Nachdem ich das letzte Kapitel **gelesen hatte**, ging ich ins Bett.*

Das **Futur I** gebrauchen wir manchmal, wenn wir über die **Zukunft** reden:
*Morgen **werde** ich in der Schule etwas daraus **vorlesen**.*

Das **Futur II** verwenden wir manchmal, wenn in der Zukunft **etwas abgeschlossen** ist:
*Die anderen **werden** dieses Buch wahrscheinlich schon **gelesen haben**!*

Die Wortarten

Das Präsens als Alleskönner

Angst vor Gewitter

a) Heute Vormittag im Park **kommt** plötzlich ein schreckliches Gewitter auf.
b) Noch jetzt **dröhnt** mir der Donner in den Ohren.
c) Das **geht** natürlich bald wieder vorüber.
d) Aber vor einem Gewitter **fürchte** ich mich immer ein bisschen.

1 Alle Verben in diesen Sätzen stehen im Präsens. Aber erzählt wird hier über ganz verschiedene Zeiten: über die Gegenwart, über die Vergangenheit und über die Zukunft.
- Welcher Satz sagt etwas über die Gegenwart?
- Welcher sagt etwas über die Vergangenheit?
- Welcher sagt etwas über die Zukunft?
- Welcher sagt, dass etwas immer so ist?
  Und woran merkt man das? Sprecht darüber.

Das Präsens

Das **Präsens** ist eine Zeitform, mit der man vieles beschreiben kann:
- vor allem, was in der **Gegenwart** geschieht:
  *Ich **sitze** jetzt hier und **denke** über meine Freundin Jessica nach.*
- manchmal auch, was in der **Vergangenheit** passiert ist:
  *Gestern, als ich in der Stadt war, da **läuft** sie mir nämlich plötzlich über den Weg.*
- manchmal, was erst in der **Zukunft** geschieht:
  *Nächsten Sonntag **besucht** sie mich wahrscheinlich.*
- manchmal, was **über die Zeiten hinaus** gilt oder **meistens** so ist:
  *Solche Besuche **habe** ich immer wieder gern.*
- manchmal, was **allgemein gültig** ist:
  *Freundschaft **bleibt** eben Freundschaft!*

2 Über welche **Zeiten** wird in den Sätzen dieses Textes etwas gesagt?
Schreibe deine Antworten auf:
über die Gegenwart: Satz ...
über die Vergangenheit: Satz ...
über die Zukunft: Sätze ...
was immer oder niemals so ist: Sätze ...

3 Schreibe folgende Sätze aus dem Text rechts in anderen **Zeitformen** auf:
Satz a) im Präteritum,
Satz b), e) und g) im Futur I.

Gedanken am Nachmittag

a) Heute Morgen verkündet unsere Lehrerin plötzlich:
b) „Morgen schreiben wir einen Test."
c) Jetzt sitze ich hier zu Hause und übe noch ein bisschen.
d) Das mache ich immer so vor einem Test.
e) Aber heute Abend gehe ich bestimmt noch in die Sporthalle und spiele Basketball.
f) Von einem Test lasse ich mir jedenfalls niemals die gute Laune verderben!
g) Ich kriege das morgen schon hin!

Die Wortarten
Perfekt – oder Präteritum?

1 Lest euch den Text erst einmal gegenseitig vor.

2 In welcher Zeitform stehen hier die Verben? Und warum mag das wohl so sein?

3 Wenn wir mündlich von der Vergangenheit erzählen, bevorzugen wir meistens das Perfekt. In geschriebener Sprache sollte ein Text aber im Basistempus des Präteritums stehen. Forme ihn folgendermaßen um:
- Übertrage die Verben ins Präteritum.
- Ersetze die umgangssprachlichen Ausdrücke durch andere – oder lass sie einfach weg.

Max schreibt auf: Nicola _fuhr_ gestern in die Stadt. ...

Nicola erzählt ihrem Freund Max:
Gestern bin ich mal wieder in die Stadt gefahren.
Ich bin wie irre von einem Kaufhaus ins andere gerannt.
5 Ich habe nämlich ein T-Shirt gesucht.
Aber ich hab' keins mit dem Aufdruck PEACE gefunden.
Da bin ich wieder nach Hause gefahren.
Dort hab' ich mir ein gebrauchtes T-Shirt
10 gesucht.
Und darauf habe ich dann mit Textilfarbe PEACE geschrieben.

4 Lest euch eure Texte vor. Erklärt, was jetzt durch die Zeitform anders geworden ist.

INFO

Präteritum und Perfekt

Beide Zeitformen können etwas über die **Vergangenheit** aussagen.

Das **Präteritum** ist das Basistempus in **schriftlichen** Erzähltexten und Berichten.
Wir verwenden es meistens dann, wenn wir **über Vergangenes schreiben**:
Gestern **traf** ich nach langer Zeit wieder einmal meine alte Freundin Lara. Sie **sagte** zu mir: ...

Das **Perfekt** dagegen ist das Basistempus in der **mündlichen** Rede. Wir gebrauchen es meistens, wenn wir **über Vergangenes reden** oder wenn etwas in **wörtlicher Rede** steht.
Gebildet wird das Perfekt mit den **Hilfsverben** _haben_ und _sein_ im Präsens – und dem **Partizip**:
„Ich **habe** dich ja lange nicht **gesehen**! Wo **bist** du denn nur **geblieben**?"

---

5 In diesem Text stehen alle Verben im Perfekt. Versucht einmal, ihn mündlich ins Präteritum umzuformen. Dann wird ein Gedicht daraus.
Ein Fischer saß am Meeresstrand und ...

6 Schreibe das Gedicht im Präteritum auf.

Der Fischer
Ein Fischer hat am Meeresstrand gesessen
und hat 'ne Angel in der Hand gehalten.
Die Wolken sind übers Meer geflogen.
Da ist ein Regenwetter hergekommen.
5 Der Mann ist aber draußen stehn geblieben.
Da hat die Sonne wieder schön geschienen.
Jetzt hat er im Sonnenlicht geangelt.
Doch einen Fisch, den hat er nicht gefangen.

Die Wortarten

Das Plusquamperfekt

1 Lest euch diese Sätze gegenseitig vor. Was geht hier eigentlich nicht? Sprecht darüber.

2 Was passiert in den einzelnen Sätzen eigentlich immer zuerst? Beschreibt es:
Erst machte sie ihre Schularbeiten, dann ...

Geht das denn?

Als Paula ihre Schularbeiten machte, ging sie zum Schwimmen.
Als sie auf das Sprungbrett kletterte, sprang sie ins Becken.
Als sie ihre Runden drehte, kaufte sie sich eine Flasche O-Saft.
Als sie den Saft austrank, kletterte sie auf den Dreimeterturm.
Als sie eine Minute ängstlich dort stand, wagte sie den Sprung.
Als sie noch eine Zeit lang schwamm, legte sie sich in die Sonne.
Als sie sich ausruhte, ging sie in die Umkleidekabine.
Als sie sich umzog, ging sie nach Hause.

3 Schreibe die Sätze richtig auf. Dabei musst du den *als*-Satz umformulieren:
*Als Paula ihre Schularbeiten **gemacht hatte**, ging sie ....*
Statt *als* kannst du auch das Wort *nachdem* nehmen:
*Nachdem Paula ihre Schularbeiten **gemacht hatte**, ...*

4 Die beiden Teile der Sätze lassen sich aber auch umdrehen. Schreibe auf:
Paula ging zum Schwimmen, nachdem sie ...

Das Plusquamperfekt

Das **Plusquamperfekt** wird mit den **Hilfsverben** *haben* und *sein* im Präteritum und dem **Partizip** gebildet:
*Paula **hatte** ihre Schularbeiten **gemacht**. – Sie **war** zum Schwimmen **gegangen**.*
Das Plusquamperfekt wird vor allem dann verwendet, wenn ein Ereignis in der Vergangenheit **schon abgeschlossen** ist:
*Als (Nachdem) Paula ihre Schularbeiten **gemacht hatte**, ging sie zum Schwimmen.*

INFO

5 Forme die Verben ins Plusquamperfekt um und schreibe den Text auf.

Nachdem Elias am Morgen sein Rad aus dem Schuppen (holen), bemerkte er einen Platten. Am Nachmittag fand er das Buch nicht, das er aus der Bücherei (ausleihen). Nachdem er es (finden), wollte er darin lesen. Da merkte er, dass er seine Brille (verlegen). Nachdem er das Licht (ausmachen), schlief er ein. Als er (einschlafen), träumte er auch noch einen bösen Traum.

6 Forme die Verben ins Präteritum und Plusquamperfekt um und schreibe den Text auf.

Nachdem Elias am Morgen sein Rad aus dem Schuppen (holen), (bemerken) er einen Platten. Am Nachmittag (finden) er das Buch nicht, das er aus der Bücherei (ausleihen). Nachdem er es (finden), (wollen) er darin lesen. Da (merken) er, dass er seine Brille (verlegen). Nachdem er das Licht (ausmachen), (einschlafen) er. Als er (einschlafen), (träumen) er auch noch einen bösen Traum.

Die Wortarten

Das Futur I und das Futur II

1 Alle diese Sätze sagen etwas über die Zukunft: von morgen bis nächsten Dienstag.
Forme sie in das Futur um, sodass *werde, werden, wirst, wird* … darin vorkommen:
a) Morgen werden wir gemeinsam unsere Hausaufgabe vorbereiten.
b) Du wirst …

Hausaufgabe
a) Morgen bereiten wir gemeinsam unsere Hausaufgabe vor.
b) Du bringst am besten die Tageszeitung mit dem Wetterbericht mit.
c) Dann schreiben wir nach dieser Vorlage eine witzige Wettervorhersage.
d) Ich tippe sie in meinen Computer.
e) Danach gebe ich das Blatt meiner Mutter.
f) Die hat es bis Montag sicherlich kopiert.
g) Das klappt schon!
h) Am Dienstag zeigen wir unseren witzigen Wetterbericht dann allen in der Klasse.
i) Die wundern sich vielleicht!

2 Lest euch eure Sätze vor. Welche Sätze klingen im Futur besser? Welche würdet ihr auf keinen Fall im Futur sagen? Sprecht darüber.

3 Wenn ihr nur einen einzigen dieser Sätze im Futur sagen solltet, welchen würdet ihr dann auswählen? Wählt ihr alle denselben Satz?

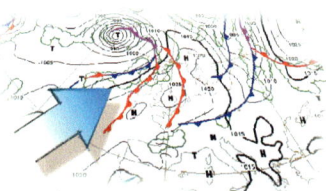

Das Futur I und das Futur II

Das **Futur I** wird mit dem Hilfsverb **werden** und dem **Infinitiv** gebildet: *Ich werde morgen kommen.*
Das Futur weist darauf hin, dass etwas in der **Zukunft** geschieht.
Meistens wählt man stattdessen aber eher das Präsens: *Ich komme morgen.*
Das Futur II wird mit den Hilfsverben **werden** und **sein** oder **werden** und **haben** und mit dem **Partizip** gebildet:
Er wird doch nicht bei Rot über die Ampel gefahren sein? Das wird doch wohl keiner gesehen haben?
Das Futur II weist darauf hin, dass etwas in der Zukunft **abgeschlossen** ist.
Meistens wählt man stattdessen aber eher das Perfekt:
Er ist doch wohl nicht bei Rot über die Ampel gefahren? Das hat doch wohl keiner gesehen?

4 Schreibe folgende Sätze neu auf:
im Futur I: Wir geben uns richtig Mühe dabei.
im Futur II: Wir haben das bis morgen Abend sicher geschafft.

5 Sammelt gemeinsam einige Alltagssätze, die im Futur I vorkommen: *Du wirst schon sehen! …*

6 Forme die folgenden Sätze, die im Perfekt stehen, ins Futur II um.
- Orientiere dich am Beispiel im Infokasten.
- Vergleicht anschließend eure Lösungen.

Bis morgen habe ich das alles erledigt.
Du hast dir doch sicher etwas dabei gedacht!
Du hast doch hoffentlich die Mail nicht gelöscht!

Die Wortarten

Verben lassen sich zu Wortfeldern ordnen

1 Sammelt in Gruppen andere Ausdrücke zu den folgenden Verben, die ungefähr das Gleiche bedeuten.
sagen: sprechen, antworten, ...
laufen: rennen, joggen, ...
sehen: anschauen, beobachten, ...
verspotten: verhöhnen, veräppeln, ...

2 Stellt zu jedem Verb aus Aufgabe 1 eine **WORTSCHATZ**-Liste zusammen.

3 In dem folgenden Text wird ständig das Verb *essen* wiederholt. Setzt Wörter aus dem **WORTSCHATZ** ein, die anschaulicher sind.

Geburtstagsessen

Auf der Geburtstagsparty von Ben gab es eine riesige Torte. Bens Mutter sagte, wir sollten kräftig *essen*[1]. Am Abend gab es dann Kartoffelsalat. Wir konnten mächtig *essen*[2]. Laura *aß*[3] sage und schreibe drei große Portionen. Aber andere *aßen*[4] nur vorsichtig davon. Moritz, der Feinschmecker, *aß*[5] vor
5 allem die verschiedenen Würstchen, und Mary *aß*[6] an einem Maiskolben herum. Sie *aß*[7] mal von der einen und dann von der anderen köstlichen Speise. Alex *aß*[8] laut vor sich hin und freute sich, dass er heute einmal so richtig *essen*[9] konnte. Ich warnte ihn noch, er solle nicht so unvorsichtig *essen*[10], doch da *aß*[11] er schon wieder eine Bratwurst. Am Schluss hielt er
10 sich den Bauch und stöhnte: „Warum habe ich nur so viel *gegessen*[12]! Ich bin so voll, dass ich nicht mal mehr das schöne Eis *essen*[13] kann." Ich selbst *aß*[14] zum Schluss noch einen großen Becher Eis. Das schmeckte vielleicht!

WORTSCHATZ

essen
futtern
genießen
hinunterschlingen
kauen
knabbern
kosten
mampfen
probieren
reinhauen
sich reinziehen
runterkriegen
schlemmen
schlingen
schmatzen
speisen
verdrücken
verspeisen
vertilgen
zulangen
zu sich nehmen

Wortfeld

Ein **Wortfeld** ist eine **Gruppe von Wörtern,** die sich **in ihrer Bedeutung ähnlich** sind. Wer viele solcher Wörter kennt, kann Tätigkeiten und Dinge **genauer, anschaulicher** und **abwechslungsreicher** beschreiben.

INFO

4 In jeder Zeile stehen Verben, die zu einem bestimmten Wortfeld gehören. Aber ein Verb passt jeweils nicht hinein und gehört in ein anderes Wortfeld. Schreibe die Wortfelder richtig auf.

stehlen: abstauben, entwenden, klauen, rauben, stänkern, stibitzen, wegnehmen
lügen: betrügen, bluffen, faseln, flunkern, irreführen, mopsen, täuschen
lachen: grinsen, jauchzen, jubeln, lächeln, plärren, schmunzeln, strahlen
weinen: flennen, heulen, jammern, kichern, schluchzen, schreien, wimmern
streiten: anbrüllen, sich anlegen, aneinandergeraten, schwindeln, verkrachen, zanken, zürnen

Die Wortarten
Verben können das Aktiv und das Passiv bilden

Der Schiedsrichter pfiff das Spiel ab.   – Das Spiel wurde abgepfiffen.
Die Grünweißen gewannen das Spiel.   – Das Spiel wurde gewonnen.
Das Publikum bejubelt die Champions.   – Die Champions werden bejubelt.

1 Versucht einmal zu formulieren, worin sich die Sätze links und rechts unterscheiden.

2 Formt auch diesen Satz in einen zweiten um, so wie in den drei Beispielen oben.
Die Zuschauer feiern den Sieger. – …

Aktiv und Passiv

Ein Satz im **Aktiv** gibt in der Regel **drei Informationen**:
1. **Wer** etwas tut: *Die Fans*
2. **Was** er tut: *feiern*
3. **Wen** die Tätigkeit betrifft: *den Gewinner.*

Das **Aktiv** muss den, der etwas tut, **benennen**:
Die Fans feiern den Gewinner.

Ein Satz im **Passiv** gibt in der Regel nur **zwei Informationen**:
1. **Wen** die Tätigkeit betrifft: *Der Gewinner*
2. **Was** getan wird: *wird gefeiert.*

Das **Passiv** kann auf den, der etwas tut, **verzichten**:
Der Gewinner wird **(von den Fans)** *gefeiert.*

Das Passiv wird mit **werden (wird / wurde)** und dem *Partizip* gebildet: *Der Gewinner* **wird** *gefeiert*.

Verkehrskontrolle

Die Polizei führte gestern auf der B 3 eine Verkehrskontrolle durch.
Vor allem die Radfahrer überprüfte die Polizei.
Dabei kontrollierte die Polizei, ob die Räder in Ordnung sind.
Viele Radfahrer ermahnte die Polizei.
Einige Fahrräder zog die Polizei sogar aus dem Verkehr.

3 In diesen Sätzen wird *die Polizei* ständig wiederholt. Dabei ist es doch klar, dass das alles von der Polizei durchgeführt wird. Formuliert die Sätze ins Passiv um, sodass *die Polizei* nicht dauernd vorkommt. Das geht am besten, wenn ihr die Sätze mit den Wörtern *wurde, wurden* bildet:
Gestern wurde auf der B 3 eine Verkehrskontrolle durchgeführt. Vor allem die Radfahrer …

4 In diesen Sätzen stehen immer die *Großen* und *Starken* im Subjekt. Forme die Sätze ins Passiv um, dann stehen die *Kleinen* und *Schwachen* am Anfang. Und dann reimt sich das Ganze sogar:
Kleine werden von Großen gejagt.
Arme werden …
Schwache werden …

Immer auf die Kleinen
Große jagen Kleine.
Reiche verklagen Arme.
Starke verpetzen Schwache.
Füchse hetzen Hasen.
Hähnchen killen Raupen.
Menschen grillen Hähnchen.

Klassenaufsatz

Am Mittwoch schreiben *die Schüler* einen Klassenaufsatz.
Den Aufsatz schreiben *die Schüler* in den ersten beiden Stunden.
Nach zwei Stunden sammelt *die Lehrerin* die Aufsätze ein.
Meistens gibt *die Lehrerin* die Arbeiten am darauffolgenden Montag zurück.
Dann lobt *die Lehrerin* gewöhnlich eine besonders gelungene Arbeit.
Manchmal liest *die Lehrerin* auch etwas daraus vor.
Die Ergebnisse erwarten *die Schüler* immer mit großer Spannung.

5 In diesen Sätzen werden *die Schüler / die Lehrerin* ständig wiederholt.
In Passivsätzen ist es möglich, diese Wiederholungen zu vermeiden.
Forme die Sätze ins Passiv um. Lass dabei *die Schüler* und *die Lehrerin* weg.
Am Mittwoch wird ein Klassenaufsatz geschrieben. Der Aufsatz wird …

6 Forme im folgenden Text alle Sätze ins Passiv um. Lass dabei die unterstrichenen Satzglieder weg:
Gestern Abend wurden in der Goethestraße zwei Automaten aufgebrochen. Die Polizei wurde …

7 Forme im folgenden Text alle Sätze ins Passiv um. Lass dabei jeweils denjenigen weg, der etwas tut:
Gestern Abend wurden in der Goethestraße zwei Automaten aufgebrochen. …

8 Forme im folgenden Text alle Sätze ins Passiv um. Entscheide bei jedem Satz, ob du denjenigen weglassen willst, der etwas tut:
Seit einigen Wochen wird die Stadt Göttingen (von Einbrechern) in Unruhe versetzt. …

Einbrecher am Werk 1
Göttingen. Gestern Abend brachen in der Goethestraße <u>Unbekannte</u> zwei Automaten auf. Davon benachrichtigte <u>ein Zeuge</u> gegen 01:00 Uhr die Polizei. Zwei Stunden später meldete <u>man</u> einen weiteren Einbruch. Diesmal schlugen <u>die Täter</u> die Scheibe eines Geschäftes ein. Auch diesmal beobachteten <u>Zeugen</u> die Einbrecher. Noch in derselben Nacht nahm <u>die Polizei</u> die Täter fest.

Einbrecher am Werk 2
Göttingen. Gestern Abend brachen Unbekannte zwei Automaten in der Goethestraße auf. Ein Zeuge benachrichtigte gegen 01:00 Uhr die Polizei davon. Einen weiteren Einbruch meldete man zwei Stunden später. Die Täter schlugen diesmal die Scheibe eines Geschäftes ein. Auch diesmal beobachteten Zeugen die Einbrecher. Die Polizei nahm die Täter noch in derselben Nacht fest.

Einbrecher am Werk 3
Göttingen. Seit einigen Wochen versetzen Einbrecher die Stadt Göttingen in Unruhe. Am gestrigen Abend brachen Unbekannte mehrere Autos auf. Gegen 01:00 Uhr benachrichtigte ein Zeuge die Polizei davon. Zwei Stunden später meldete ein Unbekannter einen weiteren Einbruch. Die Täter schlugen diesmal die Scheibe eines Geschäftes ein. Wieder beobachteten Zeugen die Einbrecher dabei. Die Polizei konnte die Täter noch in derselben Nacht festnehmen.

Die Wortarten

Verben können den Konjunktiv I bilden

Lukas sagte: „Ich bin krank und kann nicht trainieren."
Lukas sagte, er sei krank und könne nicht trainieren.

1 Die beiden Sätze sagen dasselbe aus – aber einmal in wörtlicher Rede und einmal in indirekter Rede. Beschreibt die Unterschiede so genau wie möglich:
- Was wird aus dem *Ich* der wörtlichen Rede?
- Was wird aus den Verbformen *bin* und *kann*?

2 Wie würde dieses Beispiel in indirekter Rede aussehen?
Formuliert es um.
Lukas sagte: „Ich finde das schade. Aber ich muss zu Hause bleiben."

Der Konjunktiv I

INFO

Der **Konjunktiv I** ist die Form der **indirekten Rede**.
Wörtliche Rede: Er sagte: „**Ich bin** krank und **kann** nicht trainieren."
Indirekte Rede: Er sagte, **er sei** krank und **könne** nicht trainieren.

Dabei wird aus der **Ich-** oder **Du-**Form die **Er-** oder **Sie-** Form:
Der Trainer sagte: „Dann **muss** **ich** eben auf **dich** verzichten."
Der Trainer sagte, dann **müsse** **er** eben auf **ihn** verzichten.
Das Verb im Konjunktiv I besteht aus dem **Infinitiv ohne -n**: *sein → sei, müssen → müsse*.

3 Forme die wörtliche Rede von Emma in indirekte Rede um.
Dabei musst du sie so verändern:
Für *ich* → schreibe *sie*,
für *du* → schreibe *er*,
für *mich* → schreibe *sie*.
Und *kann* und *muss* musst du in den Konjunktiv I umformen: *könne* und *müsse*.

Emma, die Ersatzspielerin sagte:
„**Ich** werde Lukas in der gemischten Mannschaft vertreten.
Ich glaube, **ich** kann das ganz gut.
Ich schieße auch ganz bestimmt ein Tor.
Du musst **mich** nur richtig anfeuern!"

4 Forme die wörtliche Rede von Emma in indirekte Rede um.
Orientiere dich dabei an den Regeln im Infokasten.

Emma, die Ersatzspielerin sagte:
„In der gemischten Mannschaft werde ich Lukas vertreten.
Ich bin sicher, ich kann das ganz gut.
Vielleicht gelingt es mir auch, ein Tor zu schießen.
Du musst mich nur mit deiner Stimme richtig anfeuern."

Die Wortarten

Verben können den Konjunktiv II bilden

Ich habe schwarze Haare. – Aber ich hätte gern blonde Haare.
Ich bin leider klein. – Aber ich wäre gern groß.
Ich spreche leider ziemlich schlecht Englisch. – Aber ich spräche es gern perfekt.

1 Schaut euch die Satzpaare an. Worin unterscheiden sie sich:
- in dem, was sie ausdrücken?
- in der Art, wie die Verben gebildet sind?

2 Bilde selbst Parallelsätze:
Ich habe blaue Augen. – Aber ich ... gern braune Augen.
Ich ... leider ziemlich unsportlich. – Aber ich ... gern sportlich.
Leider ... ich erst übermorgen zu dir. – Lieber ... ich schon morgen.

3 Setzt für die *kursiv* gedruckten Verben die Verbformen ein, die am Rand stehen. Warum hört sich das eigentlich besser an? Sprecht darüber.

Wünsche

Ich heiße Dolly Wüst und habe wuschelige schwarze Haare.
Ich *finde* aber einen anderen Namen besser.
Dann *ruft* mir niemand mehr nach: „Da kommt die wüste Dolly!"
Gut *gefällt* mir zum Beispiel der Name Katharina.
Und als Familiennamen *nehme* ich gern den Namen Sonntag an.
Dann *heiße* ich Katharina Sonntag.
Das *klingt* doch viel schöner als Dolly Wüst.
Und natürlich *habe* ich lieber lange blonde Haare.
Dann *bin* ich die schöne, blonde Katharina Sonntag.

fände
gefiele
hätte
hieße
klänge
nähme
riefe
wäre

> ### Konjunktiv II
>
> Den **Konjunktiv II** verwenden wir oft in Sätzen, die einen **Wunsch** ausdrücken:
> *Ich **hätte** gern ..., Ich **wäre** gern ..., Ich **ginge** am liebsten ...*
>
> Den Konjunktiv II bildet man aus dem **Präteritum** der Verben, denen man ein **-e anfügt**:
> *ich hieß → ich **hieße** gern ..., ich ging → ich **ginge** gern ...*
>
> Viele Verben im Konjunktiv II werden mit einem **Umlaut** gebildet:
> *hatte → **hätte**, war → **wäre**, fand → **fände**, gewann → **gewänne**, konnte → **könnte**, ...*

INFO

4 Setze in den folgenden Sätzen für die *kursiv* gedruckten Verben passende Formen im Konjunktiv II ein: *gelänge, gewännen, hätten, könnten, müssten, täte, wäre, wüsste.*

5 Forme in diesen fünf Sätzen die *kursiv* gedruckten Verben in den Konjunktiv II um. Orientiere dich am Infokasten, wie diese Formen gebildet werden.

Wenn wir das Spiel *gewinnen*, dann *haben* wir unser großes Ziel erreicht. Wir *können* dann zum Finale nach Köln fahren. Und wenn mir dann auch noch ein Tor *gelingt*, dann *weiß* ich vor Freude nicht, was ich *tue*. Aber erst einmal *müssen* wir morgen gewinnen. Das *ist* jedenfalls wichtig!

Die Wortarten

Formen des Verbs festigen

Zeitformen

1 Verwende in jedem Satz eine der Zeitformen, die rechts am Rand stehen. Wenn du die passende auswählst, dann wird der Text besser.

Gestern *bin* ich auf den Blocksberg *gegangen*.	Präteritum / Präsens
Ich *habe* mir den großen Lenkdrachen *mitgenommen*.	Präsens / Präteritum
Ich *habe* noch *gedacht*:	Präteritum / Plusquamperfekt
Bei diesem Wind *fliegt* er bestimmt gut!	Präteritum / Futur I
Einige Zuschauer *haben* mir gespannt *zugesehen*.	Präteritum / Futur I
Doch was dann *passierte*,	Präsens / Perfekt
haute mich um.	Perfekt / Präsens
Da ich den Drachen an meinem Gurt nicht richtig *festgebunden habe*,	Plusquamperfekt / Präteritum
hat mir eine Windböe das Ding aus den Händen *gerissen*.	Futur I / Präteritum
Ich *wollte* gerade noch nach den Schnüren *greifen*,	Präsens / Perfekt
da *flog* ich auch schon kopfüber in die Brennnesseln,	Plusquamperfekt / Präsens
und der Drachen *ist* in einem hohen Baum *gelandet*.	Präsens / Futur I
Ich *ärgerte* mich vielleicht!	Futur I / Perfekt
Was *haben* sich die Zuschauer wohl bei diesem Anblick *gedacht*?	Präsens / Futur II

Aktiv – Passiv

2 Forme die Aktiv-Sätze des Rezepts ins Passiv um. Dabei sollen das *man* und das *du* entfallen.

Zuerst schneidet *man* Äpfel und Birnen in kleine Stücke.
Dann gibst *du* Rosinen hinzu.
Du streust über die Mischung einige Walnusskerne.
Und dann übergießt *du* das Ganze mit etwas Orangensaft.
Zum Schluss würzt *man* den Salat noch mit frischen Pfefferminzblättern. Lecker!

Konjunktiv II

3 In den folgenden Sätzen kommt ständig *würde* vor. Wähle für die unterstrichenen Verben den Konjunktiv II: *Wenn ich etwas mehr Taschengeld bekäme,* …

Wenn ich etwas mehr Taschengeld bekommen *würde*,
würde ich manchmal ins Kino gehen.
Dann *würde* ich mir öfter Filme in 3D ansehen.
Das *würde* ich super finden!
Vielleicht *würde* ich dann sogar meine Freundin mitnehmen.
Ich *würde* ihr die Eintrittskarte ausgeben.
Und sie *würde* endlich einmal einen 3D-Film sehen können.
Wir *würden* dann eine Riesentüte Popcorn essen
und *würden* bestimmt viel Spaß zusammen haben.

Die Wortarten

Überprüfe dein Wissen und Können

Wettlauf mit dem Löwen
1) Zwei Abenteurer übernachteten in der Wildnis Afrikas.
2) Sie suchten sich einen ruhigen Platz.
3) Und sie haben ihn auch unter einem Baum gefunden.
4) Der Platz sah aus wie ein kleines Stadion.
5) Hier also werden sie sicher übernachten!
6) Nachdem sie ihr Zelt aufgeschlagen hatten,
7) legten sie sich auf ihre Luftmatratzen.
8) Und dann schliefen sie ein.

1 Schreibe auf, welches das Basistempus in diesem Text ist.

2 Nenne die Zeitformen, die in diesen Sätzen vorkommen:
1) *Präteritum,* 2) …

3 Schreibe die folgenden Sätze in den angegebenen Zeitformen auf.

9) Plötzlich … der eine von ihnen … .	*aufwachen*	Präsens
10) Er … den Platz neben sich leer.	*sehen*	Präsens
11) Wohin … denn mein Kumpel …?	*laufen*	Perfekt
12) Nachdem er das Zelt … …,	*öffnen*	Plusquamperfekt
13) … er,	*sehen*	Präteritum
14) wie der andere draußen in dem Flussbett herum… .	*herumlaufen*	Präsens
15) Und hinter ihm her … ein Löwe.	*springen*	Präsens
16) Da … doch wohl kein Unglück …!	*passieren*	Futur I
17) Er … einen unheimlichen Schreck … .	*kriegen*	Perfekt

4 In den folgenden Sätzen sollst du selbst entscheiden,
in welchen Zeitformen du die Verben einsetzen möchtest.

18) Er (schreien) seinem Kumpel zu: 19) „Ich (holen) meine Flinte, dann (retten) ich dich!"
20) Doch der andere (rufen) zurück: 21) „Ich (brauchen) dich nicht.
22) Der Löwe (kriegen) mich nie und nimmer! Ich (haben) nämlich zwei Runden Vorsprung."

5 In welcher Zeitform stehen die letzten vier Sätze? Schreibe auf:
23) …, 24) …, 25) …, 26) …

23) Wie das Ganze ausgegangen ist,
24) werden wir nie erfahren.
25) Wahrscheinlich wird der Löwe den Vorsprung bald aufgeholt haben.
26) Doch der eine Abenteurer wird seinem Kumpel dann doch noch geholfen haben.

Probleme erkennen – Einsichten gewinnen

Wortbildung
Mit Präfixen kann man neue Verben bilden

laufen: anlaufen – auslaufen – einlaufen – überlaufen – weglaufen

1 Was passiert eigentlich mit dem Verb *laufen*, wenn man ihm Präfixe (Vorsilben) voranstellt? Sprecht darüber: *Mein T-Shirt ist eingelaufen. Ich habe mich verlaufen. Die Zeit ist abgelaufen.*

2 Bildet hier mit den Verben möglichst viele Wörter, die ihr kennt, indem ihr Präfixe voransetzt: *ablaufen, anlaufen, auflaufen, …*

				I	*II*	*III*
ab-	an-	auf-	aus-	laufen	fallen	schreiben
be-	ein-	ent-	er-	sehen	brechen	lassen
mit-	nach-	über-	um-	lesen	gehen	tragen
ver-	weg-	zer-	zu-	geben	sprechen	fassen

3 Wie viele Verben könnt ihr auf diese Weise mit dem Verb *malen* bilden? Sammelt sie.

4 Versucht einmal, mit dem Verb *malen* ein neues Verb zu bilden, das es noch nicht gibt. Probiert dazu verschiedene Präfixe aus.
Unterhaltet euch darüber, welche Bedeutung es haben könnte.

INFO

Präfixe (Vorsilben)

In unserer Sprache entstehen immer wieder Verben mit unterschiedlicher Bedeutung.
Viele Verben entstehen dadurch, dass man an schon vorhandene Verben **Präfixe** voranstellt.
Aus dem Verb **geben** werden dann die Verben **abgeben** oder **ausgeben**.
So erhalten Verben durch **Präfixe** meistens eine **andere Bedeutung**.

5 Wenn ihr die Verben zwischen den Sätzen austauscht, werden sinnvolle Sätze daraus:
Der Dieb wollte die Tat nicht *aufgeben*.
Der Läufer musste vor Erschöpfung kurz vor dem Ziel *nachgeben*.
Am Ende der Stunde müssen alle ihre Arbeiten *zugeben*.
Mary wollte im Streit mit ihrer Schwester absolut nicht *abgeben*.
Das Haus ist mit einer hohen Mauer *vergeben*.
Laura hat ihrem Bruder seine Lügen *umgeben*.

6 Bei manchen Verben mit Präfixen kann man nur an der Betonung erkennen, was gemeint ist. Lest euch die Sätze vor und achtet darauf, wie ihr die Wörter mit *um-* betont.
Ich lasse mich von dir doch nicht mit dem Fahrrad **umfahren** – du musst mich **umfahren**!
Man kann ein Haus mit einer Mauer **umbauen** – man kann es aber auch ganz und gar **umbauen**.
Die Krähe **umflog** den Turm – der Sturm aber wehte so sehr, dass der Turm **umflog**.
Die Schüler **umlaufen** die Eckfahne – sie dürfen sie dabei aber nicht **umlaufen**.

Wortbildung

Mit Suffixen kann man andere Wortarten bilden

*lass*en *end*en *brumm*en *fließ*en
*droh*en *prüf*en *füll*en *mal*en

1 Aus diesen Verben werden Adjektive und Nomen, wenn ihr an den Wortstamm Endungen anhängt:
*end*en: endlich, Endung …
Manchmal bekommt dabei der Wortstamm einen Umlaut:
*lass*en: lässig, Lässigkeit …

-spiel- -spann- -dank- -kleid- -train-

2 Bildet mit diesen Wortstämmen möglichst viele Nomen, Verben und Adjektive.
Ihr könnt dabei auch Präfixe (Vorsilben) anfügen:
spiel: Spieler, verspielen, spielerisch …

WORTSCHATZ

Endungen für Nomen:
-er
-heit
-ion
-ing
-keit
-nis
-schaft
-ung

Endungen für Adjektive:
-bar
-end
-erisch
-haft
-ig
-isch
-lich
-sam

Endungen für Verben:
-eln
-en
-ieren

Suffixe (Nachsilben)

In unserer Sprache entstehen neue Wörter auch dadurch, dass man an einen **Wortstamm Suffixe** anfügt. Auf diese Weise kann man Wörter bilden, die zu **verschiedenen Wortarten** gehören.
So werden aus dem Wortstamm *-les-* die Adjektive **les*bar*** und **les*erlich*** oder die Nomen **Les*er*** und **Les*ung***.

INFO

3 In diesem Text sind an viele Wörter unpassende Präfixe und Suffixe angefügt. Bildet die richtigen Wörter.
Meine Freundin Emma ist eine ausgezeichnete Fußballspielerin. …

Glück und Pech

Meine Freundin Emma ist eine *ab*gezeichnete Fußballspielerin. Spieler*lich* ist sie in Topform, und in jedem Spiel ist sie mit vollem *Er*satz dabei. Als Mittelstürmerin ist sie natür*bar* vollständ*lich* fürs Toreschießen zuständ*sam*. Im gest*lichen* Spiel gegen die 7b *ent*hielt sie kurz vor dem Strafraum den Ball. Und ohne lange *anzu*-
5 denken, *be*suchte sie das Ding aufs Tor zu donnern. Die Torfrau der 7b hatte die Situat*schaft* falsch *ver*urteilt und konnte den Schuss nicht *zu*halten. Die *Um*hänger unserer Mann*heit* *zer*schlungen sich vor Freude. Kurze Zeit später aber *über*ging ihnen der Spaß. Die Torschützin Emma musste wegen einer *Zer*letzung den Platz leider *ent*lassen. Emma hat sich aber schon wieder *über*holt und ist heute nicht
10 *um*glück*bar* über ihr Pech. Sie hatte uns immerhin den Sieg *ver*schert.

Die Satzglieder
Satzglieder kann man umstellen

Vulkane

a) Man findet fast überall auf der Welt Vulkane.
b) Die meisten von ihnen speien aber kein Feuer.
c) Sie sind also nicht mehr gefährlich.
d) Solche Vulkane findet man auch in Deutschland.
e) Der Vogelsberg gehört zum Beispiel zu ihnen.
f) Dieser Vulkan ist wahrscheinlich für alle Zeiten erloschen.
g) Der Ätna hingegen speit hin und wieder Feuer und Lava.
h) Die Menschen auf Sizilien fürchten ihn deswegen.
i) Sie beobachten aufmerksam die kleinsten Veränderungen an ihm.

1 Ihr erinnert euch vielleicht noch daran, welche Satzglieder es gibt: **Subjekt, Prädikat, Objekte** und **Adverbiale**.
- Welches Satzglied steht in diesem Text immer am Anfang der Sätze? Manchmal besteht es nur aus einem einzigen Wort, manchmal aus mehreren.
- Benennt das Satzglied und sagt, aus welchen Wörtern es besteht.

2 In Wirklichkeit sah dieser Sachtext etwas anders aus.
Im Lexikon standen nämlich manchmal andere Satzglieder am Anfang.
In welchen zwei oder drei Sätzen würdest du das auch tun?
Probiere es aus:
a) Fast überall auf der Welt findet man Vulkane. b) ..., c) ..., d) ..., e) ...

3 Lest euch eure umformulierten Sätze vor. Hört sich der Text jetzt besser an? Und warum?

4 Wie würdest du die letzten Sätze des Textes formulieren?
Schreibe sie so mit den einzelnen Satzgliedern auf,
dass sie gut an den Schluss des Textes passen:
j) nämlich – erwarten – sie – von dort oben – nicht nur Gutes
k) verehren – trotzdem – ihren Berg – sie – über alles
l) mit seiner Asche – spendet – nämlich – er – ihnen – fruchtbaren Boden

5 Vergleicht eure Sätze.

Satzglieder

Sätze bestehen aus **Satzgliedern**. Satzglieder sind einzelne oder zusammenhängende Wörter, die man im Satz **umstellen** oder an den **Anfang** eines Satzes **verschieben** kann. Im einzelnen **Hauptsatz** steht das **Subjekt** in der Regel am Anfang und das **Prädikat** an zweiter Stelle. In **Texten** aber stehen vielfach **andere Satzglieder** am Satzanfang. So erhalten die Sätze einen besseren **Zusammenhang**.

6 Erinnert ihr euch noch? Wie lauten die Subjekte in den Sätzen j)–l)?
Und wie lauten die Prädikate?

Die Satzglieder

Das Prädikat bildet den Kern des Satzes

1 Ihr erinnert euch: Das Prädikat eines Satzes besteht aus einem Verb. Manchmal besteht es auch aus Hilfsverb und Verb, und manchmal gehört noch ein zusätzliches Wort dazu. Nennt die Prädikate in den nächsten Sätzen:

Ein Wort: Alina kam schon müde in die Schule.
Zwei Wörter: Sie passte im Unterricht nicht richtig auf.
Drei Wörter: Ihre Freundin Stefanie hat sich dagegen mehr Mühe gegeben.
Ein Wort: Deswegen half sie ihrer Freundin am Nachmittag bei den Hausaufgaben.

2 Schreibe die folgenden Sätze ab und unterstreiche rot, was zu den Prädikaten gehört.
Für den nächsten Tag hatte Alina alles vorbereitet.
Sie zeigte ihr Heft der Lehrerin.
Die lobte sie.
Da hat sich Alina gefreut.
Sie hat sich bei ihrer Freundin Stefanie noch einmal bedankt.

3 Nehmen wir einmal an, du hörst nur das Verb *helfen*. Dabei fällt dir sicher *jemand* ein, der *hilft*, und *jemand*, auf den sich die Hilfe *richtet*. Schreibe einen ganz kurzen Satz auf, in dem nur das Verb *helfen* und die beiden Personen vorkommen.

4 Lest euch eure Sätze gegenseitig vor. Was habt ihr für Helfer genannt – und welche andere Person noch?

Das Prädikat

Das **Prädikat** besteht aus einem **Verb** und bildet den Kern eines Satzes.
Es steht in der Regel an **zweiter Stelle** im Satz: *Paula **tröstet** Alex.*
Ein **Prädikat** kann aus **einem** oder **mehreren Teilen** bestehen.
Alles, was zum **Verb** gehört, bildet das **Prädikat**:
*Alex **ist** traurig.   Sie **hat** ihr Handy **verloren**.   Vielleicht **bringt** es ihr jemand **zurück**.*

Zu einem **Prädikat** gehört stets ein **Subjekt**: *Alex ← weint.*
Zu vielen **Prädikaten** gehören außerdem ein oder zwei **Objekte**:
Paula ← tröstet → Alex.   Sie ← schenkt → ihr → etwas Schönes.

INFO

5 In den meisten Sätzen steht das Prädikat an zweiter Stelle.
Es kann aber auch an anderen Stellen stehen. Schaut euch die Sätze an:
***Kommst** du morgen?   Ich **wüsste** gern, ob du wirklich **kommst**.*
Im **Fragesatz** steht es …   Im **Nebensatz** steht es …

6 Bildet aus dem ersten Satz einen Fragesatz, aus dem zweiten einen Nebensatz mit *weil*:
Du gehst schon – du findest es langweilig bei uns.

Die Satzglieder

Das Subjekt ist der Ausgangspunkt einer Handlung

Manchmal besteht das Subjekt nur aus einem kleinen Wort:
Es regnet. Daran kann man doch nichts ändern! Gehst du trotzdem zum Training?

1 Welches sind die Subjekte in diesen drei Sätzen?

2 Manchmal ist es schwer, das Subjekt im Satz zu erkennen:
Manche Jungen wollen später einmal Pilot werden.
Tierärztin dagegen wollen viele Mädchen werden.

Stellt Vermutungen darüber an, welches die Subjekte in den beiden Sätzen sind.

Das Subjekt

Das **Subjekt** steht im **Nominativ**.
Das **Subjekt** ist in der Regel derjenige, von dem eine Handlung oder ein Vorgang ausgeht.
Man kann das **Subjekt** mit **wer** oder mit **was** erfragen:
Lukas spielt Gitarre.   **Wer** spielt Gitarre?   → *Lukas*.
Seine Lieder klingen gut.   **Wer** oder **was** klingt gut?   → *Seine Lieder*.

Das **Subjekt** stimmt in Singular und Plural mit dem **Prädikat** **überein**.
Daran kann man in der Regel auch erkennen, was das Subjekt eines Satzes ist:
Lukas spiel-**t** schöne Melodien.   *Seine Melodien* hör-**en** sich gut an.

3 Begründet mithilfe der Informationen im Kasten,
welches die Subjekte in den beiden Sätzen in Aufgabe 2 sind.

4 Schreibe die Sätze a)–e) ab.
Unterstreiche die Subjekte.
Achtung: Ein Satz bildet
eine der wenigen Ausnahmen, die es gibt; er hat kein
Subjekt!

a) Auf der Busfahrt ist ein Mann beim Bremsen hingefallen.
b) Verletzt lag er auf dem Boden.
c) Doch dem Mann wurde von anderen Passagieren sofort geholfen.
d) Sie richteten ihn wieder auf.
e) Wahrscheinlich war nur sein Ellenbogen verletzt.

5 Schreibe die Sätze rechts
ab. Unterstreiche die
Subjekte.

Subjekt gesucht: *Wer* tut hier eigentlich *was*?
Mehlwürmer frisst jede Forelle gern.
Diese Würmer steckt der Angler an den Angelhaken.
Den Haken verschlucken dann die Forellen.
Auf diese Weise fängt der Angler Forellen.
Die Forellen brät dann seine Frau in der Pfanne.
Eine gebratene Forelle mögen manche Menschen besonders gern.

6 Formuliere die Sätze aus
Aufgabe 5 so um, dass
immer das Subjekt am
Satzanfang steht.

Die Satzglieder
Adverbiale bezeichnen Zeit, Ort, Art und Weise und Grund

1 In keinem dieser Sätze steht ein Subjekt am Anfang. Erinnert ihr euch noch daran, wie die Satzglieder heißen, mit denen hier jeder Satz beginnt? Benennt sie.

Fledermäuse

In der Dämmerung kann man Fledermäuse in manchen Stadtparks gut beobachten.
Dort jagen sie ihre Beute die ganze Nacht hindurch.
In der Luft bewegen sie sich wie tollkühne Akrobaten.
Eine Zeit lang können sie sogar schweben.
Ganz fantastisch beherrschen sie jedoch auch den Zickzackflug.
Deswegen sehen sie auch wie kleine Gespenster der Lüfte aus.

2 Warum stehen hier wohl nicht die Subjekte am Satzanfang? Versucht einmal mündlich, in jedem Satz das Subjekt an den Anfang zu stellen. Dann könnt ihr sicherlich sagen, warum der Text oben besser wirkt.

3 Die Sätze a)–g) sind ganz anders gebaut als die Sätze am Anfang des Textes. Worin besteht der Unterschied?

a) Sie weichen <u>während des Flugs</u> Hindernissen geräuschlos aus.
b) Sie können <u>blitzschnell</u> die Flugrichtung ändern.
c) Sie können <u>mithilfe ihres Echolots</u> ihre Beute orten.
d) Sie stoßen beim Fliegen für den Menschen unhörbare Schreie aus.
e) Sie empfangen in kürzester Zeit dann das Echo ihres Beutetieres.
f) Sie fliegen sofort auf es zu und verzehren es.
g) Sie können auf diese Weise in einer Viertelstunde über 150 Insekten fangen.

4 Erprobt mündlich, andere Satzglieder an den Anfang zu verschieben, damit der Text einen besseren Zusammenhang erhält. Einige sind schon unterstrichen.

5 Schreibe den Text ab. Stelle dabei andere Satzglieder an den Anfang:
I Sätze a)–c), *II* Sätze a)–e), *III* alle Sätze.

Adverbiale

Es gibt vier Arten von Adverbialen:
1. des **Ortes** *(wo, wohin, woher?)*: *Fledermäuse wohnen **in Höhlen**.*
2. der **Zeit** *(wann, wie lange, seit wann?)*: ***Tagsüber** schlafen sie.*
3. der **Art und Weise** *(wie, auf welche Weise?)*: *Sie jagen **mithilfe ihres Echolots**.*
4. des **Grundes** *(warum, weswegen, wozu?)*: ***Wegen mangelnder Ruheplätze** sind sie gefährdet.*

Adverbiale eignen sich in Texten besonders gut dazu, **Beziehungen** zwischen den Sätzen herzustellen:
Fledermäuse sehen wie Mäuse aus. ← **Deswegen** *mögen viele Menschen sie nicht.*

INFO

---

6 Ordne die Adverbiale aus dem Text von Aufgabe 1 in die Tabelle ein:

Adverbiale des Ortes	Adverbiale der Zeit	Adverbiale der Art und Weise	Adverbiale des Grundes
in manchen Stadtparks …	in der Dämmerung …	gut …	…

Die Satzglieder

Objekte sind Zielpunkte einer Handlung

Franzi schenkte ihrem Vater zum Geburtstag einen Schneebesen.

1 Ermittle durch Umstellproben, wie viele Satzglieder dieser Satz hat. Schreibe dann die Sätze so auf, dass jedes Mal ein anderes Satzglied am Anfang steht. Auch ein Fragesatz sollte dabei sein:
Franzi / schenkte / …   Ihrem Vater / schenkte / Franzi / …   Zum Geburtstag / schenkte / …

2 Lest diesen Text vor. Stellt dabei immer eines der unterstrichenen Satzglieder an den Satzanfang.

Der Vater als Koch

a) Franzi schenkte ihrem Vater zum Geburtstag einen Schneebesen.
b) Ein solches Ding fehlt ihm noch in der Küche.
c) Er liebt nämlich das Kochen ganz besonders.
d) Er backt am liebsten Apfelkuchen.
e) Er könnte einen Schneebesen dafür gut gebrauchen.
f) Er kann damit seinen Eischnee schlagen.
g) Er könnte eigentlich auch den Mixer nehmen.
h) Er mag aber den Mixer nicht.
i) Er bereitet seine Sachen viel lieber mit der Hand zu.
j) Franzi wollte ihm mit dem Schneebesen deswegen zum Geburtstag eine besondere Freude machen.

3 Schreibe die Sätze ab. Entscheide, welches der unterstrichenen Satzglieder du jeweils an den Anfang der Sätze stellen möchtest:
I Sätze a)–d),   *II* Sätze a)–f),   *III* alle Sätze.

Die Objekte

Objekte sind anders als das Subjekt **Zielpunkte** einer Handlung:
Vater feiert → **seinen Geburtstag**.
Das Dativ-Objekt und das Akkusativ-Objekt sind die am häufigsten vorkommenden Objekte.
Das **Dativ**-Objekt kann man mit der Frage **wem** ermitteln.
Bei männlichen Nomen kann man den Dativ an der Endung **-em** erkennen:
Franzi schenkte (wem?) **ihrem Vater** *einen Schneebesen*.
Das **Akkusativ**-Objekt kann man mit den Fragen **wen** oder **was** ermitteln.
Bei männlichen Nomen kann man den Akkusativ an der Endung **-en** erkennen:
Franzi schenkte ihrem Vater (wen oder was?) **einen Schneebesen**.

4 Schreibe die Objekte aus dem Text „Der Vater als Koch" heraus.
In den Sätzen a) und j) sind es jeweils zwei Objekte, in den anderen Sätzen jeweils eines.
a) ihrem Vater (Dativ), einen Schneebesen (Akkusativ),
b) ihm …

○○●○ Gelerntes vertiefen und selbstständig anwenden

Objekte stehen selten am Anfang eines Satzes. Wenn sie aber dort stehen, dann werden sie besonders betont:

Vater sah sich den Schneebesen an – und sagte:
„<u>Diesen Schneebesen</u> wollte ich schon immer haben!"

5 Stelle im Text „Der Vater als Koch" in den Sätzen c), d), g) die Akkusativ-Objekte an den Anfang. Dann klingen die Sätze ganz besonders.

6 Im Text „Der Vater als Koch" kommen in vielen Sätzen auch Adverbiale vor.
Schreibe auf:
Adverbial der Zeit: a) zum Geburtstag …
Adverbial des Ortes: b) …
Adverbial der Art und Weise: c) ganz besonders …
Adverbial des Grundes: j) …

7 Schreibe den folgenden Text so auf, dass hin und wieder andere Satzglieder am Anfang stehen.
l Sätze a)–d), *ll* Sätze a)–h), *lll* alle Sätze.

Die Überraschung
a) Lea feiert <u>ihren Geburtstag</u> gern mit vielen Gästen.
b) Sie hat <u>ihre Freundinnen</u> mit dem Handy eingeladen.
c) Sie schrieb <u>ihrem Freund Torsten</u> einen richtigen Einladungsbrief.
d) Er musste <u>leider</u> absagen.
e) Lea fand diese Absage sehr enttäuschend.
f) Alle feierten dann Leas Geburtstag.
g) Torsten trat plötzlich ins Zimmer.
h) Er brachte ihr auch noch einen dicken Blumenstrauß mit.
i) „Ich wollte eigentlich wegen des Fußballspiels nicht kommen.
j) Es ist zum Glück ausgefallen", sagte er.
k) Lea hatte diese Überraschung nicht erwartet.

8 Fertige dir eine Tabelle an und setze die Satzglieder der Sätze a)–k) ein:

Subjekt	Prädikat 1. Teil	Adverbiale	Dativ-Objekt	Akkusativ-Objekt	Prädikat 2. Teil
Lea	feiert	gern		ihren Geburtstag	
		mit vielen Gästen			
Sie	hat	…		…	eingeladen

9 Schreibe aus den Satzgliedern die letzten beiden Sätze des Textes auf.
Achte darauf, welches Satzglied jeweils am Satzanfang stehen sollte.

l) SIE / DARÜBER / ECHT HAPPY / WAR
m) SIE / IN IHRE LIEBLINGSVASE / GLEICH / STELLTE / DEN BLUMENSTRAUß

Die Satzglieder

Die Stellung der Satzglieder im Deutschen und Englischen

Pech am Morgen, Pech am Abend!

Ich war allein zu Haus.   Gestern war ich allein zu Haus.
I   was alone at   home.   Yesterday I was alone at home.

1 Lest euch die beiden Sätze vor. Wie ist die Reihenfolge der Wörter im Deutschen und im Englischen?

2 Wenn man einen deutschen Satz mit einem Adverbial wie *gestern* beginnt, dann verschiebt sich das Subjekt an die Stelle nach dem Prädikat. Wie ist das im Englischen?

3 Wie sieht es hier mit der Reihenfolge der Wörter im Englischen und im Deutschen aus?

Ich wachte um sieben Uhr   auf.
I   woke up at   seven o'clock.

4 Der nächste Satz ist hier in Englisch und in der „wörtlichen" Übertragung abgedruckt.

So I   woke up much too late because nobody had   woken   me.
Also ich wachte auf viel zu spät,   weil   niemand hatte aufgeweckt mich.

Schreibt den Satz in richtigem Deutsch an die Tafel und macht die Unterschiede deutlich:
- Stellung der Satzglieder im **vorangestellten Hauptsatz**:
  Wo steht das Subjekt im Deutschen,
  wo im Englischen?
- Stellung der Wörter im **nachgestellten Nebensatz**:
  Wo steht das Prädikat im Deutschen,
  wo im Englischen?

5 Die folgenden Sätze müsst ihr selbst übersetzen. Einige Wortübersetzungen geben euch eine Hilfe. Schreibt die Sätze in deutscher Sprache auf. Vergesst die Kommas nicht!
Dann fuhr ich …, weil …   Leider hatte ich …, sodass …

Then I went to school   by bike   because I   had missed   the bus.
…   fuhr …   mit dem Rad …   verpasste hatte …

Unfortunately I had a puncture,   so that I had to push my bike.
Leider …   Reifenpanne …   musste … schieben …

6 Übersetzt die folgenden Sätze. Vergesst das Komma zwischen Haupt- und Nebensatz nicht!

Of course, I was late for class   that had already started.
Natürlich   ich kam zu spät zum Unterricht,   der …

After school I went home by bus because I didn't want to walk again.
…   fuhr …

I'm going to collect my bike in the evening together with my mother when she is back from work!
Ich werde   abholen …

✏ But when we arrived at school, my bike unfortunately was gone.
Aber …   ankamen …   weg …

It probably   was stolen because I didn't lock it up.
… wahrscheinlich …   abgeschlossen hatte

Sometimes a day turns out badly that already started sadly.
Manchmal …   endet unglücklich …   angefangen hatte traurig

7 Vergleicht die Stellung der Satzglieder im Englischen und im Deutschen. Ergänzt dabei im Infokasten, was in deutschen Sätzen anders ist.

Haupt- und Nebensätze im Englischen

a) Im **englischen Hauptsatz** kann das **Prädikat** an dritter Stelle im Satz stehen:
*Yesterday / I / **was** / alone / at home.*

b) Im **englischen Nebensatz** kann das Prädikat an vorletzter Stelle stehen:
*… because nobody / **had woken** / me.*

c) Im **englischen Hauptsatz** stehen die beiden Teile eines Prädikates direkt **hintereinander**.
*I / **woke up** / at seven o'clock.*

Haupt- und Nebensätze im Deutschen

a) Im **deutschen Hauptsatz** steht das **Prädikat** stets an ? Stelle:
*Gestern / **war** / ich / allein / zu Haus.*

b) Im **deutschen Nebensatz** steht das gesamte **Prädikat** stets an ? Stelle:
*…, weil niemand / mich / **aufgeweckt hatte**.*

c) Im **deutschen Hauptsatz** werden **zusammengesetzte** Prädikate **getrennt**, sodass die Vorsilbe ? steht:
*Ich / **wachte** / um sieben Uhr / **auf**.*

Die Satzglieder

Die Satzglieder im Überblick

Subjekt	Prädikat 1. Teil	Adverbial Zeit	Adverbial Ort	Adverbial Art	Adverbial Grund	Objekt Dativ	Objekt Akkusativ	Prädikat 2. Teil
a) Ich	habe	heute früh	...	...	...	...	...	verschlafen.
b) Ich	hatte	...	...	...	...	...	den Wecker	überhört.
c) Ich	zog	sofort	...	...	...	...	meine Klamotten	an.
d) Ich	aß	...	in der Küche	noch schnell	...	...	ein Brötchen.	
e) Ich	packte	...	...	etwas hektisch	...	...	meine Sachen	ein.
f) Ich	musste	dann	zum Schulbus	...	...	...	...	rennen.
g) Ich	hatte	...	...	...	vor Aufregung	...	mein Sportzeug	vergessen.
h) Ich	habe	...	in der Schule	...	...	dem Lehrer	die Sache	erklärt.
i) Ich	konnte	...	beim Turnier	...	trotzdem	...	...	mitmachen.
j) Ich	habe	vorher	...	...	...	mir	eine Baggy	ausgeliehen.

1 Lest euch den Text in der Tabelle erst einmal durch.

2 Sprecht darüber, was euch daran auffällt.

Die Satzglieder dieses Textes sind so angeordnet, wie sie normalerweise in einem Text stehen:
Subjekt – Prädikat 1. Teil – Adverbiale – Dativ-Objekt – Akkusativ-Objekt – Prädikat 2. Teil.

Satzglieder in ihrer Normalfolge machen aber noch keinen guten Text.
Der kommt erst dadurch zustande, dass man solche Satzglieder
an den Anfang setzt, mit denen man die Sätze besser miteinander verbinden kann.

3 Schreibe die Sätze so auf, dass der Text besser wird:
I die Sätze a), f), g), i),   *II* die Sätze a), c), e), f), g), i),   *III* alle Sätze.
Heute früh habe ich ...

4 Lest euch eure Sätze gegenseitig vor und vergleicht sie.

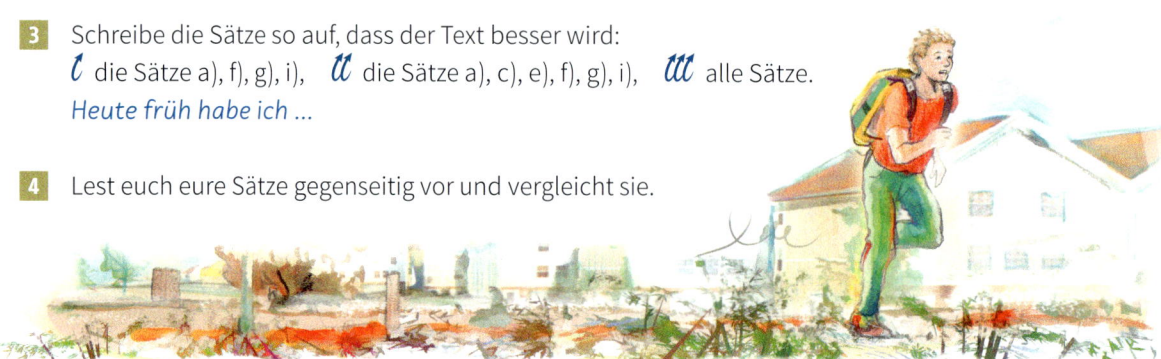

5 In dem Text fehlen am Schluss noch drei Sätze.
Schreibe die Sätze so auf, dass sie gut in den Text passen.
Dabei musst du einige Satzglieder umstellen.
k) Ich / fand / schrecklich / das Ding.
l) Die Hose / war / viel zu weit / mir.
m) Ich / habe / trotz dieser schlabberigen Baggy / zwei Tore / geschossen.

6 Zeichne dir eine etwas vereinfachte Tabelle auf.
Schreibe die Satzglieder der drei Sätze aus Aufgabe 5 in die Tabelle hinein.

Subjekt	Prädikat 1. Teil	Adverbiale	Objekte	Prädikat 2. Teil
Ich	fand	schrecklich	das Ding	
…	…	…	…	…
…	…	…	…	…

7 Ordne auch die folgenden Sätze in deine Tabelle ein:
n) Ich / vergesse / nächstes Mal / wieder / meine Sporthose / zu Hause.
o) Die schlabberige Baggy / hat / unserer Mannschaft / Glück / gebracht.

8 Ordne auch die folgenden Sätze in deine Tabelle ein:
n) Nächstes Mal vergesse ich wieder meine Sporthose zu Hause.
o) Unserer Mannschaft hat die schlabberige Baggy Glück gebracht.

9 Bilde aus den folgenden Wörtern, die nach dem Abc angeordnet sind, drei Sätze.
n) HAUSE ICH MAL MEINE NÄCHSTES SPORTHOSE VERGESSE WIEDER ZU
o) BAGGY DIE GEBRACHT GLÜCK HAT MANNSCHAFT SCHLABBERIGE UNSERER
p) BEHAUPTET DAS DEM HABEN JEDENFALLS MEINE MITSPIELER NACH TURNIER

10 Trage die Satzglieder dieser Sätze in deine Tabelle ein.

11 Lest euch jetzt den ganzen Text noch einmal vor.

Heute früh habe ich verschlafen. Ich hatte den Wecker überhört.
Sofort zog ich meine Klamotten an. In der Küche aß ich noch
schnell ein Brötchen. Etwas hektisch packte ich meine Sachen
ein. Dann musste ich zum Schulbus rennen. Vor Aufregung
hatte ich mein Sportzeug vergessen. In der Schule habe ich dem
Lehrer die Sache erklärt. Trotzdem konnte ich beim Turnier mitmachen. Vorher habe ich mir eine Baggy ausgeliehen. Ich fand
das Ding schrecklich. Die Hose war mir viel zu weit. Trotz dieser
schlabberigen Baggy habe ich zwei Tore geschossen. Nächstes
Mal vergesse ich wieder meine Sporthose zu Hause. Unserer
Mannschaft hat die schlabberige Baggy Glück gebracht. Das
haben jedenfalls meine Mitspieler nach dem Turnier behauptet.

Die Satzglieder
Adverbiale und Objekte

So sieht die Reihenfolge der Satzglieder in einem normalen deutschen Satz aus:
1. **Subjekt**
2. **Prädikat**
3. **Adverbiale: Zeit** vor **Ort** vor **Art und Weise** oder **Grund**
4. **Objekte: Dativ** vor **Akkusativ**
5. **Prädikat 2. Teil**.

Eva	las	gestern	in der Schule	mit viel Spaß	dem kleinen Paul	eine Geschichte	vor.
Subjekt	Prädikat	Adverbial: Zeit	Adverbial: Ort	Adverbial: Art und Weise oder Grund	Objekt: Dativ	Objekt: Akkusativ	Prädikat

1 Bilde einen Satz in der gleichen Folge mit diesen Satzgliedern:
mit einem Dankeschön / hat geschickt / Paul / danach / eine Mail / von unterwegs / dem Mädchen

2 Lies dir den folgenden Text zunächst einmal durch.
Schreibe dann die Sätze so auf, wie es jeweils darunter angegeben ist.

Zu Hause waren allein zwei Kinder.
    Subjekt – Prädikat – Adverbial der Art und Weise – Adverbial des Ortes
Ihr Pudel war bei ihnen.
    Adverbial des Ortes – Prädikat – Subjekt
Den Kindern wurde es bald langweilig.
    Adverbial der Zeit – Prädikat – Subjekt – Akkusativ-Objekt – Adverbial der Art und Weise
Alle drei gingen deswegen nach draußen.
    Adverbial des Grundes – Prädikat – Subjekt – Adverbial des Ortes
Stöckchen warfen die Kinder dort.
    Adverbial des Ortes – Prädikat – Subjekt – Akkusativ-Objekt
Immer wieder brachte der Pudel sie zurück.
    Subjekt – Prädikat – Akkusativ-Objekt – Adverbial der Zeit – Prädikat 2. Teil
Wurde der Pudel ganz dreckig im Matsch?
    Adverbial des Ortes – Prädikat – Subjekt – Adverbial der Art und Weise
Die Kinder steckten ihn deshalb in die Waschmaschine.
    Adverbial des Grundes – Prädikat – Akkusativ-Objekt – Subjekt – Adverbial des Ortes
Die Eltern kamen zurück in diesem Augenblick glücklicherweise.
    Adverbial der Art und Weise – Prädikat – Adverbial der Zeit – Subjekt – Prädikat 2. Teil
Das arme Tier befreiten die.
    Subjekt – Prädikat – Akkusativ-Objekt
Es hatte den Pudel schon einige Male herumgeschleudert.
    Akkusativ-Objekt – Prädikat – Subjekt – Adverbial der Zeit – Prädikat 2. Teil
Er war leider immer noch dreckig.
    Adverbial der Art und Weise – Prädikat – Subjekt – Adverbial des Grundes – Adverbial der Zeit

Die Satzglieder

Einen Text durch Umstellen von Satzgliedern verbessern

1 Lies dir diese Geschichte durch.

Taschendieb in New York

Ich kam eines Abends in New York etwas müde an.
Ich fand nach einigem Suchen auch bald ein Hotel.
Ich duschte mich sogleich im Hotelzimmer.
Ich machte danach einen Spaziergang durch die nächtlichen Straßen.
5 Ich schlängelte mich etwas mühsam durch die Menschenmassen hindurch.
Ich fühlte mich plötzlich im Gedränge von einem Fremden am Handgelenk angefasst.
Ich merkte im gleichen Augenblick mit Entsetzen, dass mir meine teure Armbanduhr fehlte.
Ich hielt den Fremden sofort an seinen Armen fest.
Ich herrschte ihn wütend an:
10 „Give me the watch!"
Der Fremde war vollkommen überrascht.
Er sah mich ängstlich an.
Er holte dann eine Armbanduhr aus der Jackentasche.
Er gab sie mir etwas zögerlich.
15 Er war gleich danach in der Menschenmenge verschwunden.
Ich kam nach einigen Umwegen in mein Hotelzimmer zurück.
Ich ging erschöpft ins Badezimmer, um mir den Schweiß aus dem Gesicht zu waschen.
Und was musste ich da sehen?
Ich sah meine Armbanduhr!
20 Sie lag auf dem Waschtisch!
Wer hier jemanden bestohlen hatte:
Ich war das also!
Und ich habe mich geschämt – aber wie!
Ich konnte die fremde Uhr leider nicht zurückgeben.

2 Fast jeder Satz dieser Geschichte beginnt mit dem Subjekt *Ich*.
Das liest sich nicht gut – und hört sich auch nicht gut an.
Verbessere den Text.
Verschiebe in den meisten Sätzen ein anderes Satzglied an den Satzanfang.
Forme zum Beispiel einen Satz wie
Ich war nicht gerade froh darüber!   um in:
Froh war ich darüber gerade nicht!   oder in: Darüber war ich nicht gerade froh!
Probiere aus, welches Satzglied du jeweils lieber an den Satzanfang verschieben würdest.

3 Lest euch eure überarbeiteten Texte vor – und vergleicht sie.

Die Satzglieder

Überprüfe dein Wissen und Können

1 Was bezeichnet man als **Satzglied**? Schreibe den richtigen Buchstaben auf:
   a) Die einzelnen Wörter eines Satzes.
   b) Teile eines Satzes, die man an den Satzanfang umstellen kann.
   c) Irgendwie zusammenhängende Wörter eines Satzes.
   d) Wörter, die man beim Lesen besonders betont.

2 Was kann das **Prädikat** eines Satzes sein? Schreibe die richtigen Buchstaben auf:
   a) Dasjenige Satzglied, das in der Regel an zweiter Stelle im Satz steht.
   b) Dasjenige Satzglied, das aus einem Verb besteht.
   c) Dasjenige Satzglied, das im Hauptsatz am Ende steht.
   d) Dasjenige Satzglied, das am Anfang des Satzes steht.

3 Schreibe den folgenden Satz auf und unterstreiche das **Prädikat**:
   Franzi hat ihrer Freundin bei den Hausaufgaben geholfen.

4 Welche Aussage trifft auf das **Subjekt** zu? Schreibe die richtigen Buchstaben auf:
   a) Das Subjekt steht im Akkusativ.
   b) Das Subjekt kann man mit *wer* oder *was* erfragen.
   c) Das Subjekt steht in der Regel am Anfang des Satzes.
   d) An Subjekt-Stelle steht in der Regel derjenige, von dem eine Handlung ausgeht.
   e) Das Subjekt kann aus einem Verb bestehen.

5 Schreibe aus den folgenden Sätzen die Subjekte heraus.
   Achtung: In einem Satz gibt es **kein** Subjekt!

   a) Ich wanderte mit meinem Vater in den Bergen.
   b) Da ging ein langer Weg steil bergauf.
   c) Er wurde immer steiler.
   d) Mir wurde auf dem Weg ganz schwindelig.
   e) Nach langem Klettern kamen wir beide endlich oben an.
   f) Wie herrlich war hier die Aussicht!

6 Verschiebe beim Aufschreiben die Subjekte an den Anfang:
   I Sätze a) und b),   *II* Sätze a)–d),   *III* alle Sätze.

   a) Eine Katze verfolgt der Hund.
   b) Beinahe hätte er sie gekriegt.
   c) Auf einen hohen Baum kann sie sich aber retten.
   d) Dort hinauf klettert sie.
   e) Vor dem Hund ist die Katze jetzt sicher.
   f) Sie kann dort oben kein Hund mehr stören.

7 Hier ist etwas durcheinandergeraten.
Schreibe auf, was zueinander passt:
Adverbial des Ortes: jetzt
Adverbial der Zeit: gern
Adverbial der Art und Weise: hier

8 Hier ist etwas durcheinandergeraten.
Schreibe auf, was zueinander passt:
Adverbial des Ortes: immer
Adverbial der Zeit: deswegen
Adverbial der Art und Weise: dort
Adverbial des Grundes: kaputt

9 Hier ist etwas durcheinandergeraten.
Schreibe auf, was zueinander passt:
Adverbial des Ortes: wegen des Regens
Adverbial der Zeit: über die Brücke
Adverbial der Art und Weise: am letzten Sonntag
Adverbial des Grundes: mit bloßen Füßen

10 Schreibe einen Satz auf, in dem ein Adverbial des Ortes und eines der Zeit vorkommen.

11 Schreibe einen Satz auf, in dem ein Akkusativ-Objekt vorkommt.

12 Schreibe einen Satz auf, in dem ein Dativ-Objekt vorkommt.

13 Schreibe einen Satz auf, in dem ein Dativ-Objekt und ein Akkusativ-Objekt vorkommen.

14 Unterstreiche beim Abschreiben das Akkusativ-Objekt:
Fischers Fritz fischt frische Fische.

15 Unterstreiche beim Abschreiben das Akkusativ-Objekt:
Schnecken fressen Igel gern.

16 Unterstreiche beim Abschreiben das Dativ-Objekt und das Akkusativ-Objekt:
Ihren Freundinnen gibt sie gern etwas ab.

17 Verschiebe beim Abschreiben eines der Objekte an den Satzanfang:
Mary feiert ihren Geburtstag gern mit vielen Gästen.
Sie hat allen ihren Freundinnen deswegen eine Einladung geschickt.
Aber der Termin passt leider ihrer besten Freundin nicht.

18 Bilde aus folgenden Wörtern einen Satz. Ergänze dabei die Artikel.
SCHENKT BUCH ONKEL GEBURTSTAGSKIND

Nachschlagen im Register der verwendeten Fachausdrücke

Nachschlagen im Register der verwendeten Fachausdrücke

Nehmen wir an, du möchtest wissen, wie man die **Zeichen der wörtlichen Rede** setzt. Dann musst du nicht das ganze Inhaltsverzeichnis durchforsten und das gesamte Buch durchblättern. Du suchst einfach im Register der Fachausdrücke das Stichwort **Wörtliche Rede**.

Wenn dir die Informationen unter diesem Stichwort nicht genügen, dann verweisen dich → Pfeile auf weitere Stichwörter wie → **Anführungszeichen**, → **Begleitsatz** und → **Redesatz** usw., unter denen du noch Genaueres über die wörtliche Rede erfährst.

Am Ende eines jeden Textes findest du dann noch einen Verweis auf eine oder mehrere Seiten im Buch selbst: → 240. Dort kannst du in den Infokästen nachlesen, wie die Zeichen der wörtlichen Rede zu setzen sind.

Anführungszeichen (Redezeichen): → Wörtliche Reden bestehen aus → Begleitsatz und → Redesatz. Der Redesatz steht in Anführungszeichen. → Punkt, → Frage- und → Ausrufezeichen stehen innerhalb der Anführungszeichen: *Sie sagte: „Ich komme morgen." – Sie fragte: „Kommst du morgen?" – Er sagte: „Toll, dass du kommst!"* Beim nachgestellten Begleitsatz fällt der Punkt im Redesatz weg: *„Es ist schön, dass du kommst", sagte sie.* → 240

Begleitsatz: Der Begleitsatz ist Teil einer → wörtlichen Rede. Im Begleitsatz steht, wer etwas sagt. Im → Redesatz steht, was einer sagt. Der Begleitsatz kann vor oder nach dem Redesatz stehen oder in ihn eingefügt sein. Nach dem *vorangestellten* Begleitsatz steht ein Doppelpunkt. (*Sie sagte: „Du bist meine beste Freundin."*) Der *eingeschobene* und *nachgestellte* Begleitsatz wird durch Kommas von der wörtlichen Rede abgetrennt. (*„Du bist meine beste Freundin", sagte sie. – „Du bist", sagte sie, „meine beste Freundin."*). → 240

Redesatz: Im Redesatz einer → wörtlichen Rede steht, was einer sagt. Im → Begleitsatz steht, wer etwas sagt. Der Redesatz steht in Anführungszeichen. *Sie sagte: „Da hast du aber großes Glück gehabt!"* → 240

1 Finde heraus, welches die zentralen Bestandteile einer **Inhaltsangabe** sind.

2 Du möchtest wissen, was eine Ballade von einem Gedicht unterscheidet. Lies unter den beiden Einträgen → **Ballade** und → **Gedicht** nach.

3 Du möchtest wissen, wie das **AIDA-Modell** funktioniert. Lies unter dem Stichwort nach. Und schau dann, was dazu im Buch auf Seite → 69 steht.

4 Dich interessiert, welche verschiedenen Arten von **Pronomen** es gibt. Lies unter dem Stichwort nach. Taste dich dann weiter voran zu → **Anredepronomen**, → **Possessivpronomen**, → **Personalpronomen** und → **Relativpronomen**.

5 Finde heraus, in welcher Zeitform du einen **Bericht** schreiben musst.

6 Wo kann ein **Nebensatz** im **Satzgefüge** stehen? Schau dir die entsprechenden Eintragungen und Verweise an.

Register der verwendeten Fachausdrücke

A

Adjektiv: Adjektive können die Eigenschaften von Dingen genauer bezeichnen *(schön, schnell, witzig …)*. Alle Wörter, die zwischen Artikel und Nomen stehen können, sind Adjektive: *das schnelle Auto.* Viele Adjektive können auch an anderen Stellen im Satz stehen: *Das Auto fährt schnell. Das Auto ist rot.* Die meisten Adjektive lassen sich → steigern: *groß, größer, am größten.* → 252, 253, 266, 267

Adverb: Adverbien sind Einzelwörter einer → Wortart. Sie machen Angaben zu Orten wie *oben, links, hinauf, dort …,* zu Zeiten wie *heute, immer, bald, dann …,* zur Art und Weise wie *gern, vielleicht, leider …* und zu Gründen wie *deswegen, trotzdem, meinetwegen …* → 252, 272

Adverbial: Adverbiale sind → Satzglieder. Sie können aus einzelnen → Adverbien, → Adjektiven oder längeren Ausdrücken bestehen. Es gibt 1. Adverbiale der Zeit (wann: *gestern,* seit wann: *seit gestern,* wie lange: *die ganze Zeit*), 2. Adverbiale des Ortes (wo: *auf dem Spielplatz,* wohin: *auf den Spielplatz,* woher: *vom Spielplatz*), 3. Adverbiale der Art und Weise (wie: *mit guter Laune, glücklich*). → 297

AIDA-Modell: Mit dem AIDA-Modell kann man die Funktionsweise von → Werbung erklären. Es ist in vier Stufen eingeteilt. 1. *Attention* (Aufmerksamkeit): Die Werbeanzeige versucht mithilfe eines → Eye-Catchers die Aufmerksamkeit des Betrachters „einzufangen". 2. *Interest* (Interesse): Das Interesse beim Betrachter soll geweckt werden. 3. *Desire* (Wunsch, Verlangen): Beim Betrachter soll der Wunsch entstehen, das beworbene Produkt besitzen zu wollen. 4. *Action* (Aktion): Der Betrachter soll handeln und das Produkt erwerben. → 69

Akkusativ (Wenfall): → Nomen und → Pronomen können im Akkusativ stehen. Den Akkusativ erkennt man am → Artikel. Nomen im Akkusativ erfragt man mit den Fragen *wen?* oder *was?*: was?: *den Brief,* wen?: *den Schüler.* → 258

Akkusativ-Objekt: Das Akkusativ-Objekt ist ein → Satzglied. Man kann es mit den Fragen *wen* oder *was* ermitteln: *Die Lehrerin lobt* (wen?) *den neuen Schüler. Der Spieler trifft* (wen? oder was?) *den Ball.* → 298

Aktiv: Die meisten deutschen Sätze stehen im Aktiv. Viele Aktiv-Sätze bestehen aus einem → Subjekt, in dem genannt wird, was jemand tut, und einem → Objekt, in dem genannt wird, worauf sich das Tun bezieht: *Die Lehrerin lobt den Schüler.* Der Gegensatz zum Aktiv ist das → Passiv. → 286, 287

Althochdeutsch: Die deutsche Sprache hat sich über Jahrhunderte entwickelt und verändert. Die älteste schriftlich belegte Form des Hochdeutschen wird in der Sprachforschung als „Althochdeutsch" bezeichnet. Die Zeit wird auf 750 bis 1050 n. Chr. datiert. → 136

Anführungszeichen (Redezeichen): → Wörtliche Reden bestehen aus → Begleitsatz und → Redesatz. Der Redesatz steht in Anführungszeichen. → Punkt, → Frage- und → Ausrufezeichen stehen innerhalb der Anführungszeichen: *Sie sagte: „Ich komme morgen." – Sie fragte: „Kommst du morgen?" – Er sagte: „Toll, dass du kommst!"* Beim nachgestellten Begleitsatz fällt der Punkt im Redesatz weg: *„Es ist schön, dass du kommst", sagte sie.* → 240

Anredepronomen: Das sind Pronomen, mit denen man jemanden anredet: *Ich mag dich. Ich grüße Sie.* Wenn man einen Menschen mit *Sie* anredet, werden die Pronomen großgeschrieben *(Ich danke Ihnen. Ich grüße Sie herzlich).*

Appellative Texte: Es handelt sich dabei um Texte, die jemanden zu etwas auffordern (→ Aufforderungssatz) wie z. B. Texte der → Werbung, Verbote, Gebote usw.: *Kaufen Sie sich ein Stück Lebensfreude!* → 246, 247

Argument: Beim mündlichen und schriftlichen → Diskutieren braucht man Argumente, um andere von seiner Meinung zu überzeugen. Argumente bestehen aus Behauptungen und Begründungen: *Plastik ist zu einem weltweiten Umweltproblem geworden, weil Plastik unsere Meere und Strände vermüllt.* Manchmal kann auch noch ein anschauliches Beispiel hinzugefügt werden: *Zum Beispiel wurde bei unserem Strandurlaub immer wieder Plastikmüll angeschwemmt.* → 125

Artikel: Nomen haben einen Artikel. Man unterscheidet den → bestimmten Artikel *(der, die, das)* und den → unbestimmten Artikel *(ein, eine)*. Die Artikel geben an, ob ein Nomen Maskulinum *(der Löffel)*, Femininum *(die Gabel)* oder Neutrum *(das Messer)* ist. → 252, 256, 258, 262

Aufforderungssatz: Satzart, mit der man jemanden zu etwas auffordert, ihn um etwas bittet oder an ihn appelliert (→ Appellative Texte). Viele Aufforderungssätze stehen im → Imperativ: *Hilf mir bitte mal!* Nach Sätzen, die als Aufforderung gemeint sind, steht ein → Ausrufezeichen.

Ausrufezeichen: Das Ausrufezeichen am Ende eines → Aufforderungssatzes weist darauf hin, dass mit diesem Satz eine Bitte, eine Aufforderung oder ein Ausruf gemeint ist: *Leih mir doch mal deinen Bleistift! Komm her! Au, das tut weh!*

Aussagesatz: Satzart, mit der man eine Feststellung macht: *Ich war gestern im Kino.* Am Ende des Aussagesatzes steht ein Punkt.

B

Ballade: (*franz.*, eigentlich Tanzlied, zu *spätlateinisch* ballare = tanzen). Ursprünglich (im 13.–15. Jahrhundert) war die Ballade ein Tanzlied in romanischen Ländern, das zum Reihen- und Kettentanz gesungen wurde. Später wurden erzählende und dramatische Inhalte hinzugefügt, sodass sich die Ballade zum Erzähllied entwickelte. Besonderes Merkmal der Ballade ist, dass sie auf erzählende Weise, aber in Form von Versen, zu einem dramatischen Konflikt (oft mit tragischem Ausgang) hinführt. → 164–183

Basistempus: Die Hauptzeitform, in der ein Text steht, nennt man Basistempus. So ist z. B. das Basistempus eines Erzähltextes das → Präteritum. Es ist aber niemals die einzige, sondern nur die wichtigste Zeitform, denn innerhalb eines solchen Textes können auch andere Zeitformen vorkommen. → 279

Begleitsatz: Der Begleitsatz ist Teil einer → wörtlichen Rede. Im Begleitsatz steht, wer etwas sagt. Im → Redesatz steht, was einer sagt. Der Begleitsatz kann vor oder nach dem Redesatz stehen oder in ihn eingefügt sein. Nach dem *vorangestellten* Begleitsatz steht ein Doppelpunkt (*Sie sagte:* „Du bist meine beste Freundin."). Der *eingeschobene* und *nachgestellte* Begleitsatz wird durch Kommas von der wörtlichen Rede abgetrennt („Du bist meine beste Freundin", *sagte sie.* – „Du bist", *sagte sie,* „meine beste Freundin."). → 240

Bericht: Über Ereignisse und Erlebnisse kann man in mündlicher oder schriftlicher Form berichten. Es gibt unterschiedliche Berichte, z. B. Unfallberichte, Schadensberichte, → Zeitungsberichte … Mit Berichten will man andere genau informieren. Deshalb enthalten sie viele **Fakten** und beantworten die **W-Fragen**: **Was** ist geschehen? **Wann** ist es geschehen? **Wo** ist es geschehen? **Wer** hat etwas getan? **Warum** ist es geschehen? **Wie** ist das Ganze ausgegangen? Da alles, was man berichtet, schon geschehen ist, stehen Berichte meistens im → Präteritum: *Der Autofahrer übersah die rote Ampel und … Die Zeugin beobachtete um 20.00 Uhr, wie …* → 248, 249

Beschreibung: Beschreiben kann man Personen, Vorgänge, Gegenstände, Orte, Tiere und vieles andere. Man beschreibt so genau wie möglich, wie etwas aussieht oder wie ein Vorgang abläuft. Die Leser von Beschreibungen müssen sich das, was man beschrieben hat, genau vorstellen können oder es nachmachen können (→ Versuchsbeschreibung). Deswegen sind anschauliche → Adjektive und → Fachwörter wichtig. Beschreibungen stehen in der Regel im → Präsens.

Bestimmter Artikel: Der bestimmte Artikel gibt im Gegensatz zum → unbestimmten Artikel in einem Text an, dass etwas Bestimmtes gemeint ist und dass das zu ihm gehörende Nomen bereits bekannt oder schon einmal genannt worden ist: *Vor der Tür steht das Taxi, auf das wir gewartet haben.* → 262

D

Dativ (Wemfall): → Nomen und → Pronomen können im Dativ stehen. Den Dativ erkennt man am → Artikel. Nomen im Dativ erfragt man mit der Frage *wem?*: *Er hilft* (wem?) *dem Freund.* → 258, 259

Dativ-Objekt: Das Dativ-Objekt ist ein → Satzglied. Man kann es mit der Frage *wem?* ermitteln: *Die Lehrerin hilft* (wem?) *dem neuen Schüler.* → 298

Dehnungs-h: Das Dehnungs-h ist ein h, das einen langen betonten Vokal besonders auffällig macht. Es steht in einer Reihe von Wörtern vor den Buchstaben *l, m, n, r (fehlen, nehmen, gähnen, fahren)*. Es steht aber auch in diesen Fällen niemals nach Silbenanfängen mit *sch (schälen), t (tönen), qu (quälen), gr (grölen), sp (sparen), kr (kramen), p (pulen)*. Bei der Silbentrennung gehört das Dehnungs-h, im Gegensatz zum → silbentrennenden h, zur ersten Silbe *(feh-len, fah-ren)*. → 210

Deklinieren: Deklination ist die „Beugung" von → Nomen und → Adjektiven. Beim Deklinieren erhalten diese Wörter z. B. Endungen im → Plural *(die Kinder)* und in den → Fällen *(des Kindes)* oder bei der → Steigerung *(kleiner, am kleinsten)*. → 252

Diagramm: Diagramme stellen Zahlen in bildlicher Form dar. Es gibt verschiedene Formen, z. B. Säulendiagramme, Balkendiagramme oder Kreisdiagramme. → 42

Diphthong (Zwielaut): Die fünf Diphthonge unserer Sprache sind: *au (Baum), äu (Bäume), eu (Kreuz), ai (Kai), ei (Kreis)*. Diphthonge zählen zu den → Vokalen.

Diskussion: Sachliches Gespräch mehrerer Personen über ein bestimmtes Thema oder über mehrere Themen. Dabei haben die Gesprächsteilnehmer meist unterschiedliche Meinungen und versuchen, die anderen mit → Argumenten von ihrer Meinung zu überzeugen. Eine Diskussion sollte sachlich und höflich durchgeführt werden, damit sie sich nicht zu einem Streit entwickelt. Um an einer Diskussion erfolgreich teilzunehmen, sind bestimmte Gesprächsregeln notwendig. → 30–39

Doppelpunkt: Der Doppelpunkt nach einem → Begleitsatz der → wörtlichen Rede zeigt an, dass danach jemand etwas sagt. → 240

Drei-Schritt-Lesemethode: Mit der Drei-Schritt-Lesemethode kann man sich → nicht lineare Texte, wie → Tabellen, → Diagramme, → Infografiken, besser erschließen. Im ersten Schritt orientiert man sich, im zweiten Schritt wird der Inhalt erfasst und im dritten Schritt gibt man die Ergebnisse wieder. → 45

E

Entscheidungsfrage: Eine Entscheidungsfrage ist im Unterschied zu einer → Ergänzungsfrage eine Frage, die man mit *ja* oder *nein* beantwortet: *„Hilfst du mir mal?" – „Ja."*

Entwurf: Als Entwurf bezeichnet man die erste Fassung eines selbst geschriebenen Textes. Ein Entwurf enthält meistens noch Fehler. Es ist eine → Überarbeitung nötig, manchmal auch mithilfe einer → Schreibkonferenz. Erst danach wird ein Entwurf zu einem fertigen Text.

Epos: Eine Erzählung in Form eines langen Gedichts wird als „Epos" bezeichnet. Diese Erzählform gibt es schon seit der Antike. Zu den bekanntesten Epen zählen Homers „Ilias" und die „Odyssee" sowie das „Nibelungenlied". Im Mittelalter wurden diese Texte häufig zur Unterhaltung von umherziehenden Barden (Sängern) in den Städten und an den Höfen präsentiert. → 138, 139

Er-/Sie-Erzähler: Der Autor einer → Erzählung oder eines Romans kann beim Erzählen in die Rolle eines Er oder einer Sie hineinschlüpfen. Aus dieser Perspektive kann erzählt werden, was andere erlebt haben, was sie sehen und was sie von den anderen Figuren hören. Es kann auch erzählt werden, was die Personen denken und fühlen. → 98

Ergänzungsfrage: Eine Ergänzungsfrage ist im Unterschied zu einer → Entscheidungsfrage eine Frage, die man mit einem Satz oder mehreren Wörtern beantwortet: *Warum hilfst du mir nicht sofort? – <u>Weil ich jetzt keine Zeit habe.</u>*

Erlebniserzählung: Bei dieser Art von → Erzählung steht ein besonderes Ereignis, eine unerwartete, spannende oder gefährliche Situation, im Mittelpunkt. Das Erlebnis kann tatsächlich so passiert oder ausgedacht sein. Die Erzählung ist anschaulich und spannend geschrieben, da wir andere damit unterhalten wollen. Man kann aus unterschiedlichen Perspektiven erzählen (→ Ich-Erzähler, → Er-/Sie-Erzähler). → 96–107

Erzählung: In einer Erzählung, z. B. einer → Erlebniserzählung oder spannenden Geschichte, wird der Verlauf von Geschehnissen mündlich oder schriftlich anschaulich dargestellt. Diese Geschehnisse können tatsächlich passiert oder ausgedacht sein. Mit Erzählungen möchte man andere unterhalten. Da man meist etwas erzählt kann, was bereits geschehen ist, verwendet man in Erzählungen oft Vergangenheitsformen: Mündlich erzählt man überwiegend im → Perfekt, schriftliche Erzählungen stehen hauptsächlich im → Präteritum. → 97, 249

Eyecatcher: Als Eyecatcher oder Blickfang bezeichnet man z. B. auffällige Fotos in → Zeitungsberichten oder in der → Werbung, die die Aufmerksamkeit des Betrachters „einfangen" sollen. → 53, 68

F

Fabel: Fabeln sind kurze Erzählungen, in denen zumeist Tiere menschliche Eigenschaften verkörpern. Fabeln bestehen in der Regel aus einem *Erzählteil*, der kurz in die Situation oder in den Konflikt einführt. Meist enthalten Fabeln auch einen *Dialogteil*, in dem die Tiere miteinander sprechen. Fabeln enthalten an ihrem Ende häufig eine *Lehre*. Durch die Lehre wird Kritik am Verhalten einzelner Menschen oder an der ganzen Gesellschaft ausgedrückt. → 140

Fachwort: In allen Sachgebieten, wie z. B. Technik, Kochen, Mode oder Sport, gibt es eigene Fachausdrücke. Viele Fachwörter finden sich z. B. in → Sachtexten. Fachwörter benötigt man auch für genaue → Beschreibungen, z. B. von Experimenten: *verdunsten, aufblähen, Luftdruck, Schwerkraft.* Oftmals handelt es sich auch um → Fremdwörter: *kondensieren, kristallieren, Temperatur, Molekül.* → 84

Fall (Kasus): → Nomen können in vier Fällen vorkommen. Den Fall eines Nomens erkennt man in der Regel am → Artikel: → Nominativ *(der Hund)*, → Akkusativ *(den Hund)*, → Dativ *(dem Hund)*, → Genitiv *(des Hundes).* → 252, 258, 259

Femininum: → Nomen weiblichen → Geschlechts wie *die Frau, die Gabel, die Langeweile, die Begegnung ...*

Figurenkarte: Auf einer Figurenkarte hält man in Stichwörtern die wichtigsten Informationen zu einer literarischen Figur fest: zum Namen, Aussehen, Charakter und Verhalten. → 197

Fishbowl: Es handelt sich um eine besondere Methode, um eine → Diskussion zu führen. → 36, 37

Flektieren: Die Wörter der Hauptwortarten → Nomen, → Pronomen, → Verben und → Adjektive lassen sich flektieren. Das heißt, sie können Endungen erhalten im → Plural (*Laut<u>e</u> Tön<u>e</u> gehen mir auf die Nerv<u>en</u>.*). Die beiden Arten des Flektierens sind → Deklinieren und → Konjugieren. → 252

Fragesatz: Ein Fragesatz ist ein Satz, den der Sprecher oder Schreiber als Frage meint. Man unterscheidet: → Entscheidungsfragen *(Kommst du heute?)* und → Ergänzungsfragen *(Wann kommst du?).* Beim Sprechen hört man heraus, ob der Sprecher eine Frage stellt; beim Schreiben setzt man ein → Fragezeichen.

Fragezeichen: Am Ende eines → Fragesatzes setzt man ein Fragezeichen: *Kannst du mir helfen? – Was soll ich denn tun?*

Fremdwort: Fremdwörter stammen aus anderen

Sprachen, dem Griechischen, dem Lateinischen, dem Englischen, Französischen usw. Viele von ihnen haben ihr fremdsprachliches Aussehen oder ihre Aussprache beibehalten: *Theater, Jeans, T-Shirt, Portemonnaie* ... → 208, 209

Futur I: Das Futur I verwenden wir manchmal, wenn wir über die Zukunft reden und schreiben. Es wird mit dem Hilfsverb *werden* und dem → Infinitiv gebildet: *Das werden wir morgen schon schaffen!* → 278, 280, 284

Futur II: Das Futur II verwenden wir manchmal, wenn etwas in der Zukunft schon abgeschlossen ist. Es wird mit den Hilfsverben *werden* und *haben/sein* und dem → Partizip Perfekt gebildet: *Das werden wir bald geschafft haben.* → 278, 280, 284

G

Galeriegang: Der Galeriegang ist eine Methode, um verschiedene Gruppenarbeitsergebnisse auszustellen und zu präsentieren. Man geht von „Werk" zu „Werk" und darf als „Betrachter" Fragen stellen und Anregungen geben. → 120

Gedicht: Ein Gedicht ist ein Text mit einem besonderen äußeren Aussehen: Die Zeilen sind in → Versen und die Absätze oft in → Strophen voneinander abgesetzt. Ein weiteres Merkmal von Gedichten ist ihre „verdichtete" Sprache. Was gesagt wird, ist auf engstem Raum begrenzt. Manchmal bestehen Verse sogar nur aus einzelnen Wörtern. Viele Gedichte haben auch besondere Klänge und → Reime oder einprägsame Bilder und → Personifikationen. → 148–163

Gegenargument: Ein Gegenargument ist ein → Argument, das nicht dem eigenen Standpunkt entspricht. Man führt es beim mündlichen und schriftlichen → Diskutieren an, um es anschließend zu entkräften. → 127

Genitiv (Wesfall): → Nomen und → Pronomen können im Genitiv stehen. Den Genitiv erkennt man am → Artikel und manchmal auch am *-s* am Ende des Nomens. Man erfragt ihn mit der Frage *wessen?*: *die Kappe des Jungen, seine Kappe, die Hose des Vaters* ... → 258

Geschlecht: → Nomen haben ein Geschlecht. Es ist am → Artikel zu erkennen: Maskulinum (männlich): *der Löffel*; Femininum (weiblich): *die Gabel*; Neutrum (sächlich): *das Messer*. Das → grammatische Geschlecht unterscheidet sich vom → natürlichen Geschlecht.

Geschlossene Silbe: Die betonte Silbe eines Wortes kann auf einen → Konsonanten enden, dann nennt man sie geschlossene Silbe: *En-de, Mor-gen, lus-tig* ... (Gegensatz → offene Silbe). Der Vokal in geschlossenen Silben ist in der Regel kurz. → 212–214

Gestik: Die Gestik ist Teil der → Körpersprache. Sie umfasst alle Körperbewegungen, jedoch nicht die → Mimik. So können z. B. mit bestimmten Bewegungen von Armen und Händen (Gebärden) Signale wie z. B. *Aufmerksamkeit, Erstaunen, Verlegenheit* ausgedrückt werden. In → Diskussionen und bei → Vorträgen können Gebärden gezielt eingesetzt werden, um das Gesagte zu unterstreichen. → 23

Grammatisches Geschlecht: → Nomen haben ein Geschlecht, das durch die → Artikel *der, die, das* bestimmt wird. Einige Nomen haben ein → natürliches Geschlecht *(der Hahn, die Henne, der Ochse, die Kuh ...)*. Bei den meisten Nomen gibt aber der Artikel nicht an, ob etwas männlich oder weiblich ist (z. B. *der Löffel, die Gabel*). Ein solches Geschlecht ist rein grammatischer Art (Maskulinum, Femininum oder Neutrum).

Großschreibung: Großgeschrieben werden Namen, Nomen und das erste Wort in einem Satz: *Der kleine Felix ist ein großer Angeber.* Welche Wörter großgeschrieben werden, kann man meistens an → Signalwörtern sehen: → Artikel *(das Glück)*, → versteckte Artikel *(zum Glück)*, → Adjektive *(großes Glück)*, → Pronomen *(dein Glück)* und an bestimmten Endungen *(Fröhlichkeit, Gesundheit, Verwandtschaft, Zeichnung, Ärgernis, Eigentum)*. → 220–227

Grundform: → Positiv

H

Hauptsatz: Den übergeordneten Teil eines → Satzgefüges nennt man Hauptsatz. → 236, 237, 301

Höchstform: → Superlativ

I

Ich-Erzähler: Der Autor einer → Erzählung oder eines Romans schlüpft beim Erzählen in die Rolle eines erzählenden Ichs hinein. Dieses Ich erzählt aus seiner Perspektive, was es erlebt, was es sieht und was es von den anderen Figuren hört. Es kann aber auch erzählen, was es selbst dabei denkt und fühlt. → 98

Imperativ: Der Imperativ ist eine Form des → Verbs: *Hilf mir bitte! Lass mich in Ruhe!* Mit dem Imperativ kann man eine Bitte oder eine → Aufforderung ausdrücken.

Impressum: Ein Impressum ist eine gesetzlich vorgeschriebene Herkunftsangabe. Das Impressum nennt z. B. in Zeitungen, Zeitschriften oder auf Internetseiten die Namen von Personen und Organisationen, die für die Inhalte verantwortlich sind. → 53

Indirekte Rede: Die indirekte Rede ist die verkürzte Form einer → wörtlichen Rede. Man verwendet sie dann, wenn man etwas nicht wörtlich und in eigenen Worten wiedergeben möchte. Indirekte Reden stehen im → Konjunktiv I und nicht in → Anführungszeichen, sondern sind nur mit Kommas abgetrennt. So wird aus einer direkten Rede eine verkürzte indirekte Rede: *Sie sagte: „Nein, ich kann heute auf keinen Fall zu euch kommen." – Sie sagte, sie könne nicht kommen.* → 111, 112

Infinitiv (Grundform des Verbs): Der Infinitiv wird mit dem Wortbaustein *-en* gebildet: *geb/en, fahr/en, lauf/en* ... In Wörterbüchern sind alle → Verben im Infinitiv (in der Grundform) aufgeführt. → 82, 83, 278, 284

Infografik: Eine Infografik ist ein Schaubild, das Daten und Fakten anschaulich darstellt. Infografiken findet man vor allem in Zeitungen, Zeitschriften, Fachbüchern und in Schulbüchern. → 42

Informative Texte: Jeder Text enthält Informationen. Informative Texte bestehen jedoch fast ausschließlich aus sachlichen Informationen – wie → Sachtexte und Lexikoneinträge. → 246, 247

Inhaltsangabe: Mit einer Inhaltsangabe informiert man knapp und ohne Spannung über den Inhalt eines Textes. Dazu wird das Wichtigste kurz zusammengefasst. → Wörtliche Reden werden mithilfe zusammenfassender Verben oder der → indirekten Rede wiedergegeben. Inhaltsangaben erzählen <u>nicht</u> nach und stehen deshalb im → Basistempus → Präsens. → 108–121

K

Kasus: → Fall

Komma: Ein Komma steht in → Aufzählungen zwischen Wörtern und Wortgruppen *(Sie lachte, jubelte, klatschte in ihre Hände.)* und zwischen ganzen Sätzen, wenn sie in einem Zusammenhang stehen *(Sie lachte, sie jubelte, sie klatschte in ihre Hände.)*. Ein Komma steht auch in → Satzgefügen zwischen Haupt- und Nebensatz *(Sie jubelte, wobei sie in ihre Hände klatschte.)*. → 236, 238

Kommentar: In einem mündlichen oder schriftlichen Kommentar teilt man anderen seine Meinung zu einem bestimmten Thema mit und möchte sie mit → Argumenten überzeugen. Kommentare können sachlich, persönlich oder witzig sein, aber beleidigend dürfen sie nicht sein. Veröffentlicht werden Kommentare vor allem in Zeitungen, Zeitschriften und in den sozialen Netzwerken im Internet. Kommentare von Zeitungslesern nennt man auch → Leserbriefe. → 130

Komparativ (Steigerungsform): Die Steigerungsform zeigt an, dass etwas *näher, weiter, größer* ... ist als etwas anderes. Sie wird mit dem Vergleichswort *als* gebildet: *Sie ist größer als ich.* → 267

konjugieren: Konjugieren von → Verben heißt: Man kann ihren → Wortstamm erweitern oder verändern. So gibt es Personformen *(ich geb<u>e</u>, du wart<u>est</u>)*, Zeitformen *(du <u>gi</u>bst, du wart<u>ete</u>st)*, Aufforderungsformen *(wart<u>e</u>!)*. → 252

Konjunktion: Mit Konjunktionen werden einzelne Wörter oder ganze Sätze verbunden. Man unterscheidet nebenordnende Konjunktionen wie *und, oder, denn* ... und unterordnende Konjunktionen wie *als, weil, dass, wenn*: Lotte *und* Tina können sich gut leiden, *weil* sie viel gemeinsam haben. Konjunktionen sind oft → Signalwörter, vor denen ein → Komma steht. → 237, 252, 277

Konjunktiv I: Der Konjunktiv I ist die Form der → indirekten Rede. Er wird aus dem → Infinitiv der Verben ohne *-n* gebildet: *haben – er habe, sein – er sei, werden – er werde, müssen – sie müsse, kommen – sie komme*. → 288

Konjunktiv II: Der Konjunktiv II ist vor allem die Form von Wunschsätzen. Er wird aus dem → Präteritum von Verben gebildet, denen man ein *-e* anfügt: *er ging – er ginge, sie lief – sie liefe*. Viele Verben werden mit einem → Umlaut gebildet: *er musste – er müsste, sie hatte – sie hätte, er war – er wäre, sie fand – sie fände*. → 289

Konsonant: Konsonanten sind Mitlaute. Wenn man sie ausspricht, sind Zunge, Lippen und Zäpfchen *mit* daran beteiligt. Die Konsonanten sind: *b, c (ch), d, f, g, h, j, k, l, m, n, p, q, r, s (sch), t, v, w, x, z*.

Konsonantenverdoppelung: Wenn die erste betonte Silbe in einem Wort mit einem → Konsonanten endet (→ geschlossene Silbe) und die zweite Silbe mit demselben Konsonanten beginnt, dann wird beim Schreiben der Konsonant verdoppelt *(fal-len, krab-beln)*. Doppelt gesprochen wird er jedoch nicht. Man nennt das Zusammentreffen von zwei gleichen Konsonanten → Silbengelenk.

Körpersprache: Die Körpersprache einer Person drückt sich durch in ihrer → Mimik, → Gestik und Körperhaltung aus. Damit werden anderen bewusst oder unbewusst Botschaften signalisiert, z.B. *Freundlichkeit, Interesse, Verlegenheit* oder *Ablehnung*. Die Körpersprache hat einen entscheidenden Einfluss darauf, wie eine Person von anderen wahrgenommen wird, ob man ihr z.B. bei einem → Vortrag oder in einer → Diskussion gern oder nicht gern zuhört. → 22, 23

Kreuzreim: Der Kreuzreim ist eine bestimmte Form des → Reimes. Beim Kreuzreim reimen die Wörter überkreuz miteinander: Der erste → Vers reimt mit dem dritten Vers, der zweite Vers reimt mit dem vierten usw. Die Reimfolge beim Kreuzreim ist: a – b – a – b. → 154

Kurzvokal: → Vokal, den man kurz ausspricht wie *a* in *alle*, *e* in *denken*, *i* in *innen*, *o* in *volle*, *u* in *unten*. Kurzvokale stehen in → geschlossenen Silben *(of-fen, un-ten …)*.

L

Langvokal: → Vokal, den man lang und gedehnt ausspricht wie *a* in *kamen*, *e* in *reden*, *i* in *ihnen*, *o* in *loben*, *u* in *suchen*. Langvokale stehen in → offenen Silben *(lo-ben, su-chen)*.

Layout: Das Layout ist die äußere Gestaltung eines Schriftstücks. Bei modernen Textverarbeitungsprogrammen haben die Schreiber die Wahl unter unzähligen Möglichkeiten, wie sie ihre Texte gestalten. Wichtig ist, dass das Layout zur Art des Textes passt. Ein sinnvolles Layout hilft den Lesern, den Text besser zu verstehen und zu nutzen. → 24, 25, 53

Lead: → Zeitungsbericht

Leserbrief: → Kommentar → 53

Lineare Texte: Die meisten Texte sind lineare Texte. Ein linearer Text ist fortlaufend geschrieben und wird – wie üblich – „von links nach rechts und von oben nach unten" gelesen. Im Gegensatz dazu stehen die → nicht linearen Texte, wie → Tabellen, → Diagramme und → Infografiken. → 42

Literarisches Gespräch: Im literarischen Gespräch kann man frei und ungezwungen seine Eindrücke zu einem Text äußern. Wichtig ist der gemeinsame Austausch über das Gelesene und die Möglichkeit, Fragen dazu zu stellen. → 192

Logo: Ein Logo ist ein grafisches Erkennungszeichen, das für eine bestimmte Marke, Firma oder eine andere Organisation steht. → 69

Lyrisches Ich: Der Begriff „Lyrisches Ich" bezeichnet in Gedichten denjenigen, der *Ich* sagt. Das lyrische Ich erlebt, empfindet und schildert Geschehnisse, Gedanken und Gefühle aus seiner subjektiven Sicht (Perspektive): *Wenn ich ein Haus hätte,/so müsste es grün sein.* (Arthur Steiner) Das lyrische Ich kann jemand ganz anderes sein als der Dichter: ein Kind, ein Junge, ein Mädchen, ein Mann oder eine Frau …, aber auch ein Baum, ein Tier, eine Blume, eine Jahreszeit, ein Gegenstand. → 153

M

Maskulinum: → Nomen männlichen → Geschlechts wie *der Mann, der Löffel, der Mut, der Stein …*

Medien: Im Singular heißt das Wort *Medium* (*lat.* die Mitte oder das Mittel). Das Pluralwort *Medien* ist ein Sammelbegriff. Damit werden Hilfsmittel aller Art bezeichnet, mit denen Informationen weitergegeben werden: *Fernsehen, Zeitung, Radio, Filme, E-Mails, E-Books, MP3-Dateien, Apps …* Druckerzeugnisse auf Papier nennt man *Printmedien* (*englisch: to print* – drucken). Bei elektronischen Hilfsmitteln spricht man von *digitalen Medien* oder von *Online-Medien*, wenn sie im Internet verfügbar sind. → 50–52

Meldung: Als Meldung bezeichnet man in Zeitungen meist einspaltige → Nachrichten in Kurzform. Auch Meldungen folgen wie ausführliche → Zeitungsberichte dem Prinzip „Das Wichtigste zuerst". → 61

Metrum: Rhythmisches Versmaß in einem Gedicht, bei dem die Anzahl und Abfolge von Silben und deren Betonung innerhalb eines Verses festgelegt ist. Man unterscheidet z. B. bei der Abfolge von betonten und unbetonten Silben *Jambus* (unbetont – betont) und *Trochäus* (betont – unbetont).

Mimik: Die Mimik ist Teil der → Körpersprache. Sie umfasst alle Bewegungen im Gesicht, jedoch nicht die Bewegungen des restlichen Körpers (→ Gestik). Mit der Mimik drücken wir häufig unsere Gefühle aus. In einer → Diskussion oder einem → Vortrag können wir unsere Mimik gezielt einsetzen, um zum Beispiel dem anderen durch ein *Lächeln* zu zeigen, dass wir freundlich gestimmt sind. → 23

Mitlaut: → Konsonant

Mittelhochdeutsch: Mittelhochdeutsch bezeichnet eine Sprachstufe des Hochdeutschen zwischen 1050 und 1350 n. Chr. Die höfische Literatur des Hochmittelalters (ca. 1180 bis 1300 n. Chr.) wurde so geschrieben. → 137, 138

N

Nachrichten: Nachrichten sind die wichtigste Textsorte in Zeitungen (→ Zeitungsbericht). Sie geben Informationen zu neuen, wichtigen und interessanten Themen. Sie sind möglichst sachlich formuliert und beantworten die W-Fragen. Eine Nachricht in Kurzform nennt man → Meldung. → 61

Nachsilbe (Suffix): → Wortbildung → 293

Natürliches Geschlecht: Bei Wörtern wie *der Onkel, die Tante* zeigt der → Artikel an, dass sie männlich und weiblich sind. Das natürliche Geschlecht ist aber nur bei wenigen Wörtern erkennbar (*der Hengst, die Stute, der Rüde, die Hündin …*). Fast alle → Nomen haben ein → grammatisches Geschlecht.

Nebensatz: Den untergeordneten Teil eines → Satzgefüges nennt man Nebensatz. Viele Nebensätze werden durch → Konjunktionen eingeleitet. Nebensätze können vor dem → Hauptsatz stehen (*Weil ich krank war, konnte ich nicht kommen.*), sie können nach dem Hauptsatz stehen (*Ich konnte nicht kommen, weil ich krank war.*), sie können auch in den Hauptsatz eingeschoben sein (*Ich konnte, weil ich krank war, nicht kommen*). Nebensätze werden von Hauptsätzen durch → Kommas abgetrennt. → 236–239, 301

Neutrum: → Nomen sächlichen → Geschlechts wie *das Messer, das Pferd, das Ungeheuer, das Zeugnis …*

Nicht lineare Texte: Zu den nicht linearen Texten gehören → Tabellen, → Diagramme und → Infografiken. Es handelt sich dabei um → Sachtexte, die man im Gegensatz zu den → linearen (fortlaufenden) Texten wegen ihrer äußeren Form „nicht linear" nennt. Man liest sie in der Regel nicht wie üblich „von links nach rechts und von oben nach unten", sondern man springt beim Lesen hin und her. Als Lesemethode für nicht lineare Texte empfiehlt sich die → Drei-Schritt-Lesemethode. → 42

Nomen (Substantiv): Mit Nomen bezeichnet man Lebewesen *(Kind, Affe, Baum)*, Dinge *(Hammer, Haus, Buch)*, Gedanken und Gefühle *(Wut, Idee, Glück)* und Zeitangaben *(Sommer, Ferien, Abend)*. Nomen haben einen → Artikel, an dem das → Geschlecht zu erkennen ist *(der Hammer, das Haus, die Langeweile)*. Nomen können in den vier → Fällen gebraucht werden *(der Hund, des Hundes, dem Hund, den Hund)*. Weil die Nomen die wichtigste Wortart sind, schreibt man sie groß. → 252, 253, 256–260

Nominativ (Werfall): → Nomen und → Pronomen können im Nominativ stehen. Man erfragt sie mit der Frage *wer?* oder *was?*: Wer bellt? *Der Hund* bellt. – Was nervt mich? *Das Gebell* nervt mich. → 258

O

Objekt: Objekte sind → Satzglieder. Sie können aus einem oder mehreren Wörtern bestehen: *Sie füttert ihn. Sie füttert den Kater. Sie hilft dem kleinen Kind.* Man unterscheidet das → Akkusativ-Objekt: *Sie füttert* (wen?) *ihren Kater.* und das → Dativ-Objekt: *Sie gibt* (wem?) *ihm zu fressen.* → 298, 299

Offene Silbe: Die betonte Silbe eines Wortes kann mit einem → Vokal enden, dann nennt man sie offen: *sa-gen, kau-fen, le-ben …* Der Vokal in der offenen Silbe ist lang im Gegensatz zur → geschlossenen Silbe. → 212–214

P

Paarreim: Der Paarreim ist eine bestimmte Form des → Reimes. Beim Paarreim reimen jeweils zwei aufeinanderfolgende → Verse miteinander. Die Reimfolge beim Paarreim ist: a – a – b – b. → 154

Partizip Perfekt: Das Partizip Perfekt wird in der Regel mit der Vorsilbe *ge-* gebildet: *laufen: gelaufen, gewinnen: gewonnen.* → 278, 280, 282–284

Passiv: Ein Passivsatz ist der Gegensatz zu einem Satz im → Aktiv. Im Passiv wird im → Subjekt jemand oder etwas genannt, auf den sich eine Handlung richtet: *Der Schüler wird (von der Lehrerin) gelobt.* Wer etwas tut (z. B. *die Lehrerin*), kann weggelassen werden. → 82, 83, 286, 287

Perfekt: Das Perfekt ist eine → Zeitform der Vergangenheit. Sie setzt sich aus den Hilfsverben *haben* oder *sein* und dem → Partizip Perfekt zusammen: *gewinnen: er hat gewonnen, laufen: er ist gelaufen.* → 278, 280, 282

Personalpronomen: Personalpronomen können anstelle von → Nomen stehen: *Lara spielt mit dem Hund. Sie tobt gern mit ihm herum.* Personalpronomen sind: *ich, du, er, sie, es, wir, ihr, sie* und die dazugehörigen Formen im Dativ *(mir, dir, ihm, ihr, uns, euch, ihnen)* und Akkusativ *(mich, dich, ihn, ihr, uns, euch, sie).* → 264

Personifikation: Der Begriff „Personifikation" bedeutet, dass in → Gedichten Dinge, Tiere oder Naturerscheinungen etwas tun, was eigentlich nur Menschen tun können. Die Dinge, Tiere oder Naturerscheinungen treten wie Personen auf und fühlen und handeln wie Menschen: *Der Wind zieht seine Hosen an, / die weißen Wasserhosen!* (Heinrich Heine) → 152

Placemat: Diese vierteilige Methode verknüpft Einzel- und Gruppenarbeit miteinander. So kann man verschiedene Aufgabenstellungen und Texte in einem vorgegebenen zeitlichen Rahmen erarbeiten. Die Placemat ist ein Blatt, das in ein Mittelfeld und vier gleich große Außenfelder eingeteilt ist. In der 1. Stufe notiert jeder seine Gedanken für sich in ein Außenfeld und dann arbeitet man zusammen im stillen, schriftlichen Austausch (2. Stufe) weiter. In der 3. Stufe einigt man sich auf ein gemeinsames Gruppenergebnis, das ins Hauptfeld geschrieben wird, und präsentiert dieses anschließend dem Plenum (4. Stufe). → 202

Plural (Mehrzahl): Der Plural des → Nomens gibt im Gegensatz zum → Singular an, dass es sich um mehrere Exemplare von etwas handelt. Der Plural steht mit dem → Artikel *die* und ist in der

Regel an Endungen oder → Umlauten zu erkennen: *die Tische, die Kinder, die Autos, die Gabeln, die Äpfel ...* → 256

Plusquamperfekt: Das Plusquamperfekt ist eine → Zeitform der Vergangenheit. Sie setzt sich aus den Vergangenheitsformen der Hilfsverben *haben* oder *sein* und dem → Partizip Perfekt zusammen: *sie hatte gewonnen, er war gelaufen.* → 278, 280, 283

Positionslinien: Mit dieser Methode kann man eine Einschätzung zu einem Sachverhalt darstellen. Dazu kreuzt man auf einer Linie an, ob eine Aussage mehr oder weniger zutrifft. Wenn alle Umfrageteilnehmer ihre Kreuze gesetzt haben, kann man das entstandene Meinungsbild auswerten. → 56

Positiv (Grundform): Die Grundform des Adjektivs ist im Vergleich zum → Komparativ und → Superlativ die einfache Form des Adjektivs (*groß*). Sie wird mit dem Vergleichswort *wie* gebildet: *Sie ist genauso groß wie ich.* → 267

Possessivpronomen: Die Possessivpronomen geben an, was zu wem gehört: *Das ist mein Fahrrad, das ist deine Meinung, das ist sein Glück, das ist unser Haus, das ist euer Sieg, das ist ihr Pech.* Possessivpronomen sind: *mein, dein, sein, ihr, unser, euer.* → 263

Prädikat: Das Prädikat ist neben dem → Subjekt das wichtigste → Satzglied. Es ist der Mittelpunkt oder Kern des Satzes. Es besteht aus einem gebeugten → Verb: *Die Mädchen lachten.* Manchmal besteht es auch aus einem 1. und einem 2. Teil: *Die Mädchen haben laut gelacht. Sie lachten die Jungen an.* → 295

Präfix (Vorsilbe): → Wortbildung → 293

Präposition: Präpositionen sind Wörter wie *an, auf, in, durch, zu ...* Nach Präpositionen steht das → Nomen im → Genitiv *(wegen des Wetters)*, im → Dativ *(zu dem Nachbarn)* oder im → Akkusativ *(durch den Tunnel).* Einige von ihnen können zwei verschiedene Fälle nach sich ziehen (Dativ: wo? *auf dem Teller*, Akkusativ: wohin? *auf den Teller*). → 252, 274

Präsens: Mit der → Zeitform Präsens (Gegenwartsform) weist man auf etwas hin, das in der Gegenwart abläuft: *Ich lese gerade. Das Buch gefällt mir gut.* Oft weist man mit dem Präsens auch auf etwas hin, das erst in der Zukunft geschieht: *Morgen erzähle ich dir alles.* → 278, 280, 281

Präsentationsfolie: Präsentationsfolien können einen → Vortrag attraktiv begleiten. Sie werden mit speziellen Computerprogrammen erstellt und mit einem Beamer oder einem interaktiven Whiteboard gezeigt. Außer Texten und Bildern können auch Videos und Audios in die Folien eingebunden werden. → 24, 25

Präteritum: Das Präteritum ist, wie das → Perfekt, eine → Zeitform der Vergangenheit. Mit dem Präteritum weist man auf etwas hin, das vergangen ist: *Gestern spielten wir unentschieden.* Das Präteritum verwenden wir besonders in der geschriebenen Sprache. → 278, 280, 282

Pronomen: Pronomen stehen entweder vor einem → Nomen wie die → Possessivpronomen *(mein Fahrrad)*, oder sie stehen anstelle eines Nomens wie die → Personalpronomen *(Lena kommt zu Besuch. – Sie kommt zu Besuch.)* oder sie stehen nach einem Nomen wie die → Relativpronomen *(Hunde, die bellen, beißen nicht.)* → 252, 263–267

Punkt: Der Punkt ist ein → Satzschlusszeichen. Er steht in der Regel dort, wo ein → Aussagesatz zu Ende ist und ein neuer Gedanke beginnt. Nach dem Punkt wird großgeschrieben.

Punkteabfrage: Mit dieser Methode kann man schnell ein Meinungsbild zu einem bestimmten Thema erstellen. Auf einem großen Plakat, das in die Bereiche „ja", „nein" und „unentschieden" eingeteilt ist, setzt man einen Punkt an die Stelle, die dem eigenen Standpunkt zur Streitfrage entspricht. Wenn alle Umfrageteilnehmer ihre Punkte gesetzt haben, kann man das Meinungsbild durch Auszählen auswerten. → 122

Q

Quelle, Quellenangabe: In einer Quellenangabe wird die Herkunft (die Quelle) von Texten, Bildern oder Daten angegeben. So steht z. B. auf → Tabellen, → Diagrammen oder → Infografiken ein Hinweis zur Datenquelle, oder es gibt in Fachbüchern, wie hier im Schulbuch, ein Verzeichnis mit den Quellen der verwendeten Texte und Fotos. → 18

R

Recherche: Als Recherche bezeichnet man die gezielte Suche nach Informationen. Man kann z. B. in Bibliotheken recherchieren: in Fachbüchern, Fachzeitschriften und Lexika findet man meist zuverlässige Informationen. Bei der Recherche im Internet sollte man auf vertrauenswürdige Seiten mit zuverlässigen Informationen achten: z. B. im → Impressum prüfen, wer für die Seiten verantwortlich ist. → 18

Redesatz: Im Redesatz einer → wörtlichen Rede steht, was einer sagt. Im → Begleitsatz steht, wer etwas sagt. Der Redesatz steht in Anführungszeichen: *Sie sagte: „Da hast du aber großes Glück gehabt!"* → 240

Referat: → Vortrag

Reim: Der Begriff „Reim" bezeichnet den Gleichklang von zwei oder mehreren Wörtern vom letzten betonten Vokal an: *Haus – hinaus, sinken – trinken*. In Gedichten kommen der → Paarreim, der → Kreuzreim oder der → umarmende Reim vor. → 154, 157

Relativpronomen: Relativpronomen sind Wörter, die Beziehungen (Relationen) herstellen. Sie beziehen sich zurück auf → Nomen oder → Pronomen, die vorher bereits genannt sind. Relativpronomen leiten → Relativsätze ein: *Hunde, ← die bellen, beißen nicht. Sie, ← die so laut sind, sind manchmal feige.* → 265

Relativsatz: Ein Relativsatz ist ein → Nebensatz, der mit einem → Relativpronomen eingeleitet wird: *Dort stand ein Straßenmusiker, der auf der Posaune spielte.* → 265

S

Sachtext: Ein Sachtext soll den Lesern vor allem Fakten liefern und sie über Dinge und Sachverhalte informieren. Zu den linearen Sachtexten (→ lineare Texte) gehören z. B. → Zeitungsberichte, → Beschreibungen von Experimenten oder Lexikonartikel. Auch → Tabellen, → Diagramme oder → Infografiken gehören zu den Sachtexten, sie zählen zu den → nicht linearen Texten. → 42, 44, 45

Sage: Sagen sind meist kurze volkstümliche Erzählungen, die ursprünglich mündlich überliefert und erst später, z. B. von Jacob und Wilhelm Grimm, gesammelt und aufgeschrieben wurden. Sie erzählen zum einen von übernatürlichen, wunderbaren und dämonischen Geschehnissen. Zum anderen erzählen sie aber auch von Persönlichkeiten oder Ereignissen in der Geschichte und beanspruchen durch die Nennung von Orten oder einer bestimmten geschichtlichen Zeit einen Wahrheitsgehalt. → 138, 139

Satz: Ein Satz ist die sprachliche Form eines abgeschlossenen Gedankens. Ein Satz hat eine Bedeutung und einen Aufbau. Er besteht in der Regel mindestens aus → Subjekt und → Prädikat: *Die Schüler / warteten. Der Bus / kam. Er / fuhr los.*

Satzgefüge: Ein Satzgefüge ist ein Gefüge aus → Hauptsatz und → Nebensatz. Im Hauptsatz steht das gebeugte → Verb an zweiter Stelle, im Nebensatz steht es an letzter Stelle: *Sie schossen viele Tore, sodass sie das Spiel gewannen.* Hauptsatz und Nebensatz werden durch → Komma abgetrennt. → 236, 301

Satzglied: Teil eines Satzes, den man an den Satzanfang umstellen kann. Ein Satzglied kann aus einem oder aus mehreren Wörtern bestehen: *|Manche Kinder|essen|am liebsten|Bratwurst mit Ketschup.| – |Am liebsten|essen|manche Kinder|Bratwurst mit Ketschup|.* Man unterscheidet vier verschiedene Arten von Satzgliedern: → Subjekt, → Prädikat, → Objekt, → Adverbial. → 294, 302

Satzreihe: Eine Satzreihe ist eine Kombination mehrerer → Hauptsätze, die zusammengehören. Die einzelnen Teile der Reihe werden durch → Kommas abgetrennt: *Die Schüler spielten, sie schossen aufs Tor, sie haben gewonnen.*

Satzschlusszeichen: Satzschlusszeichen sind Zeichen, mit denen man einen → Satz abschließt: → Punkt, → Ausrufezeichen, → Fragezeichen.

Schreibkonferenz: In einer Schreibkonferenz nimmt eine Schülergruppe Texte unter die Lupe (→ Textlupe), die in der Klasse geschrieben worden sind. Die Partner geben sich gegenseitig Tipps für die → Überarbeitung der Texte. → 92, 101, 131

Schwank, Schwankgeschichte: Das Wort *Schwank* stammt aus dem → Mittelhochdeutschen und bedeutet so viel wie „lustiger Einfall". Diese kurzen Geschichten handeln häufig von komischen Alltagssituationen und unterhalten die Leser. → 141

Sechs-Schritt-Lesemethode: Mit der Sechs-Schritt-Lesemethode kann man sich auch umfangreiche und schwierige → lineare Sachtexte erschließen: 1. Überfliegend lesen: Was steht in dem Text ungefähr drin? 2. Gründlich lesen: Was steht in den einzelnen Absätzen ganz genau? 3. Unverstandenes klären: Was verstehe ich nicht? 4. Zwischenüberschriften formulieren: Wörter, einen kurzen Satz oder eine Frage aufschreiben. 5. Informationen festhalten: Zu den Zwischenüberschriften weitere Stichwörter aufschreiben. 6. Inhalt wiedergeben: Den Inhalt zusammenfassen und mit eigenen Worten wiedergeben. → 44

Signalwörter: Signalwörter nennt man Wörter, die etwas Bestimmtes anzeigen, z. B. die Setzung des → Kommas und die → Großschreibung. → 220, 237

Silbe: Beim deutlichen und langsamen Sprechen kann man durch kleine Pausen Wörter in ihre Silben zerlegen. Ein Wort kann aus einer Silbe *(Hund)*, aus zwei Silben *(Kat / ze)* oder aus mehreren Silben *(Ja / gu / ar)* bestehen. Immer *eine* Silbe im Wort ist betont, im Deutschen meistens die erste *(Am / sel, Nach / ti / gall, Spat / zen / nes / ter)*. Beim Schreiben trennt man die Silben durch Silbenstriche voneinander ab *(Spat-zen-nes-ter)*. → Geschlossene Silbe, → Offene Silbe.

Silbengelenk: Silbengelenk nennt man die Stelle zwischen zwei Silben, von denen die erste mit demselben Konsonanten endet, mit dem die zweite Silbe beginnt: *kom-men, fal-len ...* Der Konsonant im Silbengelenk wird nur einmal gesprochen, aber beim Schreiben verdoppelt.

Silbentrennendes h: Wenn in einem zweisilbigen Wort die erste → Silbe mit einem Vokal endet und die zweite Silbe mit einem Vokal beginnt, so steht zwischen ihnen oft ein silbentrennendes h *(se-h-en, Schu-h-e)*. Dieses h gehört beim Trennen des Wortes, im Gegensatz zum → Dehnungs-h, zur zweiten Silbe *(se-hen, Schu-he)*. → 210

Singular (Einzahl): Der Singular von → Nomen zeigt im Gegensatz zum → Plural an, dass nur ein einziges Exemplar von etwas gemeint ist. Er ist an den → Artikeln *der, die, das, ein, eine* zu erkennen: *der Apfel, ein Apfel ...* → 256

s-Laute: Die s-Laute können in unserer Sprache stimmhaft *(reisen)* oder stimmlos *(reißen)* ausgesprochen werden. Den stimmhaften s-Laut schreibt man immer als *s (rasen, Riesen, sausen)*. Den stimmlosen s-Laut kann man auf dreierlei Weise schreiben: 1. nach langem Vokal mit *ß (aßen)*, 2. zwischen zwei kurzen Vokalen mit *ss (essen)*, 3. am Wortende mit *s*, wenn er von einem stimmhaften s-Laut abstammt *(Maus → Mäuse)*. Darüber hinaus gibt es eine Fülle von Wörtern, in denen das *s* im Zusammenhang mit Konsonanten vorkommt: mit *st, sp* usw., die mit *s* geschrieben werden *(Fest, Wespe ...)*. → 211, 212

Slogan: Ein Slogan ist ein kurzer und einprägsamer Werbespruch: *Milch macht müde Männer munter. Einmal hin – alles drin. Radio – geht ins Ohr, bleibt im Kopf.* → 69, 71

Standardsprache: Die Sprache, in der wir schreiben und in richtigem Hochdeutsch sprechen, nennt man Standardsprache. Sie steht im Gegensatz zur → Umgangssprache.

Standbild: Ein Standbild ist mit einem Foto vergleichbar. Man „friert" dabei sozusagen eine besondere Szene eines literarischen Textes „ein": Dazu verharrt man für einen Moment in einer bestimmten Position oder Körperhaltung. So können Gefühle, Situationen oder Beziehungen anschaulich dargestellt werden. → 198

Steigerung: Die meisten → Adjektive lassen sich steigern. Mithilfe der Steigerung kann man Dinge vergleichen. Die einzelnen Vergleichsformen sind: → Grundform (Positiv): *so groß wie …,* → Steigerungsform (Komparativ): *größer als …,* → Höchstform (Superlativ): *am größten.* → 267

Steigerungsform: → Komparativ

Strategien: Strategien sind Methoden, mit denen man grammatische Regeln und Rechtschreibregeln ermitteln kann und die man dann immer wieder anwenden kann. → 210–218

Strophe: Als Strophe bezeichnet man die einzelnen Absätze eines → Gedichtes. → 154

Subjekt: Das Subjekt ist ein → Satzglied. Fast jeder Satz enthält ein Subjekt. Es steht meistens am Anfang eines Satzes. Mit ihm wird gesagt, wer etwas tut, von wem eine Handlung ausgeht. Das Subjekt wird mit den Fragen *wer?* oder *was?* ermittelt. Es kann aus einem → Nomen, → Pronomen oder mehreren Wörtern bestehen, die zu dem Nomen gehören: *Jakob* geht in die 7. Klasse. *Er* geht in die 7. Klasse. *Der aufgeweckte Schüler Jakob* geht in die 7. Klasse. → 296

Suffix (Nachsilbe): → Wortbildung → 293

Superlativ (Höchstform): Der Superlativ eines → Adjektivs ist die höchste Steigerungsform. Sie zeigt an, dass etwas *am größten, am höchsten …* ist. → 267

T

Tabelle: Tabellen gehören zu den → nicht linearen Texten. Sie bestehen aus waagerechten Zeilen (—) und senkrechten Spalten (|) und können sehr viele Informationen enthalten. Die übersichtliche Tabellenform erleichtert beim Lesen den Überblick und das Auffinden von Einzelinformationen. → 42

Textlupe: Mithilfe von Textlupen kann man Texte (z. B. in einer → Schreibkonferenz) gezielt untersuchen, überarbeiten und verbessern. Textlupen lenken die Aufmerksamkeit bei der → Überarbeitung von Texten auf bestimmte Dinge, wie z. B. die Rechtschreibung, umgangssprachliche Ausdrücke, Zeitformen … Je nach Textsorte können unterschiedliche Textlupen wichtig sein. → 92, 101, 104, 131

Think! – Pair! – Share!: Diese dreiteilige Methode verknüpft Einzel- (Think!), Partner- (Pair!) und Gruppenarbeit (Share!). So kann man verschiedene Aufgabenstellungen und Texte in einem vorgegebenen zeitlichen Rahmen erst einzeln und dann im Austausch miteinander erarbeiten. → 187

U

Überarbeitung: Ein erster aufgeschriebener Text (→ Entwurf) bedarf einer Überarbeitung. Hier werden vor allem Rechtschreib- und Kommafehler korrigiert. Manchmal werden auch Satzglieder umgestellt und umgangssprachliche Ausdrücke verbessert. → Textlupen und → Schreibkonferenzen können Hilfen für eine Überarbeitung geben. → 101, 104

Umarmender Reim: Der umarmende Reim ist eine bestimmte Form des → Reimes. Beim umarmenden Reim wird ein Reimpaar von einem anderen umschlossen. Die Reimfolge beim umarmenden Reim ist: a – b – b – a. → 154

Umgangssprache: Die Sprache, in der wir locker miteinander reden, nennt man Umgangssprache: *Das hab ich echt nicht geschnallt.* Sie unterscheidet sich besonders in manchen Wörtern von der → Standardsprache oder Hochsprache: *Das habe ich wirklich nicht verstanden.*

Umlaut: Die Umlaute gehören zu den Vokalen. Ihr Name kommt daher, dass Wörter mit *a, o, u* in anderen Formen zu *ä, ö, ü* umgelautet werden: *Garten – Gärten, Ton – Töne, Fluss – Flüsse.*

Umstellprobe: Die Umstellprobe dient zur Ermittlung der → Satzglieder. Einzelne Wörter oder Wortgruppen, die man an den Satzanfang umstellen kann, ohne dass sich der Sinn verändert, sind Satzglieder. Die Umstellprobe dient auch zur Verbesserung von Texten: *Er | hatte | heute | keinen Appetit.* → *Heute | hatte | er | keinen Appetit.* → 294, 302

Unbestimmter Artikel: Der unbestimmte Artikel gibt, im Gegensatz zum → bestimmten Artikel, an, dass das Nomen, zu dem er gehört, vorher noch nicht genannt oder noch unbekannt ist: *Vor dem Haus steht ein Taxi. Auf wen wartet es nur?* → 262

V

Verb (Zeitwort): Verben bezeichnen, was einer tut oder was geschieht: *Der Wind weht. Der Regen prasselt. Die Kinder frieren.* Verben können in verschiedenen → Zeitformen gebraucht werden *(lügen, log, hat gelogen)*. Verben bilden das → Prädikat eines Satzes. → 252, 253, 278–289

Vergleichsformen: → Steigerung

Vers: Als Vers bezeichnet man die einzelne Zeile eines Gedichtes. Ein Vers ist eine Sinneinheit, nach der man in der Regel eine kleine Sprechpause macht. → 154, 155

Versteckter Artikel: Artikel können mit manchen → Präpositionen zusammenwachsen: *bei dem – beim, zu dem – zum, in dem – im, von dem – vom, in das – ins …* Der Artikel ist sozusagen in der Präposition „versteckt". Nach Präpositionen mit verstecktem Artikel wird das folgende Wort in der Regel großgeschrieben *(beim Turnen, zum Essen …).* → 220

Versuchsbeschreibung: In einer Versuchsbeschreibung wird ein Experiment nicht nur genau beschrieben, sondern auch erklärt, damit die Leser es verstehen und durchführen können. Die Sprache ist sachlich und enthält → Fachwörter. Man schreibt im → Präsens und verwendet unpersönliche Formen (man-Form, → Passivform, → Infinitivform). → 82–95

Vokal: Vokale sind Selbstlaute. Die Selbstlaute sind: *a, e, i, o, u.* → Umlaut → Zwielaut (Diphtong)

Vorsilbe (Präfix): → Wortbildung → 292

Vortrag: In einem Vortrag (Referat) informiert man andere über ein bestimmtes Thema. Am Anfang der Arbeit steht das Einholen von Informationen, die → Recherche. Dann werden eine Gliederung und Redekarten erstellt, eventuell auch → Präsentationsfolien. Das Wichtigste beim Vortragen ist, dass man das Interesse der Zuhörer gewinnt. Deshalb muss der Vortrag eingeübt werden, damit man ihn gut und sicher sprechen kann und auch die → Körpersprache stimmt. → 16–29

W

Werbung: Als „Werbung" wird die gezielte Verbreitung von Informationen zu einem bestimmten Produkt bzw. Angebot eines Unternehmens oder einer Organisation bezeichnet. Ziel ist es, das Produkt bzw. Angebot in der Öffentlichkeit oder bei bestimmten → Zielgruppen bekannt zu machen. So soll entweder der Verkauf gefördert oder das Image verbessert werden. Dazu ist Werbung meist auffällig und einprägsam gestaltet (→ Eye-Catcher, → Slogan). Ein Modell, um die Funktionsweise von Werbung zu erklären, ist das → AIDA-Modell. → 68–81, 246

Wortart: In der deutschen Sprache gibt es sieben Wortarten: 1. → Nomen, 2. → Artikel und → Pronomen, 3. → Adjektive, 4. → Verben, 5. → Adverbien, 6. → Konjunktionen, 7. → Präpositionen. → 252

Wortbildung: Aus einem Wortstamm wie *-spiel-* können weitere Wörter gebildet werden, indem man Wortbausteine, also Präfixe (Vorsilben), Suffixe (Nachsilben) oder ganze Wörter an sie anfügt: *verspielen, zuspielen, spielerisch, bespielbar, Endspiel, Spielball* … Dadurch erweitert sich der Wortbestand unserer Sprache. → 292, 293

Wortfamilie: Eine Wortfamilie besteht aus Wörtern, die den gleichen → Wortstamm *(fahr – fähr – fuhr)* haben: *fahren, Fahrt, wegfahren, gefährlich, Fährte, Fähre …*

Wortfeld: Ein Wortfeld besteht aus Wörtern, die eine ähnliche Bedeutung haben. Wortfeld **gehen**: *laufen, rennen, stapfen, rasen, marschieren …*; Wortfeld **komisch**: *lächerlich, lustig, ausgeflippt, ulkig, verrückt …* → 285

Wörtliche Rede: Wörtliche Reden bestehen aus dem → Begleitsatz und dem → Redesatz. Weitere Zeichen der wörtlichen Rede sind → Doppelpunkt und → Anführungszeichen: *Sie sagte: „Da hast du aber großes Glück gehabt!"* → 240

Wortschatz: Der Wortschatz besteht aus Wörtern, die man versteht (Verstehenswortschatz) und Wörtern, die man verwendet (Gebrauchswortschatz). Je umfangreicher der Wortschatz eines Schülers ist, umso mehr kann er verstehen und umso bessere Texte kann er schreiben. In fast jeder Einheit des Sprachbuchs befindet sich ein **WORTSCHATZ** als Hilfe für das Schreiben von Texten. → 22, 28, 41, 104, 212, 229 …

Wortstamm: → Wortbildung

Z

Zeichensetzung: → Punkt, → Komma, → Ausrufezeichen, → Fragezeichen, → Doppelpunkt, → Anführungszeichen

Zeitform (Tempus): Die Zeitformen sind Formen des → Verbs. Die wichtigsten Zeitformen sind: → das Präsens *(du kommst)*, → das Perfekt *(du bist gekommen)*, → das Präteritum *(du kamst)*. Das → Futur ist eine selten gebrauchte Zeitform *(du wirst kommen)*. → 278, 280

Zeitungsbericht: Zeitungsberichte informieren ausführlich über Nachrichten, die für viele Leser interessant sind. Die typischen Merkmale sind die Schlagzeile, Dachzeile, Untertitel, der fettgedruckte Vorspann (Lead) und der mehrspaltige Fließtext. Oft gehört auch ein Foto als → Eyecatcher dazu. Zeitungsberichte folgen dem Prinzip „Das Wichtigste zuerst", das heißt, die wichtigsten Informationen stehen bereits in der Überschrift und im Vorspann. Die Sprache von Zeitungsberichten ist insgesamt sachlich. → 61, 62, 248, 249

Zielgruppe: Eine Zielgruppe umfasst Menschen mit ähnlichen Eigenschaften oder Bedürfnissen, die man durch gezielte Botschaften oder Produktangebote erreichen will: *Das neue Getränk richtet sich vor allem an junge, sportliche Menschen.* → 70

Zwielaut: → Diphthong

Lösungen: Überprüfe dein Wissen und Können

Vorträge erarbeiten und halten
Seite 29:
Aufgabe 1:
Die richtige Reihenfolge lautet: G, F, E, D, A, H, C, B.
Aufgabe 2:
1) Körper, 2)/3) Gestik/Mimik, 4) Signale, 5) Vortrag
Aufgabe 3 (Lösungsbeispiele):
- Sprich klar, laut und deutlich.
- Suche den Blickkontakt zu deinem Publikum.
- Verschränke deine Arme nicht vor dem Körper.

Aufgabe 4 (mögliche Lösungen):
Was ist „Padel"?
- Sportart
- Kombination aus Tennis und Squash
- 1965 in Mexiko entwickelt
- 1974 in Südspanien eingeführt
- eine der am schnellsten wachsenden Sportarten weltweit
- schnell zu erlernen: handlicher Schläger (Padel), einfache Regeln
- problemloser Einstieg, großer Spielspaß

Padel: Spielregeln
- nur im Doppel
- Unterhandschlag eröffnet Ballwechsel, Treffmoment maximal auf Hüfthöhe
- nur ein Bodenaufsetzer erlaubt
- Ball darf nach Aufsetzen an Seitenwände prallen
- gezählt wird nach Tennisregeln (15:0, 30:0, …)
- Match geht über zwei Gewinnsätze

Aufgabe 5 (Lösungsbeispiel):
Heute möchte ich eine Sportart vorstellen, die mir sehr gut gefällt. Schaut euch dazu dieses Bild an, dann wisst ihr gleich, für welche Sportart ich mich interessiere.

Miteinander diskutieren
Seite 39:
Aufgabe 1: Richtig sind A, C, D und F.
Aufgabe 2: Richtig sind A, D, E und H.
Aufgabe 3:
Lia: begeistert, gibt zu
Mischa: wertschätzend, einsichtig
Miriam: begründend
Fabian: kompromissbereit, zustimmend

Aufgabe 4: Richtig sind b) und c).
Aufgabe 5:
Ja: b) drückt Verständnis aus, c) ist wertschätzend, d) zeigt Kompromissbereitschaft.
Nein: a) ist abwertend.

Lineare und nicht lineare Texte lesen
Seite 49:
Aufgabe 1:
1) lineare, 2) links, 3) rechts, 4) oben, 5) unten,
6) nicht lineare, 7) hin- und herspringen,
8)/9) Diagramme/Infografiken, 10) Zahlen

Aufgabe 2 (mögliche Lösung):
In dem Kreisdiagramm geht es darum, ob Fahrradfahrer beim Radeln einen Fahrradhelm tragen.

Aufgabe 3:
- **Quelle und Jahr:** Fahrrad-Monitor Deutschland, Jahr 2015
- **Gruppe und Anzahl der Befragten:** Radfahrer, 1644 Personen
- **Farbauswahl: lila:** Radfahrer **ohne** Helm; **gelb:** Radfahrer, die **immer** einen Helm aufsetzen; **hellblau:** Radfahrer, die **meistens** einen Helm aufsetzen; **rosa:** Radfahrer, die **selten** einen Helm aufsetzen
- **Spitzenergebnis:** lila und mit einer schwarzen Linie eingerahmt

Aufgabe 4:
Genau die Hälfte aller Befragten nutzt nie einen Fahrradhelm. Knapp ein Drittel der Befragten setzt immer oder meistens einen Helm auf. Etwa ein Fünftel trägt eher selten einen Helm beim Radfahren.

Aufgabe 5:
- In dem Balkendiagramm geht es um die Gründe, warum ein Fahrradhelm getragen wird.
- **Gruppe und Anzahl der Befragten:** Radfahrer, die immer oder meistens einen Helm tragen; 502 Personen
- **Bedeutung der Farben: rot:** Gesamtergebnis; **hellblau:** männliche Befragte; **hellorange:** weibliche Befragte

Aufgabe 6 (mögliche Lösung):
Fast alle Radfahrer, die einen Helm tragen, wollen damit ihren Kopf schützen. Etwa zwei Drittel möch-

ten ein „Vorbild für Kinder" sein. Jeder Zweite sagt, dass ein Helm für ihn oder sie zum Fahrradfahren gehört. Ein knappes Fünftel verspricht sich durch den Helm eine „bessere Sichtbarkeit im Straßenverkehr". Nur für wenige Befragte ist der Helm ein „optisches Accessoire" oder ein „sportlicheres Outfit".

Aufgabe 7 (Lösungsbeispiel):
Fast alle Männer und Frauen, die beim Radeln einen Helm tragen, wollen damit ihren Kopf schützen. Mehr Frauen als Männer möchten ein „Vorbild für Kinder" sein: Bei den Frauen sind es 65 Prozent, bei den Männern 59 Prozent. „Gehört für mich zum Fahrradfahren" sagen mehr Männer als Frauen: Diesen Grund nannten 56 Prozent der Männer und 48 Prozent der Frauen. Je ein knappes Fünftel verspricht sich durch den Helm eine „bessere Sichtbarkeit im Straßenverkehr": 17 Prozent der Männer und 19 Prozent der Frauen. Für wenige Befragte ist der Helm ein „optisches Accessoire" oder ein „sportlicheres Outfit": Sind es bei den Männern immerhin noch 5 Prozent, sind es bei den Frauen nur 2 Prozent der Befragten.

Aufgabe 8 (Lösungsbeispiel):
Ich trage beim Radfahren eigentlich immer einen Helm, weil ich bei einem Sturz meinen Kopf vor Verletzungen schützen möchte. Beim Fahrradfahren ist der Helm für mich ist so selbstverständlich wie der Sicherheitsgurt beim Autofahren.

Zeitungen: lesen – untersuchen – machen
Seite 67:
Aufgabe 1:
a) Dachzeile, b) Lead, c) Impressum, d) Buch, e) abonniert, f) Meldungen, g) Straßenverkaufszeitungen, h) Nachrichtenagentur

Aufgabe 2:
- Die richtige Reihenfolge lautet: **B, A, C**.
- Schlagzeile (Lösungsbeispiel): Verletzter Labrador findet allein zum Tierarzt

Aufgabe 3:
Diese Wörter und Sätze gehören **nicht** in einen sachlichen Bericht:
1) idyllischen, 2) dem verschlafenen Örtchen, 3) die schicke Karre, 4) So ein Dummkopf!, 5) Die verdiente Strafe folgte auf dem Fuß.

Aufgabe 4:
Die Überschrift antwortet auf folgende drei **W-Fragen:**
- **Was** ist passiert? Autodiebe gefasst
- **Wer** ist beteiligt? Hilfsbereite Polizisten
- **Wo** ist es geschehen? Am Pferdemarkt

Werbung
Seite 81:
Aufgabe 1: Eye-Catcher = 2, Slogan = 3, Produkt = 5, AIDA-Modell = 1, Zielgruppe = 4
Aufgabe 2: Richtig sind A, C, D, E und I.
Aufgabe 3: Richtig sind c) und e).
Aufgabe 4: **A**ttention, **I**nterest, **D**esire, **A**ction.
Aufgabe 5: Richtig sind b), c) und e).
Aufgabe 6: 1c, 2e, 3b, 4a, 5f, 6h, 7d, 8g

Experimente beschreiben und erklären
Seite 95:
Aufgabe 1: Richtig sind a), c) und d).
Aufgabe 2:
a) Der Versuch wird am besten in einer Wanne durchgeführt.
b) Die Öffnung wird mit einem Finger zugehalten.
Aufgabe 4: Richtig ist b).
Aufgabe 5:
<u>Zuerst</u> wird das Glas zu drei Vierteln mit kaltem Wasser gefüllt. <u>Dann</u> legt man das rohe Ei vorsichtig in das Wasser. <u>Anschließend</u> wartet man ein paar Sekunden ab.
Aufgabe 6:
c) Das Ei sinkt zum Boden des Glases und bleibt dort fast waagerecht liegen.
Aufgabe 7:
Der Frischetest für Eier funktioniert folgendermaßen: Wenn man ein Ei längere Zeit aufbewahrt, verdunstet daraus immer mehr Feuchtigkeit. **Deshalb/Aus diesem Grund** wird die Luftblase im Inneren des Eis immer größer. Und **da** Luft leichter ist als Wasser, verringert sich dabei das Gewicht des Eis, **während** das von der Eierschale umschlossene Volumen gleich bleibt. **Aus diesem Grund/Deshalb** wird das Ei nach einigen Wochen zu einem schwimmfähigen Körper.

Aufgabe 8:
Bei diesem Versuch passiert nun Folgendes: Das Ei bleibt nahezu waagerecht am Boden des Glases liegen und steigt nicht nach oben. Das bedeutet, dass die Luftblase im Inneren noch klein ist. Damit hat das Ei den Test bestanden.

Von Erlebnissen erzählen
Seite 107:
Aufgabe 1: Richtig sind die Aussagen a) und c).
Aufgabe 2: Richtig sind die Aussagen a) und d).
Aufgabe 3: Richtig sind die Aussagen b) und d).
Aufgabe 4: Anfang b) könnte der Anfang einer spannenden Geschichte sein.
Aufgabe 5 (Lösungsbeispiel):
Die Straße, in der wir damals wohnten, führte zum Hafen hinunter. Ich hätte nie gedacht, dass da einmal etwas Gefährliches passieren könnte. Aber es wurde tatsächlich gefährlich, als wir eines Sonntags Skateboard fuhren, Felix und ich. Wir rollten den Berg hinunter, schneller und schneller. Mir wurde es auf einmal zu schnell. Ich fuhr auf ein Auto zu, das am Rand parkte, und stützte mich daran ab. Aber was war denn das? Der Wagen setzte sich in Bewegung. Ich dachte, ich glaub es nicht! Das Ding fuhr tatsächlich los, und niemand saß drin. Ich war starr vor Schreck. Das Auto fuhr schneller und schneller. Ich schrie: „Passt auf! Da kommt ein Auto!" Einige Leute sprangen zur Seite. Da läuft plötzlich ein Mann herzu, er macht die Tür auf, er greift ins Lenkrad und lenkt den Wagen nach rechts auf eine kleine Mauer zu. Mein Herz klopfte wie verrückt. Am Ende fuhr das Auto gegen das Mäuerchen und blieb stehen. Zum Glück! War ich eigentlich schuld an diesem Unglück? Als die Polizei kam und ein Protokoll anfertigte, sagte mir eine Polizistin: „Du hast keine Schuld. Der Wagen hatte die Bremsen nicht angezogen." Da war ich aber froh.

Inhalte zusammenfassen und wiedergeben
Seite 121:
Aufgabe 1: Richtig sind a) und c).
Aufgabe 2: Richtig sind b), e), f) und g).
Aufgabe 3: Richtig ist Anfang b).
Aufgabe 4:
Der Junge bietet dem Besitzer des Second-Hand-Ladens seinen Sturzhelm zum Verkauf an. Der Verkäufer lehnt den Kauf bedauernd ab.
Aufgabe 5 (Lösungsbeispiel):
In der Geschichte „Der Punker in der U-Bahn" von Rolf Wilhelm Brednich setzt sich ein Junge mit Irokesenschnitt einer Frau gegenüber auf die Bank. Die Frau fängt an, auf die Jugend von heute zu schimpfen, und beleidigt den Jungen wegen seiner Frisur. Der Junge bleibt ruhig.
Aufgabe 6 (Lösungsbeispiel):
Als der Kontrolleur hereinkommt, sucht die Frau vergeblich nach ihrer Fahrkarte. Der Junge, der eine Familienkarte bei sich hat, zeigt sie dem Kontrolleur vor und sagt, dass diese Frau seine Mutter sei/ist. Die Frau bedankt und entschuldigt sich bei ihm.

Argumentieren: Meinungen begründen
Seite 134–135:
Aufgabe 1:
Inhaltliche Fehler enthalten die Sätze 3), 6) und 8).
Aufgabe 2:
- dafür: Berit, Toma und Sophie
- dagegen: Anna und Cem

Aufgabe 3:
- Beitrag eines Erwachsenen: Toma
- fordert mehr Mitbestimmung bei der Hausarbeit: Sophie
- Umgangssprache: echt, chillen, Job, bleibt bei mir hängen, total
- stellt rhetorische Frage: Toma („Wie sollte es denn sonst funktionieren?")

Aufgabe 4:
1) Berit, 2) Anna, 3) Cem, 4) Anna, 5) Toma, 6) Sophie.
Aufgabe 5:
- **Berit:** Die Hausarbeit wird häufig auf das Wochenende verschoben oder bleibt bei mir hängen.
- **Cem:** Und dann muss ich auch im Haushalt helfen, staubsaugen, Müll rausbringen und, und, und.
- **Sophie:** Ich mag es, wenn anschließend alles schön sauber und ordentlich ist.

Aufgabe 6 (Lösungsbeispiele):
- Die Zeit nach der Schule braucht man für Sport und um sich zu erholen, weil die Schultage sehr lang sind. Ich zum Beispiel gehe morgens um 7 Uhr aus dem Haus und bin erst um 16 Uhr wieder zurück.

- Zusammen sind Schule und Hausarbeit totaler Stress. Denn es ist anstrengend, ständig im Unterricht aufzupassen und mitzuarbeiten. Nach der Schule bin ich oft total müde und erschöpft. Wenn es dann zu Hause gleich auch noch mit Hausarbeit und Babysitten weitergeht, dann ist der Druck zu groß und ich kriege Kopfschmerzen.
- Der Job der Kinder ist die Schule. Denn dafür lernen und arbeiten sie jeden Tag. So lerne ich zum Beispiel regelmäßig Vokabeln.
- Wer im Haushalt hilft, lernt viel für später. Kinder und Jugendliche, die im Haushalt mithelfen, machen das nämlich auch für sich selbst. Wenn man in verschiedenen Hausarbeiten fit ist, hat man es später viel leichter, wenn man einmal den eigenen Haushalt organisieren muss. Mein Cousin Clemens beispielsweise musste zu Hause nie etwas helfen. Als er dann ausgezogen ist, stand er ziemlich dumm da.
- Manche Eltern verlangen zu viel von den Kindern, weil sie viel zu ehrgeizig sind. Ihre Kinder sollen immer die Besten sein: in der Schule, beim Fußball, beim Reiten, beim Klavierspielen, und, und, und. Natürlich hilft das perfekte Kind auch noch im Haushalt mit. So geht es meiner Freundin, die vor lauter Pflichten kaum noch Zeit für sich hat.

Aufgabe 7 und 8: individuelle Lösungen

Gedichtewerkstatt
Seite 157:
Arthur Steiner: **Grün**
Wenn ich ein Haus hätte,
müsste es grün sein.
Grüne Häuser
sind grün in der Dürre.
Grüne Häuser
sind grün im Schnee.
In grünen Häusern
wohnen grüne Leute.
Wenn ich ein Haus hätte,
müsste es grün sein.

Seite 160:
Im Originalgedicht **naturbeschreibung** von *Gerhard Rühm* heißt es:
die büsche raufen sich die blätter.

Seite 163:
Aufgabe 1:
Richtig sind die Aussagen a), d), e), g) und h).
Aufgabe 3:
a) Die Stimmung des Gedichtes ist heiter.
b) Die Hauptfigur des Gedichtes ist der Abend.
c) Das Gedicht hat drei Strophen: Die erste Strophe besteht aus fünf Versen, die zweite aus vier Versen und die dritte aus sieben Versen. Insgesamt umfasst das Gedicht 16 Verse.
d) Das Gedicht hat kein festes Reimschema: Nur die Verse 10, 13 und 16 reimen sich. In dem Gedicht wird alles sehr anschaulich in freundlichen Bildern (sehr bildhaft) beschrieben.
e) Der Abend und die Sonne werden in diesem Gedicht personifiziert:
- Abend: „Der Abend geht im Frack durch unsre Straße" (Vers 1). Eigentlich tragen nur Menschen einen Frack.
- Sonne: „und lacht den Abend einen Tag lang aus." (Vers 16). Das Lachen der Sonne ist im Gedicht mit einem schönen, sonnigen Tag gleichzusetzen (Die Sonne lacht vom Himmel; die Sonne strahlt.).
f) (mögliche Lösung): Das Gedicht stellt den Abend als einen lebenslustigen Gentleman in Frack, Zylinder und Lackschuhen dar. Er genießt seine Aufgaben, die Lichter zu löschen und die Nacht zu bringen, jedoch übertreibt er seinen Spaß, weshalb er am nächsten Morgen „betrunken" (Vers 10) „kopfüber in die Straßenrinne" (Vers 11) stürzt. Dabei lässt er jedoch auch die Sonne wieder frei und der neue Tag kann beginnen.

Balladenwerkstatt
Seite 183:
Aufgabe 1: Richtig sind die Aussagen a), b) und d).
Aufgabe 2: Richtig sind die Aussagen a), c) und e).
Aufgabe 3: Friedrich von Schiller, Emanuel Geibel, Theodor Fontane
Aufgabe 4:
Textanfang b) könnte zu einer Ballade gehören.
Aufgabe 5 (mögliche Lösung):
Anfang b): Versform, Reim und Rhythmus.
Aufgabe 6: Richtig sind: b) und c).
Aufgabe 7:
… Und wie er winkt mit dem Finger,
tut sich auf der weite Zwinger,

und mit bedächtigem Schritt
hinein ein Löwe tritt …

Textwerkstatt
Seite 207:
Aufgabe 1:
Der Ich-Erzähler geht auf einer Allee durch einen Park. Er wird von seinem Hund „Tresor" begleitet.
Aufgabe 2:
Der Hund und der Ich-Erzähler finden einen jungen Spatz, der offensichtlich aus dem Nest gefallen ist. Als sich der Hund dem Vögelchen annähert, stürzt sich ein alter Sperling vom nächsten Baum direkt vor den Hund. Der Vogel macht sich groß und piepst und versucht so, den kleinen Spatz zu beschützen. Der Sperling ist sogar dafür bereit, sich selbst bzw. sein Leben zu opfern.
Aufgabe 3:
Der Hund spürt die besondere Kraft des Sperlings sowie seine beschützende Haltung. Deshalb bleibt stehen und weicht vor den Vögeln zurück.
Aufgabe 4:
Der Ich-Erzähler sieht in dem Verhalten des alten Sperlings einen *„Ausbruch seiner Liebe"*: Der Sperling ist aus Liebe bereit, sein Leben für den kleinen Spatzen zu opfern.
Aufgabe 5 (mögliche Lösung):
Der Ich-Erzähler möchte mit der Aufforderung „… lacht bitte nicht." unterstreichen, wie ernst und wichtig ihm seine Aussage ist: Er bewundert den Sperling für seinen Mut, sein Junges vor dem Hund schützen zu wollen. Vielleicht möchte der Ich-Erzähler seine Leser oder Zuhörer ermuntern, selbst öfter mutig zu handeln, um Schwächere zu schützen oder zu unterstützen. Das Beispiel des Vogels zeigt, dass dieser Einsatz erfolgreich sein kann.

Hinweis: Alle in den nachfolgenden Lösungen angegebenen Seitenzahlen beziehen sich auf das Schülerwörterbuch **Unser Wortschatz** (Westermann Verlag; Braunschweig 2017, © 2006 Bildungshaus Schulbuchverlage).

Rechtschreibstrategien anwenden
Seite 219:
Aufgabe 1 und 2 (Lösungsbeispiele):
Ph / ph: Physik (S. 208), Katastro**ph**e (S. 141)
C / c: Camping (S. 54), Chan**c**e (S. 55)
Th / th: Theater (S. 299), Rhy**th**mus (S. 233)
Aufgabe 3:
schreien (S. 259), verzeihen (S. 333), befreien (S. 35), verleihen (S. 328)
Aufgabe 4:
In *verreisen* ist es ein stimmhaftes s, in *zerbeißen* ist es ein stimmloses s.
Aufgabe 5:
Lie**s** etwas vor! → *lies* kommt von *lesen* (stimmhaft)
Sie lie**ß** etwas fallen. → *ließ* kommt von *ließen / lassen* (stimmlos)
Aufgabe 6 (Lösungsbeispiele):
kno-ßen – knos-sen
bru-ßen – brus-sen
Aufgabe 7:
Hasen – hassen: Das liegt daran, dass in *Hasen* der Vokal lang ist – und in *hassen* kurz.
Aufgabe 8:
Brü**ck**e, Schnau**z**e, Bre**z**el, Schau**k**el, blin**z**eln, blin**k**en
Aufgabe 9:
je**tz**t, zule**tz**t, tro**tz**dem, her**z**lich, plö**tz**lich, gan**z**
Aufgabe 10:
sch**ä**len kommt von Sch**a**len,
z**ä**hlen kommt von Z**a**hlen,
z**ä**hmen kommt von z**a**hm und
l**ä**hmen kommt von l**a**hm.
Aufgabe 11: Das ist die Ableitungsstrategie.
Aufgabe 12:
Aus Hel**d** mach ich Hel**d**en,
aus Wel**t** mach ich Wel**t**en,
aus bun**t** mach ich bun**t**er und
aus run**d** mach ich run**d**er.
Aufgabe 13: Das ist die Strategie des Verlängerns.
Aufgabe 14:
a) Mit Rhabarber kann man schmackhaften Kuchen backen.
b) Silvester ist der letzte Tag des Jahres.
c) Ein Hoody hat eine Kapuze.
d) Der Camembert ist eine ganz besondere Käsesorte.
e) Die Batterie muss wieder einmal aufgeladen werden.
f) Eine witzige Zeichnung ist meistens eine Karikatur.
g) Ein Kajak ist eine bestimmte Art von Ruderboot.

Lösungen

Die Großschreibung
Seite 227:
Aufgabe 1:
Signale für die Großschreibung sind c) Artikel und d) Adjektive mit einer Endung.
Aufgabe 2 (mögliche Lösungen):
Meine Freundin wollte mir gestern etwas Neues erzählen. Aber eigentlich war nichts Neues dabei.
Aufgabe 3 (mögliche Lösung):
In der Schule lernen wir viel im Unterricht.
Aufgabe 4 (mögliche Lösung):
In der Mathestunde zeichnen wir mit dem Zirkel. Jetzt habe ich große Kreise in meinem Heft.
Aufgabe 5 (mögliche Lösungen):
Im Sommer gehe ich immer zum Schwimmen ins Freibad.
Vom vielen Lachen tut mir schon der Bauch weh.
Aufgabe 6:
a) In den Schlargen werden wir hoch hinauf schlettern.
b) Dann schümmern wir und wandern auf hohe Grügen.
c) Abends schackern wir dann todmüde in unsere Kratten.
d) Bis zum Brägen werden wir dann schlieren.
Aufgabe 7:
Die Nomen erkennt man an den Signalwörtern:
a) den, b) hohe, c) unsere, d) zum.
Aufgabe 8:
die lieben Kleinen (S. 145), beim Hören (S. 127), bei ihren Arbeiten (S. 22), eine gute Stimmung (S. 286), mit großem Vergnügen (S. 327)
Aufgabe 9:
Das Hören allzu lauter Musik schädigt das Gehör genauso wie die Geräusche eines Düsenflugzeugs oder eines Presslufthammers.
Man bemerkt am Anfang den Schaden nicht. Aber mit der Zeit lässt das Gehör nach. Und so sind viele Jugendliche schon im Alter von fünfzehn Jahren schwerhörig.
Aufgabe 10:
Am Morgen geht es nach dem Waschen und dem Frühstück ans Zähneputzen.

Getrennt- und Zusammenschreibung
Seite 235:
Aufgabe 1:
irgendwohin (vgl. S. 134),
rückenschwimmen (vgl. S. 52),
kopfrechnen (S. 154),
dunkelgrün (vgl. S. 69)
Aufgabe 2:
manchmal, manches Mal, noch einmal, auf einmal, dieses Mal
Aufgabe 3:
Bus fahren, beim Busfahren, zum Stelzenlaufen, teilnehmen
Aufgabe 4:
Ich muss heute noch richtig rechnen/Rechnen üben.
Ich mache mich jetzt ans Vorlesenüben.
Ich habe ihr tragen geholfen.
Ich habe das Buch liegen gelassen.
Das Tauchenlernen macht mir Spaß.
Ich strenge mich an, tauchen zu lernen.
Ich freue mich darauf, morgen mit dir spazieren zu gehen.
Kommst du mit zum Spazierengehen?
Aufgabe 5:
Nomen werden großgeschrieben.
Man muss bei Nomen auf die Großschreibung achten.
Du solltest die Buchstaben nicht immer so klein schreiben.
Du solltest darauf achten, die Buchstaben etwas größer zu scheiben.
Ich kann mich bei euch richtig wohlfühlen.
Beim Schwarzfärben habe ich mir die Finger schmutzig gemacht.
Aufgabe 6:
Schlittschuh laufen: Die Kombination von Nomen und Verb wird in der Regel getrennt geschrieben.
spazieren gehen: Die Kombination von Verb und Verb wird in der Regel getrennt geschrieben.
warmlaufen/warm laufen: Die Kombination von Adjektiv und Verb kann man getrennt oder zusammenschreiben.
Aufgabe 7:
Das sehr fein geschnittene Obst gebe man in eine Schüssel.

Nun schütte man zum <u>Kleingeschnittenen</u> Milch hinzu.
Danach bitte das Ganze im Kühlschrank <u>kaltstellen / kalt stellen</u>!
Lasst es euch beim Frühstück <u>gutschmecken / gut schmecken</u>!
Wer keine Ananas mag, kann sie ja <u>liegen lassen</u>.

Zeichensetzung
Seite 245:
Aufgabe 1: Richtig sind die Aussagen a), b), c) und g).
Aufgabe 2:
a) Als ich heute Morgen aus dem Fenster sah**,** <u>regnete es</u>.
b) <u>Wir wären gern</u>**,** wenn das Wetter schön gewesen wäre**,** <u>zum Badesee gefahren</u>.
c) Weil das nicht möglich war**,** <u>mussten wir uns etwas anderes überlegen</u>.
d) <u>Wir spielten im Haus Karten</u>**,** bis das Wetter wieder besser wurde.

Aufgabe 3:
a) Ich lerne nicht gern Gedichte**,** <u>weil</u> ich ein schlechtes Gedächtnis habe.
b) Aber man trainiert sein Gedächtnis**,** <u>wenn</u> man etwas auswendig lernt.
c) Manche Gedichte gefallen mir so gut**,** <u>dass</u> ich sie gern auswendig lerne.
d) Solche Gedichte kann ich dann wirklich sehr gut**,** <u>obwohl</u> ich ein schlechtes Gedächtnis habe.

Aufgabe 4:
a) Ich wünsche mir**,** <u>dass</u> du mich am Sonntag besuchst.
b) Ich sehe aber ein**,** <u>dass</u> du keine Zeit hast.
c) Ich denke**,** <u>dass</u> wir uns nächste Woche treffen können.
d) Ich bin nämlich der Ansicht**,** <u>dass</u> wir uns unbedingt sehen sollten.

Aufgabe 5 (mögliche Lösungen):
a) Wir trainieren heute in der Halle, weil es regnet.
b) Weil es regnet, trainieren wir heute in der Halle.
c) Wir trainieren heute, weil es regnet, in der Halle.

Aufgabe 6:
a) Sie sagte**:** „Ich finde das ganz toll.**"**
b) „Was findest du toll**?",** fragte er**.**
c) „Ich finde es toll**",** sagte sie**,** „dass du in Mathe eine Eins geschrieben hast.**"**
d) „Ist nicht der Rede wert**!",** rief er**.** „Ich habe nur Glück gehabt.**"**

Die Wortarten
Seite 270:
Nomen und Artikel
Aufgabe 1 (mögliche Lösung):
der Hund, die Katze, das Kaninchen, der Kanarienvogel, die Maus
Aufgabe 2: Richtig ist Antwort b).
Aufgabe 3: Nomen sind: (die) Schrift, (das) Spiel.
Aufgabe 4:
Nominativ: der Baum, **Akkusativ:** den Baum,
Dativ: dem Baum, **Genetiv:** des Baumes.
Aufgabe 5 und 6:
1) ein**en** Schluckauf (Akkusativ), 2) mit ein**em** Zwerchfell (Dativ), 3) dem ander**en** (Dativ), 4) in sein**em** Fingerabdruck (Dativ), 5) unser**es** Gesichtes (Genitiv), 6) bei groß**er** Kälte (Dativ), 7) ein**e** Gänsehaut (Akkusativ)
Aufgabe 7:
a) Ich habe mein**en** größten Wunsch auf ein**en** Wunschzettel geschrieben.
b) Ich höre in mein**em** Zimmer gern laute Musik.
Aufgabe 8 (mögliche Lösung):
Bil<u>d</u>er: Bretter, Hobbys: Kinos, Bett<u>en</u>: Burgen, St<u>ei</u>ne: Meere, Schnäbel: Nägel.
Aufgabe 9:
In der Straßenbahn saßen eine Frau und ein Mann. <u>Die</u> Frau hatte ein kleines Kind auf dem Schoß. <u>Das</u> Kind schrie. <u>Der</u> Mann tröstete es. <u>Die</u> Frau gab <u>dem</u> Kind ein Stück Schokolade. <u>Das</u> Kind freute sich.

Seite 271:
Pronomen und Adjektive
Aufgabe 1:
Personalpronomen: ich (mir, mich), du (dir, dich), er (ihm, ihn), sie (ihr, sie), es (ihm, es), wir (uns, uns), ihr (euch, euch), sie (ihnen, sie)
Possessivpronomen: mein, dein, sein, ihr, unser, euer, ihr
Aufgabe 2:
Mein Füller gehört <u>mir</u>. Dein Lineal gehört <u>dir</u>. Sein Fahrrad gehört <u>ihm</u>.
Aufgabe 3:
Luisa lässt sich von <u>ihrem</u> Vater in <u>seinem</u> Auto zu <u>ihrer</u> Freundin fahren.

Aufgabe 4:
1) ist ein Artikel, 2) ist ein Relativpronomen,
3) ist ein Artikel, 4) ist ein Relativpronomen.
Aufgabe 5 (mögliche Lösungen):
Er gab ihr (Personalpronomen) gestern ihr (Possessivpronomen) Buch zurück.
Ihr (Personalpronomen) könnt doch ihr (Possessivpronomen) Tandem fahren.
Aufgabe 6: **Adjektive:** selten, fair, blind, verrückt.
Aufgabe 7:
a) Paula ist größer als Paul.
b) Niklas schwimmt genauso schnell wie Jan.
c) Die Kastanie ist fast doppelt so hoch wie der Pflaumenbaum.
Aufgabe 8:
hoch – höher als – am höchsten,
stark – stärker als – am stärksten,
klug – klüger als – am klügsten,
nahe – näher als – am nächsten,
groß – größer als – am größten.
Aufgabe 9:
Nicht zu steigern: rosa, halb, mündlich, rechteckig.
Aufgabe 10 (mögliche Lösung):
In der gestrigen/heutigen Zeitung stand, dass ein unvorsichtiger/unglücklicher Autofahrer zwischen den geschlossenen/beiden/zwei Schranken einer Bahnüberfahrt mitten auf den Gleisen stehen blieb. Sofort eilten drei/hilfsbereite/mutige Männer herbei, die das Auto von den Schienen schoben. Der Mann und das Auto konnten auf diese Weise gerettet werden. Der gerettete/unvorsichtige/unglückliche Mann konnte der Polizei nicht erklären, wie es zu dem Beinahe-Unfall gekommen ist.

Seite 291:
Zeitformen des Verbs
Aufgabe 1:
Das Basistempus dieses Textes ist das Präteritum.
Aufgabe 2:
1) Präteritum,
2) Präteritum,
3) Perfekt,
4) Präteritum,
5) Futur I,
6) Plusquamperfekt,
7) Präteritum,
8) Präteritum.

Aufgabe 3:
9) Plötzlich **wacht** der eine von ihnen **auf**.
10) Er **sieht** den Platz neben sich leer.
11) Wohin **ist** denn mein Kumpel **gelaufen**?
12) Nachdem er das Zelt **geöffnet hatte**,
13) **sah** er,
14) wie der andere draußen in dem Flussbett **herumläuft**.
15) Und hinter ihm her **springt** ein Löwe.
16) Da **wird** doch wohl kein Unglück **passieren**!
17) Er **hat** einen unheimlichen Schreck **gekriegt**.
Aufgabe 4 (mögliche Lösung):
18) Er **schrie** seinem Kumpel zu:
19) „Ich **hole** meine Flinte, dann **rette** ich dich!"
20) Doch der andere **rief** zurück:
21) „Ich **brauche** dich nicht.
22) Der Löwe **kriegt** mich nie und nimmer! Ich **habe** nämlich zwei Runden Vorsprung."
Aufgabe 5:
23) Perfekt,
24) Futur I,
25) Futur II,
26) Futur II.

Die Satzglieder
Seite 306–307:
Aufgabe 1: Richtig ist Antwort b).
Aufgabe 2: Richtig sind die Antworten a) und b).
Aufgabe 3:
Franzi hat ihrer Freundin bei den Hausaufgaben geholfen.
Aufgabe 4: Richtig sind die Aussagen b), c) und d).
Aufgabe 5:
a) Ich, b) ein langer Weg, c) Er,
d) Ohne Subjekt!, e) wir beide, f) die Aussicht
Aufgabe 6:
a) Der Hund verfolgt eine Katze.
b) Er hätte sie beinahe gekriegt.
c) Sie kann sich aber auf einen hohen Baum retten.
d) Sie klettert dort hinauf.
e) Die Katze ist jetzt vor dem Hund sicher.
f) Kein Hund kann sie dort oben mehr stören.
Aufgabe 7:
Adverbial des Ortes: hier
Adverbial der Zeit: jetzt
Adverbial der Art und Weise: gern

Aufgabe 8:
Adverbial des Ortes: dort
Adverbial der Zeit: immer
Adverbial der Art und Weise: kaputt
Adverbial des Grundes: deswegen
Aufgabe 9:
Adverbial des Ortes: über die Brücke
Adverbial der Zeit: am letzten Sonntag
Adverbial der Art und Weise: mit bloßen Füßen
Adverbial des Grundes: wegen des Regens
Aufgabe 10 (mögliche Lösung):
In den Ferien (Zeit) müssen wir nicht in die Schule (Ort).
Aufgabe 11 (mögliche Lösung): Ich sehe ihn.
Aufgabe 12 (mögliche Lösung): Ich helfe ihm.
Aufgabe 13 (mögliche Lösung):
Ich backe ihm (Dativ-Objekt) einen Kuchen (Akkusativ-Objekt).

Aufgabe 14: Fischers Fritz fischt frische Fische.
Aufgabe 15: Schnecken fressen Igel gern.
Aufgabe 16:
Ihren Freundinnen (Dativ-Objekt) gibt sie gern etwas (Akkusativ-Objekt) ab.
Aufgabe 17:
Ihren Geburtstag feiert Mary gern mit vielen Gästen.
Allen ihren Freundinnen hat sie deswegen eine Einladung geschickt.
Oder: Eine Einladung hat sie deswegen allen ihren Freundinnen geschickt.
Ihrer besten Freundin passt aber der Termin leider nicht.
Aufgabe 18:
Der Onkel schenkt dem Geburtstagskind ein Buch.

Quellen
Texte

Seite 11: Wilhelm Busch: Bewaffneter Friede. Aus: Ders.: Gesammelte Werke. Bd. 6. Hamburg: Xenos Verlagsgesellschaft mbH 1986, S. 112
Seite 15: Johann Wolfgang von Goethe: Ein großer Teich. Aus: Gedichte. Hrsg. von Erich Trunz. Frankfurt am Main: Fischer Bücherei 1964
Seite 15: Heinrich Seidel: Das Huhn und der Karpfen. Aus: Ders.: Gedichte (1889). Halle: VEB Postreiter Verlag 1988
Seite 16–17: Ann-Kristin Brümmer: „Du machst jetzt einfach mal mit" (Text gekürzt und sprachlich bearbeitet). In: Neue Braunschweiger, Nr. 15, Samstag, 15. April 2017, Seite 12. https://nb.unser38.de/archive/2017/04-Apr/NB20170415NB-S_HP.pdf am 20.04.2017 um 12:17 Uhr
Seite 18: Suchergebnisse zu Lacrosse (Auswahl): https://www.bing.com/search?q=Lacrosse&qs=n&form=QBLH&sp=-1&pq=lacrosse&sc=9-8&sk=&cvid=4A1237E6DE7945E09FA6E694B549F8D7 am 20.04.2017 um 12:14 Uhr
Seite 19: Lacrosse: Spielregeln: https://de.wikipedia.org/wiki/Lacrosse am 19.04.2017 um 17:48 Uhr. CC-by-sa-3.0

Seite 26: Parkour. Die kunstvolle Art der Fortbewegung (Text leicht sprachlich bearbeitet). In: FOCUS Online. www.focus.de/sport/trendsportarten am 17.05.2017 um 09:30 Uhr
Seite 26: Inline-Skating. Rasanter Rollsport mit weltweitem Erfolg (Text leicht sprachlich bearbeitet). In: FOCUS Online. www.focus.de/sport/trendsportarten am 17.05.2017 um 09:30 Uhr
Seite 26: Bouldern. Faszinierender Klettersport für Tüftler (Text leicht sprachlich bearbeitet). In: FOCUS Online. www.focus.de/sport/trendsportarten am 17.05.2017 um 09:30 Uhr
Seite 26: Bike-Polo. Der Sport der Fahrradkuriere erobert die Welt (Text leicht sprachlich bearbeitet). In: FOCUS Online. www.focus.de/sport/trendsportarten am 17.05.2017 um 09:30 Uhr
Seite 27: Kitesurfing. Das abenteuerliche Spiel mit Wasser und Wind (Text leicht sprachlich bearbeitet). In: FOCUS Online. www.focus.de/sport/trendsportarten am 17.05.2017 um 09:30 Uhr
Seite 27: Rope Skipping. Die moderne Art des Seilspringens. Originalbeitrag von Ursula Sassen

Quellen

Seite 27–28: Keine einfache Trendsportart für Anfänger. Nach: Kitesurfen: Für Anfänger keine einfache Trendsportart. https://www.sat1.de/ratgeber/sport-fitness/wassersport/kitesurfen-fuer-anfaenger-keine-einfache-trendsportart-clip am 17.05.2017 um 09:35 Uhr

Seite 29: Was ist „Padel"? und Padel: Spielregeln. Nach: Padel – das attraktive Spiel aus Mexiko. http://www.dpv-padel.de/padel-2/ am 26.04.2017 um 12:41 Uhr

Seite 40: Lebensmittelverschwendung in Deutschland. Text erstellt auf Grundlage der Studie der Universität Stuttgart: „Ermittlung der Mengen weggeworfener Lebensmittel und Hauptursachen für die Entstehung von Lebensmittelabfällen in Deutschland". http://www.bmel.de/SharedDocs/Downloads/Ernaehrung/WvL/Studie_Lebensmittelabfaelle_Kurzfassung.html am 27.06.2017 um 10:43 Uhr

Seite 43–44: Karin Kura: Alles Gute, alter Drahtesel! (Text gekürzt und sprachlich bearbeitet). In: Rhein-Neckar-Zeitung vom 02.04.2017. https://www.rnz.de/panorama/magazin_artikel,-Magazin-200-Jahre-Fahrrad-Alles-Gute-alter-Drahtesel-_arid,265385.html am 09.06.2017 um 16:54 Uhr

Seite 47–48: Heike Le Ker: Bewegungsmangel bei Kindern (Text gekürzt und sprachlich bearbeitet). In: Spiegel Online. Artikel veröffentlicht am: Dienstag, 21.03.2017, 16:41 Uhr. http://www.spiegel.de/gesundheit/schwangerschaft/trotz-sportvereinen-kinder-bewegen-sich-zu-wenig-a-1139720.html am 30.12.2017 um 17:20 Uhr

Seite 53: Kleines Lexikon rund um die Zeitung. In: Sabrina Steiger: Die Zeitung – Sachinformationen für den Unterricht. Stiftung Lesen Heft 6. http://files1.derwesten.de/pdf/Stiftung%20Lesen%20Heft_6.pdf am 23.10.2017 um 08:04 Uhr

Seite 60: Nachrichtenticker. In: ZEIT ONLINE: Aktuelle Schlagzeilen vom 19.10.2017. http://www.zeit.de/news/index?date=2017-10-19 am 20.10.2017 um 08:24 Uhr

Seite 60: Meldung „Japanische Behörden geben in Manga Verhaltenstipps bei möglichem Atomangriff". In: ZEIT ONLINE. http://www.zeit.de/news/2017-10/19/japan-japanische-behoerden-geben-in-manga-verhaltenstipps-bei-moeglichem-atomangriff-19152202 am 20.10.2017 um 08:47 Uhr

Seite 61: Meldung A „Handball-Livebilder ungewiss". In: Süddeutsche Zeitung, Nr. 225, 29. 09. 2017, Seite 34 SPORT SID

Seite 61: Meldung B „5,4 Millionen Menschen wollen mehr Arbeit". In: http://www.main-echo.de am 28.09.2017 um 10:01 Uhr

Seite 61: Meldung C „Post baut zweites Werk für E-Autos". In: Braunschweiger Zeitung, Mittwoch, 04.10 2017, Wirtschaft (1. Buch, Seite 3)

Seite 62: Falscher Zebrastreifen. In: Braunschweiger Zeitungsverlag. http://www.waz-online.de/Wolfsburg/Wolfsburg/Uebersicht/THG-Jugendliche-malten-nachts-Zebrastreifen-auf am 31.08.2010 um 08:21 Uhr

Seite 63–64: Viel Spaß im Winter. Originalbeitrag von Ursula Sassen

Seite 83: Versuch: „Loch in der Hand": Versuch und Text nach einer Idee von: Physik für Kids: Das Loch in der Hand. http://www.physikfuerkids.de/lab1/versuche/lochhand/index.html am 22.07.2017 um 08:58 Uhr

Seite 84: Das „träge" Buch. Originalbeitrag von Ursula Sassen

Seite 85: Eine „Solarheizung" für den kleinen Finger: Versuch und Texte nach einer Idee von: Internationaler Energiedetektiv: Die Kraft der Sonne – eine Solarheizung. http://www.internationaler-energiedetektiv.de/fileadmin/user_upload/Experimente/Die_Kraft_der_Sonne.pdf am 22.07.2017 um 10:49 Uhr

Seite 86: Versuch: „Wasser fließt bergauf" (Teil I): Versuch und Text nach einer Idee von: Physik für Kids: Das Wasser fließt bergauf!. http://www.physikfuerkids.de/lab1/versuche/bergauf/index.html am 22.07.2017 um 09:02 Uhr

Seite 87: Versuch: „Wasser fließt bergauf" (Teil II): Versuch und Text nach einer Idee von: Physik für Kids: Wie funktioniert das?. http://www.physikfuerkids.de/lab1/versuche/bergauf/wasser1.html am 22.07.2017 um 09:03 Uhr

Seite 88–89: „Der Backpulver-Vulkan": Versuch und Text nach einer Idee von: GEOlino.de: Backpulver-Vulkan. http://www.geo.de/geolino/basteln/15811-rtkl-experiment-backpulver-vulkan am 16.07.2017 um 12:56 Uhr

Seite 89: Erklärung Experiment: Text nach einer Idee von: GEOlino.de: Backpulver-Vulkan. https://www.geo.de/geolino/natur-und-umwelt/2892-rtkl-experimente-naturgewalten-nachbauen am 16.07.2017 um 12:58 Uhr

Seite 90: Die „Sonnenturbine": Versuch und Text nach einer Idee von: SimplyScience: Die Sonnenturbine. https://www.simplyscience.ch/kids-experimente-feuer-strom/articles/die-sonnenturbine.html am 22.07.2017 um 11:09 Uhr

Seite 91–92: „Einen Ballon mithilfe von Hefe aufblähen": Versuch und Text nach einer Idee von: kidsweb.de: Der Flaschengeist. http://www.kidsweb.de/experi/hefe_flaschengeist.htm am 22.07.2017 um 11:00 Uhr

Seite 94: Die Sprengkraft von Bohnen und Co.: Versuch und Text nach einer Idee von: GEOlino.de: Sprengbohnen bauen. http://www.geo.de/geolino/basteln/1652-rtkl-experiment-sprengbohnen-bauen am 22.07.2017 um 16:26 Uhr

Seite 94: Welche Farben im Filzstift stecken: Versuch und Text nach einer Idee von: Physik für Kids: Filzstift-Wettlauf. http://www.physikfuerkids.de/lab1/versuche/filzstift/index.html und Wie funktioniert das? http://www.physikfuerkids.de/lab1/versuche/filzstift/stiftewfd.html am 01.07.2017 um 16:35

Seite 95: „Frischetext fürs Frühstücksei": Versuch und Text nach einer Idee von: kidsweb.de: Kleine Eierkunde. http://www.kidsweb.de/ostern/eierkunde/eierkunde.html am 22.07.2017 um 11:12 Uhr

Seite 99: Feuerwehr rettet Terrier. Originalbeitrag von Wolfgang Menzel

Seite 108–110: Der Sturzhelm. Originalbeitrag von Wolfgang Menzel. Nach einer Geschichte von Rolf Wilhelm Brednich. Aus: Rolf Wilhelm Brednich: Die Spinne in der Yucca-Palme. München: Beck 1990, S. 71f.

Seite 113 und 120: Johann Peter Hebel: Seltsamer Spazierritt. Frankfurt am Main: Stempel AG 1951

Seite 114: Emanuel Geibel: Die Goldgräber (Auszüge). Aus: Wolfgang Stammler (Hrsg.): Geibels Werke. Kritisch durchgesehene und erläuterte Ausgabe. Zweiter Band. Leipzig und Wien: Bibliographisches Institut 1918

Seite 119: Der Sturzhelm (Auszug). Originalbeitrag von Wolfgang Menzel. Nach einer Geschichte von Rolf Wilhelm Brednich. Aus: Rolf Wilhelm Brednich: Die Spinne in der Yucca-Palme. a.a.O

Seite 119: Emanuel Geibel: Die Goldgräber (Auszug). Aus: Wolfgang Stammler (Hrsg.): Geibels Werke. a.a.O.

Seite 119: Edith Schreiber-Wicke: Die Neue (Auszug). Aus: Dies.: Hocherfreut, mein Name ist Mulp. Wien: Annette Belz Verlag. © Edith Schreiber-Wicke

Seite 128: dpa: Mutter Beimer ist auf Plastik-Diät (Text leicht gekürzt). OT: Marie-Luise Marjan setzt auf Umweltschutz: Mutter Beimer ohne Plastik. In: Braunschweiger Zeitung, Samstag, 11. März 2017. Rubrik: LEUTE. Redaktion der Seite: Frank Buß

Seite 129: Peter Carstens: Ein Leben ohne Plastik (Text gekürzt und leicht sprachlich bearbeitet). In: GEO.de. http://www.geo.de/natur/oekologie/3240-rtkl-umweltschutz-ein-leben-ohne-plastik am 10.04.2017 um 13:47 Uhr

Seite 132: Smartphone: Digitaler Stress oder Selbstbestimmung?. Nach: Medienpädagogischer Forschungsverbund Südwest: JIM 2016, Seite 52ff. https://www.mpfs.de/fileadmin/files/Studien/JIM/2016/JIM_Studie_2016.pdf am 10.09.2017 um 11:53 Uhr

Seite 137: Dû bist mîn, ich bin dîn. Aus: Jürgen Kümmerle: Text und Übersetzung. Göppingen: Verlag Kümmerle 1977

Seite 139: Siegfrieds Kampf mit dem Drachen. Originalbeitrag von Wolfgang Menzel

Seite 140: Martin Luther: Vom Frosch vnd der Maus. Aus: Martin Luther: Fabeln. Heidelberg: Weißbach 1924

Seite 141: Jörg Wickram: Von einem schneider, dem seine fraw fladen für faden kaufft. Aus: Ders.: Rollwagenbüchlein. Hrsg. von J. Bolte. Stuttgart: Reclam 1968

Seite 142: Hans Jacob Christoffel von Grimmelshausen: Uffschneyderey. Aus: Des Abenteurlichen Simplicissimi Ewigwährender Calender. Faksimile. Konstanz: Rosgarten Verlag 1967

Seite 145–146: Hans Jacob Christoffel von Grimmelshausen: Kapitel 16: Simplicius schnappt sich eine gute Beute (Auszug). Aus: Ders.: Der abenteuerliche Simplicissimus. Übersetzt von Reinhard Kaiser. Frankfurt am Main: Eichborn 2009, S. 164

Seite 147: Abraham a Santa Clara: Ein schlagfertig Antwort. Aus: Zeitverkürzer. Deutsche Anekdoten aus fünf Jahrhunderten. Hrsg.: Achim Roscher. Leipzig: Reclam 1983

Seite 148: Kurt Marti: schöner tag. Aus: Ders.: zoé zebra. Neue Gedichte. München: Hanser 2004

Seite 149: Mascha Kaléko: Sehnsucht nach dem Anderswo. Aus: Dies.: Sämtliche Werke und Briefe in zwei Bänden. Band 1. Herausgegeben von Jutta Rosenkranz. München: © 2012 Deutscher Taschenbuch Verlag

Seite 150: Christian Morgenstern: Abenddämmerung. Aus: Ders.: Gedichte. München: Piper Verlag 1959

Seite 151: Hans Arp: Genau von der Mitte der Decke. Aus: Ders.: Gesammelte Gedichte. Band 3. Berlin: © Limes Verlag 1984

Seite 152: Heinrich Heine: Der Wind zieht seine Hosen an. Aus: Ders.: Sämtliche Werke. Band 1: Gedichte. 6. Auflage. München: Artemis & Winkler 1992, S. 92

Seite 153: Theodor Storm: August (Inserat). Aus: Karl Hoppe (Hrsg.): Ausgewählte Werke. Braunschweig: Georg Westermann Verlag 1948

Seite 154: Georg Britting: Die Sonnenblume. Aus: Ders.: Gesamtausgabe. Band I: Gedichte 1919 – 1939. München: Nymphenburger Verlagshandlung 1957

Seite 154: Alfons Schweiggert: Schwalbenflug. Aus: Ders.: Seht, wie die Zeit vergeht. Kalenderbuch für Kinder. Weinheim und Basel: Beltz Verlag 1976

Seite 155: Bertolt Brecht: Der Rauch. Aus: Die Gedichte von Bertolt Brecht in einem Band. Frankfurt am Main: © Suhrkamp Verlag 1981

Seite 156: Georg Heym: Die Quelle. Aus: Karl Ludwig Schneider (Hrsg.): Dichtungen und Schriften. Gesamtausgabe. Band 1: Lyrik. Hamburg, München: Verlag Heinrich Ellermann 1964

Seite 157: Arthur Steiner: Grün. Aus: Ders.: Schneegrün. Gedichte. Frankfurt am Main / Zürich: Suhrkamp 1979

Seite 158: Bertolt Brecht: Der Kirschdieb. Aus: Die Gedichte von Bertolt Brecht in einem Band. Frankfurt am Main: © Suhrkamp Verlag 1981

Seite 160: Gerhard Rühm: naturbeschreibung. Aus: Ders.: um zwölf uhr ist es sommer. Stuttgart: Reclam 2000

Seite 161: Christian Morgenstern: Novembertag. Aus: Ders.: Sämtliche Werke in einem Band. 8. Auflage. München / Zürich: Piper 2003, S. 115

Seite 162: Peter Hacks: Im Herbst ist Sonnenschein. Aus: Ders.: Der Flohmarkt. Gedichte für Kinder. Der Kinderbuchverlag Berlin

Seite 162: Karl Krolow: Hoher Herbst. Aus: Karfunkel. Lesebuch für das 5. Schuljahr. Zürich: © by sabe AG, Verlagsinstitut für Lehrmittel 1990, 1992

Seite 163: Wolfgang Bächler: Der Abend im Frack. Aus: Joachim Fuhrmann: Gedichte für Anfänger. Reinbek bei Hamburg: Rowohlt Verlag 1982

Seite 164–166: Friedrich von Schiller: Der Handschuh. Aus: Sämtliche Werke. Hrsg.: G. Fricke und H.G. Göpfert. München: Carl Hanser Verlag 1962

Seite 168–169: Emanuel Geibel: Die Goldgräber. Aus: Wolfgang Stammler (Hrsg.): Geibels Werke. Kritisch durchgesehene und erläuterte Ausgabe. Zweiter Band. Leipzig und Wien: Bibliographisches Institut 1918

Seite 171: Der Rattenfänger von Hameln. Aus: Otfried Preußler, Heinrich Pleticha: Das große Balladenbuch. Stuttgart / Wien: K. Thienemanns Verlag 2000

Seite 173: Theodor Fontane: Herr von Ribbeck auf Ribbeck im Havelland. Aus: Herr von Ribbeck auf Ribbeck. Gedichte und Balladen. Ausgewählt von Gottfried Honnefelder. Frankfurt am Main / Leipzig: Insel Verlag 1992

Seite 174–175: Gottfried August Bürger: Die Weiber von Weinsberg (leicht verändert). Aus: G.A. Bürger. Sämtliche Werke in vier Bänden. Hrsg.: Wolfgang von Wurzbach. Leipzig: Hesse Verlag 1902

Seite 176: Kaspar Hauser – Betrogener Erbprinz oder Hochstapler? Originalbeitrag

Seite 177–178: Reinhard Mey: Kaspar. Aus: Wir singen und musizieren. Aus: Musikland 2 ab Klasse 7. Hrsg.: Albrecht Scheytt und Johannes Kaiser zusammen mit Bernhard Binkowski, Siegfried Krämer, Jörg Lorenz. Stuttgart: Metzler Verlag 1992, S. 10-11

Seite 179–180: Theodor Fontane: John Maynard. Aus: Deutsche Balladen. Von Bürger bis Brecht. Hrsg.: K. H. Berger und W. Püschel. Berlin: Verlag Neues Leben 1991

Seite 181: John Bartholomew Gough: Der Steuermann. Ein spannender Vorfall. Aus: Fontane-Blätter 1965. Heft 2. Seite 31f. Übersetzung von G. Salomon

Seite 184–187: Klaus Kordon: Rieke, Timur und der ganze Zoo. Aus: Glücksvogel. Geschichten, Gedichte und Bilder. Herausgegeben von Hans-Joachim Gelberg. © 2013 Beltz & Gelberg. In der Verlagsgruppe Beltz. Weinheim und Basel

Seite 189–192: Jutta Richter: Der Rattenkönig. Aus: Ich möchte einfach alles sein. Geschichten, Gedichte und Bilder aus der Kindheit. Ausgewählt von Uwe-Michael Gutzschhahn. München, Wien: © Carl Hanser Verlag 1998

Seite 193–197: Maria Gripe: Hugo. Übersetzt von Thyra Dorenburg. Gütersloh: Bertelsmann Jugendbuch-Verlag 1969

Seite 199–201: Edith Schreiber-Wicke: Die Neue. Aus: Dies.: Hocherfreut, mein Name ist Mulp. Wien: Annette Belz Verlag. © Edith Schreiber-Wicke

Seite 203–206: Selma Lagerlöf: Die Wölfe von Sonfjället. Aus: Dies.: Wunderbare Reise des kleinen Nils Holgersson mit den Wildgänsen Teil I – III. Einzige vollständige Ausgabe. Einzige berechtigte Übersetzung aus dem Schwedischen von Pauline Klaiber-Gottschau. München: Nymphenburger Verlagshandlung GmbH 1948, S. 395-397

Seite 207: Iwan S. Turgenjew: Der Sperling. Aus dem Russischen übersetzt von Rudolf Palester. Aus: Rita Harenski (Hrsg.): Von großen und von kleinen Tieren. Die schönsten Geschichten der Weltliteratur. Würzburg: © by Arena Verlag GmbH 2005

Bilder

|akg-images GmbH, Berlin: 144.1. |Alamy Stock Photo (RMB), Abingdon/Oxfordshire: 65.1; Selivanov, Fedor 228.1. |Ärzte ohne Grenzen e.V. / Médecins Sans Frontières, Berlin: 79.1. |Axel Springer Syndication GmbH, Berlin: 52.3, 52.7, 55.1. |Braunschweiger Zeitungsverlag, Braunschweig: 52.8; Braunschweiger Zeitung vom 6.10. 2017 54.1. |Cölner Hofbräu P. Josef Früh KG, Köln: 2014 68.1, 74.1. |DDB Berlin GmbH, Berlin: 4.1, 80.1. |Erdal-Rex GmbH, Mainz: Markefrosch 72.2. |Fürstlich Fürstenbergisches Archiv, Donaueschingen: Klaus Luginsland 3.1, 43.1. |GEOlino/ Picture Press, Hamburg: extra Nr. 39/ Naturgewalten 4.2, 88.1, 88.2, 88.3, 88.4, 89.1, 89.2. |Hamburger Abendblatt, Hamburg: 52.12. |Hannoversche Allgemeine Zeitung - HAZ, Hannover: 52.5. |Imago, Berlin: 19.1, 24.1, 24.3, 27.1. |iStockphoto.com, Calgary: 24.2, 30.1; no_limit_pictures Titel; Oktay Ortakcioglu Titel; Steve Stone Titel. |JOBWERK Pro Aktiv Center, Wolfsburg: Beate Kirchhoff 62.1. |LandesFeuerwehr-Verband Bayern e.V., Unterschleißheim: 70.1, 72.1. |Michael Steinert Fotografie, Aichtal: 3.2, 52.1. |Mittelbadische Presse, Offenburg: 64.1. |Mitteldeutsche Zeitung/mz-web.de, Halle (Saale): 52.13. |Neckermann Reisen, Oberursel: 76.1. |Neue Braunschweiger, Braunschweig: 3.3, 16.1, 17.1. |Physik für Kids/ www.physikfuerkids.de, Oldenburg: 94.4. |Picture-Alliance GmbH, Frankfurt/M.: 52.14, 52.15; dpa-infografik 41.1, 45.1; Globis Infografik 11036 50.1. |REWE GROUP, Köln: 78.1. |Rhein-Zeitung, Koblenz: 52.9. |Sassen, Ursula, Meine: 95.1, 95.2. |Schleswig-Holsteinischer Zeitungsverlag GmbH & Co. KG, Flensburg: 52.4, 52.11. |Schlossmuseum Sondershausen, Sondershausen: 171.1. |Scholz & Friends Hamburg GmbH, Hamburg: 73.1. |Shutterstock.com, New York: 26.4, 27.2, 29.1. |SimplyScience Stiftung, Zürich: 90.1, 90.2, 90.3, 90.4, 90.5, 94.1, 94.2, 94.3. |stock.adobe.com, Dublin: 18.1, 26.2, 26.3; carballo 26.1; HighwayStarz 40.1. |Weser-Kurier Mediengruppe/Bremer Tageszeitungen AG, Bremen: 52.6. |Wetzlardruck GmbH, Wetzlar: 52.10. |wikimedia.commons: public domain 24.4. |Zeitungsverlag Schwerin GmbH & Co. KG, Hagenow: 52.2.

Wir arbeiten sehr sorgfältig daran, für alle verwendeten Abbildungen die Rechteinhaberinnen und Rechteinhaber zu ermitteln. Sollte uns dies im Einzelfall nicht vollständig gelungen sein, werden berechtigte Ansprüche selbstverständlich im Rahmen der üblichen Vereinbarungen abgegolten.